탈분단 시대의 문학 논리

강진호 지음

새미

책을 내면서

　책을 준비하기 위해 글을 다듬고 목차를 만들면서 많은 생각을 하게 되었다. 미처 생각하지 못했던 것들이 불현듯 떠오르고 왜 더 고민하고 천착하지 않았던가 하는 회한에 시달리기도 했다. 빈약함에도 불구하고 책을 묶는 것은 이런 형식으로나마 스스로를 정리하지 않으면 제동장치가 풀린 수레처럼 관성의 늪에 빠지지 않을까 하는 우려와 이제는 중단할 수도 없는 문학의 길 위에서 다시 방향을 조정하고 초심을 되돌아보기 위함이다. 문학보다는 실제 현실을 더 중시했던 지난 시절과는 달리 지금은 그 둘을 동시에 보아야 한다는 생각이 든다.
　'탈분단 시대의 문학논리'라는 제목은 책의 내용을 모두 포괄하는 말이라기보다는 시대와 문학적 가치를 함축하는 말이다. 분단이 극복되고 더 나은 사회를 만들기 위해서는 시대 현실을 직시할 필요가 있고, 문학의 입장에서는 그것을 어떤 식으로든 내면화하고 논리화(혹은 형상화)하지 않을 수 없다. 분단 이후 우리 문학의 전개과정이란 분단이라는 상황적 변수 속에서 그것을 제거하기 위한 처절한 몸부림이 아니었던가. 냉전 이데올로기에 맞서온 참혹한 운명의 궤적이 바로 현대문학의 표정이고, 그 운명의 굴레는 아직도 벗겨지지 않은 채 엄존하고 있다. 그리하여 '탈분단'이란 분단으로 초래된, 삶을 저해하는 온갖 요인들을 제거하고 평등하고 자유로운 삶을 일구기 위한 도정이다.

책의 I부를 '불의 시대'로 표현될 수 있는 1980년대의 상처와 성찰을 소재로 한 글들을 실은 것은 그 시절이 덧없이 흘러간 청춘의 한 때가 아니라 여전히 질문하고 반성해야 할 공간이라는 데 있다. 현재의 좌표란 과거를 어떻게 의미화하고 수용하느냐에 의해서 결정될 수밖에 없다. 갑각류의 껍질처럼 타성으로 굳어 가는 현재의 나를 비추는 거울은 결국 과거와 그 속에서 이루어진 삶이다. II부에 수록된 분단과 관련된 글들 역시 이런 문제의식의 연장선상에 놓여 있다. 오늘날 우리 사회가 도덕적으로나 정치적으로 큰 혼란에 직면하게 된 근저에는 분단과 전쟁, 그로 인한 파행의 역사가 놓여 있고, 그러므로 우리 문학을 가로지르는 화두는 분단일 수밖에 없다. III부는 계간평이나 월평 형식으로 발표된 글들이다. 해당 시기에 발표된 다양한 작품들을 대상으로 했으나 일관된 주제와 특성을 찾고 완결된 형식을 갖추고자 하였다. 여기서 특히 주목했던 것은, 하루하루를 가늠할 수 없을 정도로 급속하게 흘러가는 시대와 거기에 맞서는 문학의 존재방식이다. 시대변화를 외면해서도 안 되지만 거기에는 문학이란 무엇인가 하는 존재론적 질문이 항시 깃들어 있어야 할 것이다. IV부는 비평에 대한 비평, 곧 메타비평을 묶은 항목이다. 비평집이나 연구서를 읽으면서 생각을 정리해 보았고, 또 잡지의 평문들을 검토하면서 시대의 이면을 보고자 했다. 비평이란 항시 깨어 있어 시대의 어둠을 조명해야 하고 작품의 방향타가 되어야 한다는 믿음에는 변함이 없다.

희망과 설렘으로 들떴던 새 천년의 첫 해가 기울고 어느덧 또 한 해가 시작되었다. 남북 정상회담과 노벨 평화상 수상으로 한껏 고양되는 듯했던 사회 분위기는 아직도 끝을 보이지 않는 구조조정과 불황의 터널 속에서 사뭇 냉담하기만 하다. 삶이 가파르고 생존권의 위기가 느껴지는 상황, 여기에 심리적인 위기의식까지 누적된 현실에서 문학의 풍경이 밝을 리 없다. 하지만 문학이란 본질적으로 삶의 불협화음을 그려내는 양식이고, 존재의 즐거움보다는 괴로움, 화해보다는 불화를 그려내는 운명을 지닌 까닭에 오늘의 현실은 역설적으로 문학의 역할과 존재를 더욱 빛나게 할 수도 있다. 문학의 치열함, 그것이 지닌 생산력이 역설적으로 이 황량한 사회에서 '희망의 증거'로 기능하리라는 게 필자의 믿음이다.

이 책이 이 정도나마 모양을 갖춘 것은, 평소 삶과 문학의 거울이 되어주신 모교와 성신여대 여러 선생님들의 후의에 힘입은 바 크다. 평론집의 제목을 잡아주시고 항상 웃음으로 문학의 실체를 보여주시는 송하춘 선생님의 은혜를 잊을 수 없다. 아울러 이 총체적 불황의 시기에 흔쾌히 출판을 자청하신 정찬용 사장님과 새미 출판사의 식구들께도 감사드린다.

2001년 경칩을 며칠 앞두고
필 자

차 례

책을 내면서 ……………………………………………………………… 3

I 성찰로 건져 올린 80년대의 진실 9

개인의 체험과 역사를 보는 타자의 시선 황석영의 {오래된 정원}을 중심으로 · 11
망각에 맞서는 성찰과 희망의 서사 방현석의 {당신의 왼편}을 중심으로 ………… 27
비극의 세계, 절망과 부정의 형식 최인석론 ………………………………… 37
(보론) 환멸의 서사와 희망 찾기 ……………………………………… 54
문인의 죽음과 문학의 운명 기형도와 김소진의 문학 ……………………… 61
상처받은 젊음의 자화상 최영미,『서른, 잔치는 끝났다』 …………………… 74

II 탈분단을 향한 문학의 도정 85

탈분단을 위한 마음의 감옥 열기 냉전이데올로기와 문학의 지평 ……………… 87
분단에 대한 자각과 주체적 극복 의지 1970년대 분단소설에 대해서 ………… 106
민족사로 승화된 가족사의 비극 김원일론 ………………………………… 127
외세의 질곡과 민족의 주체성 남정현의 {분지}론 ………………………… 148
한 원칙주의자의 좌절과 선택 이호철의 {심천도}론 ……………………… 163
북한문학, 위계화의 논리와 의미 {조선문학개관}을 중심으로 ……………… 182

차 례

Ⅲ 질주의 시대와 소설의 풍경 201

질주의 시대와 작가의 고민 박일문, 최윤 ………………… 203
시대・광기・허무주의 이호철, 심상대, 배수아 ……………… 214
진실을 천착하는 집요한 시선 백시종, 윤흥길, 한창훈 ……… 226
인물로 본 삶과 시대의 풍경 김숙, 현길언, 송기원 ………… 236
문체로 구축한 일상의 삶 하성란의 경우 …………………… 248
비극적 세계를 사는 방식 전경린, 이혜경, 김인숙 …………… 259
신생의 즐거움과 위태로움 2000년 신춘문예 소설에 대하여 … 270
어머니와 함께 한 기억들 {어머니와 함께 칼국수를}을 읽고 … 281
신세대의 연애법 {연애}에 대한 단상 ……………………… 285
풍경화로 소묘된 누님의 초상 [도라지꽃 누님] 소고 ……… 289
카리스마적 군주와 영웅 대망의 심리 {인간의 길}과 {람세스}의 경우 ……… 293

Ⅳ 혼돈을 파고드는 비평의 자의식 297

비평의 정체성과 90년대의 글쓰기 장경렬과 박혜경의 평론집 ……… 299
'시장 원리'와 문학이 살아남는 길 ………………………… 314
불황과 문학의 거품빼기 …………………………………… 323
문단의 복고바람과 모더니즘 논쟁 ………………………… 336
민족문학과 염상섭 문학의 근대성 염상섭 문학연구의 두 성과 ……… 352
벽초의 민족주의적 행로와 삶 강영주, 『벽초 홍명의 연구』 ……… 359

I 성찰로 건져 올린 80년대의 진실

- 개인의 체험과 역사를 보는 타자의 시선
   — 황석영의 『오래된 정원』을 중심으로
- 망각에 맞서는 성찰과 희망의 서사
   — 방현석의 『당신의 왼편』을 중심으로
- 비극의 세계, 절망과 부정의 형식
   — 최인석론
  (보론) 환멸의 서사와 희망 찾기
- 문인의 죽음과 문학의 운명
   — 기형도와 김소진의 문학
- 상처받은 젊음의 자화상
   — 최영미의 『서른, 잔치는 끝났다』

개인의 체험과 역사를 보는 타자의 시선
— 황석영의 『오래된 정원』을 중심으로

1. 현실의 표면과 이면

우리 사회가 이전 시대와 뚜렷하게 구별되는 징후들을 분출하기 시작한 것은 1989년부터였다. 베를린 장벽의 철거와 동·서독의 통일, 동구 국가들과 소련 사회주의의 붕괴로 이어지는 세계사적 사건들은 한국 사회의 지형도를 급격히 바꾸어 나가기 시작했다. '광주'로 촉발된 변혁의 열기는 급속도로 냉각되어 진보진영은 방향을 잃은 채 암중모색의 힘겨운 행로를 걷기 시작했고, 더불어 전지구적 차원으로 실현된 자본주의는 기존의 인식체계마저 송두리째 흔들어 놓았다. 갈수록 거세지는 국제 투기자본은 자본의 힘을 의식하지 않고는 자율적인 삶을 기획할 수 없다는 것을 확인시켜 주었던 것이다.

90년대 이후 문학이 깊은 침체의 늪으로 빠져들고 리얼리즘의 폐기마저 주장된 것은 이런 시대 환경의 변화에 직접적인 원인이 있다. 리얼리즘이란 현실의 재현가능성을 전제하는 것이고, 그것도 복합적이고 계기적인 인식에 바탕을 두는 미적 원리이다. 그런데 '창공의 별'처럼 삶의 좌표를 제시해 주었던 거대담론은 더 이상 효력을 발휘하지 못하게 되고, 현실의 급속한 변화는 재현 가능성 자체를 거부하는 지경이 되었다. 게다가 최근 통신 매체의 급속한 발달은 현실과 비현실의 구분 자체를 한층 모호하게 만들어 놓았다. 시뮬라크라(simulacra), 버츄얼리티(virtuality)의 시대로 표현되는 작금의 현실은 이 양자의 구분이 더 이상 무의미하다는 것을 부단히 상기시킨다. 시뮬라크라는 모조품과 진품을 구분할 수 없을 정도로 거의 완벽하게 복제한 상태를 뜻하며, 진품과 모사품이 구별되지 않는 까닭에 굳이 진품과 모조품의 구별이 필요하지 않다는 것이다. 최신 기종의 컴퓨터는 불과 몇 달 사이에 구형이 되고, 첨단 통신장비로 각광받던 기기들은 불과 2-3년의 수명을 넘기지 못한 채 자취를 감춘다. 이제 더 이상 새로운 것이란 없고 끊임없는 변화만이 있을 뿐이다. 이런 상황에서 사람들의 인식과 감성도 진화되어갈 수밖에 없을 것이며, 이것이 2000년대를 살아가는 우리가 거부할 수 없는 현실이라는 것이 점점 분명해 보인다.

그런데, 간과할 수 없는 대목은 시대 환경의 급격한 변화에도 불구하고, 그리고 '제3의 근대'라는 새로운 시대로 진입하고 있음에도 불구하고, 제1의 근대와 제2의 근대가 축적해 온 근대의 핵심적 요소는 여전히 소멸되지 않고 있다는 데 있다. 이마무라 히토시(今村仁司)의 견해대로(『근대성의 구조』, 민음사, 1999), 어떤 의미에서는 현재야말로 그것들이 활짝 꽃피는 시대이기 때문이다. 현재의 경제체제는 말하자면 영구 산업혁명이며, 기술과 경제가 방법적·합리적으로 합체되어 태어난 기술-경제 체제이다. 이 기술-경제주의를 구성하는 현재의 과학기술과 경제의 발전은 200년 동안 이어진 제2 근대의 최첨단을 달리고 있다고 해도 지나친 말은 아니다. 또 그것을 받쳐주는 근대의 합리주의 정신도 약해지기는커녕 한층 더 심화되고 있다. 디지털(digital) 기술의 급속한 발전 역시 근대성의 핵심인 기계론적 세계관과 진보 시간론, 그리고 생산주의적-계산적 이성의 지배에서 한 치도 벗어나지 못하고 있으며, 오히려 그것이 한층 급진화되고 강화되고 있다고 봐야 한다. 기든스(A. Giddens)의 말대로, 지금의 현실은 '근대'와 단절된 '탈근대'나 '후기 근대'가 아니라 '급진화된 근대(radicalized modernity)'(『포스터 모더니티』, 민영사, 1991)라는 것을 주목하지 않을 수 없는 것이다.

이렇게 보자면 현실의 재현가능성을 부정하고 문학의 죽음을 외쳐대는 최근의 담론들은 어쩌면 너무 현상에만 집착한 태도가 아닌지 반성해볼 필요가 있다. 현실의 변화를 외면할 수는 없는 것이지만, 근본을 망각한 채 표면에만 집착하는 태도로는 문학의 당면 위기를 타개할 수 없을 것이다. 동구권의 몰락이라는 세계사적 사건을 경험한 뒤, 그리고 변혁의 열정과 신념이 먼 과거의 일이 된 현실에서, 과연 속도와 자본에 스스로를 기투하는 현실을 그대로 수긍해야만 하는 것일까. 최근 들어 80년대를 되새기고 그것의 현재적 의미를 천착하는 작품들이 활발하게 발표되는 것은 이런 근원적인 질문에서 비롯된 것인지 모른다. 방현석이 『당신의 왼편』(1,2)을 통해 마흔을 바라보는 시점에서 80년대를 회고하고 반성하는 것이나, 황석영이 『오래된 정원』(상,하)에서 베를린으로 시공을 확장하여 80년대를 세계사적 흐름 속에서 조망하고자 한 것은 모두 무기력에서 벗어나 문학(혹은 삶)의 새로운 가능성을 찾으려는 의도가 아니었을까.

『오래된 정원』은, 이 글의 고찰 대상이 되는, 지난날의 변혁적 열망이 세기 전환과 더불어 허공으로 사라진 시대에 쓰여진 작품이다. 작가의 말대로, "거의 십오년 동안을 딴짓으로 세월을 보"낸 뒤에 "다시 출발할 것"을 다짐하면서 쓰여졌고, 그래서 작품의 중심을 이루는 것은 회고와 성찰의 정조이다. 그런 점에서 이 작품은 1980, 90년대에 대한 자전적 보고서라 할 수 있다. 조직 사건에 연루되어 '잠수'했던 시절의 추억과 모멸적인 수감생활, 서독 망명생활, 동구권과 소련의 몰락, 석방으로 이어지는 서사의 흐름은, 인물을 달리하고 있지만, 작가 개인의 체험을 복합적으로 직조해 놓은 것이라 해도 과언이 아니다. 그런데 그 체험은, 상처 자국은 뚜렷하지만 통증은 상대적으로 완화된, 이제는 먼 과거의 것이 되었다. 그래서 지난 시간을 되돌아보는 작가의 시선에는 한층 성숙한 깊이가 느껴진다. 「객지」와 같은 조급함이나 『장길산』과 같은 혁명적 열정은 이제 더 이상 목격되지 않는다.

지난 시절을 음미하는 작가의 시각은 작품의 「후기」에서 고백된 대로, 산

전수전을 다 겪은 뒤 일상으로 돌아온 자의 담담함이다. 1980년대를 운동권 내부의 시각에만 의존하지 않고 그와는 거리를 둔 평범한 소시민의 눈을 통해서 바라본 것은, 가라타니 고진(柄谷行人) 식으로 해석하자면, 독아론(獨我論)에서 벗어나 타자를 의식하는 한층 성숙한 시각의 반영인 것이다. 여기서 타자란 나와 동질적인 것이 아니고, 또한 나와 적대하는 또 하나의 자기의식도 아니다. 공통의 언어 게임(공동체) 안에서 출발하는 것이 아니라 그러한 것을 전제할 수 없는 장소에 섰을 때 만나는 것이 타자이다.(『탐구1』, 새물결, 1998, 1장 참조) 소설 속의 한윤희는 오현우와는 다른 코드(code)를 가진 타자인 셈이고, 작가는 그런 타자의 시선을 수용하여 과거를 조망하고 그것의 세계사적인 의미를 묻는다. 그렇기에 이 작품은 속도의 질주 속에서 지워진 현실의 심층을 조망하고 삶의 새로운 자세를 환기시키는 계기로 수용될 수 있을 것이다.

2. 운동가의 삶과 일상의 삶

『오래된 정원』이 문단의 화제를 모으게 된 데는 여러 이유가 있다. 오랜 수감 생활을 끝내고 발표한 첫 작품이라는 점, '불의 시대'로 표현된 80년대의 의미를 진지하게 천착했다는 점, 그런데 그 천착은 과거사에 대한 단순한 기록이 아니라 새로운 출발의 계기에서 비롯된다는 점 등이 작품에 대한 호감을 갖게 만든 중요한 요인이다. 『오래된 정원』을 읽고 80년대의 의미가 한층 분명하게 조감되었던 것은 이와 같은 작품의 성찰적 힘에서 비롯된 것이다.

작가의 성찰은 두 가지 방향에서 이루어진다. 하나는 운동권 내부의 문제를 한윤희라는 타자의 시선을 통해서 조망한 것이고, 하나는 운동권 외부의 현실을 사회주의권의 몰락을 통해서 그려낸 것이다. 18년의 수감생활을 마치고 사회로 돌아온 오현우의 회고와 갈뫼에서의 생활은 전자의 문제의식과 연결되어 있고, 한윤희가 베를린 유학 시절 목격한 동구와 사회주의 국가들의 몰락은 후자와 연결되어 있다. 또 광주 항쟁에서 조직활동, 수배와 검속으로 이어지는 오현우의 행적이 시대 변혁에 앞장선 운동가의 모습을 상징한다면, 그런 현실에 협조하면서도 평범한 삶을 소망했던 한윤희는 운동가들에 의해서 외면되었던 소중한 일상을 대변하는 것으로 나타난다. 오현우와 한윤희는 각기 다른 모습으로 80년대를 보냈으나 두 사람 다 애초에는 평범한 소시민에 불과했던 인물이다. 오현우는 중학교에서 교직 생활을 하면서 유학을 준비중이었고, 한윤희는 미술대학을 졸업하고 어렵게 임용시험에 합격하여 시골로 발령을 받은 초임 교사였다. 이 평범한 인물들이 시대의 급류를 타게 된 것은 우연히 체험하게 된 '광주 사태' 때문이다. 오현우는 광주항쟁을 직접 체험한 뒤 유학을 포기하고 조직운동에 적극적으로 뛰어들었고, 그것이 빌미가 되어 수배를 당하고 간첩죄로 검거되어 18년 동안이나 감옥에 갇혀 있어야 했다. 한윤희 역시 우연한 기회에 광주 비디오를 녹화해서 보았고, 또 참극이 벌어졌던 기간에 전라도에 있었다는 이유로 시대의 커다란 짐을 지게 되었다. 이들에게 있어서 '광주'는 인생 행로를 바꾸어 놓은 '운명의 덫'과도 같은 것이었다.

> 그가 놓았던 마당의 징검돌을 한 걸음씩 디디며 돌아다녀 보다가 제자리에 서서 돌 하나를 뒤집어보기로 하다. 징그럽고 오묘하기도 하여라. 지렁이가 세 마리, 쥐며느리는 와글와글, 푸른 이끼도 몇 점, 돌 틈서리로 억지로 솟아 나와 있던 제비꽃의 흰 뿌리가 그 축축한 땅 밑에 깊숙이 박혀 있는 것도 보인다. 나는 이 작은 우주를 건드려놓은 걸 후회했다. 돌을 다시 제자리에 고스란히 비뚤어지지 않게 조심해서 놓으며 세상에 대하여 잠시 생각하다.
> (『오래된 정원』 상권, 74면)

작품 전체에 걸친 강렬한 상징으로 기능하는 이 대목은 오묘한 일상의 삶을 헝클어 놓은 파천황(破天荒)의 폭력이나 다름없는 '광주'를 지시한다. 징검돌 아래 오묘하게 존재하는, 갖가지 곤충과 식물들이 어우러져 만들어낸 우주와도 같은 것이 우리 일상의 삶이다. 그것을 느닷없이 뒤집어 버렸으니 그 혼돈을 어찌 다 헤아릴 수 있으랴. 광주란 일상의 평화와 질서를 뒤흔든 폭력이었고, 오현우나 한윤희는 그 폭력에 직면한 유약한 미물에 지나지 않았던 것이다. 따라서 오현우가 미래의 꿈마저 접어버리고 운동에 뛰어들었던 것은 생존을 위한 처절한 몸부림으로 이해해야 할 것이다. 사람이 사람을 죽이는, 세계의 근원적 질서가 흔들릴 때 거기에 대응하는 방법은 원초적일 수밖에 없다. 오현우의 회고대로, 이제 어중간한 생각이나 행태로는 막강한 폭력을 이겨낼 수 없고, 또한 민중에 의한 권력의 장악은 한 세대가 지나도 불가능할 것으로 여겨졌다. 그러니 모두들 혁명을 이야기할 수밖에 없고, 노동대중의 힘에 대해서 생각하지 않을 수 없게 된다. 자연스럽게 이들은 혁명의 전위를 키워가기 위한 사상학습으로 치달았고, "급진적인 경향은 절망과 치욕감을 이겨낼 수 있는 유일한 길"(상권, 104면)이라고 믿게 되었다.

사실, 한국사회를 변혁의 소용돌이 속으로 몰아넣었던 힘의 원천은 '광주항쟁'이 아니었던가. 1980년 5월 16일부터 5월 27일까지 일어난 광주에서의 민중항쟁은 비록 열흘간의 사건이었지만 그로부터 뿜어져 나오는 혁명적 에너지는 이후 한국 사회 전체를 뒤흔들어 놓은 진앙지와도 같았다. 5월 18일, 광주에서 계엄철폐와 전두환 퇴진을 요구하는 학생들의 시위를 발단으로, 군부의 공수부대 투입, 무자비한 진압, 수십 명의 사망자 속출, 시민들의 대거 합세, 민중 봉기로 이어지는 일련의 과정은 유신체제의 재편과정 속에서 대두한 독재권력에 정면으로 저항하는 민중적 에네르기의 분출이었다. 그런데 존재의 근본을 부정당한 군사정권은 한층 혹독한 탄압으로 대응하여 수많은 민주인사들을 죽음으로 몰아갔고, 이 참혹한 도륙의 현장을 목격하면서 젊은이들은 그것에 온몸으로 저항하지 않을 수 없었던 것이다. 오현우가 조직운동에 투신한 것이나, 집안에서 살림을 돌보며 평범한 미술교사로 살아가던 한윤희가 조직 일을 거들고 옥뒷바라지를 하게 된 것은 모두 이런 시대가 내리 씌운 원죄였다. 묘지 속의 인물이 되었지만 "확실하게 싸우고 싶다"는 각오로 운동에 투신한 남수나, 항쟁의 후유증으로 정신병원에 유폐된 뒤 끝내 유명을 달리한 철영 등은 모두 그런 시대의 희생양들이었다. 오현우의 회고는 이 참혹했던 과거사에 대한 증언인 셈이다.

그런 살얼음판과도 같은 상황에서 오현우가 은신처로 소개받은 곳이 바로 '갈뫼'였다. 그곳에서 그는 뜻하지 않게 깊은 사랑에 빠져들고, 이후 두 사람은 하나의 운명으로 묶이게 된다. 작품 전체에서 가장 인상적인 대목이기도 한 갈뫼에서의 생활은 쫓기는 자의 불안함과 사랑하는 여인과 함께 한 평화로움이 교차하는 시간이었다. 낯선 사람이 나타나면 가슴을 졸여야 했고 고시생으로 위장하기 위해서 필요도 없는 법률서적들로 방안을 위장해 놓아야 했다. 하지만 다른 한편으로는 텃밭을 일구고 아기자기한 살림살이의 재미에 한껏 빠져든 시간이었다. 그런데 조직운동에 깊숙이 관여하고 있었던 현우에게 그런 생활이 편안할 리 없었다. 동지들이 감옥으로 들어가고 고문에 시달리는 현실에서 소시민적 생활에 탐닉한다는 것은 스스로도 용납할 수 없는 일이었다. 한윤희의 일기에서 언급되듯이, 오현우는 그런 생활을 "자유주의자의 공간이라고 스스로 비하"하는 강박관념을 갖고 있었다. 그렇지만 평범한 여인에 지나지 않았던 윤희는 이와는 달리 그 시절을 '오래된 정원'으로 추억할 정도로 행복감에 사로잡혀 있다. 현우와는 달리 윤희는 미래에 대한 청사진이나 그것을 향한 단호한 신념을 갖고 있지 않은 여자였고, 주어진 현실에 충실하고 양심을 지키는 소시민이었던 까닭에 갈뫼에서의 생활은 그녀의 일생을 사로잡는 강렬한 체험으로 각인된 것이다.

우리가 바라던 세상, 우리가 꿈꾸던 세상은 갈뫼의 단조롭고 평화로운 일상과 같은 그런 곳이라고 나는 생각해왔어요. 하지만 당신이 책을 통해서 생각하고 이루어낼 세상은 결코 단조롭거나 평화스런 고장은 아니겠지요. 평등을 위한 단호하고 강력한 계급투쟁이 지속되고 있는 긴장된 소용돌이의 공간이 되겠지요. 혁명의 적들이 둘러싸고 있을 테니까요. 당신은 이 생활이 자유주의자의 공간이라고 스스로 비하하지 마셔요. 내가 바라는 것은 겨우 이만큼밖엔 안되니까요. 그 어떤 체제라

할지라도 당신과 나의 이 초라한 피난처는 있을 거예요. 그렇다면 나에
게 이념은 아무런 문젯거리도 아니겠지요. 당신만 곁에 있다면……

(상권, 216면)

한윤희가 소망하는 생활이란 갈뫼에서처럼 단조롭고 평화로운 일상이다. 이런 데서 한윤희는 변혁의 거친 소용돌이 속에서도 결코 포기할 수 없는 일상의 삶을 상징한다는 것을 알 수 있다. 사실, "평화로운 일상"을 회복하는 것이 운동의 궁극적 목표인 것이고 이념이란 그것을 구현하는 방법적 원리에 불과할 수 있다. 투쟁하고 부정해야 할 대상은 일상의 삶이라기보다는 오히려 그것을 왜곡하고 억압하는 정치 권력과 경제적 불평등일 것이다. 그런 점에서 평화로운 일상이란 계급투쟁과 대립적인 것이 아니라 상호 보완적인 것으로 이해될 수 있다. 하지만, "불의 시대"로 표현된 지난 80년대에는 그런 소시민적 삶이 쉽게 용납되지 않았다. 애매하고 감성적인 태도는 부르조아의 소시민근성이라 하여 단호하게 비판되고, 오로지 과학적 신념만으로 살아갈 것을 주문하였다. 80년대 후반기를 강타한 소위 '주체논쟁'은 그런 경직된 분위기를 보여주는 단적인 사례가 아니었던가. 전위를 누구로 세울 것인가를 놓고 벌어진 이 논쟁은 기실 누가 더 막스 원전에 충실한가를 가늠하는 데 지나지 않았고, 조금이라도 철저하지 못하면 개량주의자 자유주의자 등으로 매도되기 일쑤였다. 자신과 노선을 같이 하지 않으면 매도되는 상황이란, 이마무라 히토시(今村仁司)가 근대성을 논하면서 갈파한 대로, 자신이 의도하는 틀 속에 들어가지 않으면 아예 존재하지 않는 것으로 가정해서 처리하는 '배제의 논리'에 다름 아닌 것이다. 오현우가 '급진적 경향'이 절망과 치욕감을 이겨낼 수 있는 유일한 길이라고 믿었던 것은 이런 사실과 무관하지 않을 것이다.

하지만, 진실이란 단순 명징하기보다는 오히려 복합적인 것이 아닐까. 진실이란 무한한 곡절을 가지며 긍정과 부정이 번갈아 전개된다. 곡절 많고 상호 넘나들며 충돌하는 것이야말로 진실의 참모습이고, 그렇기에 그것을

파악하는 일이 결코 용이한 것은 아니다. 그런데 80년대는 그것을 단순한 것으로 환원하여 이념형을 만들었고 맹신하였다. 작가가 오현우 대신에 한윤희라는 평범한 인물을 통해서 환기하고자 한 것은 80년대의 이런 경직성이 아니었을까. 한윤희는 당대의 전일적이고 배타적인 논리와는 거리를 둔, 그로 인해 배제되었던 삶의 또 다른 가치를 상징하는 인물이다. 이렇게 보자면 그녀는 오현우의 단순한 보조자가 아니라 당대를 한층 폭넓게 이해하게 해주는 타자의 시선인 셈이다.

『오래된 정원』은, 이렇듯 80년대가 한국 사회 전반을 민주화시키고 민중 중심의 사회로 진전시킨 중요한 역할을 했지만, 한편으로는 스스로를 이념의 굴레 속에 유폐시킨 불행한 시절이기도 했다는 것을 확인시켜준다.

3. 성찰로 건져 올린 80년대의 진실

1980년대 이래 지속된 한국사회의 변혁운동이 무력하게 깃발을 내리게 된 것은 내부적인 모순보다도 오히려 세계사적인 변화에 더 큰 원인이 있다. 노선과 방향은 달랐으나 운동권을 사로잡았던 것은 사회주의에 대한 강렬한 지향성이었다. 한국사회의 주요모순을 무엇으로 볼 것인가를 놓고 격렬한 이론투쟁을 벌였던 것이나, 작품을 쓰면서 어떻게 하면 노동계급의 당파성을 구현할 수 있을까에 골몰했던 게 숨길 수 없는 당대의 현실이었다. 그런데, 행동과 이념을 규율하였던 사회주의 이념이 돌연 백기를 들고, 그로 인해 국내의 변혁운동은 전원이 끊어진 전자석처럼 일시에 구심점을 잃게 되었다. 그래서 동구의 몰락을 어떻게 받아들일 것인가는 80년대를 어떻게 이해할 것인가와 동궤의 문제이기도 하다. 작가가 '갈뫼 생활'과 더불어 작품의 상당 부분을 한윤희의 독일 유학생활에 할애한 것은 이런 문제의식에서 비롯된 것으로 보인다.

한윤희가 갈뫼에서 상경하여 대학원을 마친 뒤 베를린 유학길에 오른 것은 현실적인 필요성 때문이었다. 대학에서 자리를 잡기 위해서는 유학이 필요했고, 또 오현우의 출감을 기다리기 위해서는 몰두할 수 있는 일이 무엇이든 있어야 했다. 그래서 오현우와의 사이에서 태어난 딸 은결이마저 동생에게 맡기고 만리 타국으로 건너온 것이다. 갈뫼에서처럼 그녀는 자신의 일에 몰두하면서 고적한 생활을 했고 그만큼 주변 현실에는 관심이 없었다. 오히려 내적으로 심한 외로움에 시달렸다고나 할까. 그녀가 우연히 만난 이희수에게 빠져든 것은 그런 까닭이었다. 오현우와의 사랑은 이제 그 실체가 아득해졌고 미래 역시 기약할 수 없는 상황이다. 오랫동안 그녀는 '중성'이나 다름없는 존재로 지내왔던 것인데, 이희수는 그런 그녀의 잠재된 외로움을 환기하고 '여성'에 눈뜨게 하는 존재로 다가오는 것이다. 나중에 고백되듯이, 80년대는 인간의 기본적인 욕망마저 왜곡해 놓았으므로, 두 사람이 걷잡을 수 없이 빠져들었던 것은 그런 심리상태에서 야기될 수밖에 없는 필연적인 귀결이었다. 윤희가 베를린 장벽의 붕괴를 알게 된 것은 이런 상황에서였다.

한윤희는 장벽을 헐어낸 곳으로 자동차와 동독 시민들이 쏟아져 나오고, 길을 열어준 서독 사람들이 박수로 환호하는 장면을 목격하는 순간 "울컥하고 격한 느낌"에 사로잡히는데, 그것은 무엇보다 잠재되어 있던 "자기 설움"이 복받친 때문이다. 조국은 여전히 강고한 분단의 철망 아래 놓여 있고, 사랑하는 사람은 아직도 차가운 감옥 속에 갇혀 있다. 그 금제와 이데올로기의 틀 속에서 아직도 신음하고 있는 것이 조국의 현실이나, 독일은 이제 그 금제의 선을 과감히 걷어내 버렸다. 동독인들로 붐비는 거리를 지켜보면서 한윤희가 "인간을 제한하던 것들이 사라지는 장면은 언제나 멋"지다고 탄성을 발했던 것은 이런 심리에서였다. "사람이나 짐승이나 아무튼 산것들은 더 살기 적합한 데루 이동"(하권, 252면)하는 존재인 까닭에 풍요와 자유를 향한 동독인들의 이동은 너무나 자연스러운 일로 비쳤던 것이다. 그녀에게 장벽의 붕괴란 이념이나 체제의 문제라기보다는 오히려 인간의 본능과 관계되는 행동이었다. 하지만 그녀는 이내 베를린의 실상을 간파하고 만다. 즉 "이런 축제가 얼마 안 가서 끝난다"는 것, 말하자면 축제의 순간에는 흥분으로 열광하고 감동할 수도 있다. 또 둘로 나누어졌던 민족이 하나로 통합되는 것은 사실은 자연스러운 일이다. 문제는 서로 다른 체제 속에서 살아온 과거를 생각하자면 통일 이후의 혼란이 불을 보듯 명확하게 드러나리라는 데 있다. 실제로 장벽이 무너진 후 베를린 거리는 온통 동독인들로 채워졌다. 이들은 뚫린 장벽 사이로 끊임없이 넘어왔고 거리 곳곳에서 벼룩시장이 열렸으며 한편으로는 차량 도난사고가 빈발하였다. 한 달이 미처 되지 않아서 서쪽 사람들은 그들을 멸시하고 귀찮아하게 되고, 동독인들은 길거리의 거지와도 같은 신세로 전락하였다. 서로 다른 체제에서 오랫동안 길들여져 왔고, 더구나 저발전의 체제 속에서 살아온 까닭에 자본주의를 미처 배우지도 못한 상태에서 그 덫에 걸려들고 만 것이다. 한윤희가 정영태와 시베리아를 횡단하면서 목격한 1991년 이후 소련의 현실 역시 마찬가지였다. 상점의 진열대에는 물건이 거의 보이지 않았고, 심지어 하찮은 물건을 파는 작은 가게 앞에도 긴 줄을 이룬 사람들로 만원이다. 사람살이의 기본 과정이라 할 수 있는 "세끼 밥 먹는" 일마저 여의치 않았던 게 소련의 현실이고, 그것이 윤희의 눈에 비친 사회주의의 실상이었다.

 이 과정에서 삽화로 제시된 북한 유학생 조영수의 일화는 북한 또한 예외가 아니라는 사실을 말해준다. 그는 동독에서 유학생활을 하던 중 장벽이 붕괴되자 더불어 서독으로 넘어왔고, 서독의 풍요롭고 자유로운 생활을 목격하면서 심한 혼란에 빠져든다. 선뜻 돌아갈 결심을 굳히지 못하고 고통스러워하면서 그가 절규한 것은 '사람은 누구나 자기 행복을 선택할 권리가 있'고, '새로운 세상에서 맘 내키는 대로 살고 싶다는 것'이었다. 북한에서 수많은 경쟁자들을 물리치고 유학길에 오른 것은 상당한 특권에 속하는 일임에도 불구하고 조영수는 그것이 자신의 의지와는 무관했다고 말한다. 체제와 이념이라는 타율에 의해서 그의 운명이 결정되었고 그것을 자각한 뒤에 조영수는 귀환보다는 망명을 희망하게 된 것이다. 북에 두고 온 가족들을 외면할 수 없어서 끝내 동독으로 발길을 돌리지만, 조영수 역시 현실 사회주의의 실상을 상징하는 구체적 사례인 셈이다.

작가는 이런 현실을 담담히 서술하고 있으나, 사실 경제체제의 측면에서 사회주의는 자본주의의 대체물이 될 수 없는 것이었다. 작품 속에서 생태론자로 등장하는 이희수가 갈파한 대로, 사회주의나 자본주의는 하나같이 "풍족한 사회, 풍족함이 순간적인 일에 낭비되는" "생산성의 신화에 사로잡힌" 사회에 지나지 않는다. 사회주의권의 몰락 이후 분명해졌듯이, 자본주의나 사회주의는 모두 경제합리성과 기술합리성 내지 그것을 받쳐주는 생산력중심주의를 지표로 해서 작동하는 근대의 쌍생아라 할 수 있다. 한쪽은 개별 기업의 자유경쟁 체제 중심이고, 다른 한쪽은 관리경제 체제라는 점에서 다소의 차이는 있으되, 그것을 떠받치는 이념·규범·발상법은 전혀 다르지 않다. 그래서 자본주의 이후의 체제가 사회주의이고, 사회주의는 자본주의의 유일한 대안이라고 믿어 왔던 기존의 신념은 현실성을 갖지 못한다. (앞의『근대성의 구조』1장 참조) 작중 정영태의 독설처럼, 사회주의란 자본주의에 맞서 '겨우 칠십 년 동안' 유지된 '반체제의 바리케이드'에 지나지 않았던 것.

따라서 과거를 반성한다는 것은, 사회주의적 시각에서 과거를 되돌아보거나 아니면 운동권 내부의 한계를 비판한다고 해서 이루어질 수는 없다. 이희수의 지적처럼, 과거를 반성하고 새로운 길을 찾기 위해서는 무엇보다 "겸허하고 단순하고 생명력 있는 주체의 구체적인 변화"가 있어야 한다. "노동과 자본에 관한 우리의 오랜 인문적 호소는 결국은 시스템 내부에 그치고 그것을 변화시킬 만한 힘"을 갖고 있지 못하다. 기존의 이념과 논리가 아니라 과거와는 다른 코드(code)로 시스템 자체를 반성할 때만이 새로운 가능성을 찾을 수 있으리라는 것이다. 작가는 이런 견해에 완전히 동의할 수는 없다고 말하지만, 작품에서 생태론이나 모성(母性)이 중요하게 언급된 것은 이런 타자의 시각을 상당 부분 수용한 때문이라고 볼 수 있다.

이 작품이 의미를 갖는 것은 사회주의의 허망한 몰락을 지켜보았음에도 불구하고 지난 과거를 부정하지 않고 오히려 새로운 출발의 계기로 수용한다는 데 있다. 작가는 80년대의 변혁운동이 지녔던 내적인 모순과 외부의 세계사적인 변화를 간파하였다. 이런 자각을 바탕으로, 데까브리스트들의 항거가 퇴락한 화석이 되고 오현우 등이 지향했던 변혁의 이념이 참담하게 무너져 내린 현실에서도 그들을 사로잡았던 '가치'만은 결코 부정할 수 없다고 본 것이다. 한윤희가 일기의 마지막 대목에서, 우리가 지켜내려고 안간힘을 쓰고 버티어왔던 가치들은 산산이 부서졌으나 아직도 속세의 먼지 가운데서 빛나고 있고 그렇기에 "살아 있는 한 우리는 또 한번 다시 시작해야 할 것"이라고 되새긴 것은, 실패의 원인에 대한 객관적 통찰이 전제된 뒤에는 '과거'를 현실의 변화를 끌어내기 위한 구체적인 과정으로 수용해야 한다는 것으로 이해할 수 있다. 그런 점에서 오현우가 결론적으로 되새긴 다음과 같은 구절에는 과거와 현재를 보는 이런 작가의 입장이 집약되어 있다.

> 나는 한 시대가 종언을 고하고 나서 그것이 무엇이었던가를 독방에서 아프게 이해하는 데 몇 년이 걸렸다. 국가권력을 장악하려는 여러 가지 시도는 낡아버렸거나 불필요한 일이 되어버렸다. 지난 세기에 자본과 물질의 체제 속에서 반체제의 눈으로 세계를 바라보았던 생각은 그것을 현실화하는 과정에서 왜곡되었다. 오히려 이제는 무너진 건물 사이로 솟아나온 철골처럼 남아버린 몇 가지 명제가 소중해졌는지도 모른다. 어느 집단이나 민주적 원칙의 관철과 대중에 의한 주권의 회복은 수백 년 이래로 가장 생명력 있는 유산으로 확인되었다. 이는 불탄 자리에서 골라낸 살림도구 같은 것이리라. 국가권력에 대하여 변화와 개혁을 들이대고 이름 없는 사람들의 집단이 서로 연대하며, 아이들의 땅뺏기놀이처럼 그침 없이 한 뼘 두 뼘 자본이 남겨먹은 것들을 되찾아 실질적인 평등의 단계로 영역을 넓혀나가야만 한다.
>
> (하권, 309면)

작가의 최근 심경을 고백한 것으로 보이는 이 대목에서 주목할 점은 지난 과거가 허망하게 끝났음에도 불구하고, "민주적 원칙의 관철과 대중에 의한 주권의 회복"이라는 소중한 유산을 남겨주었다는 인식에 있다. 이를테면, "시민의 탄생"이 이루어졌다는 것으로, 오랜 방황 끝에 도달한 이런 결론은 매우 소중한 것으로 보인다. 사실 지난 시절에는 국가 권력만 장악하면 모든 문제가 해결될 것으로 오인했고, 그 가능하지도 않은 꿈을 현실화하기 위해서 너무나 많은 희생을 치렀다. 서로가 서로를 믿지 않았고 대오는 사분오열되었다. "노동자, 농민, 학생, 지식인, 종교인, 빈민, 실업자 … 도무지 끝나지도 않을 것처럼 주워섬기다가 넥타이부대까지 끼워 넣었"으나, 주력부대는 어디까지나 앞의 부류들로 한정되었다. 하지만 돌이켜 보자면 이 일련의 과정이 민주적 원칙이 관철되고 대중이 역사의 표면으로 부상한 시민사회의 탄생과정이 아니었던가. 작가가 "유월에서 다시 출발해야 한다"고 했던 것은, 1987년 6월 항쟁이란 몰락을 앞둔 절정기의 불꽃이 아니라 새롭게 출발해야 하는 운동의 시발점이었음을 의미하는 것이다. 이렇게 보자면, 지난 과거는 완료형이 아니라 새로운 도약의 발판으로 이해될 수 있다. "더욱 성숙한 사랑으로 지난날과 미래를 껴안"을 수밖에 없는 것이다.

우리는 과거에 아무도 사랑하지 않았던 것이 아니라, 세상에 드러나는 모양은 달랐으나 서로를 사랑하였다. 과거의 전철을 자각한 상태에서의 출발이란 분명 이전과는 다를 것이고, 그래서 '오래된 정원'이란 과거 갈뫼에서의 생활을 의미하는 것이 아니라 오히려 여전히 추구해야 할 지향점으로 이해되어야 할 것이다. 그것은 곧 지금과 같은 전쟁의 폭력과 굶주림과 억압의 공포가 없는 '태곳적의 평화로운', 그리하여 우리 모두가 궁극적으로 소망하는 그 세계이기도 하다.

4. 비판적 주체와 타자

1980년대란 독단적 이념과 그에 수반한 배제의 논리가 횡행하였던 시절이다. 절대권력에 맞서는 변혁운동의 힘겨운 과정에서 선명한 이념과 강경한 투쟁은 무엇보다 중요할 수밖에 없었고, 그것이 자연스럽게 피아(彼我)를 구분하는 배제의 논리로 나타났다. 과학과 이성을 강변했음에도 불구하고 상황은, 타자를 이해하고 포용하기보다는 오로지 주체의 일방적인 관점만을 강요하였다. '나에게 타당한 것은 다른 모든 사람들에게도 타당하다'는 사고방식이란 사실 독선적 편견에 지나지 않는 것이다. 그런 사고방식에 젖어 있었기 때문에 거기에는 타자에 대한 배려가 존재할 수 없었다. 운동의 중심에서 벗어나 평범한 소시민의 삶을 소망했던 한윤희는 사실 오현우와는 다른 코드를 가진 인물이다. 그녀에게 중요했던 것은 소시민의 평화로운 삶이고, 운동이나 이념이란 그녀의 관심권 밖에 놓여 있는 것이었다. 사고의 중심에 그녀를 놓는다면, 오현우로 대표되는 80년대란 주체의 일방적 강조와 타자의 배제라는, 근대의 부정성에 깊게 침윤된 시기였음을 확인하게 된다.

황석영은 「객지」이래 줄곧 주체 중심의 사고방식을 견지해 왔던 작가이다. 지금은 고전이 되다시피 한 작품이지만 주체 중심의 사고를 「객지」만큼 철저하게 보여준 작품도 없을 것이다. 부랑(浮浪) 노동자 동혁이 회사측과 타협을 거부하고 산 위로 오르면서 어디선가 솟구치는 강렬한 희망에 사로잡혀 내보인 다음과 같은 결의는 황석영의 행로와 작품 전체를 지배하는 파토스와도 같은 것이었다. "꼭 내일이 아니라도 좋다." 즉, 희생이 보상되고 모두가 한 뜻으로 뭉칠 수 있는 미래가 아니더라도, 결코 지금의 참혹한 현실을 외면하지 않으리라는 다짐, 곧 자신의 신념을 결코 굽히지 않으리라는, 독아론의 전형적 형태를 보여준다. 황석영의 작품이 낙관적 신념이나 낭만적 열정으로 충만해 있는 것은 이 근원적 지향성에 의해 조율되기 때문이다. 국내에서의 활동이 벽에 부딪치자 먼 이국으로 나가고, 거기서 다시 미지의 북행길에 오르는 대담하고 파격적인 행동들을 연출할 수 있었던 것은 한 순간도 자신을 회의하지 않았던 이런 신념이 있었기에 가능했던 것이다.

그런데 『오래된 정원』에 오면 타자의 시선이 도입되고, 세상을 보는 한층 성숙한 시선을 보여준다. 기존의 황석영에게서 느껴지지 않던, 근원의 변화를 시사하는 대목이다. 작품 말미에서 한윤희가 근년의 화두는 '어머니'였다고 서술하면서, 모성의 중요성을 강조했던 것은 그런 맥락에서 매우 의미

깊은 것이라 할 수 있다. 사실 근대란 남성들의 '삭막하고 쓸쓸한 갈등의 시대'가 아니던가. 그것은 표면으로는 사랑의 메마른 웃음으로 위장하고 있으되, 그 내면은 잃어버린 또는 잃어버릴 지 모르는 권력을 되찾거나, 지키기 위해 눈을 부릅뜨는, 황량한 남성적 영혼들로 가득한 시대였다. 윤희는 그런 시대를 보내면서 자기 역시 거기에 동화되었음을 자각하고 "이 위대한 자연을 회복하고야 말 것"이라는 다짐에 이르는 것이다. 이렇게 보자면 『오래된 정원』은 근대성 전반에 대한 반성을 전제로 한 작품임을 알 수 있고, 그런 점에서 청산주의에 물들어 있는 기존의 후일담 소설과는 근본을 달리하는 것이다.

최근 소설들을 읽으면서 새삼 타자의 문제를 생각했던 것은, 서로 다른 코드를 가졌음에도 불구하고 한윤희와 오현우가 마침내 서로를 이해하는 '대화적 관계'를 만들었듯이, 최근 소설 역시 그런 전환이 필요하다는 생각 때문이다. 실존과 현실에 대한 고민이 거세된 자동화된 글쓰기를 반복하거나, 인간의 소중한 가치를 외면한 채 낯설고 기이한 환상만을 취하는 것, 현실에 대한 냉소주의를 빙자해서 엽기적인 관음증에 빠져드는 행위 등은 어쩌면 자기 도취의 독단에 빠져든 모습은 아닌지. 삶과 현실에 대한 배려를 외면한 채, 이해할 수 있으면 이해하고 없으면 그만두라는 생각은 주체와 타자 사이의 '기초적 신뢰'마저 부정하는 저급한 독선일 뿐이다. 개인의 체험이란 상대화되었을 때 의미를 갖는 것이고, 소설이란 이런 타자화된 주체를 서술하는 양식이다. 앞으로의 역사는 어쩌면 동혁과도 같은 자기신념에 투철한 인물이 아니라 자기를 배제한 타자의 시선에 귀 기울이는 자들에 의해서 한층 성숙해질지도 모른다.

망각에 맞서는 성찰과 희망의 서사
— 방현석의 『당신의 왼편』을 중심으로

1. 질주와 망각

시계바늘이 카운트다운과 함께 0시의 조종을 울리던 그 순간에 한 세기는 세 개나 붙은 9라는 꼬리표를 떨어뜨리고 역사의 어둠 속으로 사라졌다. 그 뒤로 밀려온 것은 브레이크 장치가 제거된 욕망의 전차가 화려하게 질주하는 모습이고 구제금융의 치욕을 어느새 잊어버린 휘황한 네온의 불빛이며 그 속에서 쉴새 없이 폭죽을 터뜨리는 벤처 신화의 행렬이다. 빛의 속도보다도 빠른 사회 변화의 속도는 2000년의 도래를 낯설어하던 몇 달 전의 시간조차 아득한 과거로 만들어 놓았다. 도대체 우리는 지금 어디쯤 와 있는 것인가. 그리하여 지금 우리의 삶은 지난 세기보다 진보한 것인가? 이런 질문조차도 마치 산사의 범종소리처럼 희미하고 미약하게 들리는 현란한 시간 속을 고공비행하다가 방현석의 소설을 읽는다.『당신의 왼편』, 당신의 왼편이라니.

소설을 읽다가 창 밖의 불야성에서 눈을 떼어 그 화려한 조명에서 비껴 있는 곳으로 시선을 옮기면 거기에는 아직도 '꽃도 십자가도 없는 무덤'들이 그대로 있다. '우리가 타고 온 나룻배를 빨리 불태워야 한다'고 어느 작가가 90년대의 길목에서 당당하게 외칠 때, 그가 불태우고 싶었던 것은 한때나마 자신을 무겁게 했던 부채의식이 아니었을까. 노동자나 민족과는 생리적으로 무관했던 사람들까지도 노동문학과 민족문학을 운위하던 그 시절을 거쳐오면서 크고 작은 내상을 입지 않은 사람이 없었다. '촉망받던 법대생이 고시를 포기하고 유능한 문학도가 신춘문예를 거부했던, 의대생이 프레스공이 되고 음악도가 미싱사가 되기를 주저하지 않았던' 시대, 즉 출신성분을 불문하고 존재를 바꾸어 보려 했던 그 믿을 수 없는 시기는 그러나 이제는 전설이 된 것이 아닌가. 그 세대가 꿈꾸었던 세계는 외면 당하고 버려진 세계가 되었다. 그래서 방현석 소설을 읽으면서 갖게 된 느낌은 양면적이다. 그것은 작가와 같은 시기에 대학을 보낸 필자 개인의 양가적(兩價的) 감정과 같은 것으로, 한편으로는 소설이 담고 있는 경험을 날 것 그대로 공유한 데서 오는 아픔이고, 한편으로는 당혹감이다. 20년의 세월이 흐른 뒤에 되돌아보는 과거가 아름답기보다는 참담함으로 기억된다는 것은 그만큼 회한이 깊기 때문이 아닐까. 타르코프스키가 영화제목으로 내걸었던 '희생'의 코드는 "우직한 자의 한 걸음이 세상을 바꾸어간다"(신영복)는 진술의 바탕이자 희망의 근거였다. 그 희망은 90년대적 삶 속에서 투항을 거부하고 외로움과 모멸을 견디며 "똑같은 보폭으로 지루하게 제 길을 걷는 낙타의 길"(김진경)을 가다가 "1980년대 세대가 가졌던 하나의 희망이 최종적으로 좌절했다는 것을 이제야 나는 인정한다"(방현석)는 쓸쓸한 고백을 들려주고 있는 것이다.

  변혁의 열정과 꿈은 흐르는 강물이 되어 시대의 저 편으로 사라졌고, 그 자리에 정체 모를 혼돈과 타성화된 삶이 대신하고 있는 현실을 수용하지 않으면 사는 것 자체가 근본적으로 불편해질 수밖에 없는 게 현실이다. 정보화 시대의 급속한 진전은 지구의 양쪽을 하나로 묶어 시간과 공간의 균질화를 불러왔고 계급이라든가 착취의 문제를 교묘하게 은폐시켜 놓았다. 자본의 숨막힌 질주만이 압도한다. 세상은 패러다임이 바뀌었다고 더 이상 낡은 틀에 안주하지 말라고 독촉한다. 그러나 나룻배를 불태운다고 해서 프레스에 잘려진 두 손가락이 다시 붙을 수 있을까. 그 억울한 주검들은 다시 살아날 수 있을까. 이런 사실들에 직면하면 우리는 아직 그다지 자유로울 수가 없다. 아무 일 없었다는 듯이 거품의 일부가 되어 가볍게 날아오르기엔 '몸의 기억'이 너무 깊고 잔인하다. 그러기에 그 세대 중 살아남은 자들은 지금까지도 유령에 시달린다. 비참하게 죽은 자들은 저승에도 들어가지 못하고 구천을 떠돌지 않는가. 그 원혼들의 영매(靈媒)가 될 수밖에 없는 것이 문학의 업이었다. 죽은 '박형희'를 '도건우'로 살려내는 일, 그것은 방현석의 업이기도 한 것이다.

2. '과거'의 거울에 비친 현재의 삶

『당신의 왼편』의 배경은 세기 전환을 앞 둔 90년대 말이다. 대그룹의 과장인 현현욱과 중소기업을 경영하는 도건우, 아직도 노동단체에서 일하고 있는 심민영, 이 세 명이 힘겹게 살아가는 지금 이곳의 이야기가 작품의 중심 내용이다. 하지만 작품의 대부분은 80년대의 참혹했던 현실과 그 한 복판을 변혁에 대한 열정으로 통과해온 인물들의 일화로 채워져 있는 점에서, 기실은 80년대의 이야기라 해도 지나친 말은 아니다. 그런데 그 80년대는 이전 방현석 소설에서 볼 수 있었던 비장한 결단과 신념으로 채워진 공간이 아니라는 데서, 80년대 노동문학의 적자라 할 수 있는 작가의 변모를 새삼 엿보게 해준다.

등단작 「내딛는 첫발은」 이후 「새벽 출정」 「내일을 여는 집」 「지옥선의 사람들」 「또 하나의 선택」 이래, 작가의 서사적 특징으로 회자되는 비장미는 당대의 고양된 사회운동과 흐름을 같이 한 것이었다. "죽을 수는 있어도 질 수는 없다" "투쟁으로 만든 노조 죽음으로 지켜내자"는 절규는 이데올로기에 덧씌워진 단순한 구호가 아니었다. 노동운동의 대오를 강철처럼 결속시켰던 그 해방의 서사는 삶의 현장에서 솟구치는 처절한 생존의 욕망이었고 나아가 민족의 운명과 민중의 미래를 새롭게 밝혀줄 희망의 끈이었다.

인물들은 이 솟구치는 희망에 몸을 맡기고, 실패가 명백히 예견되는 상황에서도 그 희생이 결코 헛되지 않으리라 믿었고 기꺼이 시대의 희생양을 자처했었다. 그런데 그것이 주관화된 신념이나 이념적 도식으로 전락하지 않았던 것은, 당대의 노동운동을 포함한 사회운동 전반의 고양된 힘에 바탕을 둔, 이를테면 현장의 감각을 충실하게 재현해 냈다는 데 있다. 참혹한 현장과 그것을 극복하고 인간의 권위와 존엄이 존중되는 사회를 향한 숭고한 의지가 작품의 중심을 이루었던 까닭에 거기에는 주관적 과장이나 낭만적 신념이 스며들 틈이 없었고, 이를 통해서 방현석은 다른 노동소설과 구별되는 우뚝한 영역을 확보할 수 있었던 것이다. 물론 노동계급에 대한 과도한 신뢰라는 당대의 사회 분위기에서 방현석 또한 완전히 자유롭지는 못하였다.

『당신의 왼편』은 이 모든 것들이 한갓 꿈으로 기억되는 시대의 이야기이다. 20대의 화려했던 청춘을 80년대와 더불어 묻어버리고 40대를 바라보는 현재, 이들의 삶은 어떠한가. 작가의 궁극적인 관심은 여기에 있는 셈인데, 이들은 현재 어떠한 꿈도 갖고 있지 못한 세대로 그려진다. 시대를 사로잡았던 열정은 사회주의권의 몰락과 더불어 이미 의미를 상실하였고 그렇다고 대안적 삶을 살고 있는 것도 아닌 까닭에 현재의 삶이란 흥분된 긴장도 그렇다고 뚜렷한 명분도 없다. 화자의 말을 빌리자면 현재의 삶이란 "인생에 대한 일종의 태업행위"를 하고 있는 것. 곧, 현실의 삶을 살지 않을 수 없지만, 그것은 자기 판단과 가치 부여를 배제한 채 일상을 무심하게 흘러가는 행위에 지나지 않는다. 문학도가 되려했던 현현욱은 노동현장에서 떠난 뒤 기자 생활을 하다가 지금은 대기업 회장의 자서전 집필을 맡고 있으나, 실제 하는 일이란 회장의 대외용 문서를 작성해주는 일이 고작이다. 앵무새와도 같은 일을 반복하는 까닭에 그는 일에 대한 흥미를 갖지 못하고 심각한 혼란에 빠져 있다. 아버지의 사업을 이어받아 중소기업을 경영하는 도건우 역시 힘겨운 삶을 살기는 마찬가지다. 그는 과거 노동운동 시절에 가졌던 신념으로 회사를 경영하면서 노동자들을 가족처럼 보살피지만, 돌아오는 것은 노동자나 간부들의 비웃음뿐이다. 결국 이사와 영업부장의 농간으로 회사는 부도를 맞고 종국에는 매각되는 지경에 이르고 만다. 이와는 달리 심민영은 아직도 80년대의 연장선상에서 일을 하고 있는 인물이다. 민주노총에 관계하면서 지난날의 신념을 계속 견지하지만 그녀의 삶 또한 힘겹기는 마찬가지이다.

이 힘겨운 세상살이를 응시하면서 작가는 그들의 청춘을 묻어 놓은 80년대를 되돌아본다. 그런데 그 되돌아봄은 과거에 대한 단순한 반추나 현재를 합리화하려는 알리바이가 아니라는 점에서 기존의 후일담 소설과는 다른 모습을 보여준다. 그것은 과거를 운동가의 자의식이나 이념의 시선에 기대지 않은 채 그저 담담하게 서술하는 시선을 통해서 드러나는데, 이 작품이 80년대의 참담한 기록이자 증언으로서의 의의를 갖는 것은 이런 서술시각에 힘입은 바 큰 것으로 보인다. 80년 서울의 봄에서 광주 항쟁, 김근태 고문사건, 여러 인물들이 보여주는 실존적인 결단과 행동은 저 참혹했던 시대를 살아온 사람들의 자화상인 셈이고, 그래서 작가는 제1장 <서울의 봄>에서부터 도건우의 장례가 치러지는 마지막 13장의 <바이올린과 드럼을 위한 이중주>까지 80년대를 담담히 서술하는 기록자적인 태도를 견지한다. 광주항쟁을 서술하면서 '조선대 민주투쟁위원회의 성명서'나 '김성용 신부의 강론', 그리고 '광주항쟁 목격자 심민영의 일기'를 그대로 옮겨 놓은 것이나, 그 만행의 참혹함을 세계사적으로 조망하기 위해서 영국 신부 헤이스팅스의 <모잠비크 학살 현장보고서>를 대비적으로 제시한 것은 모두 작가의 증언적 의도에서 비롯된 것이다. 또 국가보안법 위반으로 구속되어 치안본부 대공수사단에서 혹독한 고문을 당했던 '김근태의 기록'과 '부천서 성고문사건' 등의 삽화 역시 이런 의도와 무관한 것은 아니다. 군사정권의 유혈 쿠데타로 사회는 피범벅이 되었고, 거기에 맞서 싸우던 양심적 인사들은 차가운 고문실에서 피와 살이 뜯기는 도륙의 시절을 견뎌야 했던 80년대란, 김성용 신부의 강론대로, 인간이 개나 돼지로 취급되던 참혹한 인간 모멸의 시기가 아니었던가.

> 우리는 이제 네 발로 기어다녀야 하며 개나 도야지와 같이 입을 먹이 그릇에 처박아 먹어야 하며, 짐승과 같이 살아가야만 합니다. 폭력과 살 인을 일삼는 유신 잔당이 우리를 짐승같이 취급, 때리고, 개를 죽이듯이 끌고 가고, 찌르고, 쏘았기 때문입니다……. (80. 5. 25. 김성용 신부의 강론 중)

(『당신의 왼편』 1권, 145면)

이 참혹한 현실 앞에서, 젊은이들이 불의에 항의하여 온몸으로 맞설 수밖에 없었던 것은 너무나 당연한 일이 아니었을까. 학교까지 바꾸어가면서 문학도의 길을 걷고자 했던 심민영은 '서울의 봄'과 '광주 항쟁'을 목격하면서 문학의 길을 포기하고 사회운동에 투신하며, 소위 '문무대 사태'를 주도하고 군사정권과 타협하지 않겠다는 신념을 굽히지 않았던 현현욱은 총학생 회장이 되어 학생운동의 전면에 나서며, 현현욱의 행위를 눈물로 지켜보면서 스스로를 부끄러워했던 도건우는 필생의 꿈이었던 음악을 포기하고 노동자로 변신한다. 이들은 젊었고, 가진 것이라곤 유일하게 "경멸할 것을 경멸할 줄 알고, 민중을 핍박하는 권력에 저항하고 불의를 외면하며 일신의 영달에 눈먼 자들을 멸시하는 용기"뿐이었다.

그렇기에 이 결단에는 어떤 가식이나 보상에 대한 기대가 틈입할 수 없었고, 오직 "변혁을 위해, 유토피아와 같은 공동체를 만들기 위해 목숨을" 건 순수한 열정만이 있었을 뿐이다. 사법고시 1차를 합격하고 2차를 준비중이던 상황에서 시대의 부름을 외면할 수 없어서 학생운동에 뛰어든 뒤, 지금은 정수기 외판원으로 연명하고 있는 장건상의 말처럼, "그때 그런 선택 이외 다른 어떤 선택이 가능했"겠는가. "위선의 냄새를 조금만 피워도 술잔이 날아" 갈 정도로 서로에게 가혹할 만큼 치열하고 맹목적이었던 시기가 80년대였다. 부잣집 아들인 도건우가 어느 순간 돌연히 노동자가 되었을 때, 그것이 쉽지 않은 결단이었음에도 불구하고 주위에서는 부르조아의 위선이 아닌가 하는 의혹의 눈길을 던졌던 것도 그와 같은 맥락에서였다. 도건우가 프레스공으로 일하다가 손가락 두 개를 잃은 순간, 그가 겪은 격심한 고뇌와 동요 또한 이해받지 못한다. 음악도인 그에게 손가락의 절단이란 사형선고나 마찬가지지만 개인의 욕망보다는 조직의 규율과 안위를 더 우선시했던 것이 당시의 분위기였다.

  그 살얼음판과도 같은 긴장과 고투의 시간들 속에서 각자 정신적으로 입었을 내상들에 대해서 돌이켜 보는 것은 그로부터 많은 시간이 흐른 후에나 가능한 일이다. 그 모든 과정들이 세상에서 가장 끈질긴 기억이라 할 수 있는 '몸의 기억'으로 남아 있다. 기득권을 반납하고 젊음을 헌신한 그 간고한 시간들은 문신처럼 아직 남아 사람들의 현재를 무의식적으로 장악하고 있고, 그것을 현욱은 과거의 회상을 통해서 깨닫는다. 대학 시절 단골 술집의 개미 아줌마는 쉰 막걸리를 팔았을 망정 양심을 팔지는 않았지만 그는 현재 밥을 얻기 위해서 영혼을 팔고 있고, 지금은 단지 압류 당한 급여명세표만 남아 있을 뿐이다. 그 초라하고 왜소한 월급쟁이의 모습을 작가는 과거라는 '거울'을 통해서 비추어 본 것이고, 이 성찰의 과정을 통해서 현욱은 미처 깨닫지 못하고 있었던 저 밑바닥 어딘 가로부터 솟구치는 강렬한 저항의 실체를 자각하게 된다.

>   평등, 세상에 대한 그런 개뼈다귀 같은 꿈은 이미 한 시대와 함께 돌이킬 수 없는 강물이 되어 흘러가 버리는 것을 목격하지 않았느냐고 따져 묻고 싶어하는 그를 나는 묵묵히 바라보기만 했다. 하지만 그도 알지 못하는, 그의 저 밑바닥 어딘 가로부터 솟구쳐 오르는 강렬한 저항의 어렴풋한 실체를 나는 바라보고 있었다. (…) 예고 없이 기습을 감행하여 그의 일상을 한없이 남루하게 만들어버리는 습격자의 정체는 바로 유기 당한 꿈의 원혼일지도 모른다는 생각에 이르기까지 그에게는 많은 시간이 필요했다. (…) 꿈 없이 살아가는 일이라면 이미 어느 정도 익숙해진 그였다. 하지만 꿈꾸며 살았던 시간의 기억은 그에게 수시로 내상을 입혔다. 떠나오면 잊혀질 수 있는 기억일 줄 알았을 것이다. 그러나 아무것도 아닌 줄 알았던 그 기억은 그에게 언제나 예리한 흉기였다.
>
> (2권, 251-2면)

직장에 사표를 내고, '미궁에서 현실로' 들어가기 위해서 새로운 일에 투신하는 현욱의 결단은 이 과거로부터 솟구치는, 무심하게 흘러가는 현재의 삶에 대한 전면적인 거부인 것이다. '인터넷 신문'의 기자가 되겠다는 것은 곧, '인생에 대한 태업행위'에서 벗어나 다시금 자기를 판단하고 가치를 부여하는 삶을 살겠다는 새로운 출발을 의미하는 것이다. 물론, 인터넷을 통해서 새로운 일을 도모하겠다는 것은 작품의 전개상 급작스럽게 느껴지기도 한다. 더구나 심민영처럼 여전히 노동운동에 관여하고 있는 입장에서 보자면 그런 변신이란 '시큰둥한 일'로밖에 여겨지지 않을 지도 모른다. 하지만 현욱의 결단에는 노동현장을 떠난 이후 그가 목격한 사회 현실과 노동자들의 변화에 대한 날카로운 인식이 전제되어 있다는 점에서 80년대의 관성적인 반복은 아닌 것이다.

작가는 90년대 이후의 변화된 현실을 정확하게 응시한다. 이를테면, 그동안 우리는 자본가나 노동자, 정치가나 관료 할 것 없이 과거를 기억하지 않고 미래를 염두에 두지 않는 사고방식에 젖어 있었고, 자기의 이해관계만을 중심으로 삼는 행동 방식에 빠져 있었다. 1970, 80년대의 노동자 투쟁은 자신들의 이해관계만을 위한 것이 아니라 인간의 존엄과 미래를 위한 것이었으나, 90년대의 그것은 기껏 승용차를 엑셀에서 소나타로 바꾸기 위한 임투나 단투에 지나지 않았다. 정당할 수는 있었지만 결코 감동적이지는 않았던 것이다. 현실의 변화상에 대한 이러한 인식을 바탕으로 현욱은 새로운 변신을 꾀한 것이다. 물론 인터넷 신문의 기자로 일하는 것이 이런 비판을 감당할 만한 것인지는 의문이다. 심민영의 무관심한 반응에 응답하듯이, 현욱은 인생의 전구간을 인터넷에 맡기지는 않을 것이고 단지 필요한 구간만을 탑승할 것이라는 다짐을 잊지 않았던 것은 그런 우려에서 비롯된 것이라 할 수 있다.

현욱이 울산의 자동차 노조 파업투쟁을 취재하고 인터넷에 그것을 실시간대로 올려놓은 것은 모두가 외면하는, 심지어 노동자마저도 외면하는 '화려한 조명의 이면'에 숨어 있는 진실을 추구하겠다는 의지인 셈이다. 작가의 말대로, 진실은 언제나 자본주의의 화려한 조명이 비켜 가는 멀시 속에 존재한다. 그런 까닭에 외면 당하고 버려진 것들, 그들과 함께 외로움과 모멸을 견디는 것이 투항을 거부하는 삶의 운명이자 작가가 감당해야 할 문학의 운명이었다.

3. 희망의 생명력

80년대를 어떻게 이해하고 수용할 것인가의 문제는 지금 현재를 어떻게 이해하고 삶의 좌표를 정할 것인가의 문제와 동궤에 놓여 있다. 90년대는 80년대의 반동으로 탈정치적 경향이 가속화되고 사회적 긴장도 존재하지 않았던 시대라고들 말한다. 심한 경우 민중의 정서를 포착하고 재현해 내려는 노력마저 구시대의 미망에서 벗어나지 못한 것으로 매도되기도 한다. 물론 80년대처럼 경직된 이념에 몸을 맡기거나 사회변혁에 대한 조급한 열망을 다시금 되풀이하는 것은 옳지 못하다. 『당신의 왼편』에서 작가가 80년대를 증언하듯이 담담히 서술했던 것은 그런 혐의를 불식하기 위한 것이 아니었을까. 현욱을 통해서 80년대를 사실적으로 바라보고 그 속에서 보낸 젊음을 회상했던 것은 그들의 삶이 결코 미망이 아니었고, 그 외에 다른 어떤 선택이 가능했겠느냐는 반문이고, 이는 곧 80년대를 희롱하는 90년대의 유행담론에 대한 전면적인 거부인 것이다. 이렇게 보자면, 80년대의 좌절된 꿈은 현재도 여전히 유효하다는 것을 확인하게 된다. '당신의 왼편'으로 상징된, 소위 386세대의 좌절된 꿈은 완료형이 아니라 여전히 진행형인 셈이다.

그런데, 마흔 고개로 접어든 지금의 삶은 어떠한가. 무디어지고 뻔뻔스러워지고 탐욕스러워진 중년, 마치 갑각류의 단단한 껍질과도 같은 삶의 타성에 둘러싸여 있는 게 지금의 삶이 아닌가. 의지와는 무관하게 세상은 빠르게 변해가고 있으며, 우리는 그 속에서 불안하고 초라하게 낡아간다. 그 무서운 속도 속에서 '나'를 찾는 일은 마치 거센 물살 속에서 징검다리를 놓는 것 이상으로 힘들어 보인다. 하지만 방현석은 그 무모한 시도를 감행한다.
 『당신의 왼편』은 이 탈주의 시대에, 망각의 깊은 늪 속에 빠져 있는 우리들에게 '386 세대'라는 상업화된 수사가 함축하는, 본질을 외면한 채 겉껍질만을 강조하는 경박한 세태를 힐난하면서 사회주의가 몰락하고 삶의 질이 향상되었다 하더라도 더 나은 삶을 향한 꿈은 여전히 필요하다는 사실을 절규한다. 80년대를 회고하고 그 열정을 간직한 채 새롭게 삶의 이정표를 찾고자 하는 '현현욱'을 통해서 우리는 2000년을 살아가는 새로운 희망을 가질 수 있지 않을까. 이 속악한 시대에 맞서는 정결한 젊음과 희망의 서사는, 80년대 세대만의 한정된 체험이 아니라 과거에 대한 냉정한 인식과 그 위에서 삶을 설계하는 이런 태도에서나 가능한 것이다. 우직한 자의 한 걸음이 세상을 바꾸어간다. 그리고 이 사회는 그로부터 희망의 생명력을 연장해 간다.

비극의 세계, 절망과 부정의 형식
— 최인석론

1. 미정형의 작가적 여정

  최인석은 1980년에 희곡 「벽과 창」으로 등단했고, 86년에 장편소설 공모에 『구경꾼』이 당선되어 소설가로서의 삶을 시작하였다. 희곡작가로 출발하였으나 소설로 장르를 전환했다는 점에서 그는 소설가로선 남다른 이력을 지녔다. 물론 소설과 희곡을 병행해서 쓰거나 소설을 쓰다가 희곡으로 전환한 채만식, 최인훈 등의 선례가 없지는 않으나, 문학의 출발점이 어디에 있는가를 기준으로 삼는다면 매우 특이한 존재라고 할 수 있다. 그는 희곡, 소설뿐만 아니라 시나리오, TV극까지 집필하는 등 장르를 뛰어넘는 활동을 해온 보기 드문 재능의 소유자로 여겨진다.
  20년 가까운 경력의 중견 작가를 읽으면서 먼저 갖게 된 생각은 안정된 작품 세계를 갖고 있으리라는 기대였고, 그래서 힘들지 않게 작가의 전모를 파악할 수 있으리라는 생각이었다. 하지만 그의 작품을 통독하면서 이러한 기대는 여지없이 무너지고 말았다. 그는 여전히 운동하는 미정형의 작가였다. 20년에 이르는 필력의 작가를 미정형이라고 하는 것은 적절하지 않은 표현이지만, 그 말을 감히 사용하는 것은 쉽지 않고 어떤 지향점을 향해 움

I. 성찰로 건져 올린 80년대의 진실 37

직이는, 또는 아직도 분열이 진행중인 어떤 정신의 분화구를 그의 문학이 연상시켜 주었기 때문이다. 이러한 특성이 바로 작가의 정체성을 만드는 근거가 되면서 동시에 그를 단일한 개념으로 정리하지 못하게 하는 요소로 판단되었다. 기존의 문학적 개념과 틀을 앞세워 그의 문학에 접근할 경우 낯설음과 당혹스러움을 느끼는 것도 이와 무관하지 않을 것이다. 한 평론가의 지적대로, 그의 작품 전체를 통독하면서 느끼게 되는 것은 난마처럼 갈피를 잡을 수 없는 다양한 작품 세계이다. 모순된 현실에 대한 야유와 풍자, 소시민의 속물성과 지식인의 허위의식에 대한 비판이 있는가 하면, 난데없이 시체애호증 환자의 이야기가 등장하고, 신화적 세계가 현실의 모습을 하고 나타나기도 한다.(서영채, 「알레고리에서 심연으로」, 『문학동네』, 1997, 여름호 참조) 이 다양한 작품 세계를 앞에 놓고 당혹스러움을 느끼는 것은 어쩌면 당연한 일일지도 모른다.

하지만 소설이 천편일률로 진행되는 상투적인 이야기가 아니라 작가가 인식한 현실을 반영하되, 그것을 자기류의 독특한 양식을 통해서 드러내는 서사물이라고 한다면 최인석은 그 나름의 지형도를 만들어 가고 있음을 확인할 수 있다. 최근작에서 일관되게 반복되는 환상과 현실의 일체화된 서술과 천진스러운 인물의 제시, 그리고 그 이면에 놓여 있는 작가의 광기어린 열정은 작품을 규율하는 근본원리가 무엇인가를 짐작케 해준다. 자전소설 「소설가 최보의 어제, 또 어제」에서 토로되고 있듯이 최인석의 서사는 다음과 같은 생각에 의해서 면밀하게 기획된 것임을 알 수 있다. 즉, 세상은 하나의 "생각의 틀"만으로 설명할 수 없다는 것. 마치 "프로이트"처럼, "한 가지 생각의 틀, 그것만 만들어내면 그저 만사형통이라고 생각하고 그 틀에 세상 만물을 쥐어짜 규격만 약간씩 다른 암나사 수나사를 무수히 만들어내는 인간들"을 작가는 경멸한다고 말한다. 그런 편집광들이 만들어낸 똑같은 암나사 수나사에 대한 설명을 자신이 새삼스럽게 할 필요가 없다는 것이다. 그래서 "너는 세상이 암나사 수나사로만 이루어지는 게 아니라는 것만 얘기하면 되는 거야. 너의 혁명, 또는 광기로 일관하면 돼."(「소설가 최보의 어제, 또 어제」중에서)라고 말한다. 말하자면 최인석은 세상에 두루 통하는 사유의 틀이나 개념적 체계에 의존하기보다는 '혁명'과 '광기'의 형태로 그것을 부정하고자 한다. 그래서 그는 정격보다는 파격의 길을 가고, 그것도 '혁명'과 '광기'라는 극단의 방법을 동원한다.

이런 데서 최인석은, 모든 진리를 포함한 지성이 하나의 허위(虛僞)에 불과하다고 보는 니체(F. Nietzsche)와 흡사한 모습을 보여준다. 니체는, 진리나 지성이란 사물에 대한 인식을 의미하고 그것은 결국 사물을 도식화하는 것에 불과하며, '인식'이란 친숙한 것을 향한 욕구이고, 동시에 모든 낯익지 않은 것, 통상적이지 않은 것, 의심스러운 것 속에서 이제는 불안하지 않을 어떤 것을 발견하려는 의지라고 말한다. 이런 견해에 의하자면 프로이트 역시 한 가지 생각의 틀만으로 세상 만물을 설명하려는 인물에 지나지 않는다. 그래서 최인석은 하나의 개념의 틀로 현실의 조화를 추구하고 동시에 지식에 의한 세계의 교정을 목표로 하는 기존의 담론들은 경멸한다고 말하는 것이다. 그렇다고 해서 최인석이 새로운 사유의 틀을 제시하는 것은 아니다. 그가 의도하는 것은 기존의 틀에 과감히 저항하려는 도전정신이다. 한평생을 파격으로 일관하다 비운의 생을 마감한 이상(李箱)처럼, 최인석은 현실에 안주하기보다는 그것을 뒤집고 부정하는 단호한 열정의 소유자고, 그래서 작품에는 이 내연하는 심리가 여과 없이 표출되어 드러난다. 작품에서 목격되는 현실 부정의 언술이나 광기어린 행위들은 이 열정의 구체적 분비물인 셈이다.

하지만 그것이 허무주의로 전락하지 않고 현실에 대한 반성적 힘을 갖는 것은 그 열정의 한편에는 인간다운 삶에 대한 강렬한 지향성이 내재되어 있기 때문이다. 작가는 현실을 부정하고 파괴하는 극단의 서사를 구사하면서도 다른 한편으로는 현실의 결핍 부분을 모상(模像)으로 맞세우는, 삶에 대한 희망의 끈을 놓지 않는다. 그렇기에 작가의 광기는 파괴적이고 소모적인 것이 아니라 현실의 허위와 맞서는 창조적인 힘을 갖고, 작품 곳곳에서 니체 식의 비극적 세계관이 드러남에도 불구하고, 초월적이기보다는 현실적인 정향성을 갖게 되는 것이다. 초기작들은 이 광기어린 세계로 나가는 전주곡이라 할 수 있다.

2. 비극적 세계인식과 두 개의 지향성

희곡, 소설뿐만 아니라 시나리오, TV극까지 집필하는 등 장르를 뛰어넘는 화려한 활동에서 볼 수 있듯이 최인석의 소설은 다채로운 모험으로 채워져 있다. 데뷔작인 희곡 「벽과 창」뿐만 아니라 소설 데뷔작인 『구경꾼』을 포함하여 최근작까지 최인석이 발표한 작품을 훑어보면 소재 면에서 매우 다양하다. 모순된 현실을 다룬 것에서부터 인간 내면의 악마성을 고발한 것에 이르기까지 작품의 진폭은 매우 크다. 하지만 이 다양한 소재의 활용에도 불구하고 작품의 중심 서사는 어떤 일관된 흐름 위에 놓여 있음을 알 수 있는데, 그것은 많은 작품에서 반복적으로 드러나는 인물구도와 주제의식을 통해서 드러난다.

최인석의 작품 세계를 상징적으로 보여주는 소설의 하나인 「심해에서」를 보자. 이 작품의 무대는 창녀촌 즉 매음굴인데, 이것은 세계의 한 축도를 보여주기 위해 작가가 고안해낸 장치라고 할 수 있다. '심해(深海)'라는 제목에서 알 수 있듯이, 그것은 단순한 매음굴이 아니라 세상 전체를 가리키는 비유이다. 그것은 최인석이 생각하는 어떤 세상을 보여주는 상징화된 공간으로, 다른 작품들에서는 '감옥'(「내 영혼의 우물」) '달동네'(「내 사랑 안드로메다」「나의 푸른 날개」) '고아원'(「평화의 집」) '군대'(「세상의 다리밑」「노래에 관하여」) 등으로 외형을 바꾸어 제시된다. 그런데 감옥이나 고아원, 달동네, 군대(혹은 삼청교육대) 등은 일상의 삶이 이루어지는 범속한 곳이 아니라 소외되고 억압받는, 나아가 저주받은 세계라고 해도 지나친 말이 아니다. 이 비유적 공간 속에서 전개되는 삶은 극단의 타락과 분열과 절망의 모습을 하고 나타난다. 또 출구를 찾으려는 인물들의 몸부림은 철저하게 비극적인 종말을 맞는다. 작가는 그들이 살고 있는 세계를 탈출 자체를 허용하지 않는 닫힌 구조로 보는 것이다. 그래서, 최인석의 소설은 절망적 세계, 운명의 심연에 갇힌 자들의 비극적 양상을 배경과 공간을 달리해서 보여주는 것으로 정리할 수 있다. 말하자면 작품과 인물의 행위를 결정짓는 작가의 세계관이 철저히 비극적 세계 인식에 바탕을 두고 있는 것이다. 세계관이란 작품의 내용과 형식에 관계하고 인물의 성격을 만들어낼 뿐만 아니라 이야기의 흐름을 규율하기도 하는 근원적 힘이라고 할 수 있다. 연극으로 치자면, 배우들의 연기를 막(幕) 뒤에서 지휘하는 연출자라고 할 수 있을 것이다. 작가는 이런 세계관을 바탕으로 인물의 가치와 이상이 추악한 현실에 굴복하는 과정을 참담하게 보여준다.

　세계를 비극적으로 보는 것은 물론 최인석만의 특성은 아니고 많은 작가들이 공유하는 대목이다. 문학이란 근본적으로 현실의 부정성, 세상살이의 비극을 그리는 양식이고, 그러기에 작가라면 누구나 비극의 그림자를 지니기 마련이다. 그런데, 최인석의 경우에는 그것이 서사의 방법이자 중심원리를 이룬다는 점에서 보다 적극적이다. 그의 작품은 거의 전부가 비극적 세계 인식에 바탕을 둔 것이라 해도 과언이 아닌데, 그런 세계인식을 단초적으로 보여주는 작품이 바로 장편『안에서 바깥에서』이다. 이 소설은 데뷔작인『구경꾼』보다 6년 뒤에 쓰여졌으나 작가가 쓴 최초의, 그리고 현재로선 유일한 자전적 성장소설로 유년기의 체험을 담고 있다는 점에서 주목할 수 있다.

　이 소설은 '홍직'이라는 1인칭 화자를 중심으로 하고, 가족간의 갈등을 어린 화자의 시선을 통해서 보여준다는 점에서 가족사 소설이다. 하지만 작품의 중심 서사는 홍직으로 대표되는, 한 순진하고 내성적인 영혼이 '바깥'을 상징하는 세상의 질서에 길들여지다가 결국 상처입고 분열하는 과정에 맞춰진다는 점에서 성장소설의 면모도 갖고 있다. 홍직의 아버지는 친일 전력을 갖고 있는 인물로 해방이 되자 과거의 전력을 숨기고 권력의 주변부에 머물면서 일신의 영화를 도모하고 축첩까지 일삼는 기회주의적 지식인이다. 그래서 아버지에 대한 아들의 시선은 사뭇 냉소적이다. (이 작품에서는 냉소적이지만, 이후의 작품에서는 좀더 난폭하고 가학적인 모습으로 드러난다.) '안에서 바깥에서'라는 제목에서 암시되듯 이 어린 소년에게는 두 개의 세계가 있다. 고치로 비유되는 집 '안'의 세계와 집 '바깥'의 세계가 그것이다. 그런데 작품이 전개되면서 화자는 한없이 단단하고 견고한 것으로 여겼던 그 '안'의 세계가 사실은 '존재하지 않는 고치'며 '환상'에 불과하다는 것을 깨닫는다. 집과 학교 사이만을 오고 가며 어머니의 말을 지상명령처럼 받아들이는 모범생의 시기, 그 절대적 균형의 시기가 지나면 두려움과 공포와 외경의 대상이었던 바깥 세계의 일원이 되어 있는 자신을 받아들여야 할 시기가 오기 마련이다. "사람이란 언젠가는 바깥으로 나갈 수밖에 없는 존재"이며, "아무리 안에만 남아 있고자 해도 그럴 수 없는" 것임을 서서히 깨닫는 것이다. 이것은 한 인간이 유년기를 벗어나 성년기로 접어드는 과정에서 필연적으로 거칠 수밖에 없는 성장통(成長痛)과도 같은 통과의례로, 만약 이 과정에서 긍정적이지 못한 왜곡과 균열을 경험하게 된다면 그것은 평생 지워지지 않을 상처로 각인되어 이후의 행동을 무의식적으로 규율하게 될 것이다.

어린 홍직의 눈에 비친 세상의 모습은 '두려움' 그 자체였다.

> 왜냐하면 어머니에게도 나에게도 바깥이란 두려웠으니까요. 바깥이란 위험과 배신과 죽음과 거대한, 정체불명의 힘과 사고와 위험한 사람들과 운명이 도사리고 있는 곳이니까요.
>
> (『안에서 바깥에서』, 34면)

> 나는 그때에 벌써 서울이 싫어졌습니다. ㅈ읍으로 돌아가고만 싶었습니다. 그러나 어머니는, 나중에는 나와 형과 어머니 자신마저도 길을 잃고 만, 혼돈으로 가득찬 괴물의 뱃속으로, 정체도 원인도 알 수 없는 그 거대한 괴물의 적의 속으로, 거기 들어가면 오직 길을 잃고 헤매는 수밖에는 다른 도리가 없는 함정 속으로 나와 형을 이끌고 한 걸음, 한 걸음 더욱 깊숙이 걸어 들어갔습니다.
>
> (위의 책, 46-7면)

어린 소년을 기다리고 있는 것은 "오직 길을 잃고 헤매는 수밖에는 없는 함정"으로서의 세계이다. 그것은 "혼돈으로 가득찬 괴물의 뱃속"이기도 하다. 그런데 이러한 진술은 세계가 이미 그렇다는 것을 체험한 작가가 성년이 된 후에 돌이켜 고백하는 것이라는 점에서 일종의 뼈아픈 고해성사라 할 수 있다. 이 소년의 미래는 이미 설렘과 기대를 담고 있는 미지의 그것이 아니라 혼돈과 미혹의 세계로 결정되어 있다. 이 소년의 두려움에 가득찬 세계 인식이 바로 최인석 문학을 지배하는 광기어린 세계의 밑그림인 것이다. 두려움은 절망으로, 절망은 다시 광기로 이어지면서 극단의 서사를 향하여 진폭을 거듭하는 게 최인석 소설의 대체적인 행로(行路)이고, '홍직'은 이 여정의 출발선상에 놓인 인물인 것이다. 그래서 다른 소설 속의 인물들은 이 홍직이 괴물과도 같은 세계 속에서 부서지고 상처받으면서 세포 분열하는 다양한 변종들이라 해도 과언이 아니며, 소설에서 반복되는 유사한 구성과 인물은 따라서 이러한 인과관계가 낳은 필연적 결과라 할 수 있다.

그런데, 이 어린 소년의 비극적 세계 인식은 이후 소설에서는 점차 상반되는 두 개의 모습으로 분열되는 과정을 보여준다. 즉, 한편으로는 사회 현실에 대한 냉철한 시각을 보여주면서도 다른 한편으로는 파괴적인 광기를 연출하기도 하는데, 쌍두아와도 같은 이 두 모습이 최인석 소설의 기본 줄기를 구성하는 것이다. 니체(F. Nietzsche)의 표현을 빌자면, 혼란·황홀의 세계를 상징하는 디오니소스적 세계와 정돈된 형태를 강조하며 꿈을 옹호하는 아폴로적 세계가 양립하는 형국이다. 니체는 이 두 충동이 맞부딪칠 때 비극이 탄생한다고 말하는데(『니체전집 1』, 김대경 옮김, 1981, 청하, 1장), 악마적 충동과 광기가 두드러진다는 것은 세계에 대한 꿈이 스러지면서 잠복되어 있던 비관주의적 경향이 전면화된 것으로 이해할 수 있다. 이런 경향을 구체적으로 보여주는 작품이 『구경꾼』이다.

『구경꾼』은 3류 대학 학생이자 주인공인 '나' 한동규를 중심화자로 설정하여 주변의 여러 인물들의 삶을 묘사한 소설이다. 여기서 한동규의 동생으로 나오는 한동철은 '나'와는 대극적인 인물로 설정되어 있으나 이후 최인석 소설의 특성을 보다 전형적으로 보여준다는 점에서 주목할 수 있다. 작품은 80년대를 배경으로 악덕재벌과 노조, 재벌 2세와 가난한 운동권 대학생을 대비적 구도로 설정하고, 그것을 바탕으로 작품 후반부에서 의식 있는 노동자로 변신한 동철이 사장인 아버지의 공장에 불을 지르는 것으로 마무리된다. 제목처럼 구경하기를 좋아하는 화자인 '나'는 시종일관 구경꾼의 자세를 유지하면서 주변의 사건에 적극적으로 개입하지 않는 무기력한 모습을 보여준다. 반면 동철은 사회의식이 없는 형 동규의 리포트를 대신 써주는 것이 계기가 되어 철학서, 사회과학 서적을 광범위하게 탐독하고 그로 인해 머리가 트여서, 급기야 대학교에 들어갈 필요를 느끼지 못하고 가출하여 노동자로 변신하는 인물이다. 물론 이러한 설정이 크게 잘못된 것은 아니다. 의식화된 학생이 학교를 그만두고 노동자가 되는 것은 당대 현실에서 흔하게 목격할 수 있었던 일이고, 작품의 주제를 이루는 아버지로 상징되는 권력과 자본에 대한 응징 역시 당대의 현실을 고려하자면 그리 특별할 것이 없다. 하지만 동철이가 아버지의 공장에 불을 지르는 행동은 아무래도 돌연하고 돌출적인 것으로밖에 이해되지 않는다. 동철이 형에게 한 다음의 말을 보면 그의 사회인식은 아버지 개인에 대한 비판에 머무는 수준이 아니었기 때문이다.

"(…) 이 사회의 어떤 악마적인 상황, 아버지로 하여금 그런 짓을 하고서도 돈을 벌었으니까 아무 후회도, 가책도 느끼지 않아도 된다, 하고 생각하게 만드는 이 사회의 붕괴된 가치관, 아버지로 하여금 살아남으려면 그렇게라도 해야 한다고 작정하게 만든 이 사회의 구조 (…) 이 사회의 생김생김이 문제라는 거야." (중략)

"사람을 광적으로 만드는 구조. 사람에게 탐욕을 주입시키는 구조. 그런 탐욕의 성취를 인간의 성취와 동일시하게 만드는 황폐한 가치관. (…) 사람들을 그렇게 집단최면으로 몰아가는 어떤 악마적인 요소가 오늘날의 세상과 문명의 근본에 음험하게 도사리고서 인간의 삶을 흡혈귀처럼 빨아들이고 있어."

(『구경꾼』, 164-5면)

이렇게 냉정한 인식력을 갖춘 인물이 종국에 방화범으로 돌변하는 것은 쉽게 납득되지 않는다. 의도하진 않았으나 보이지 않는 작가의 의지가 소설 속의 인물들을 조종하고 있는 것은 아닐까 하는 의구심을 갖지 않을 수 없다. 당대의 거친 사회 분위기 속에서 시대 현실에 동참하는 하나의 양심적 인물로 독자들의 뇌리 속에 각인되었을 인물이 돌연 작품의 표면으로 튀어나와 자기파괴적이고 광기어린 행위를 연출하고, 또 이후 소설에서 중심 인물로 반복·등장한다는 것은 작가의 무의식적인 충동이 표출된 것으로밖에 이해할 수 없다. 이런 시각에서 보면 『안에서 바깥에서』의 어린 홍직이 갖고 있는 내면적인 분열은, 비록 유아기의 혼돈 상태에 머물러 있는 것이기는 하지만 의식의 성장과 더불어 행동성을 갖추게 되면 자기파괴적 결단으로 나아갈 가능성을 이미 내재한 것이라 할 수 있다. 말하자면 유아기의 홍직이 발전했을 경우 성년기의 동철과 같은 인물, 나아가서 이후 전개되는 작품 속에서 무수히 등장하는 파행적 인간형들로 변화될 가능성을 이미 내장하고 있고, 사실 이후 소설은 그 연장이라 해도 과언이 아니다.

이러한 측면에서 본다면 80년대 후반기에 쓰여진 『잠과 늪』이나 『새떼』와 같은 작품들은 오히려 예외적인 것으로 볼 수 있다. 소시민에 대한 비판을 주된 내용으로 하는 『잠과 늪』과, 노동소설적인 특성을 보여주지만 일반 노동소설과는 다소 다른 면모를 보여주는 장편 『새떼』의 경우는 작가가 당대의 경향성으로부터 자유롭지 못했다는 것을 말해준다. 사실 저 거칠었던 시대를 살면서 그로부터 자유로울 수 있었던 작가가 얼마나 되었을까마는 최인석 역시 예외가 아니었던 것으로 보인다. 80년대 중반에 쓰여진 『구경꾼』의 동철이 갖고 있는 세계인식은 자본주의에 대한 비판적 인식의 수준이었고 이후에 발표된 소설들 역시 이전의 인식수준을 크게 넘어서지는 못하고 있다. 말하자면 동철이나 홍직과 같은 인물들 속에 내재되어 하나의 징후로만 드러났던 어떤 경향성이 시대 분위기와 어울려 광기의 형태로 표출되지는 않았던 것이다. 그것이 시대적 강박의 틀을 벗고 전면으로 나오기 시작한 것은 사회주의 몰락 이후인 90년대, 구체적으로는 장편 『내 마음에는 악어가 산다』 이후로 보인다.

3. 디오니소스, 혹은 광기의 세계

자본주의의 맹위가 전세계를 휘어잡기 시작한 사회주의권의 몰락 이후 볼 수 있는 최인석 소설의 행로는 매우 당혹스러운 모습으로 나타난다. 언급한 대로, 『구경꾼』(86)과 『잠과 늪』(87) 『새떼』(88)에서 드러나는 작가의 세계는 자본주의에 대한 합리적인 비판을 보이는 비교적 리얼리즘에 근접한 세계였다. 삶의 근저에 악마적 충동이 숨겨져 있기는 하지만 그것은 또 다른 힘 곧, 정돈된 형식과 꿈을 지향하는 충동과 균형을 이루고 있는 상태였다. 즉, 디오니소스적 세계는 휴화산처럼 잠복되어 있고, 그 위에 아폴로적 질서가 표면을 형성하고 있는 형국이었다. 그런데, 90년대 이후의 작품에서는 이 힘의 균형 상태가 파괴되어 디오니소스적 요소가 더 우월하고 압도적으로 드러나고, 비극적 세계인식이 전면화된다. 말하자면 사회주의권의 몰락과 더불어 막연하게나마 존재했던 대안적 세계에 대한 희망이 무너진 뒤의 혼돈을 보여주는 게 이 시기 이후의 소설이다.

1990년에 발표된 『내 마음에는 악어가 산다』는 이런 징조를 보여주는 첫 작품이라 할 수 있는데, 여기서 특히 주목되는 것은 '악어'로 비유되는 작가의 악마적 충동이 한층 구체적인 형태로 드러난다는 데 있다. 주인공이자 방송국 PD인 박형욱은 오래 전에 죽은 어머니의 시체를 지하실에 보관하고 여자와 관계할 때마다 그 기록을 남겨두는 등 상식적으로 보자면 매우 낯설고 기이한 성격의 소유자다. 아내를 비롯해서 여자를 대하는 그의 태도는 비정해서 마치 금속적인 인간을 보는 듯한 느낌마저 주며, 작품 전체의 분위기 역시 인물의 비현실적인 설정으로 말미암아 일종의 스릴러 소설과도 같은 느낌을 자아낸다. 이런 성격의 박형욱을 통해서 작가는 인간 속에 내재하는 비현실적이고, 반이성적이며, 암흑적인 충동을 드러내 보이는 것이다. 이후 소설에서 이런 유형의 인물이 더욱 극단화된 형태로 반복된다는 것은 작가가 이제 자신을 무의식적으로 강박하던 민중주의적 지향성에서 벗어나고 있음을 말해주는 것으로, 최근의 「내 영혼의 우물」을 비롯한 「심해에서」, 「지리산에 저 바다」 등은 모두 이런 인식에 바탕을 둔 작품들이다.

「내 영혼의 우물」은 이상세계와 현실세계와의 대립을 한층 치열하고 극단화된 형태로 드러낸 작품이다. 작품의 무대인 감옥은 사실상 감옥 밖의 현실세계와 별다를 곳이 없는 공간이다. 그곳에도 빈부의 차이에 따른 결핍이 존재하고, 타락한 욕망과 그것을 충족하기 위한 치열한 다툼이 벌어진다. 이 감옥 안에서 벌어지는 온갖 추잡한 일들을 지켜보던 주인공 심영배는 "거기에서는 절대로 이런 일은 벌어지지 않는다"고 단언한다. '거기'란 구체적으로 인간들로부터 버림받은 개들이 모여 사는 '행복한 개학교'를 지칭하지만, 사실은 인간의 세계와는 다른 이상세계를 뜻한다. 심영배는 인간의 세계를 부정하고 '행복한 개학교'로 상징되는 또 다른 세계에서 위안을 받았으며 살인죄로 복역중인 지금도 오로지 그곳만을 열망한다. 그 이상세계를 박탈당한 심영배는 결국 정신분열증 환자가 되어 감옥에서마저 버림받게 되지만, 사실 그의 정신분열이란 두 세계의 간극에 낀 인간이 정신적 균형을 잃으면서 도달할 수밖에 없는 필연의 종착지이기도 하다. 그래서 그의 형상은 자못 비극적이다.

배경은 다르지만 여호와 증인이었다가 군 입대 후 배교한, 「세상의 다리 밑」의 이복기도 심영배와 여러 모로 닮은 인물이다. 우화적인 형식으로 이상세계를 드러냈던 「내 영혼의 우물」과는 달리 「세상의 다리밑」에 나오는 세계는 종교적으로 그려진 지상낙원의 세계이다. 이복기는 "총을 쳐서 쟁기를 만들고 탱크를 녹여 호미를 만드는 곳", 동시에 "사람과 나라가 다시는 전쟁을 연습할 필요가 없는 곳"(92면)을 이상세계라고 생각하고 집총(執銃)을 거부한다. 하지만 얼마 안 있어 그 신념은 종교적 독단에 불과하다는 사실을 깨닫는다. 종교적 신념을 지키다가 끝내 목숨을 잃고 마는 또 다른 여호와의 증인인 신병을 지켜보면서 그가 도달한 결론은 그런 광신적 믿음 역시 천국이 아니라 지옥이라는 사실이고, 결국 그는 어디서도 낙원을 찾지 못하고 절망 속을 헤매게 된다. 하지만 그럼에도 불구하고 이복기 병장은 그 꿈을 결코 포기하지 않는다. "죽다니요? 내가 왜요? 죽지 않아요. 하지만, 이대로는 못 삽니다. 낙원을 찾을 겁니다. 없으면 만들 겁니다. 그것이 나라가 됐건 종교가 됐건 만들어서라도 살 겁니다."(108면)라는 절규는 낙원을 향한 작가의 붓끝이 얼마나 집요한가를 보여준다. 이 집요한 열망이 작품을 뒷받침하고 있기 때문에 이들 작품은 절망과 비탄의 광기어린 모습을 보여줌에도 불구하고 허무주의로 전락하지 않는 것이다. '개들의 세계'이고 "어떠한 착취나 불평등, 죽음도 탐욕도 없이 온 세상 만물이 질서정연하게 제자리를 지키고 있는 세상"인 낙원은 「새, 떨어지다」에서는 '호주'로 설정되어 나타나며, 이러한 낙원 추구의 모티프는 최근 소설에까지 반복적으로 등장한다.

그런데, 작품에서도 언급되듯이, 완전무결한 세상이란 존재하지 않는다. 인간이란 그런 세상이 어딘가에 있으리라는 믿음과 꿈을 가지고 살 뿐이다. 그래서 작가는 이복기의 입을 빌어서 그러한 열망이 사실은 꿈이라기보다는 본능적인 것이라는 논리를 역설한다. "사람이 영원이나 낙원을 추구하는 것은 그것 없이는 살 수가 없기 때문입니다. 그것이 없을 때 사람의 삶은 삶이 아니라 죽음의 과정에 지나지 않게 된다구요."(「세상의 다리밑」, 108-9면) 이렇게 보자면 작가가 그려낸 심영배나 이복기는 살기 위해 꿈을 꿀 수밖에 없는, 인간의 근원적 속성을 담지한 인물이고 따라서 그들의 행위는 일탈이라기보다는 지극히 정상적인 것이 된다. 작가의 표현을 빌자면, 이 꿈꾸는 인간들은 양쪽 다리의 길이가 서로 달라서 절뚝거리며 가는 사람처럼 현실세계와 현실 저편의 세계를 시계추처럼 오락가락 할 수밖에 없는 운명의 소유자들이다. 그런데 작가는 이들을 낙원으로 인도하지 않으며 오히려 자폐와 분열과 광기로 몰아감으로써 그 비극성을 더욱 강화시킬 뿐이다.

1997년에 나온 『혼돈을 향하여 한 걸음』에 수록된 소설들은 이러한 비관주의가 그 극한의 형태로 발전한 경우들이다. 여기서는 작가는, 세계는 출구가 없는 감옥이고 거기서 탈출해 보았자 결국은 더 큰 감옥 속에 갇힐 뿐이라는 절망적인 인식을 내보인다. 「심해에서」에서 상담하러 온 주인공에게 "심해는 그 골목만이 아니야. 이 세계 전체가 심해야. 이 세계 전체가 거대한 매음굴이야 (…) 네가 만일 가출한다고 해도 네가 마주쳐야 하는 것 역시 심해야."라고 했던 것은 이러한 절망적 세계인식에서 비롯되는 것이다. 비교적 최근에 쓰여진 「내 푸른 날개」와 「내 사랑 안드로메다」에 오면 인물들이 "나는 잘못 태어났다"고 절규하는 모습까지 보여준다. 소설 속의 '나'는 애초에 잘못 태어난 존재로 설정된다.

> 형은 어미의 태에서 떨어지는 순간 날개를 쳐 우리가 태어나기로 되어 있는 머나먼 고향으로 날아가 버렸으니까. 나는 잘못 태어난 것이다.
> (「나의 푸른 날개」, 『당대비평』, 1998년, 봄, 436면)

'형'은 태(胎) 속에서 같이 자란 쌍둥이형이지만 아예 처음부터 사람이 아니라 새의 형상을 하고 태어난다. 게다가 이 형은 태어나기를 거부하면서 "나중에 다시 만나게 될 거야."라는 이상한 예언을 남기고 '고향'으로 날아가 버린다. 그리고 동생인 '나'는 인간세계에 "잘못" 남겨진다. 인간세계에 태어나지 말았어야 할 인물이 잘못 태어났다는 것은 이 인간세계가 전혀 살 곳이 못된다는 역설인 것이다. '나'가 어미의 자궁에서 분리되는 순간부터 평생 알 수 없는 고향에 대한 그리움을 품고 사는 것이나, 인간세계의 말을 거부하고 벙어리 행세를 하는 것도 이 세계에 대한 근본적인 부정심리에서 비롯된다.

「내 사랑 안드로메다」(『문학사상』, 1998년 2월)의 주인공도 "나는 잘못 태어났다"는 의식을 보이며 극단적인 현실 부정의 모습을 보여준다. 소설 속의 인물은 젖이 3개 달린 여자를 그리워하며 양친 살해를 꿈꾸는 일탈적 인물이다. 「지리산에 저 바다」에서 지리산에서 내려와 공사장 인부로 일하다 살인자의 누명을 쓰게 된 만덕이라는 인물은 "사람만 되지 않으면 된다고 했다. 커서 사람만 되지 않으면 뭐가 되어도 괜찮다고 했다. 사람이야말로 세상에서 가장 끔찍하고 무서운 짐승이라고 했다."라고까지 울부짖는다. 이런 극단적인 부정성의 반복은 단순히 세계의 야만성을 드러내기 위해 고안된 극적 장치 이상으로 보인다. 작가는 어쩌면 그것을 통해서 니체가 말한 '가장 끔찍한 진실'을 환기시키려 했는지도 모른다. 모든 진실 중에서 '가장 끔찍한 진실'이 무엇인지를 묻는 미다스(Midas) 왕의 질문에 신은 "가장 좋은 것은 그대가 잡을 수 없는 곳에 있다. 왜냐하면 모든 것들 중에서 가장 좋은 것은 태어나지 않는 것, 존재하지 않는 것, 허무가 되는 것"(앞의 『니체전집』, 46면)이라고 말한다. 만덕의 절규는 바로 이 구절을 연상케 한다.

그러면, 아무리 애를 써도 벗어날 길 없는 운명의 심연에 갇힌 인물들은 어떤 생존방식을 갖게 되는가. 하나는 아예 심해의 일부가 되어 그것을 의식하지 못한 채 사는 것이고, 또 하나는 「내 영혼의 우물」의 살인범 심영배처럼 광인이 되는 것이다. 마지막 하나는 「심해에서」에서 문제아로 나오는 수미처럼 "세상이 말하는 온갖 금제를 범하고 깨뜨리는" 방식이다. 그런데 첫 번째는 죽음이나 다름없는 것이고, 단말마적 비명 속에서 삶을 소진하는 심영배의 삶 역시 현실에서는 무력하기 마련이다. 그래서 작가는 이 빛도 길도 없는 세계에서 수미의 길만이 "살아 있다는 것을 스스로에게 확인시키는 유일한 길"이라고 생각한다. 수미의 존재방식은 심해의 일부가 되어 "자신이 무력하다는 것도, 고통스럽다는 것도, 외롭다는 것도 잊고 무감각하게 사는 또 다른 존재 방식보다는 낫다"는 것. 그러니까 학교에서 온갖 문제행동을 일삼고 결국 집에서도 가출하고 마는 수미의 일탈은 자신을 끊임없이 확인시키는 무력한 저항에 불과하지만 그럼에도 불구하고 그것은 그녀가 할 수 있는 '금제를 범하고 깨뜨리'는 최선의 방식인 셈이다. 그런데, 수미의 이러한 일탈방식은 비교적 온건한 형태에 속하고, 뒤의 「내 사랑 안드로메다」에 이르면 양친살해를 꿈꾸는 보다 위악적인 방식으로 제시된다. 이 소설에서 나오는 '나'는 허구한날 싸움이나 일삼고 자식을 도둑질하라고 내몰며, 자식의 시체를 놓고도 돈에 눈독을 들이는 아비 어미를 부모로 인정하지 않으며 심지어 살해충동까지 느낀다. '나'가 집을 벗어나 느티나무에 올라가 "모든 슬픔과 원한과 두려움과 꿈과 그리움"을 울음으로 터 뜨리며 포효하는 장면은, 그래서 최인석의 소설에 등장하는 어떤 장면보다도 비극적이고 강렬하며, 장차 광기로 나아가는 전주곡이자 세계와 싸움을 앞 둔 야수의 울부짖음과도 같다.

> 나는 여우다! 늑대다! 시라소니다! 번쩍, 다시 번개가 하늘을 갈랐다. 그 시퍼런 섬광 가운데 나는 내 팔에 짐승의 다리처럼 갈색 털이 뒤덮여 있는 것을 보았고, 내 손가락 역시 털로 뒤덮여 있는 것을, 손가락 끝에는 길짐승의 그것 같은 검고 길고 날카로운 발톱이 비어져 나와 있는 것을 보았다. 나는 그 날카로운 발톱으로 캄캄한 하늘을 할퀴며 부르짖었다. 나는 이천 년 묵은 여우다! 우우우아아아아! 나는 내 목구멍에서 나온 여우의 울음소리가 빗소리, 바람소리와 더불어 밤하늘 가득 퍼져 나가는 소리를 들으며 다시 한 번 고개를 꼿꼿이 세웠고, 그러자 저 목구멍 깊은 곳으로부터, 창자 깊은 곳으로부터, 폐와 심장의 가장 깊은 곳으로부터 나의 모든 슬픔과 원한과 두려움과 꿈과 그리움이 새로운 울음으로 터져 나왔으며, 그와 더불어 그 거대한 느티나무 전체가 한꺼번에 부르르 떨며 폭발하는 것 같은 굉음으로 울부짖었다.
> (「내 사랑 안드로메다」, 『문학사상』, 1998. 2, 238면)

절망의 나락에서 울려 퍼지는 이 굉음은 이 세상의 모든 금제와 가치에 대한 전면적인 거부이자 인간이기를 가로막는 세상에 대한 처절한 반항인 것이다. 더구나 그것은 벼랑 끝에서 외치는 절규라는 점에서 희망의 끈을 놓지 않으려는 작가의 처연한 몸부림이기도 하다. 물론 이런 절규는 합리적 인식과는 거리가 멀다. "논리가 그 한계점에서 빙빙 쳇바퀴를 돌고 마침내는 자신의 꼬리를 무는 것을 보고 몸서리칠 때 새로운 형식의 인식, 즉 비극적 인식이 터져나온다"는 니체의 말처럼, 이 절규는 논리와 언어의 한계를 넘어서 작가 스스로가 자연 전체의 수용 기관이 됨으로써 감각적으로 느끼고 예감하는 심미적 이성에 바탕을 둔 것이고, 장자가 꿈속에서 변한 나비처럼 현실의 모든 억압과 거짓과 개념적 지식을 떨쳐버린 뒤에야 느끼게 되는 무상(無常)의 환희와 해방감이다. 그래서 거기에는 존재의 비극적 심연에서 솟구치는 처절한 생명의 힘과 더불어 억압된 현실에서 벗어나 새로운 세계를 지향하는 해방의 힘이 솟구친다.

최인석의 문체가 파괴적이고 충동적인 에너지로 가득한 것도 결국은 추악한 현실을 부정하고 꿈을 좇는 그 엄청난 에너지가 상호 충돌하면서 폭풍처럼 솟아난 때문이다. 이렇게 보자면 최인석은 현재 디오니소스적 충동에 스스로를 내맡기고 그 극단을 향해서 한 걸음 한 걸음 불안한 발길을 옮기고 있는 것으로 볼 수 있다. 광기와 분열의 극단적 서사에 몰두하고 있는 최인석의 행로는 과연 어디로 귀착될 것인가.

4. 비극에서 희망을 찾는 작가

문학이 인간에서 출발하여 인간으로 귀속되어야 한다는 것은 너무나 당연한 진리임에도 불구하고 최근의 문학에서는 아쉽게도 '인간'을 볼 수 없다. 가상과 현실의 혼돈 속에 빠져들어 오직 감각적 쾌락과 지적 유희만을 탐닉하는 게 작금의 문학이 아닌가 우려되기도 한다. 이데올로기의 힘을 빌어서 현실의 모순을 극복해 보려던 노력이 거품처럼 사라지고 새로운 출구를 향한 모색마저도 잠잠해진 오늘날, 문학은 과연 무엇으로 존재해야 하고 또 어떻게 '인간'을 그려내야 하는 것일까.

최인석 소설이 오늘날 의미를 갖는 것은 이 출구 없는 현실에서 희망을 찾는 하나의 방법을 보여주기 때문이다. 그 방법은 끊임없는 부정의 정신에 있다. 문학이란 부정의 정신이 살아 있어야 본연의 생명력을 발휘할 수 있는 것이지만, 최인석의 그것은 이 절망의 시대를 겨냥한 의도적인 일갈(一喝)이라는 데서 단순한 부정의 차원을 넘어서 있다. 그가 보여준 극단화된 서사나 환상으로의 몰입은 가치와 본질이 전도된 현실에 맞서는 작가의 집요한 열정을 상징하고, 궁극적으로는 사람들이 스스로를 의식하고, 냉정해지고, 사색적이 되고, 비극적 공포에 사로잡히기를 바라는 의도의 표현이라 할 수 있다. 말을 바꾸자면 광포한 꿈을 통해서 사람 모두가 자신의 비극적 존재와 운명을 인식케 하려는 데 작가의 의도가 있다. 여러 인물들을 통해서 반복적으로 제시되는 광기어린 열정은, 그렇기 때문에 물신적 삶의 덧없음에 대한 작가적 깨달음이자 동시에 작가의 비극적 세계인식에 의해 건져 올린 세상살이의 정수(精髓)인 셈이다.

최인석이 여러 모로 니체의 비극적 세계관을 연상케 하는 것은 이런 데 원인이 있다. 세계를 더럽고 추악한 것으로 보는 시각이나 디오니소스와 아폴로적 충동으로 삶의 양면성을 곡진하게 그려내는 태도는 니체의 세계인식을 방불케 한다. 그렇기에 최인석 소설들은 비극적 국면들로 얼룩진 삶의 비극적 드라마라 할 수 있고, 그것이 곧 절망에서 참된 희망을 찾으려는 서사의 축을 형성하는 것이다. 만일 최인석이 지금처럼 극단의 절망을 통해 참된 희망을 얻고자 하는 문학을 계속한다면, 그리고 그것이 지적 유희와 관념으로 전락하지 않는다면, 언젠가는 한국문학이 아직 닿아 보지 못한 어떤 미답(未踏)의 지점에 도달할 수 있을 지도 모른다. 최인석의 문학은 여전히 분화구를 열어 놓은 채 작열하는 활화산의 상태에 놓여 있기 때문이다. 하지만 그것은 완성된 결과물이기보다는 여전히 과정 속에 있는 것이기에 불안하고 때로는 위태롭게 보이는 것도 사실이다.

〈보론〉

환멸의 서사와 희망 찾기
── 『아름다운 나의 귀신』론

  최인석의 『아름다운 나의 귀신』은 편하고 쉽게 읽히는 소설이 아니다. 현실과 환상을 넘나드는 서술방식, 괴기스럽기까지 한 인물과 사건들, 동화적이고 환상적인 장면들이 구성해내는 풍경은 기존 소설과는 매우 다르고 낯설게 다가온다. 한 평론가는 이에 대해 남미 소설에서 빈번하게 활용되는 '마술적 리얼리즘'이란 용어로 설명하고 있으나 독자의 입장에서는 이런 설명조차 생소하게 느껴질 법하다.
  그러나 우리 문학사에서 이런 '형식'의 작품이 전혀 없었던 것은 아니었다. 최인석이 문제삼고 있는 달동네 철거민들의 삶과 그들에게 가해지는 가진 자들의 횡포와 착취, 타락한 세계와 진정한 가치의 대립 등은 외견상 조세희의 『난장이가 쏘아 올린 작은 공』에서도 목격된 바 있다. 특히 동화적인 발상과 환상적인 이미지의 대담한 구사, 그리고 몇 개의 단편을 연작형식으로 재구성한 형식에서 두 작품은 여러 모로 닮아 있다. 이렇게 보자면 『아름다운 나의 귀신』은 돌출적인 작품이라기보다는 오히려 기법이나 정신에서 기존 소설의 맥을 잇고 있다고 봐야 할 것이다.
  『아름다운 나의 귀신』에서 지배적인 정서는 책머리의 '작가의 말'에서도 언급되듯이 이 세계에 대한 '환멸'이다. '귀신에 관하여'라는 부제를 단 첫 작품 「내 사랑 나의 귀신」을 비롯한 4편의 연작 즉, 「직녀 내 사랑」「염소 할매」「내 사랑 나의 암놈」 등은 모두 환멸의 정서를 바탕에 깔고 있다. 이 세상에 태어났다는 것은 그 자체가 저주이며, 인간의 삶이란 곧 저주받은 한 마리 짐승과 다를 바 없다는 것. 가장 최선의 경우는 태어나지 않는 것이고, 태어났다면 하루라도 빨리 이 세상을 떠나 귀신의 나라로 들어가는 것이다. 그런 까닭에 이 세상에서의 삶이란 아비규환의 지옥도로 그려질 수밖에 없다. 응당 이런 세계 속에서의 삶이란 거짓이고 허깨비의 삶일 수밖에 없고, 이를 자각한 상태에서 나타나게 되는 정서적 반응 또한 환멸로 귀착될 수밖에 없는 것이다. 그런데 주목할 점은 이런 사고방식이란 사실, 고스트블롬(J. Goudsblom)의 견해처럼, 개인의 내면적 삶에 가해진 도덕적 압력에 반항하는 열정적이고도 강력한 일종의 반동이며, 동시에 순수하고도 실증적인 이성에 의존하지 않는, 모든 것에 대한 투쟁이기도 한 니힐니즘(nihilism)의 정서적 특질과도 상통한다는 점이다. 삶의 진정성을 담보하는 기존의 가치들이 거짓으로 판명나고, 더 이상 의지할 곳도, 그렇다고 부정할 대상도 명확하지 않은 상태에서 느끼는 인간의 무력감, 그것은 절망의 내적 정서를 구성하는 것이면서 동시에 환멸을 주조(鑄造)해 내는 정신적 특질이기도 하다. 최인석이 환멸과 벗하겠다는 것은 결국 현실에 대한 열정이 그에 합당한 형식을 찾지 못하고 방황하는 과정에서 야기된 일탈과 부정의 표현으로 볼 수 있고, 그렇기에 현실에 대한 강렬한 저항의지를 내재하지만 그 한편에는 허무주의의 함정이 가로놓여 있음을 간과할 수 없다.

작품 속에 등장하는 기괴한 형상과 사건들은 이런 환멸을 드러내는 장치이며 동시에 작가의 반항적 가치관을 구현하는 도구라고 할 수 있다. 추악한 현실과 이상적 세계의 대립은 환상으로 채워지다시피 한 이 작품의 궁극적 의도가 무엇인가를 암시한다. 가령, 화자의 활동공간이 되는 현실의 세계는 재개발이 추진되는 '달동네'이다. 국회의사당이 내려다보이는 이 산자락엔 남편을 잃고 행상으로 살아가는 염소 할매가 있고, 손가락이 굽고 눈이 튀어나온 기형아 솔개네 집이 있으며, 부모를 살해한 혐의로 구속된 정수네 집과 그런 곳에는 어울리지 않는 깨끗함과 아름다움을 지닌 무당 당골네가 살고 있다. 소설 속 인물들의 삶은 가난과 고통의 연속이다.

「내 사랑 나의 귀신」에 나오는 철거 과정에서 벌어지는 철거민과 철거반원들, 전투경찰과의 전쟁(?) 장면을 보면 마치 현실 세계의 삶이란 '악귀'들이 벌이는 '피의 성찬'이나 다름없다는 작가의 생각을 영상으로 보여주는 듯하다. 삽차가 벽을 짓뭉개며, 기둥을 쓰러뜨리고, 그 뒤를 투구와 갑옷을 입은 전투경찰들이 최루탄 발사기와 곤봉을 들고 덤벼들며, 한 편에서는 새마을 모자를 쓴 철거반원들이 곡괭이나 커다란 쇠망치를 휘둘러 집을 파괴하고 이에 맞서 달동네 사람들이 던진 돌멩이와 화염병에서 불길이 치솟고 사방에서 비명과 통곡이 터져 나오는 장면은 말 그대로 한 편의 지옥도이다. 그런데 이런 대목은 그간 우리에게 익숙한 리얼리즘 소설에서 목격된 바 있는 장면들이다. 그런 점에서 이 '철거장면'은 리얼리즘과는 거리가 먼 경향의 작품들만 양산되었던 90년대 소설사에서 오히려 기이한 풍경으로 비치기까지 한다.

사실,『아름다운 나의 귀신』에서 작품 전반을 규율하는 것은 작가의 현실주의적 정신이다. 가진 자와 가난한 자가 대립하는 이원적 구성이나, 근대화의 부정성에 대한 날카롭고도 깊이 있는 천착, 본래의 순박한 모습을 잃고 점차 물신의 노예로 전락하는 가난한 사람들의 타락 과정 등에 대한 섬세한 인식은 작가의 문학적 지반이 이 척박한 현실에 뿌리내리고 있음을 보여주는 사례들이다. 하지만 작가는 이런 현실주의적 정향을 '전형적 인물'과 '전형적 환경'이라는 기존의 서사방식에 의해 그려내지는 않는데, 바로 여기에 이 작품집의 독특함이 있다. 그간 여러 가지 실험과 모색을 거듭한 끝에, 그리고 90년대의 전망 없는 시절을 보내면서 작가는 일대 변신을 꾀한 것이고, 그 변신의 결과물이 바로 '환멸의 서사'라 명명할 수 있는『아름다운 나의 귀신』인 것이다. 작가는 낙원에 대한 동경의 전경화(前景化)와 환상(fantasy)의 적극적인 채용이라는 서사전략을 통해서 기존의 서사와는 다른 새로운 변신을 꾀하고 있는 것이다.

『아름다운 나의 귀신』에 나오는 인물들은 현실을 부정하면서 끊임없이 새로운 세계를 희구한다. 이 지상에서는 보기 드문 '아름다움과 깨끗함'을 지닌 무당 당골네를 사랑하거나(「내 사랑 나의 귀신」), 유방이 셋 달린 여자를 찾아 헤매거나(「직녀 내 사랑」), 지상에서의 삶이 덧없고 헛되다고 설파하거나(「염소 할매」), 태어나자마자 날개를 펴고 지상에서 사라진 쌍둥이형을 쫓아 귀신의 나라로 들어가고자 하는(「내 사랑 나의 암놈」) 등 모두 저주스러운 현실에서 벗어나고자 하는 의지의 소유자들이다. 이들 모두가 희망하는 세계를 당골네의 딸 귀연이는 다음과 같이 표현한다.

> (…) 이 땅 넘어, 이 세상을 넘어. 양 같은 범이 살고 범 같은 양이 사는 곳, 금 같은 돌이 나고 돌 같은 금이 나는 곳, 꽃 같은 비가 내리고 비 같은 꽃이 피어나는 곳, 별 같은 노래가 있고 노래 같은 별이 빛나는 곳, 곰과 사람이 혼례를 치르고, 물고기와 새가 나란히 하늘을 나는 곳, 담장 같은 뜰이 있고 뜰 같은 담장이 있는 곳, 자기를 사랑해주지 않는 사람을 사랑하게 되는 곳이 아니라 모든 사랑이 고스란히 성취되는 곳, 친구와 친구 어미가 사랑을 이루고, 서로가 서로를 향하여 별이 되고 달이 되는 곳 … 자기를 사랑해주지 않는 사람을 사랑해야 하는 일이나 이룰 수 없는 것을 바라는 일 같은 것은 절대로 벌어지는 법이 없는 곳.
> (『아름다운 나의 귀신』, 35면)

경계라든가 규범이라든가 선과 악이라든가 하는 모든 인위적 가치나 거짓된 욕망이 존재하지 않는 원시와도 같은 공간, 물론 이런 곳이 현실에 실재하는 것은 아니다. 인간과 동물이 어울리고 꽃이 비가 되고 비가 꽃이 되는 세계란 현실적으로 존재할 수 없는, 하늘과 땅, 인간과 세계, 낮과 밤이 구분되기 이전의 일종의 '혼돈'의 상태와도 같다. 그런데도 작가가 이런 이상향에 대한 동경을 작품의 전면에 내세움으로써, 상투화된 수사와 전망에 의존하지 않고 지옥과도 같은 현실을 뒤흔들고 부정하고자 한다. 그래서 하루라도 빨리 이곳에서 벗어나 태초의 혼동과도 같은 또 다른 세계를 갈망하는 염원이 작품 곳곳에서 발산된다. 환상적 이미지란 이런 동경을 구체화해서 형상하는 장치인 것이다. 작품 곳곳에서 목격되는 환상적 이미지는 독자들을 당혹스럽게 만들기에 충분할 정도로 기이하다. 그러나 그것은 현실에서 벗어나 낙원으로 인도하는 다리와도 같다는 점에서 상징적이다.

> 나는 날고 있다. 내 옆에서 주둥이에 깃털 하나를 물고 날고 있는 것은 누이 선이다. 그 옆에는 어미가 연탄가루가 다 벗겨진 희디흰 얼굴로 마주 불어오는 바람을 가르며 날고, 아비는 다가가려 할 때마다 자꾸 밀어내는 어미를 홀끔홀끔 살피며 시무룩한 얼굴로 날다가 나와 눈이 마주치면 계면쩍은 웃음을 짓는다. (중략) 저 먼 하늘에는 내가 태어난 날의 태풍이 아직도 사방팔방을 다 삼키고도 오히려 하나가 남아나는 아홉 개의 입을 휘두르며 앞서 달려가고, 뒤에서는 새로운 태풍이 밀려오지만, 나는 마침내 솔개처럼 자유롭다.
>
> (앞의 책, 250면)

추악한 현실에서 벗어나 하늘 높이 솟구쳐 날아가는 이 기이한 형상은, 애니메이션의 한 장면을 보듯이 유쾌하고 후련하지만 다른 한편으로는 불안하기도 하다. 이들의 얼굴에서는 이제 더 이상 연탄가루가 묻어 있지 않으며 난봉과 협잡의 그림자도 찾을 수 없다. 서로를 이해하고 사랑으로 포용하며 날개처럼 자유롭게 비상할 뿐이다. 이런 환상적 장면의 배치로 인해 이 작품은 현실로부터 벗어나 공상(空想)으로의 몰입이라는 비판과 함께 마법적 리얼리즘이라는 명칭을 부여받게 된 것이다. 물론 이런 환상적 요소에만 주목하자면 그러한 비판은 가능하고 또 정확한 것이기도 하다. 그렇지만 언급한 대로 이런 환상이 제기된 원인을 생각해보자면 그것을 그렇듯 비난할 수만은 없을 것이다. 문학이 현실에 대한 우리의 타성화된 인식을 일깨우고 세상에 대한 새로운 개안(開眼)의 계기를 제공해주는 것이라면, 환상적 요소에 대한 평가 역시 거기에 두어져야 할 것이다. 과연 우리를 자유롭게 하고 새로운 현실을 꿈꾸게 하는가 아니면 허무주의의 나락으로 우리를 안내하는가.

90년대 이후 문학의 죽음과 무기력이 말해졌던 것은 기실 새로운 방법론에 대한 갈망을 표현한 것이었다. 사회주의라는 지향태가 물거품이 된 현실에서 더 이상 기존의 방법론을 고수할 수는 없는 것이고, 그렇다고 새로운 대안을 만들어내기도 쉽지 않다. 대안을 만들어 내는 일이란 문학을 포함한 우리 모두의 과제이자, 이 시대 전체의 현안이라 해도 지나친 말이 아니다. 이런 상황에서 문학의 위기와 무력을 말하는 것은 새로운 대안에 대한 무기력이기보다는 이 전망 부재의 현실과 삶에 걸맞는 적절한 형식을 찾지 못한 데 대한 안타까움이라 할 수 있다. 90년대 작가들이 보여준 신변 쇄말사나 내면세계로의 몰입은 시대와 삶의 무기력에도 불구하고 여전히 현실에 대한 탐구를 게을리 하지 않으려는 노력으로 이해될 수도 있다. 이렇게 보자면 최인석의 환상으로의 몰입과 낭만적 지향의 전면화는 형식뿐만 아니라 새로운 대안에 대한 모색의 산물인 것이다. 내면세계로 몰입하여 존재의 시원을 찾는 것이나 환상을 통해서 현실의 결핍을 환기시키는 것은 결국 동등한 가치를 갖고 있다. 물론 이 모두를 긍정적으로 수용할 수는 없을 것이다. 현실적 맥락 없이 내면을 파헤친다든가, 환상만을 탐미적으로 추구하는 태도는 결코 바람직하지 못하다. 내면이란 인간의 행위를 좀더 온당하게 이해하기 위한 의식의 창고와도 같고, 환상 역시 현실의 결핍부분을 보여주기 위한 모상(模相)에 다름아니다. 중요한 것은 어디에 창작의 뿌리와 중심을 두고 있는가일 것이다.

환상이 추악한 현실과 대비되는 모상으로 존재한다는 점, 절망의 극단에서 만난 환멸의 표현이라는 점, 그리고 형식 탐구의 일환으로 채용된 것이라는 점에서『아름다운 나의 귀신』은 여전히 현실의 지반을 떠나지 않은 작가의 현실주의적 의지의 산물이다. 그리고 그것은 기존의 평면적이고 단선적인 서사에서 벗어나 한층 복합적이고 새로운 서사의 가능성을 모색하려는 시도이기도 하다. 물론, 탐미적이고 자기 도취적인 태도로 인해 현실이 증발되고 환상 자체만이 주목되거나 현실의 심층까지 부정하는 데서 오는 허무주의적 색조가 없는 것은 아니지만, 작가는 현실과 공상의 교묘한 줄타기 과정에서 아슬아슬하게 균형을 잘 유지하는 듯이 보인다. 우리는 그 동안 그가 밟아온 문학적 행로로 보건대 이 과정이 불안하긴 하지만 쉽게 균형감각을 놓치지는 않으리라는 믿음을 일단 갖는다. 미답의 지점을 향하여 걸어가고 있는 작가의 행로가 이 균형감각의 유지 여부에 달려 있음을 그 스스로도 잘 알고 있을 것이라고 여겨지기 때문이다.

문인의 죽음과 문학의 운명
— 기형도와 김소진의 문학

1. 육체의 죽음과 문학

천태만상의 죽음이 있다. 문학사에서도 예외는 아니어서 이효석은 붉은 카네이션과 흰 그라디오스 같은 서양 화초가 가득한 병실에서 꽃냄새를 맡으며 죽어 갔고, 김유정과 이상(李箱)은 가난의 병, 폐결핵에 시달리다가 피를 토하고 죽어갔다. 이상화는 위암을 얻어, 김영랑은 6·25 전쟁 말기 우연히 포탄 파편을 맞은 것이 화근이 되어, 유치환은 귀가 길에 버스에 치여 그 자리에서, 윤동주는 생체 실험을 당하여, 이장희와 김소월은 자살로써 생애를 마감하였다. 최근에 이르면 기형도가 우연사로, 이균영이 사고사 그리고 김소진은 순사(?)로 세상을 등졌다.

하지만 문인의 죽음은 육체를 초월한다. 육체의 죽음으로부터 자유로운 것이 문인의 죽음이다. 보이지 않는 어떤 힘이 그들의 영혼을 육신에서 도려냈으나 대신 문학은 시간을 초월하는 '불멸의 삶'을 그들에게 부여한다. 그로 인해 죽은 작가는 또 다른 '삶'의 공간 속에서 부활한다. 특히 요절한 죽음은 죽음을 상징화하여 작품뿐만 아니라 생애까지도 '불멸의 액자에 신비롭게 표구하는' 이상한 기적을 불러일으키기도 한다. 죽음은 종결부호가 아니라 그의 삶을 완결시킨 하나의 텍스트가 되어 독자에게 읽힌다. 윤동주를 영원히 28세의 청년으로 기억하게 하는 그 미완의 힘. 산 자에게 있어서 죽음은 얼마 전까지도 웃고 떠들던 어떤 친밀한 존재를 그들로부터 분리해낸 낯선 폭력이지만, 그마저도 상징이 되어 예술적 텍스트로 승화되는 것이 문학이 지닌 주술적 힘이다. 문학은 죽음을 초월하는 것이고, 따라서 요절 문인이란 미완의 존재가 아니라 죽어서 자신의 극치를 완성시킨 사람들이다. 그리하여 요절 작가는 죽음으로써 운명을 완성하지만 우리는 살아서 그들의 운명을 관람한다.

범상한 인간들은 굳이 그 고통스러운 길에 들어서지 않았을 것이며 혹 들어섰다 하더라도 되도록이면 빨리 그 길에서 벗어나는 방법을 택했을 것이다. 그러나 작가들은 인간과 운명, 그리고 세계와의 사이에서 끊임없이 위태로운 줄타기를 해야 하는 그 고통의 길을 스스로 선택한 사람들이다. '말할 수 없는 것'에 관해 끊임없이 '말하기'를 시도하며, 그로 인해 영원히 '불행한 쾌락' 상태에 놓여야 하는 것이 그들의 운명이라는 데서 이미 그들은 시대와 상식의 일탈자, 문제아들이라고 할 수 있다.

최근 10년 사이에 우리에게 가장 강렬하게 각인된 두 죽음을 꼽는다면 기형도와 김소진을 들 수 있다. 기형도와 김소진의 생애를 들여다보면 묘하게도 닮은 구석이 많다. 기자라는 직업을 가지고 있었지만, 문학에 대한 본원적 욕망을 외면할 수 없었다는 점에서 그들은 동질적이다. 스물 아홉, 그 푸른 나이에 불모의 현실 속에서 힘겨운 숨쉬기를 하다가 결국은 심야극장의 한 객석에 앉아 뇌출혈로 생을 마감한 기형도, 30대 중반의 한 집안의 가장으로, 사선(死線)에서 죽음의 글을 썼던 김소진, 이들은 비정상적인 세상의 질서 안에서 문학을 숙명처럼 앓으며 운명의 덫에 걸려들었다는 점에서, 이미 하나의 문학사적 상징이라 할 수 있다.

2. 기형도 : 섬세한 자아의 내면 풍경

80년대 시단에서 기형도 시는 매우 독특한 현상이었다. 그의 시를 통해서 '90년대 시의 한 징후'를 파악하는 시각이 있는 것도 기형도 시가 보여준 내면 풍경이 80년대의 그것과 일정하게 구별되었기 때문이다. 물론 비극적인 세계인식을 보여준 시인은 이전에도 있었지만, 낯설고 무질서하며 불안정한 세계에 반응하는 섬세한 자아의 내면풍경을 그만큼 냉엄하고 비정하게 그린 경우는 거의 볼 수 없었다. 시인의 육체는 80년대라는 공간에 걸쳐 있으나 시인이 살아낸 현실은 이미 90년대의 그것에 가까웠다.

기형도의 유고시집인『입 속의 검은 잎』은 크게 3부로 나누어져 있는데 그 중 1부에 수록된 시들은 그 이미지가 한결같이 강렬한 검은 빛이다. '비극적 세계인식' '비관주의'라고 명명할 만한 단서를 주는 대표적인 것은 다음과 같은 구절들이다.

    1) 나의 영혼은 검은 페이지가 대부분이다.(「오래 된 서적」)
    2) 나는 인생을 증오한다.(「장미빛 인생」)
    3) 나는 불행하다 / … 나는 내 일생 몫의 경험을 다했다.(「진눈깨비」)
    4) 악착같이 매달린 검은 잎(「잎 속의 검은 잎」)

이 외에도 "한때 절망이 내 삶의 전부였던 적이 있었다" "그리운 생각들이란 얼마나 죽음의 편에 서 있는가"(「10월」), "죽음이란 가면을 벗은 삶인 것"(「겨울, 나무, 숲」) 같은 구절들을 통해 화자의 정서가 하나같이 어둠, 죽음, 불행, 절망, 증오의 기표로써 드러나고 있음을 알 수 있다.

인간이 궁극적으로 죽음을 향한 존재라는 명제를 인정한다 하더라도 그가 보인 죽음의 형상은 '그로테스크하다'고 여겨질 만큼 섬뜩하고 선명한 이미지로 채워져 있다. 가령, 「죽은 구름」이라는 시에는 버려진 빈집에서 흉칙한 몰골로 죽어 있는 한 사내의 시체가 등장한다. 사내는 미치광이로 밝혀졌으며 '죽은 구름'이라는 시어가 암시하듯 떠돌이 생활을 하다가 폐가에서 생애를 마쳤다. 그러나 죽음의 장소가 사람들의 시선으로부터 떨어져 있는 빈집, 즉 황폐한 장소라는 점에서 그것은 아무런 흥미거리도, 관심거리도 되지 못하는 하찮은 죽음으로 그려진다. 화자는 검시관과 같은 냉정하고 관찰자적인 태도로 사내의 죽음을 내려다 볼 뿐이다. 이런 관찰자의 시선은 「늙은 사람」, 「장미빛 인생」 같은 시에서도 이어진다. 이 시에서 보이는 화자는 '그'와 일정한 거리를 두고 마치 타인의 방을 들여다보는 듯한 형식을 취하며, 그렇게 해서 들여다 본 '방의 풍경'은 지극히 황량하고 비정하게 제시된다. 그를 바라보는 화자의 감정은 동정이나 연민이 아니라 환멸과 혐오에 가깝다.

그는 앉아 있다 / 최소한의 움직임만을 허용하는 자세로 / 나의 얼굴, 벌어진 어깨, 탄탄한 근육을 조용히 핥는 / 그의 탐욕스런 눈빛 // 나는 혐오한다, 그의 짧은 바지와 / 침이 흘러내리는 입과 / 그것을 눈치채지 못하는 허옇게 센 그의 정신과… /

(「늙은 사람」에서)

여기서 주목해야 할 대목은 '나'와 '그'와의 관계이다. "모든 길들이 흘러온다. 나는 늙은 것이다."(「정거장에서의 충고」) "내가 차라리 늙은이였다면!"(「추억에 대한 경멸」) "내 얼굴이 한 폭 낯선 풍경화로 보이기 / 시작한 이후, 나는 주어(主語)를 잃고 헤매이는 / 가지 잘린 늙은 나무가 되었다."(「병」) "은퇴한 노인의 백발"(「그날」)과 같은 싯구는 '그'가 '나'의 또 다른 '나', 즉 대상화된 자아였음을 말해준다. 그런데, 「오후 4시의 희망」에서 볼 수 있듯이 이 두 개의 자아는 서로 어긋나 있다. 이 시에서는 앞의 시들과 달리 '그'와 '나'의 위치가 정반대로 바뀌어 나타난다.

김은 중얼거린다, 이곳에는 죽음도 살지 못한다
나는 오래 전부터 그것과 섞였다, 습관은 아교처럼 안전하다
김은 비스듬히 몸을 기울여 본다, 쏟아질 그 무엇이 남아 있다는 듯이

그러나 물을 끝없이 갈아주어도 저 꽃은 죽고 말 것이다, 빵껍데기처럼
김은 상체를 구부린다, 빵부스러기처럼
내겐 얼마나 사건이 많았던가, 콘크리트처럼 나는 잘 참아왔다
그러나 경험 따위는 자랑하지 말게 그가 텅텅 울린다, 여보게
놀라지 말게, 아까부터 줄곧 자네 뒤쪽에 앉아 있었네
김은 약간 몸을 부스럭거린다, 이봐, 우린 언제나
서류뭉치처럼 속에 나란히 붙어 있네, 김은 어깨를 으쓱해 보인다
「오후 4시의 희망」에서)

'나'는 현실의 나이고, 블라인드가 쳐져 있는 사무실은 '그'의 육체를 가두고 있는 현실의 공간이다. 그곳에서 그는 신문 기자로 글을 써야 하고 또 도시의 일상적 삶을 강요받아야 한다. 그런 세계에 대해서 '나'는 "어쩔 수 없이 이곳에 / 한 번 꽂히면 어떤 건물도 도시를 빠져나가지 못한다 / … 이곳에서는 죽음도 살지 못한다"고 생각한다. 또 다른 시에서는 그것이 "나는 압핀처럼 꽂혀 있답니다"(「소리1」)라는 식의 비관적인 모습으로 드러난다. 그리고 불가시한 세계에 존재하는 또 다른 '나'인 '그'는 나의 그러한 삶을 부정적으로 바라본다. 이는 "오래 전부터 그것과 섞여 살아 왔고 콘크리트처럼 잘 참아왔다"는 구절에서 확인되는데, 여기서 우리는 기형도가 유력 일간지 기자로 생활하면서 직업적인 글쓰기로 인한 고통에 시달렸음을 짐작하게 된다(게다가 그는 80년대 상황에서 정치부 기자 생활을 했었다). 그러니까 이 시는 '기자로서의 글쓰기'로 상징되는 현실적 자아와 콘크리트처럼 굳어 가는 내면의 '혀'를 움직여 무언가 기억해내고 발설하려는 본원적 자아가 맞서고 있는 형국이다.

시간의 흐름 속에서 보자면 「죽은 구름」은 피리어드의 지점에, 「늙은 사람」 「장미빛 인생」 「여행자」 등은 그보다 앞부분에 위치한다(기형도의 시들은 유년과 성년, 그리고 노년이 '길'이라는 매개항을 중심으로 시간적으로 배열되어 있다). 그런데 「오후 4시의 희망」의 사무실에 앉은 젊은 그는 흉칙하고 환멸스러운 몰골의 「늙은 사람」과 겹쳐져 있다. 즉 「오후 4시의

희망」에서 "콘크리트"처럼 잘 참으며 살고 있는 '나'와 공원 등나무 그늘 아래 "무슨 딱딱한 덩어리처럼" 웅크리고 앉아 있는 '늙은 사람'은 동일한 인물인 것이다. 20대 젊은 영혼 속에 들어가 있는 이 백발 노인의 정체는 과연 무엇일까. 시인은 왜 그렇듯 "나는 늙었다" "나는 불행하다"라고 끊임없이 되새기며 나아가서는 「죽은 구름」에서처럼 허구적인 죽음까지 연출할 정도로 집요하게 죽음에 사로잡혀 있을까.

조용하고 내면적인 영혼이 살아가기에 이 세계는 늘 지나치게 난폭하고 거칠다. 꽃이 서서히 생기를 잃어가듯이 영혼의 '물기'는 고갈되어가며, 그것은 소멸해 가는 어떤 것들로 시인의 촉수에 의해 예민하게 감지된다. 그래서 콘크리트 속에서 굳어 가는 혀를 움직이려 애쓰는 시인의 초상은 눈물겹기까지 하다. 어두운 심연 안에 웅크린 언어들을 토해낼 때에만 그는 행복했을 것이다. 그의 시는 내면의 깊은 심연에서 솟아 나온 깊은 흐느낌, 중얼거림들이었다.

말할 수 없는 것, 마음속에서 일제히 덜거덕거리는 추억의 잡동사니 등은 끊임없이 시인의 현실을 간섭한다. 들뢰즈의 말대로 추억은 과거이지만 채워지지 않는 욕망의 모습으로 현존(現存)한다. 우리의 존재 속에는 '지울 수 없는 전체의 나'를 이루는 과거의 덩어리들이 웅크리고 있어 함께 숨쉬고 있다. '지울 수 없는 전체의 나'이기 때문에 그것은 숙명과도 같다. 과거는 현재의 나를 규정하며 존재하지 않으나 더 근본적인 세계로 작용한다. 본원적인 자아, 시적 자아는 시인의 저 깊은 내부에서 자리하고 있는 과거의 세계를 끊임없이 다시 불러온다. 기형도에 있어서 그 추억은 아버지의 병, 가난과 상처로 기억되는 유년시절이다.

> 장마비, 아버지 얼굴 떠내려 오신다
> 유리창에 잠시 붙어 입을 벌린다
> 나는 헛것을 살았다, 살아서 헛것이었다
> 우수수 아버지 지워진다, 빗줄기와 몸을 바꾼다

번들거리는 검은 유리창, 와이셔츠 흰 빛은 터진다
미친 듯이 소리친다, 빌딩 속은 악몽조차 젖지 않는다
물들은 집을 버렸다! 내 눈 속에는 물들이 살지 않는다

(「물 속의 사막」에서)

자신의 유년의 기억, 아버지의 자리에서 떠나왔으나 결국 "나는 아버지였다" "나는 헛 살았다"라는 의식이 시인이 도달한 마지막 정거장이 아니었을까. 그의 조로증은 이제 "아름답고 순수한 세계는 더 이상 있을 수도 찾을 수도 없다. 그러므로 나는 이미 일생 몫의 경험을 다한 것이나 마찬가지다"라고 외치며 극단적인 비관주의로 물들기 시작한다.

「물 속의 사막」에서는 그의 정신세계를 지배했던 두 개의 대립항들 가령, 성년과 유년, 과거와 현재, 동경과 좌절, 시인으로서의 글쓰기와 기자로서의 글쓰기, 본원적 자아와 현실적 자아의 구도를 떠올려 볼 수 있다. 이 두 개의 어긋난 세계가 시인의 깊고도 불투명한 내부에서 끊임없이 불안정한 에너지로 작동하면서 시인을 괴롭히고 있다. 그의 의식은 끊임없이 현실과 비현실이라는 위험한 경계 지점에서 맴돌았고, 그것이 추억이나 낯선 기억의 형태로 시인의 의식 밖으로 튕겨져 나왔던 것이다. 그리고 위험한 경계 선상에서 그는 마치 "이런 기회가 오기를 기다려 온 것처럼 비닐 백의 입구같이 입을 벌린 저 죽음"의 검은 홀 속으로, 그 설명할 수 없는 심연 속으로 홀연히 빨려 들어가 버렸다. 우리가 볼 수 있는 것은 보이지 않는 운명의 손아귀에 잡힌 채 고통스럽게 이끌려 갔던 그의 흔적들 중 일부가 아닐까.

3. 김소진 : 가족사의 심연에서 건진 실존

시가 기형도의 굳어 가는 '혀'의 욕망을 대신해 주었다면, 김소진의 경우는 그 역할을 한 것이 소설이었다. 그러니까 이야기로서의 '말'이었다. 지문보다 대화를 더 많이 구사하는 김소진의 소설을 읽다보면 마치 현장에서 녹

음해 온 테이프의 육성을 듣는 듯한 느낌을 받게 된다. 90년대의 감각적 글쓰기, 간결하고 경쾌한, 시적 또는 환상적인 문체들 속에서 그의 말들은 너무 질박하다 못해 생소하기조차 하다. 서정과 서사라는 서로 다른 장르적 속성에도 원인이 있겠지만, 분위기 면에서도 기형도의 주문과도 같은 음울한 중얼거림과는 너무나 다른 육질적인 냄새를 풍기는 것이 김소진의 말들이다. 그래서 이 말들은 김소진 문학의 입구로 들어가는 하나의 열쇠가 된다. 이 말들의 태생지가 곧 그의 문학적 뿌리이기 때문이다. 언젠가 그는 황석영의 「돼지꿈」을 읽은 독후감을 통해 자신의 글쓰기 입문과정을 다음과 같이 토로한 적이 있다.

> 아, 이렇게 후줄근한 사람의 땀냄새와 구린내 나는 듯한 목소리 그리고 숨기고 싶은 속내들이 모여 감히 소설을 이루는구나! 그 순간 소설은 형이상학의 권좌에서 내 어깨 위로 내려와 소년기에 묻어둔 산동네의 기억을 흔들어 깨우는 손길로 변했다. 아마 이 소설이 아니었다면 난 끝내 글쓰기의 길로 나서질 못했을지도 모른다.
>
> (<한국일보>, 1997.1.6)

또 다른 인터뷰에서는 소설을 쓰게 된 동기가 "자기 자신을 비롯한 가족들의 삶을 좀더 정직하게 들여다보려는 충동에서였다"고 밝히고 있다. 실제로 그가 남기고 간 작품의 대부분은 자전적 요소를 바탕으로 해서 쓰여졌다.

작가 김소진의 심연 속에는 6·25 때 월남한 이후 평생 변두리적 삶에서 벗어나지 못했던 아버지의 운명과 그 그늘 밑에서 불우한 성장시절을 보내며 가슴속에 쌓아 두었던 가난과 상처의 기억이 원체험으로 자리잡고 있다. '숨기고 싶은 속내'로, 즉 컴플렉스의 형태로 작가의 내부에 웅크리고 있던 그것이 '자기 표현'되기 시작한 것은 대학 2학년 말, 1983년도부터라고 하였다. 굳이 연도까지 언급하는 것은 작가 스스로가 소설을 통해 "대학생활을 보냈던 팔십 년대는 움직일 수 없는 냉전체제 아래에 있었다고나 할까. 그것이 내 사고방식을 크게, 그리고 분명히 규정했으리라"는 고백에서 알 수 있듯이, 80년대의 거친 현실을 살면서 그가 자연스럽게 수용했던 세계관과 현실과의 괴리가 소설의 출발점이 되기 때문이다.

> ……다시 말하자면 나의 아비는 숙명의 종도, 그리고 권력투쟁에서 패배한 남로당이었다고 외칠 만한 위치에 있지도 못했기 때문에 나는 또 다른 가슴앓이를 해야 했던 것이다. 그렇다고 다시 "아버지는 군바리였다"거나 "아비는 악덕 자본가였다"라고 외칠 처지도 더욱 아닌 데 나의 절망은 깃들여 있었다.
>
> (「개흘레꾼」에서)

그러니까 80년대의 현실에서 상속해야 할 아버지도, 또 타도해야 할 아버지도 갖고 있지 못하다고 생각한, 그래서 '근본이 없다'라는 상처를 지니고 있던 작가의 남모를 컴플렉스가 "좀 더 정직하게 들여다보기"를 통해서 아버지의 존재를 이해하고 화해하는 과정으로 나간 게 그의 글쓰기 도정일 것이다. 이를테면, 방향은 다르지만 김원일이나 이문열과도 같은 '아비 찾기'의 도정이라고나 할까.

그런데 이런 행보 뒤에는 거대담론의 소멸이라는 역사적 상황이 배경으로 놓여 있다. 이념이라는 거창한 구호 뒤에 숨어 있는 '인간'을 뒤늦게 발견한 게 80년대 학번들의 성장과정이라면, 이 과정에서 많은 사람들이 이념을 팽개치고 현실로 편입되거나 아니면 속물화되어 갔다. 그런데 김소진의 경우는 아버지의 대한 반성적 인식을 통해서, 인간이 주체사상에서 말하듯이 '주체성, 창조성, 자주성을 가진 존재'이기는커녕 사실은 아주 미약한 존재, 운명의 폭력에 의해 쉽게 부서질 수밖에 없고 구차스럽게 삶을 연명해 나가는 존재일 수밖에 없다는 사실을 이미 간파하고 있었다. 그가 사회주의 리얼리즘, 민중적 리얼리즘의 조류와 일정한 거리를 둘 수 있었던 것은 사회과학 이론서에서 등장하는 추상적 민중과 구체적 민중 사이의 괴리를 실존적 체험을 통해 파악하고 있었기 때문이다.

그러나 아버지의 삶에 작가의 깊은 시선이 닿기까지는 오랜 시간이 필요한 것이어서 그것이 어느 정도 소설로 정리되어 세상에 얼굴을 내민 것은 90년대 들어서였다. '소설'이기에 앞서 아버지에게 부치는 '제문'이라는 토를 달고 있는 1991년의 데뷔작 「쥐잡기」에서는 전쟁 포로 출신으로, 지금은 도시 변두리에서 구멍가게를 하면서 살고 있는 어느 아버지와 아들의 2대에 걸친 쥐잡기 광경이 펼쳐진다. 여기서 '쥐'는 중요한 상징이다. 아버지는 포로 수용소에서 남이냐 북이냐를 선택해야 하는 시점에서 엉뚱하게도 남쪽 방향으로 가는 흰쥐를 보고 마치 '헛것'에 씌인 듯 남한을 선택했다.

> 기거이 바로 사람이야. 웬 쥐였느냐고? 글쎄 모르지. 기러다 보니 맹탕 헷것이 눈에 끼었는지두. (…) 민홍은 뱃속에서 울컥하는 감정 덩어리가 솟구침을 느꼈다. 비껴 앉은 아버지의 야윈 잔등을 보면서 민홍은 박물관에서 본 적이 있는 고생대의 한 화석을 떠올렸다. 그 화석에 대한 일차적 기억은 앙상함이었고 그리고 가슴답답한 세월의 무게였다. 그 누구도 자유롭지 못한.
>
> (「쥐잡기」에서)

여기서 "기거이 바로 사람이야"라는 아버지의 말은 「쥐잡기」보다 늦게 발표한 「아버지의 자리」에서 "사람이란 게 말이다. 살다보문 어쩔 수 없을 때가 많거든"라고 변명하는 아버지의 말과도 일맥상통한다. 무슨 대단한 이념에 의해서라기보다 알 수 없는 어떤 운명적인 것에 휘둘려 굴절된 삶을 살아온 것이 아버지의 세월이었고, 그것이 곧 역사의 그늘 밑에서 무기력하고 왜소한 삶을 살았던 '초라한 아버지'들의 초상인 것이다. 「춘하 돌아오다」와 그 후속편이라 할 수 있는 「아버지의 자리」에서 화자는 아들의 등록금을 화대로 써버리고 나서 화대를 돌려 달라고 애원하는 파렴치한 인간으로서의 아버지의 모습을 목격하고 "무조건 아버지라는 인간을, 아니 그 말 자체를 이 세상에서 지우고 싶었다"는 극단의 부정적 심리를 드러낸다. 「쥐잡기」에 이르면 아버지에 대한 감정이 냉소나 환멸이 아니라 연민의 차원으로 희석되어 나타난다. 아버지에 이어 쥐잡기에 나선 아들, 아버지의 쥐잡기가 구멍가게 안에 갇혀서 살 수밖에 없는 한 무기력한 가장이 벌이는 생활과의 싸움이라면, 아들에게 대물림된 그것은 80년대 상황의 논리와 그에 중첩되어 나타나는 현실과의 싸움을 암시하는 것으로 이해할 수 있다. 김한수의 「성장」을 연상시키기도 하는 「아버지의 자리」에 오면 그 싸움이 '아버지의 존재란 무엇인가?'라는 실존적인 물음으로 이행한다. 출판사를 그만두고 실직자가 되어 있는 '나'는 자식의 눈에는 별로 자랑스럽지 못한, 부끄러운 아버지일 뿐이다. 세월이 흘러 어느덧 아버지의 자리까지로 밀려온 화자는 자신이 아버지에게 던졌던 화살을 되돌려 맞게 되는 곤혹스러운 체험을 하게 되는 것이다.

> 그러나 당장은 돌아가 팔을 걷어붙일 일터가 없었다. 가장으로서, 애비의 이름을 걸고 돌아갈 곳이 없었던 것이다. 나는 하마터면 눈물을 왈칵 쏟을 뻔했다. 아욱. 당신은 돌아갈 곳이 없었던 그 세월을 어떻게 견뎠나요? 왜 견뎠나요?
>
> (「아버지의 자리」에서)

이제 화자는 아버지의 역사를 이해하는 과정에서 증오의 뇌관을 제거하고 아버지의 상처를 끌어안는 단계로 나아간다. 「개홀레꾼」에서 보이는 '애비는 개홀레꾼이었다'라는 절규는 테제도 안티 테제도 아닌, 제 3의 아버지를 인정함으로써 80년대에는 불분명했던 자신의 정체성을 분명하게 정립하는 과정으로 볼 수 있다. 아버지를 받아들이고 그것을 뛰어넘기까지 그의 소설은 힘겨운 피 흘리기를 한 셈이다. 그러니까 김소진에게 글쓰기는 억눌렸던 자아를 토로하고 해소하는 한편, 그의 불분명한 정체성에 "정돈된 코드"를 부여해 준 언어적 도구였다.

여기서 김소진의 언어적 표현방식은 그의 문체적 특징이라 할 수 있는 토박이말의 능란한 구사로 드러나는데, 이것은 그의 소설이 태어난 곳이 가족사에 있었기 때문에 아버지와 어머니 세대가 자연스럽게 구사해 온 말들을 소설 속에서 생생하게 재현하려는 작가적 근성의 표현으로 이해할 수 있다. 김소진의 소설은 아버지의 '헛것'이 놓였던 자리를 파헤쳐 인간의 운명과 진실의 구체적인 속살에 다가가려고 한다. 보여줄 수 있을 만큼, 퍼낼 수 있을 만큼 최대한 그는 자신의 기억들을 파헤쳐 자신의 정체성에 접근해 들어가고자 했다. 그러나 불행하게도 이러한 노력은 시류와는 거리가 먼 것이어서, 낡고 고전적이고, 심지어 고지식하다는 폄하까지 받게 된다. 그는 "설궁 따위의 죽는 소릴랑 집어치우라고 충고"도 받았다고 첫 장편소설의 후기에서 씁쓸하게 토로한 적이 있다. "왜 구차스럽게 자신의 가난했던 살림살이와 기억을 남에게 까발리면서 구태여 그것에 소설이라는 껍데기를 씌우는가"라고. 그 자신도 봄의 길목에서 추운 겨울을 되돌아볼 만큼 아둔한 척은 더 이상 하고 싶지 않다고 한숨을 쉬기도 한다.

기형도가 그랬듯이, 김소진도 사회적으로는 엘리트 집단에 속해 있었다. 그런데 왜 굳이 지나간 과거의 궁상스럽고 어두운 기억들 속으로 칩거하려 했던가. 기형도나 김소진이나 궁극적으로는 운명에 휘둘려 살아온 아버지의 운명을 상속받은 자들이었기 때문이 아니었을까. 모든 아들은 결국은 아버지가 되고 아버지에 대한 부정이 결국 자신에 대한 부정의 화살로 되돌아오기도 하는, 기형도는 그것을 알아차린 순간 은퇴한 백발의 노인처럼 노쇠해졌고, 김소진은 힘겹게 그것을 뛰어 넘어 좀 더 넓은 세계로 비약하려 하는 순간 양초의 끝까지 타 내려간 촛불처럼 생명의 불이 꺼지고 만 것이다.

4. 문학의 운명

한 중견 소설가가 자신이 경력 20년 된 전업소설가임에도 불구하고 아직도 최저생계에 위협을 느끼고 있다며 '이 사회의 어느 직업 중 그만한 경력에 그런 대우를 받는 직업이 있는가'라고 탄식한 적이 있다. 창작이란 자신의 영혼과 육체를 함께 불살라야 하는 혹독한 중노동임에도 불구하고 그에 대한 사회적 평가와 대우는 지극히 미미한 수준이다. 기자로서 글을 쓰는 것보다 소설가로서의 정체성을 더 중시했던 김소진은 전업소설가의 길을 선택하면서 '소설가로서의 자유'를 꿈꾸었겠지만, 열악한 환경은 그를 자유롭게 놔두지 않았다. 그는 기계처럼 글을 썼고 문학은 그의 죽음을 연기·유예시킨 것이 아니라 오히려 그것을 재촉한 셈이 되었다. 그런 예기치 않은 블랙홀이 소설의 뒤에서 검은 입을 벌리고 있을 줄을 짐작이나 했을까.

  기자로서의 글쓰기와 시인으로서의 글쓰기를 병행하다가 운명으로부터 불의의 습격을 당해 우리의 눈 앞에서 사라져간 기형도. 소설적 자아의 길을 따라가다가 과로사한 김소진. 이것이 후기 산업문명 속에서 넓은 길을 놔두고 편치 않은 좁은 길을 자청하여 간 문학인들의 운명이었다. "그 길은 너무 괴로운 길"이므로 누가 그 길을 갈까봐 겁난다는 김현의 말처럼, 그 길을 가는 사람들이 별을 좇다가 뜻하지 않게 숲 속에서 길을 잃듯 혹시 기형도와 김소진의 뒤를 잇지 않을까 두렵다. 물론 육체의 수명보다 훨씬 긴 문학의 수명이 그들을 문학의 순교자로 당분간은 기억해 줄지도 모른다. 점점 왜소해져가고 있는 '문학'이 그래도 깊은 숨을 쉬고 있는 동안은. 그것마저 없다면 그들의 죽음이 너무 허망할 수밖에 없다.

상처받은 젊음의 자화상
— 최영미의 『서른, 잔치는 끝났다』

1990년대 시사에서 '최영미 시'의 화려한 등장은 표면적으로는 센세이셔널리즘을 지향하는 저널리즘과 광고전략 그리고 그를 옹호하는 비평가들의 합작이 빚어낸 것일 수도 있다. 하나의 음반이 제작되어 시장에 유통되고 대중적 인기를 얻기까지의 과정은 문학작품에도 고스란히 적용되기 마련이어서 뛰어난 문학성을 지닌 작품이라도 빛을 못 보고 사장되는 일이 비일비재하다. 별다른 습작과정 없이 단 한 권의 시집으로 90년대 시단에 조명탄처럼 솟아 오른 한 여성 시인의 등장은 어느 정도 상품성을 지닌 시인의 이력과 시인의 후견자 격인 출판사, 그리고 그 시인을 상품으로 내놓는 과정에서 보인 막대한 광고 물량, 그 중 어떤 하나라도 충족되지 않았다면 불가능한 '영광'이었을 것이다.

물론 이전에도 그 비슷한 대중적 호응을 받은 시집들이 없지는 않았다. 예를 들어 백만 부가 팔려 나갔다는 서정윤의 『홀로서기』나 도종환의 『접시꽃 당신』과 같은 베스트셀러들이 있었다. 그런데 '최영미 현상'의 이면에는 간단히 보아 넘길 수 없는 몇 가지 의미심장한 요소들이 숨어 있다. 즉 '가요톱 텐'의 1순위에 올랐다가 어느새 사라지고 마는 유행가요처럼 한국

시사(詩史) 속에서 잠시 대중적 각광을 받았다가 거품처럼 사라지고 마는 그런 '일과적인 해프닝'으로 간주할 수만은 없는 것이 최영미의 시인 것이다. 이것은 80년대라는 '그래도 별을 좇을 수 있었던 시대'가 가버리고 난 그 공허한 자리를 메우며 후일담 소설들이 부상했던, 즉 공지영의 『고등어』류의 소설들이 한동안 베스트 셀러 자리를 차지했던 당시의 조류와도 무관하지 않을 것이다.

『서른…』은 한 젊은 영혼이 자신이 받았던 상처를 투명하고도 감각적인 언어로 토해놓은 일종의 고백시집이다. '상처 없는 영혼이 어디 있으랴'는 상투화된 말처럼, 사실 상처받은 젊음 자체는 그다지 새로운 주제가 아니다. 당사자에게는 피눈물 나는 고통일지 모르지만, 그것을 읊조리는 고해성 사류는 읽는 사람이 어떻게 받아 들이냐에 따라 얼마든지 진부하게 취급될 수도 있다. 그러나, "최영미라는 이름은 단순한 개인이 아니라 보통명사"라고 칭한 시인 김정환의 말처럼, 시대의 풍랑을 겪은 보다 많은 '최영미'와 '최영미적인 어떤 것'들이 그녀의 시에 존재한다는 사실을 주목할 필요가 있다. 그들은 최영미를 통해서 그들의 심리를 대신 서술케 하는 '시의 혀'를 얻었기 때문이다. 말하자면 '최영미'는 그 시대의 젊음과 상처를 아우르는 상징이다.

먼저 『서른, 잔치는 끝났다』가 불러일으킨 대중적 열광의 이면으로 걸어 들어가 보자. 『서른…』을 앞에 놓고 정서적인 호응을 보였던 '대중적 반향'의 구성원들이 누구인가 하는 점이다. 최영미가 적나라하게 보여준 독특한 정서에 찬사를 보냈던 세대는 80년대라는 '고압선' 밑을 통과하면서 적지 않은 내상을 입었던 젊음들, 변해버린 지형도 속에서 방황과 좌절을 경험해야 했던 '상처받은 영혼'들일 것이다. 어떻게 보면 그다지 기교를 부리지 않은 단순하고 직접적인 비유들, 이를테면 "그리하여 이 시대 나는 어떤 노래를 불러야 하나 / 창자를 뒤집어 보여줘야 하나, 나도 너처럼 썩었다고 / 적당히 시커멓고 적당히 순결하다고 / (…) / 살아 남은 자의 슬픔을 나도 충분히 부끄러워할 줄 안다고"(「너에게로 가는 길을 나는 모른다」)와 같은 구절은 변혁운동의 소용돌이 속에서 살아 남은 자들의 패배적 정서를 감안하지 않고는 이해할 수 없는 대목들이다. 안도현의 시집『외롭고 높고 쓸쓸한』이나 김영환의『지나간 날의 꿈이 나를 밀어간다』등이 대중적으로 반향을 일으켰던 걸 돌아본다면 그 '상처받은 영혼'들은 빈 우물 같은 공허한 정서를 채워줄 수 있는 무엇인가를 늘 기다리고 있었는지도 모른다. 노동시집도, 또 당시 서적 판매대에서 판매 순위 1위를 달리던 정체불명의 연애시집도 그 공허감을 메꿔 주지는 못했다. '최영미의 시'는 이 불만스러운 기다림에 대한 답변이었던 셈이다. 그리하여 독자들은 비로소 "자신이 느꼈던 실감을 가장 직접적이고 감각적으로 자각"시켜 주는 시를 만나게 되었고, 마침내 '시원하다, 통쾌하다, 새롭다'는 반응을 일시에 토해냈던 것이다.

　게다가 이 시집은 90년대 이후 별다른 성과를 내지 못하고 침체 일로를 걷던 민족문학 진영의 추천을 받아(두 번이나 퇴짜를 맞았다고는 하지만 결국 어느 정도 문학성이 인정된 끝에) 나온 것이라는 사실 또한 간과할 수 없다. 그리고 시의 저자가 최고 학부에서 학생운동을 한 경험이 있으며 그 와중에서 실연의 상처와 아픔을 겪은 여성이라는 사실도 화제를 불러일으킨 요인이었다. 출판되었다가 금새 잊혀지는 무수한 시집들 속에서,『서른…』은 이렇게 출발 초부터 마치 신인 탄생극을 보는 듯한 스포트라이트와 주목을 받고 독자 앞에 출현한 것이고, 스타 탄생(?)은 이러한 구조 속에서 어느 정도는 예정되어 있었던 셈이라고 할 수 있다.

　그러나 이러한 문학외적 여건은 부차적인 것이고 본질적인 것은 시의 내면이다. 시가 얼마나 작품성과 진정성을 갖추었는가 하는 점, 즉 시의 문학적 완성도가 1차적인 평가의 대상이 되어야 하기 때문이다.

　『서른…』은 크게 세 가지의 주제로 그 내용이 변주된다.

　표제작인「서른, 잔치는 끝났다」를 비롯하여「사랑이, 혁명이, 시작되기도 전에」「나의 대학」「다시 찾은 봄」「돌려다오」등의 시들은 젊은 날 청춘을 바친 운동이 실패로 돌아간 뒤 시인이 느꼈던 배신감과 허망함, 그리고 전망 부재에서 비롯된 절망과 막막함의 심리를 영화처럼 펼쳐놓은 작품들이다. 이것은 시집 후기에서 "돌이켜 보면 온 몸으로 실천하진 않았지만 어쩔 수 없이 시대의 격랑에 휩쓸려 만신창이가 된 심신으로, 다가오는 봄을 속절없이 맞아야 하는 이도 있으리라. 내 시도 그런 대책없음에서 나온" 것이라는 시인의 고백처럼, 이제는 만신창이가 된 한 영혼의 고백과도 같다.

꽃이
피는 건 힘들어도
지는 건 잠깐이더군
골고루 쳐다볼 틈도 없이
님 한 번 생각할 틈 없이
아주 잠깐이더군

그대가 처음
내 속에 피어날 때처럼
잊는 것 또한 그렇게
순간이면 좋겠네

멀리서 웃는 그대여
산 넘어 가는 그대여

꽃이
지는 건 쉬워도
잊는 건 한참이더군
영영 한참이더군

(「선운사에서」 전문)

꽃은 지고, 잔치는 끝났으며, 청춘도 저물었다. 그러나 그 모든 것들의 소멸 뒤에도 기억은 보이지 않는 흉터로 남아 있다. 시인은 여전히 가버린 시간, 가버린 청춘의 터널 끝에서 머뭇거리고 있으며 상실감과 황망함의 휴우증을 털지 못하고 있다. "아무리 곱씹어도 이제는 고스란히 떠오르지도 못하는 세월" 뒤에 남겨진 기억들이란 "빨랫줄에 널린 오징어처럼 축 늘어진 치욕"(「속초에서」)이나 다름없다. 왜, 한때 열망으로 가득찼던 그 시간들이 아름다운 추억으로 기억되지 못하는가? 그것은 상처받았고 순수함이 훼손되었으며, 길을 이끌어 주던 별이 추락하였고, 사랑하는 사람으로부터도 배신당하였기 때문이다. 「사랑이, 혁명이, 시작되기도 전에」에서, 화자는 20대를 "제대로 싸워보지도 못했는데 어쩌다 보니 싸움이 끝나 버린" 상황으로 요약한다. 여기서 싸움이 끝나 버린 시점은 나이로 치면 서른이고 계절로 치면 겨울이다. 이것은 다른 시 「북한산에서 첫눈 오던 날」에서 표현된 "미처 피할 새도 없이 겨울이 가을을 덮친다" "여름이, 가을이, 한 번 싸워보지도 못하고 가는구나"와 같은 시구에서도 암시된다. 서른 이전의 시기가 젊은 날의 열정과 사랑, 혁명에 대한 믿음, 그 모든 것을 아우르는 축제와도 같은 기간이었다면, 서른 이후는 "잔치가 끝난" 상황일 뿐이다.

> 잔치는 끝났다
> 술 떨어지고, 사람들은 하나 둘 지갑을 챙기고 마침내 그도 갔지만
> 마지막 셈을 마치고 제각기 신발을 찾아 신고 떠났지만
> 어렴풋이 나는 알고 있다
> 여기 홀로 누군가 마지막까지 남아
> 주인 대신 상을 치우고
> 그 모든 걸 기억해내며 뜨거운 눈물 흘리리란 걸
> 그가 부르다 만 노래를 마저 고쳐 부르리란 걸
> 어쩌면 나는 알고 있다
> 누군가 그 대신 상을 차리고, 새벽이 오기 전에
> 다시 사람들을 불러 모으리란 걸

환하게 불 밝히고 무대를 다시 꾸미리라

그러나 대체 무슨 상관이란 말인가

(「서른, 잔치는 끝났다」에서)

잔치는 끝났다. 혁명도 사랑도 막을 내렸다. 이제 시인은 "나는 어떤 노래를 불러야 하나"(「너에게로 가는 길을 나는 모른다」)라고 허망해 한다. 또 "혁명이 시작되기도 전에 혁명이 진부해졌다 / 사랑이 시작되기도 전에 사랑이 진부해졌다"고 푸념한다. 이 대목에서 최영미 시는 '진부해진 혁명의 푸념자'라는 비난을 듣기도 한다. 하지만 그것은 자신의 전부를 바친 젊은 날에 대한 배신과 황망함에서 비롯된 것이라는 점에서 단순한 푸념이기보다는 안타까움이고 아픔이다. 이런 느낌은 비명에 가까운 다음과 같은 구절에서 더욱 절실하게 우러난다.

> 언제부터인가 / 너를 의식하면서 나는 문장을 꾸미기 시작했다 / 피문은 보도블록이 흑백으로 편집돼 아침밥상에 / 올랐다라고 일기장에 씌어 있다 // (…) // 나의 봄은 원래 그런 게 아니었다 / 그렇게 가난한 비유가 아니었다 (…) / 가난은 상처가 되지 않고 / 사랑이란 말만 들어도 가슴이 뛰던 / 어리고 싱겁던 // 나의 봄을 돌려다오 / 원래 내 것이었던 / 원래 자연이었던
>
> (「돌려다오」에서)

> 1961년 태어난 나는 기억할 달이 너무 많아, 해산일 앞둔 임부처럼 누워서 달력을 넘긴다 // 4·19를 맞이해 나는 어떤 노래도 뽑지 않으리 / 나와 관계없이 내 속에 웅크린 기억 / 그 기억의 성성한 톱날, 다듬을수록 날이 서던 상처 / 모두 다 떠나거라 / 나도 모르게 내 속에 씨뿌린 열망 / 그 열망의 숱 많은 머리 틈으로 시때 없이 쳐들어오던 바람 / 모두 고개 숙이고 청춘의 뒷문으로 사라지거라
>
> (「다시 찾은 봄」에서)

최영미의 젊음이 더욱 아프게 느껴지는 것은 시의 다른 한편에 실연(失戀)의 상처가 깊게 도사리고 있기 때문이다. 최영미 시에는 믿었던 것들의 붕괴와 더불어 사랑의 파산이 한 덩어리로 맞물려 있다. 이념의 붕괴와 실연이 동전의 양면처럼 결합되어 있는 까닭에 고통의 질량은 더욱 배가된다. 많은 시구가 다의적 울림을 주는 것도 이런 이유이며 그래서 고통은 한층 저리고 신산하다. 그 고통은 마치 일기장을 들여다보는 듯한 직설적인 토로를 통해서 감각화되는데, 이 과정에서 보이는 최영미 시의 특징은 이전 시인에게서 보지 못한 독특한 '드러냄'의 방식을 취하고 있다. '도발적'이라는 평을 받을 만큼 성적 비유들이 거리낌없고 솔직하게 동원된 것이 그것이다. "컴퓨터와 섹스하고 싶다"는 「퍼스날 컴퓨터」나 시인이 애초에 시집 제목으로 고집했다던 「마지막 섹스의 추억」에서 그것은 감각적인 솔직함으로 제시되면서 최영미 특유의 분위기를 만들어낸다.

> 아침상 오른 굴비 한 마리
> 발르다 나는 보았네
> 마침내 드러난 육신의 비밀
> 파헤쳐진 오장육부, 산산이 부서진 살점들
> 진실이란 이런 것인가
> 한꺼풀 벗기면 뼈와 살로만 수습돼
> 그날 밤 음부처럼 무섭도록 단순해지는 사연
> 죽은 살 찢으며 나는 알았네
> 상처도 산 자만이 걸치는 옷
> 더 이상 아프지 않겠다는 약속
>
> (「마지막 섹스의 추억」에서)

"죽은 자를 무덤에서 일으키고 촛불을 춤추게 할 그런 사랑"을 불살랐던 것이나, "사랑의 힘은 사라졌다. 소리내 웃고 싶어도 머리 속 한편에는 지난 여름의 자막이 흘러가고"(「사랑이, 혁명이, 시작되기도 전에」) "깎아도 깎아도 자라나는 손톱처럼 기억의 뿌리가 여전히 내 안에 웅크리고 있는" 이유는 이렇게 시인 개인의 상처가 무겁고 크기 때문이다. 독자를 당혹스럽게도 할 수 있을 이런 직정적 고백은 그러나 그것이 상처 입은 자만이 지니는 진정성에 바탕을 둔 것이기 때문에 추하기보다는 오히려 애련한 비감을 자아낸다. 그리고 무엇보다도 중요한 것은 '드러냄'이 적절히 절제되어 미적 균형을 잃지 않고 시의 격(格)을 지탱시켜 주고 있다는 데 있다. 이 절제의 미학을 통해서 최영미는 궁극적으로 그 상처로부터 자유로워지려는 의지를 보여준다.

앞의 시들이 사랑과 이념을 잃고 아직도 아물지 않은 상처를 노래하고 있다면, 「지하철에서1」「지하철에서2」와 같은 연작시들은 시인이 놓인 현재의 위치를 보여준다.

상처도 산자만이 걸치는 옷이고, 언제까지 과거의 기억 속에 유배당하고 살 수는 없다. 죽은 자를 뒤로 하고 산자는 또 살아야 한다. 그것이 법칙이고 인생이며 운명이 아닌가. 시인의 삶은 서울이라는 도시 공간 속에서 펼쳐진다. 도시는 살아남은 자의 슬픔을 "살아남은 자의 배고픔"이라는 냉혹한 현실로 전이시키는 현장이다. 시인의 눈에는 자리를 잡기 위해 식당 입구에 사람들이 늘어서 있는 풍경이나(「살아남은 자의 배고픔」), 지하철에 가득한 실업자들의 모습이(「지하철에서4」) 들어온다. 화자 또한 밖에 있는 것이 아니라 숨막히는 지하철 안에서 부대끼며 그들 중의 하나로 자리잡고 있다. 도시생활이란 어쩌면 지하철 문이 열릴 때마다 우르르 쏟아져 들어왔다가 나가는 낯모를 사람들과 온 몸으로 부딪치면서 마치 비빔밥처럼 세상 속으로 섞여 가는 과정인지도 모른다. 때로는 "나 혼자만 유배된 것이 아닐까 / 지상에서 지하로 / 지옥철로 외로이 밀려난 게 아닐까"(「지하철에서2」)라는 막막함과 의심이 엄습하기도 하지만 그것은 출근과 퇴근의 반복처럼 가볍게 솟아올랐다가 지워져버리는 일과성에 불과하다. 어느새 새로운 현실의 논리에 익숙해지고 낮이 밤이 되듯 자연스러운 일이 되며, 과거 한때 거부감을 느끼고 받아들이기 주저했던 일이 이미 어느 순간에 새로운 둥지를 틀고 앉아 있다. 이 무자비한 망각과 일상성을 시인은 "세상에서 가장 무서운 것"들이라고 느끼며 여전히 낯설어 하고 있다. 이 낯섬, 상처의 내력, 세상살이에 대한 오기 등이 최영미의 영혼 속에서 시어들을 잉태케 한 것인지도 모른다.

서른 이후 오랫동안 겨울의 풍경 속에서 칩거하던 시인은 다시금 새로운 봄을 준비하고 있었다. "청춘의 푸른 잔디, 어지러이 밟힌 자리에 / 먼지처럼 일어나는 손거스러미"를 뿌리째 잘라 버리고 "매끄럽게 다듬어진 마디 마디"로 "새롭게 내일을 시작하리라"는 희망을 시 「대청소」는 환유로 보여 준다. 이 「대청소」의 한편에는 악착한 세상 속에서, 벌써 날아가 버린 줄 알 았던 새가 아직도 남아서 집을 짓고 있는 광경을 목격하고 얻은 깨달음이 숨어 있다.

> 아스팔트 사이 사이 / 겨울나무 헐벗은 가지 위에 / 휘영청 쏟아질 듯 집을 짓는구나 // 된바람 매연도 아랑곳 않고 / 포크레인 드르륵 놀이터 왕왕시끌도 / 끄떡없을 너희만의 왕국을 가꾸는 구나 / (…) 무어 더 볼 게 있다고 / 무어 더 바랄 게 있다고 / 사람 사는 이 세상 떠나지 않고 / 아직도 / 정말 아직도 집을 짓는구나
>
> (「새들은 아직도 …」에서)

세월의 무서운 힘에 밀려 여기까지 왔지만 더 이상 밀리는 대로 밀려 갈 수만은 없는 것이다. 진땅을 갈아 엎고 흙을 다져 새로이 씨를 뿌리는 일, 그것은 한편으로 '포스트모던한' 풍경으로 묘사되는 도시라는 황무지 위에 삶의 뿌리를 내리는, 즉 둥지를 트는 일이기도 하다. 이 둥지 틀기, 즉 집짓 기와 시를 짓는 일은 그래서 같은 맥락으로 이해할 수 있다. 최영미에게 시는 집짓기와도 같은 일이다. 서른 이전의 시기가 바람의 형상을 하고 있다면, 서른 이후는 돈 냄새, 사람 냄새, 세상 냄새가 물씬 나는 집의 형체를 하고 있는 셈이고, 시는 그 집을 지어 가는 과정을 보여주는 셈이다.

『서른, 잔치는 끝났다』가 출간된 이후 지금까지 최영미 시는 찬사와 비판의 두 가지 눈길을 동시에 받아왔다. 새로운 시의 가능성을 기대하는 시선이 있는가 하면, 아직 시혼(詩魂)이 제대로 여물지 않은 습작품에 불과하며 시의 장래 또한 장담할 수 없다는 의혹의 눈길 또한 없지 않았다. 『서른, 잔치는 끝났다』는 시공을 초월하여 길이 남을 불멸의 고전은 아니다. 그러나 그렇다고 완전히 무시해버려도 좋을 해프닝 또한 아니다. 두 사람을 동렬에 놓고 평할 수는 없지만, 윤동주의 시가 호소력을 지녔던 것은 그의 시들 속에서 식민지 시대의 질곡을 온몸으로 살아야 했던 한 젊은이의 자화상을 들여다 볼 수 있기 때문이었다. 그 아픔이 단순히 개인의 아픔으로 느껴지지 않고, 그 부끄러움이 모두를 숙연케 하는 것은 순결성과 정직성 때문이다. 마찬가지로 『서른, 잔치는 끝났다』는 80년대라는 힘겨운 시대를 진통으로 보냈던 한 상처받은 영혼의 고해성사이자, 그 시대를 보낸 젊은이들의 자화상이라고 할 수 있다. 80년대에서 90년대로 넘어오는 시대의 격랑 속에서 최영미 시가 한 편의 기록 필름으로 기억될 수 있는 것은 이런 이유 때문이다.

II 탈분단을 향한 문학의 도정

- 탈분단을 위한 마음의 감옥 열기
    ─ 냉전 이데올로기와 문학의 지평
- 분단에 대한 자각과 주체적 극복 의지
    ─ 1970년대 분단소설에 대해서
- 민족사로 승화된 가족사의 비극
    ─ 김원일론
- 외세의 질곡과 민족의 주체성
    ─ 남정현의 「분지(糞地)」론
- 한 원칙주의자의 좌절과 선택
    ─ 이호철의 『심천도(深淺圖)』론
- 북한문학, 위계화의 논리와 의미
    ─ 『조선문학개관』을 중심으로

탈분단을 위한 마음의 감옥 열기
― 냉전 이데올로기와 문학의 지평

1. 냉전 이데올로기라는 유령

한국에서 가장 많은 관객을 끌어 모았다는 두 편의 영화, <쉬리>와 <공동경비구역 JSA>은 모두 남북 분단을 소재로 하고 있다. 그런데 두 영화는 동일한 소재를 취하고 있으되, 서로 정반대의 모습을 보여준다는 점에서 흥미롭다. 즉, 전자가 분단체제 속에서 견고하게 구축되어 온 냉전 이데올로기에 기대어 성공을 거두었다면 후자는 냉전 이데올로기의 해체를 겨냥함으로써 성공할 수 있었다는 점이다.

그런데 "공동경비구역"의 원작인 『DMZ』(박상연)(97)가 세간에 첫선을 보였을 때는 사회적으로 큰 반향을 일으키지 못했었다. 당시에는 휴전선을 사이에 두고 남북한 병사들이 서로 인간적인 접촉을 나눈다는 것은 현실성이 없는 것으로 치부되어 문단에서조차 인정을 받지 못하는 상황이었다. 아마도 문단뿐만 아니라 사회 전체가 그 내용을 소화할 만한 수용체계를 갖추지 못했다는 것이 좀 더 실상에 맞는 이유일 것이다. "진실을 감춤으로써 평화를 유지하는 곳"이라는 중립국 장교의 독백은 비무장지대뿐만 아니라 한반도 전체를 향하고 있다. 분단 50년 동안 우리는 모두 진실의 외부에 놓여 있었고 견고한 냉전 이데올로기의 감옥 안에 갇힌 수인들이었다. 그 감옥 안에서 적과 적이 서로 내통하고 우정을 나눈다는 것은 상상조차 할 수 없는 일이었고, 그것을 소설적으로 그리는 것마저도 거부되었던 것이다.

그러나 2000년도에 들어와서 비현실이 현실로 뒤바뀌는 믿을 수 없는 장면들이 영화가 아니라 눈앞 도처에서 일어나기 시작했다. 남한과 북한의 정상이 만나고 북한의 고위 관료들이 남한을 안방 드나들 듯 오가며, 심지어 북한군 사령관이 한 시간 남짓한 거리를 날아와 화해의 징표로 송이버섯을 선사하고 돌아가는, 이전에는 상상하기 힘들었던 광경들이 전개되었던 것이다. 영화가 흥행에 성공할 수 있었던 것은 결국 영화 이면에서 진행된 이러한 현실의 급격한 변화가 있었기에 가능했던 것이다. 돌아오지 않는 다리를 훌쩍 가로질러 남과 북의 병사들이 함께 어울리는 광경은, 비록 실정법상으로 국가보안법과 정전협정을 위반한 것이겠지만, 그런 인위적 금제의 선이란 인간적인 교감 아래서는 무력할 수밖에 없는 것이었다. 남과 북이 총구를 겨눈 적대적 현실이란 서로간의 만남과 소통이 전제되었을 때에는 하나의 소극(笑劇)에 불과한 게 아닐까. 영화는 이 단순한 상식이 통용되지 않는 현실에 조소를 던지면서 가볍게 금제의 선을 건너뛴다. 그리고 그 순간 그 동안 금기시되어 온 현실의 장벽은 이념이 빚어낸 우스꽝스러운 축조물에 불과하다는 것이 한편의 코미디처럼 폭로되고야 마는 것이다.

물론 영화관을 나와 현실로 돌아오면 현실은 그리 만만한게 아니고, 우리의 무의식 속에 드리워진 분단의 그림자 또한 그리 쉽게 거둬낼 성질의 것이 아니다. 한편에서는 예상을 뛰어넘는 변화의 속력 앞에서 어지럼증과 거부감을 호소하는 세력들도 나타나기 시작했다. '통일시대'라는 용어가 홍수뒤의 부유물처럼 범람하지만, 통일을 낙관하면서도 그것이 믿음으로까지 승화되지는 못하고 있는 것이 현실이다. 그런데 이러한 현상은 어쩌면 당연한 일이다. 왜냐하면 반세기 가까이 지속된 분단체제는 아직도 우리 무의식 속에 완강한 구조로 자리잡고 있기 때문이다. 적대와 반목을 파블로프의 조건반사처럼 훈련받아온 세대에게 냉전 이데올로기의 해체란 말처럼 쉬운 일이 아니다. 의식이 아니라 무의식의 차원에서 우리를 사로잡고 있는 망령이 바로 냉전 이데올로기이다. 그리하여 수십 년 간 주입식 반공교육을 통해 각인된 그 무의식은 대북정책에 대한 반감 등의 형식으로 자기 방어기제를 작동시키고 화해의 흐름마저 사갈시 하는 집단을 만들어내기도 한다. 냉전구조의 해체가 주도세력의 구호 수준에서 가슴 언저리까지 내려와 있지만, 몸을 바꾸는 수준으로 나가려면 아직도 갈 길이 멀다는 얘기이다. 한 사람의 성격을 바꾸는 것도 힘든 일인데 민족의 운명을 바꾸는 일이 그리 쉬운 일이던가. 그래서 통일로 가는 길은 당연히 힘들고 고통스러운 길이 된다. 거기에는 수많은 지뢰밭이 존재한다. 물론 그 중에서 가장 큰 지뢰는 우리 몸 속에 숨어 있는 냉전 이데올로기의 구조물일 것이고, 지금 단계에서 무엇보다 중요한 과제는 그 이데올로기의 뇌관을 해체하는 일이 될 것이다.

2. 냉전 이데올로기에 맞서 온 지난한 행보들

지난 분단 50년 동안 우리 사회가 심각한 적색 공포증에 시달렸던 것은 무엇보다 그것을 정치권에서 악용한 데 원인이 있다. 전후 냉전의식에 힘입어 역대 정권들은 반공 이데올로기를 의도적으로 조장하여 정권의 취약한 지지기반을 만회하여 왔다. 이승만 정권에 의해 전후의 혼란된 민심을 수습하고 자유 민주주의를 수호한다는 미명 아래 널리 유포된 이래 과거 정권들은 분단된 현실과 북한의 호전성을 끊임없이 강조하고 세뇌시키면서 흑이 아니면 백이라는 극단의 부정과 양가치적(兩價値的) 사고를 확산시켜 놓았다. 남한의 생존을 위협하는 북한 공산주의 집단이 존재하고, 자칫 방심했다가는 언제든지 6·25와 같은 비극이 되풀이 될 수 있다는 강요된 경계심은, 민족의 생존이라는 최상의 가치를 위해서는 민주주의를 비롯한 어떠한 가치도 희생될 수 있다는 금기와 독선의 신화를 만들어 낸 것이다. 하지만, 그것의 도식성과 폐해는 이루 헤아릴 수 없는 것이어서 같은 민족을 적대시하고 이질화하는, 그리고 비판자를 탄압하는 빌미로 악용하는 정신적 불모

상태를 만들어 놓는다. 정부의 정책을 반대하거나 비판적인 입장을 취하면 가차없이 '빨갱이'로 몰아붙였고 심지어 공교육에서는 반공을 국시로 삼아 국민의 무의식까지 통제하려 들었다.

전후 현대문학의 전개과정이란 이 분단된 현실과 대면하면서 각 개인들의 마음속에 각인된 양가치적 사고를 척결하는 지난한 투쟁의 역사이기도 했다. 문학이란 본디 인간 정신의 자유를 표상하는 양식이고 억압을 거부하는 본능적 속성을 갖고 있다. 문학은 삶의 깊숙한 이면을 파헤치면서 존재의 해방과 자유를 추구하며 추상적 이념보다는 일상의 실제적 국면들에 주목한다. 작가의 눈에는 평범한 일상도 비범하게 인식되기 마련이고, 그래서 문학인들은 우리 일상 속에 스며 있는 분단의 아픔과 냉전 이데올로기의 허구를 누구보다도 날카롭게 포착하여 왔다.

김원일이 『노을』에서 설파했듯이, 분단 현실이란 그것과는 전혀 무관한 것으로 보이는 중산층 소시민의 삶마저도 예외 없이 구속한다. "아버지의 시대와는 달리 그런 쪽(이데올로기-필자)과는 담을 쌓고 살려는 나에게까지 남북의 극단적인 대치 상황이 그렇게 가깝게 영향력"을 미치고 있을 줄을 몰랐다는 고백은, 자신과는 무관하리라 생각했던 분단이 사실은 자신을 옭아맨 족쇄와도 같은 것임을 새삼 환기시켜준다. 우리는 단지 그것을 자각하지 못한 채 살아 왔을 뿐이고, 그렇기에 분단을 자각한 자에게 이 현실은 '유형의 땅'(조정래)일 수밖에 없다. 50년대 이래 지속적으로 일어났던 저 악몽 같은 필화사건들은 곧 유형(流刑)의 상태에서 자유를 찾고자 한 처절한 몸부림이었다.

종전 직후인 1954년에 <서울신문>에 연재되어 사회적으로 큰 파문을 불러일으킨 정비석, 『자유부인』은 반공 이데올로기의 맹위를 실감케 한 첫 사건이었다. 다분히 통속적인 구성과 인물로 되어 있는 이 작품이 사회적으로 큰 반향을 일으켰던 것은 당시 사나운 기세로 몰아닥친 냉전 이데올로기 때문이었다. 작품의 내용은 사실 간단하다. 저명한 국어학자의 아내인 오선영은 종전 직후 사회 전반에 만연된 자유주의적 분위기에 휩쓸려 들면서 춤바람이 나고, 사교계에 진출하면서 자연스럽게 고관 부인들과 어울린다. 이 과정에서 남편들의 정치적 비리가 화제에 오르고, 또 선형의 오빠이자 국회의원인 오병헌의 정치적 무능과 선거 부정사례가 소개된다. 작품은 진보적인 입장에 바탕을 둔 것도 그렇다고 반사회적인 주장을 담고 있는 것도 아니었다. 그런데 정부 관료와 고관부인들의 비리를 고발하듯이 그려 놓았다는 것이 빌미가 되어 작가가 치안국에 소환되는 어이없는 결과를 불러오고, "중공군 40만 명보다 더 무서운 해독을 끼치는 소설"이자 동시에 "북괴의 사주로 남한의 부패상을 샅샅이 파헤치는 이적소설"(정비석, 『자유부인』, 고려원, 1985년판 '작가의 말' 참조)이라는 비난을 받았다.

  지금 돌아보자면 하나의 해프닝일 수밖에 없는 일이었지만 일개 통속소설에까지 이렇듯 이적과 용공의 혐의를 내리 씌운 것은, 최소한의 비판마저 허용하지 못했던 당대 정권의 무능을 스스로 폭로하고, 전쟁 직후 국민들의 가슴속에 생생하게 살아 있던 전쟁에 대한 두려움을 통치의 도구로 이용한 비열한 작태였음을 확인시켜준다. 중세 암흑시대에나 있을 법한 마녀사냥식 용공음해가 되풀이되고 적색 공포증이 악마의 주술처럼 가공할 만한 마력을 발휘하는 사회에서 인간의 창의성과 진취성을 기대한다는 것은 불가능하다. 그런데 정권은 그런 행태를 반복함으로써 사회의 지적 풍토를 척박한 황무지로 만들고 비판정신을 위축시켜 결국 국민 전체를 '사상 색맹증', '사상 공포증'에 감염시켜 놓았다. 이호철이 『심천도(深淺圖)』(67)에서 날카롭게 포착했듯이, 냉전 이데올로기는 원초적인 부자관계마저 소원하게 만들어 놓는다. 주인공이 60년대 들어서 활발하게 진해되던 농촌의 근대화정책을 조목조목 비판하자 그것을 듣고 있던 아버지의 반응이란 곧, "네 하는 소리나 지껄이는 투는 꼭 빨갱이들 비슷하다"는 것. 사회의 근원적인 문제를 제기하면 바로 용공분자와 동일시하는 왜곡된 사유 구조가 부자간의 대화마저도 간섭하고 억압한 것이다. 이원형의 주장은 지극히 온당하고, 또 그런 비판을 통해서 사태를 객관적으로 인식하고 문제해결의 실마리를 찾을 수 있는 것이지만, 그것을 빨갱이로 몰아붙인다는 것은 해결의 과정을 원천적으로 봉쇄하는 구조적 폭력에 다름 아닌 것이다. 필화사건 이후 정비석이 더 이상 사회 비판적인 작품을 쓰지 못하고 통속적 애정물만을 발표하게 되었던 것은 이런 당대의 분위기와 무관하지 않을 것이다.

1965년 『현대문학』 3월 호에 발표된 뒤 2개월 후인 5월초 북한의 기관지 『통일전선』에 전재됨으로써 작가가 구속되는 불행한 사태를 불러 왔던 「분지(糞地)」 필화사건' 역시 창의와 비판을 용납하지 않는 시대가 낳았던 비극을 상징한다. 한 가정의 비극을 통해서 사회의 전도된 가치관을 문제삼고 그것을 민족 주체성의 입장에서 바로잡으려는 의도를 담고 있는 이 작품을 통해서 우리가 목격할 수 있는 것은 작가의 천부적 입담과 능란한 풍자정신이다. 홍길동의 10대 손이자 단군의 자손이라는 사실을 유독 내세우는 주인공 홍만수는 불의에 항거하는 의협심과 민족의 오랜 전통을 이어받은 인물로 등장한다. 그는 전통과 권위를 존중하여 걸핏하면 홍길동과 단군의 자손이라는 사실을 내세우는, 사실은 좀 모자라는 인물이다. 미군 상사의 부인을 유인하여 그녀의 음부를 보고자 하는 것이나 미국 여인들의 배꼽에 태극기를 꼽겠다는 다짐 등은 모두 상식에서 벗어난 기행들이고, 이 엉뚱한 행동들을 통해서 작가는 한국 사회를 지배하는 미국 중심의 왜곡된 가치관에 문제를 제기한다. 미국 여인의 음부를 보고자 하는 것은 미군들이 한국 여자를 학대하는 근본 원인을 살피겠다는 것이고, 미국 여인의 배꼽에 태극기를 꼽겠다는 것은 민족의 주체성을 만방에 떨치겠다는 의도였다. 「분지」는 반미를 주제로 한 소설이라기보다는 한국인이라는 정체성을 망각한 채 미국에 빌붙어 살아가는 세태에 대한 강렬한 풍자를 내용으로 하는 작품이었다.

그런데, 공교롭게도 작품이 발표된 지 얼마 지나지 않아 북한의 잡지에 전재되고, 또 미국을 모욕하고 반미를 선동하는 것으로 오인되어 작가가 분단의 희생양으로 전락하는 비극을 불러오게 된다. "반미감정을 조성·격화시켜 …… 북괴의 대남 적화전략의 상투적 활동에 동조"(검찰의 공소장)했다는 것. 과연 '용공 이적죄'를 범한 것인지는 의문이지만, 북한을 경쟁적으로 의식하던 당대 현실에서 쉽게 용납될 수 없는 충격을 주었던 것만은 사실이다. 이 작품은 정권의 대외의존적 성격과 빈부의 격차가 심각해진 사회현실을 강도 높게 비판하였고, 『자유부인』보다 한층 신랄한 비판을 담고 있었던 것은 사실이지만, 그것이 이유가 되어 작가적 생명마저 위태롭게 했다는 것은 상식적으로 이해할 수 없는 처사였다. 2년 2개월에 걸친 조사와 재판을 받으면서 남정현은 진보적 성격과 창의력을 박탈당하다시피 했고 이후 이렇다할 작품을 쓰지 못한 채 문학사의 뒤편으로 사라져 간다. 한 재능 있는 작가가 냉전의 사슬을 뚫고 성장하기엔 분단의 천형이 너무 깊고 거대했던 것. 하지만 목숨마저 위협받는 상황에서 제기한 남정현의 문제의식은 이후 민족사의 전개과정에서 미국을 새롭게 인식하고 민족문학을 한 단계 진전시킨 계기를 제공한 것이 사실이다.

통일에 대한 열기가 전국적으로 고조되는 지금까지도 반공의식이 얼마나 완강하게 우리를 억압하고 있는가를 보여주는 구체적 사례가 1994년 4월에 고발된 이래 아직도 종결되지 않은 '『태백산맥』 필화사건'이다. 이승만의 양아들인 이인수와 여덟 개 우익단체들이 작가 조정래와 출판사 사장 김언호를 국가보안법 위반과 명예훼손 혐의로 고소·고발했고 그에 따라 경찰청 보안국이 수사에 착수하게 된 이 사건은 앞의 경우와는 달리 보수 우익단체들이 대거 연합하여 작품에 제재를 가하려 했다는 점에서 흥미롭다. 구국총동맹, 한국전쟁참전총동맹, 대한파월유공전우회 등등의 단체가 주장한 것은, "소설 『태백산맥』은 한국 현대사를 왜곡, 대한민국 건국에 주도적으로 참여했거나 기여한 명예를 손상시킴과 동시에 대한민국의 정통성마저 훼손시켰을 뿐 아니라 북한 김일성 정권에 정통성을 부여하며 공산주의 혁명 사상을 조장하였고, 반미 감정을 고취시켜 대한민국을 미국 식민지로 인식시켰기에 피고발인 등을 민족과 역사의 이름으로 고발한다."는 것. 여기에 덧붙여 경찰은, 이승만 정권을 친미괴뢰정부로, 빨치산을 인민 해방전사로, 6·25를 조국해방전쟁으로 표현한 부분 등이 이적성이 짙다는 견해를 첨부하였다.

이처럼 조직적이고 집단적으로 작품에 대한 거부감을 표시한 것은 이 작품이 다른 어떤 작품보다도 강한 문제성을 지녔기 때문이다.『태백산맥』은 빨치산의 진실을 집요하게 천착했고, 해방 전후의 역사를 민중의 입장에서 재구성하여 6·25를 새롭게 조망하려 했다. 민중 중심의 시각과 역사주의적 입장으로 인해 이 작품은 기존의 지배적인 시각을 부정하고 현대사를 보는 새로운 시각을 열어준 것이다. 실제로 사회과학계의 연구와 여러 증언들을 통해서 확인되었듯이 6·25가 발발하게 된 이유는 딱히 북한의 적화야욕에만 있었던 것은 아니었다. 브루스 커밍스는 한국전쟁이 "나라를 통일하고 변혁하려는 내전적이며 혁명적인 전쟁"이라고 말한 바 있는데, 이는 한국전쟁을 북한 공산주의자들에 의한 외부침략(foreign aggression)으로 파악하는 보수적 관점과 정면으로 대립된다. 커밍스가 한국전쟁을 외침이 아닌 내전적이며 혁명적인 전쟁이었다고 본 것은 이 전쟁이 남한에서 토지문제를 위시한 사회혁명과 외세로부터의 독립을 수반하는 통일을 추구한 것이고, 그러한 노력이 가능했던 사회적 기반은 단순히 북한의 무력이 아니라 남한사회에 잠재해 있던 좌익에 대한 광범한 지지였다는 것을 의미한다. 남한을 공산화하려는 북한의 시도에 대한 지지기반이 남한사회 자체 내에 존재했고, 남한 사회가 1945~46년과 같은 사회혁명을 지지하는 사회적 조건과 정치세력을 내포하고 있었기 때문에, 그리고 북의 인민군이 남한을 점령하고 있던 3개월간에 북은 이러한 남한사회 내부의 지지기반을 바탕으로 인민위원회의 복원과 토재개혁 등과 같은 사회혁명을 추진했기 때문에 이 전쟁은 외침이 아닌 내전적인 혁명적 전쟁이라는 게 그의 견해였다.(브루스 커밍스,『한국전쟁의 기원』, 김자동 역, 일월서각, 1986. 참조)

   조정래의 시각이란 사실 이런 사회과학계의 연구 성과와 무관한 게 아니었고, 실제 역사와 부합하는 것이기도 했다. 그럼에도 우익 인사들이 협박과 압력을 되풀이한 것은 이들의 사고 전반에 배어있는 양가치적 사고 때문이었다. 중도적이고 또 정부측의 견해와 다르다는 이유로 친미 용공이라는 죄목을 붙이는 것은 서로 다른 시각과 가치를 근원적으로 부정하는 전제적 폭력인 것이다. 새삼 언급할 필요도 없지만 새는 좌와 우의 날개로 날아야 한다. 한 나라가 민주적으로 성숙했다는 것은 서로 다른 가치를 존중하고 이해하는 다원적 태도를 갖는다는 것을 의미한다. 주체의 일방적 시각만을 강요할 때 타자는 고유의 가치를 상실한 채 사물화된 존재로 전락하기 마련이다.

이렇듯 우리 문학은 분단 이래 개인의 자유와 창의를 억압해온 냉전 이데올로기와의 처절한 대결을 통해서 오늘에 이르렀다. 많은 작가들이 희생되었고, 또 잠시나마 문학이 위축되는 곤경을 겪기도 했으나, 이를 통해서 우리는 이념적 색맹에서 벗어나 역사와 사회를 보는 한층 성숙하고 합리적인 시각을 갖게 되었다. 조정래, 현기영, 김원일 등은 분단문제를 다루면서 해방 정국의 좌우 대립으로까지 시야를 확대하고 민족 내부의 오랜 갈등에서 분단의 원인을 찾는 새로운 지평을 개척하였고, 남정현, 전상국 등은 외세의 작용과 그로 인해 왜곡되는 민족의 삶을 비판적으로 천착하여 민족의 현실을 주체적으로 인식하는 계기를 마련하였다. 또한 황석영, 이문구, 박완서, 한승원, 윤흥길 등은 분단문제를 민중의 입장에서 이해하고 해결해야 한다는 믿음으로 분단을 넘어서는 통일의 방향까지 제시해 주었다. 이 지난한 과정을 통해서 우리 문학은 '국가보안법'의 위협 속에서도 사회적 금기에 맞서면서 자유와 창의의 영역을 끊임없이 넓혀 온 것이다.

3. 타자의 수용과 탈분단의 지평

냉전 이데올로기가 남긴 해악은 비단 작가들의 시각과 소재를 제한한 데만 있는 것은 아니다. 무엇보다도 심각한 것은, 민족이 살기 위해서 다른 모든 가치가 부정되어도 좋다는 논리와 마찬가지로, 나와 내 집단이 살아남기 위해서 다른 집단은 얼마든지 부정될 수 있다는 배타적 사고를 개개인들의 마음속에 구조화시킨 데 있다. 물론 문인들이란 다른 집단에서 비해서 사회성이 약하고 또 독선적이기도 하다. 그런데 그것이 한층 폐쇄성을 갖게 된 것은 전쟁과 분단으로 인한 남북한의 체제경쟁 과정을 겪으면서였다. 국가의 안보를 최상의 가치로 설정한 까닭에 시민의식이나 민주의식은 뒷전으로 밀려나고 대신에 서로를 적대시하고 배제하는 이기심과 폐쇄적 집단주의가 사회 전반에 고착되고, 문단 역시 그런 폐해에 물들게 된 것으로 보인다. 90년대 이후 계층을 가리지 않고 횡행하는 극단의 집단주의와 지역주의 및 패거리 문화는 이제 자못 위험스러운 수위에 이르렀다. 타자를 부정하고 배제하는 독선적 사고란 다원적 가치에 바탕을 둔 민주주의와 상치된다는 점에서 통일을 가로막는 가장 큰 장애물이다.

한국 문단에 학연과 인맥 등 각종 연고로 연결된 패거리 집단밖에 없다는 비판의 소리는 비단 어제오늘만의 문제는 아니다. 문학적 이념이나 경향과는 관계없이 선후배나 사제 사이의 인간관계나 등단 지면이 무엇인가에 따라 문학 단체가 만들어지고 그것이 비대해지면서 점차 문단 권력화하는 현상은 이미 종전 직후의 '한국문학가협회'나 '한국자유문학자협회'의 결성과정에서 목격한 바 있다.(자세한 것은 김철의 「한국보수우익 문예조직의 형성과 전개」, 『한국전후문학의 형성과 전개』, 태학사, 1993 참조) 그것이 4·19 이후 소위 진보문단이 형성되면서 점차 대립구도를 갖게 되고, 80년대를 경과하면서 진보와 보수라는 확연한 대립구도를 형성하게 되었다. 그런데 최근 문단에서 목격되는 집단주의는, 이념적 지향이 와해되면서 보수와 진보의 대립구조마저 무의미해진 상황을 배경으로 하고 있다. 선배 문인들이 냉전 이데올로기와 맞서 사회와 문학의 자유를 추구했던 것과는 달리 이들에게서 어떤 사회적 명분을 찾기는 힘들고 단지 자기 집단의 이해득실만이 강조되는 모습이다. 매년 200종 가까운 문학잡지가 발간되는 현상은 문단을 움직이는 것이 문학 동아리라는 것을 말해주는 증거가 아니겠는가. 사정이 이렇다 보니, 문학적 자질과 훈련이 되어 있어야 마땅할 신인이 문학적 자질은 뒷전으로 한 채 그저 학맥과 인맥만을 쫓는 기이한 현상마저 목격되고 있다. 그 결과 문학의 평가 기준이 되어야 할 작품의 성과와 질적 완성도 대신에 전근대적인 인간관계에 대한 눈치보기와 세련된 처신이 행동양식으로 자리잡는 진풍경도 연출되고 있는 것이다.

  최근 문단 일각에서 논란이 되고 있는 특정 문예지와 보수 신문과의 유착설은 집단주의로 인해 야기될 수 있는 권력화의 폐단을 경계하려는 움직임으로 이해할 수 있다. 특정 문예지 출신들이 문학상을 심사하는 심사위원으로 들어가고, 또 후원하는 신문사에서 이들에게 '종신 심사위원'이라는 영예로운(?) 권위를 부여함으로써 발단이 된 이 논쟁은, 문학 권력화의 구체적 징후로 받아들여졌고 그래서 많은 비판이 쏟아졌다. 심사위원에게 책임감을 부여하여 심사의 신뢰성을 높이고 상의 일관성을 유지하려는 의도에서 종신 심사위원제를 도입했고, 또 심사과정을 지면에 공개함으로써 불필요한 잡음을 제거하겠다는 의도는 실제로 타당한 일면도 있다. '종신 정신'이란 돈과 유행만을 좇는 이 천박한 자본주의 사회에서 사실 얼마나 아름다운 덕목인가. 또 심사 과정을 샅샅이 공개한다는 것은, 일부 작가들의 반발에도 불구하고, 심사과정의 투명성을 확보하고 독자들의 감시를 통해서 한층 공정한 심사에 기여할 수도 있을 것이다. 그럼에도 불구하고 여기에 대한 비판이 끊이질 않는 것은 주관 신문사에 대한 그 동안의 누적된 불신과 그를 바탕으로 한 문단 권력화의 음험한 의지를 읽어낸 때문이라고 할 수 있다. 통일을 향한 움직임이 활발하게 전개되고 있는 현재에도 여전히 냉전적 도식과 미망에서 벗어나지 못한 채 수구적이고 공격적인 논지를 펴고 있는 신문사인 까닭에 문학상을 둘러 싼 이들의 행태가 액면대로만 받아들여질 수는 없을 것이다. 이런 의심은 심사위원들의 면면에서도 단적으로 드러나거니와 이들 중 일부는 그 동안 민족문학과는 거리를 두거나 적대적이기까지 한 입장을 보여줬던 인물이다. 게다가 어떤 인물은 상대적으로 폐쇄적이고 또한 엘리트주의적이라 오인되는 잡지의 오랜 편집동인이라는 점도 의혹을 사는 요인이 되고 있다. 최근의 여러 논자들의 비판에서 확인되고 있듯이(자세한 것은 『문예중앙』 2000년 가을호의 권성우, 구모룡, 임우기의 글 참조), 이들 편집동인들은 각종 문학상과 신인등단에 관여하면서 상당한 문단세력을 형성한 인물이다. 공룡화된 신문사를 후광으로 이들이 종신적인 권위와 힘을 부여받았으니, 문단의 권위주의와 권력화를 경계하는 입장에서 보자면 그 위세란 자못 위협적일 수밖에 없는 것이다. 문학상을 일신하고 새로운 제도를 정착하겠다는 의도를 부정할 수는 없지만 그것이 자신들이 아니면 안 된다는 오만과 엘리트주의에 바탕을 둔 것이라면 여러 논자들이 비판하듯이 자신들의 권력을 항속화하려는 의지 외에 달리 받아들일 방법이 없을 것이다.

능력과 재질보다는 '내 자식 챙기기'에 골몰하는 상황에서 바람직한 창작의 풍토를 논하고 문단권력의 해체를 주장하는 것은 우스운 일일지도 모른다. 문학적 세력확보와 상업적 영리욕에 바탕을 둔 이런 냉전적이고 전근대적인 유습을 불식시키지 못한다면, 디지털 시대에 들어서 급격히 위축되고 있는 문학의 위상은 더욱 궁벽한 지경에 몰릴 수밖에 없을 것이고, 독자들의 외면은 한층 가속화될 것이다. 최근 들어 문학상을 전면 폐지하자는 주장과 심사위원을 패거리와 문단정치에 물들지 않는 젊은 문인들로 하자는 주장이 일고 있는 것은 패거리 문화의 부정성이 그만큼 깊다는 반증이 아니겠는가. 어느 분야나 마찬가지지만 문학 분야에서도 선의의 경쟁과 공정한 평가가 이루어져야 발전이 가능하며, 또 그것이 다원화된 사회로 나가는 길이기도 하다. 과거의 억압적이고 전일적인 사회구조가 엄청난 해악을 남겨놓았듯이 어느 한 집단이 전일적인 지배력을 행사한다는 것은 건강하지 못하고 궁극적으로 그 사회의 발전을 가로막는다. 독과점을 누리다시피 하는 권력 주체는 비판과 견제를 허용하지 않으며, 그 정도에 비례해서 부패의 길을 밟을 수밖에 없는 것을 과거 정권들은 너무도 생생하게 보여주지 않았던가.

문단에서 목격되는 배타적 사고는 단순히 문단 내부에만 나타나는 것은 아니다. 냉전 이데올로기로 인한 사시(斜視)와 편견이 특히 두드러진 곳은 북한(혹은 북한문학)에 대한 시각이다. 오랜 기간 누적된 북한에 대한 적대감은 북한을 있는 그대로 보기보다는 폄하하고 부정하는 사시를 만들었고,

최근에는 남북화해의 분위기에 힘입어 '신비화'라는 또 다른 신화를 만들고 있다.

　1988년 월북작가들에 대한 해금이 이루어진 이후 월북작가들을 중심으로 북한문학에 대한 관심이 본격화되어 많은 성과물들이 나왔다. 특히 1988년을 기점으로 소위 '북한 바로알기 운동'이 광범위하게 이루어지면서 북한의 원전들이 쏟아지고 논의는 한층 활기를 띠게 되었다. 『조선문학통사』 『조선문학개관』 등이 소개되면서 북한문학의 전개과정에 대한 이해가 증진되었고, 그런 분위기를 바탕으로 1989년에는 『문학사상』 『실천문학』 등의 잡지에서 북한문학을 다룬 다양한 특집들이 쏟아지기도 했다. 90년대 들어서는 『북한의 비판적 사실주의 문학 연구』(김성수)를 비롯한 『북한의 우리문학사 인식』(민족문학사연구소), 『북한문학의 역사와 이해』(김재용) 등의 괄목할 성과들이 잇따라 출간되면서 북한문학은 이제 더 이상 낯선 이방의 문학이 아니게 되었다. 그럼에도 북한(문학)을 대하는 시선은 여전히 사시와 편견의 그림자로부터 자유롭지 못하다. 그 동안 북한에 대한 정보가 엄격하게 통제되어 있었고, 또 냉전 이데올로기가 강하게 작동하고 있었기에 북한을 객관적으로 이해하고 평가한다는 것은 적잖은 위험을 내포한 것이기도 했다. 그러나 직접 북한을 방문할 기회가 늘어나는 상황에서도 우리들의 의식이 여전히 냉전의 언저리를 맴돈다는 것은 문제다. 물론 북한 관련 정보가 많이 개방되었다고 하지만 아직도 우리가 접할 수 있는 양은 제한적이고, 그래서 북한문학에 대한 이해는 아직도 코끼리를 더듬는 식의 수준에 그치고 있다. 가령 북한문학은, 묘사나 내용에서 여전히 수준미달이고 종교집단의 신앙고백서와도 같다는 극단의 평가는 차치하고도, 소위 진보권에 속하는 인사들마저 그들을 객관적으로 이해하기보다는 오히려 무의식적인 우월감을 바탕으로 미화하고 신비화하는 것을 보게 된다.

　최근 '특집' 형식으로 다양한 지면을 채우고 있는 여러 인사들의 방북기는 이런 사실을 확인할 수 있는 좋은 사례가 된다. 소위 진보적 인사라 할 수 있는 이들의 시선 속에는 냉전 이데올로기에서 벗어나 북한을 이해하려는 사려 깊은 시선이 담겨 있는 것은 사실이지만, 한편으로는 자신의 일방적 시선에 의한 또 다른 왜곡이 진행되고 있음을 목격할 수 있다.

고은, 김주영, 유홍준 (<중앙일보>, 1998년 12월), 이호철(<동아일보>, 1998년 9월) 등의 방문기에서 목격되는 것은 무엇보다 북한의 산수에 대한 찬탄과 북한 여성들에 대한 경모의 심정이다. 금강산과 원산과 백두산을 둘러본 뒤 고은에게 각인된 북한의 인상이란 '고향의 원형'이자 동시에 '한민족의 원형질'이었다. "부드럽게 언덕진 밭은 첫물 수확을 앞두고 어머니의 부픈 가슴 같았"고, 더운 날에도 반소매를 입지 않고 단추 하나 풀지 않은 여자들의 옷매무새와 비가 와도 굳이 비를 피하지 않고 일을 하는 사람들의 모습은 마치 "한민족 원형질"과도 같은 것으로 다가온다(12월 9일). 대동강의 모습 역시 그 연장에서 그려진다. 대동강의 절경과 절묘한 회류(回流)를 보면서 대동강은 "할머니고, 어머니고, 누님인 근친이자 동시에 끝없이 그 유혹에 빠져들어야 할 낯선 이성이었"고, 그래서 "농경생활에 익숙해갈 때의 단순 질박한 심성"을 느낀다고 말한다(12월 2일). 고은과 동행했던 유홍준이 느낀 점도 비슷하다. 유홍준은 "외래문화가 범람하는 도회적 분위기에 익숙해져 있는 나에게 60년대 어린 시절에 본 것 같은 거리풍경 등이 그대로 남아 있는 북녘의 모습은 하나의 문화적 충격"이었다고 하면서 그곳에서 목격되는 "천진성"(9월 20일)이 가장 인상에 남는다고 말한다. 김주영은 이들과는 다소 다르게 여성들의 "당당함"이 가장 인상적이었다고 한다. "북한 여성들은 남자 등 뒤에 숨어서 한숨짓거나 서성거리는 법이 없다. 자기 희생을 전제로 남자 앞에 서기를 과감히 자청한다. 사치하지 않으며 건방지지 않으나 똑똑하고 아금받은 성격을 지녔다"(9월 20일)는 게 그의 견해다.

비슷한 시기에 방북하고 돌아온 이호철이 느낀 심정 역시 크게 다르지 않다. 이호철이 북한 체류 기간 중 머릿속에 첫인상으로 각인되었던 것은 무엇보다 접대원 아주머니들이었다고 한다. '포근함, 공손함, 절제, 예의바름, 성실, 짜디짠 살림 꾸리기, 그런 미덕들이 두루두루 모아진 기본 품격, 발랑까지지 않은 깊숙하고 넉넉한 우리네 재래의 여성상'과도 같은 그 아주머니들을 통해서 이호철은 "70년대까지도 맥을 이어 왔던 우리네 원(原)조선 여인상, 한국 여성상이 이곳에는 고스란히 온존해 있"(9월 7일)다는 생각을 한다.

이런 시선은, 가난에 찌들고 호전적인 존재로 북한을 보는 냉전적 사고와는 달리 북한의 현실을 인정하고 그 속에서 장점을 찾으려 한다는 점에서 한층 성숙한 면모를 담고 있다. 이질적인 측면보다는 동질적인 것을 발견하고 흥분과 감격을 토로하는 것은 동포로서 어쩌면 당연한 일이기도 하다. 더구나 과도한 개발로 곳곳이 파헤쳐지고 훼손된 남한의 산하를 접하다가 잘 보존된 북한을 보았으니 마치 먼 이국에서 느낌직한 신선함을 갖게 되고, 또 자본주의체제 속에서 첨단 유행과 물신주의에 물들어 있는 남한 여성들을 보다가 그와는 전혀 다른 방식으로 살아가는 북한 여성들을 접하고 질박한 한국 여성의 '원형'을 느낄 수도 있을 것이다. 북한은 50년 이상을 우리와는 다른 체제와 이념으로 살아왔고, 아직도 여전히 신비와 의혹의 베일을 벗지 못한 상태가 아닌가. 하지만 '원형'과 '원조선 여인상'이라는 말 이면에 내재해 있는 이들의 시각에서 '남북간의 격차가 생산한 승리한 주체로서의 우월감'(전효관, 「매체에 나타난 북한의 이미지 구성」, 『탈분단 시대를 열며』, 삼인, 2000. 참조)을 읽어내는 것은 그리 어려운 일이 아니다. 질박하고 원형적인 이미지로 북한이 각인된다는 것은 그들보다는 3,40년을 앞서 살아온 근대화된 남성의 시각을 전제한 것이고, 여성들의 희생정신에 찬탄을 보내는 것도 가부장적 사고가 무의식적으로 개입된 결과라 할 수 있다. 서양 사람들이 산업화에 따른 병폐를 반성하고 비판하는 과정에서 동양으로 시선을 돌렸듯이, 방북자들 역시 타락하고 물신화된 남한 사회를 비판하는 심리의 연장에서 북한을 보고 있는 것이다. 이런 시각이 전제되어 있는 까닭에 이호철이나 김주영의 말대로 북한 여성은 '발랑 까'지거나 '사치하지 않으며 건방지지 않으나 똑똑하고 야금받은' 존재이자 '자기희생'이 체질화된 존재로 비치게 되는 것이다.

그런데, 이런 시각이 더욱 문제적인 것은, 북한의 실상을 미화하고 선망하는 또 다른 신화를 만들 가능성을 내재한다는 데 있다. 최근의 여러 연구와 증언을 통해서 확인되고 있듯이, 북한 역시 남한과 다를 바 없는, 아니 그 이상으로, 정치 권력 중심적이고 가족을 강조하고, 국민을 도구화시키고, 여자들은 남자들에게 봉사하는 사회이다. 게다가 건국 초기부터 수령을 중심으로 한 유일체제를 유지해 왔던 까닭에, 인민들은 수령이라는 절대적 가치를 위해서 죽고 사는 존재가 되었다. 최근 남북정상회담 과정에서 목격한 김정일의 자신감이란 기실 이런 체제에서나 가능한 일이다. "내가 마음만 먹으면 통일이 멀지 않다"는 생각은 절대화된 권력의 한 단면을 보여줄 뿐만 아니라, 한편으론 남한의 '국민'에 해당하는 '인민'이 실상은 '시민'이 아니라 '신민(臣民)'에 가까운 존재라는 것을 입증해 준 것이다. 이렇게 보자면 북한 여성들의 모습이란, 자발적이고 자율적인 모습이라기보다는 체제에 의해 강요된 자기희생과 봉건적인 절제에 바탕을 둔 모습인지도 모른다. '더운 날에도 반소매를 입지 않고 단추 하나 풀지 않은 여자들의 옷매무새'와 '비가 와도 굳이 비를 피하지 않고 일을 하는 사람들의 모습'이란 획일적인 국민 동원체제가 고착화된 과정에서 야기된 특수한 인간형인 것이지 결코 한국인의 '원형'이라고 볼 수는 없을 것이다. 자발성과 자율성이 결여된 사회주의적 인간이란, 동구의 몰락 과정에서 목격되었듯이, 기실 얼마나 허망한 것인가.

　사회주의권이 몰락하고 냉전구도가 와해된 현실에서 중요한 것은 이데올로기적인 적대감이라기보다는 일상적인 의식의 문제라고 할 수 있다. 이호철이 『심천도』에서 제시했던 냉전 이데올로기의 회로판은, 많이 완화되긴 했으나, 여전히 우리의 의식과 생활을 사로잡고 있다. 남한의 경제적 발전이 한층 고도화되는 것과 비례해서 우리들의 의식은 더욱 미국 중심으로 변해가고 있고, 그런 상황에서 타문화에 배타적인 남한사람들의 시선에는 북한이 한층 초라한 모습으로 비칠 것이 틀림없다. 최근의 한 여론조사에서 초등학생들이 통일을 원하지 않는 이유로 거지들이 몰려올지도 모른다고 응답한 사실은 그 단적인 사례가 아니겠는가. 일상에 구조화된 이런 냉전 이데올로기를 자각하고 해체하기 위해서는 무엇보다 북한에 대한 이해의 수준을 넓혀야 할 것으로 보인다. 50년의 세월 동안 남과 북은 서로 다른 사상과 이념, 제도와 문화 속에서 생활해 왔다. 민족적인 동질감이 그 이면에서 유지되고는 있지만, 그보다는 이질감이 훨씬 증폭된 형국이고, 그런 점에서 북한은 동질적이기보다는 오히려 이질적인 존재라 해도 과언이 아니다. 통일이 북한을 남한의 체제 속으로 편입하는 것이 아니라면, 중요한 것은 우리의 의식으로 그들을 규정하는 것이 아니라 냉정하게 이 이질적인 국면들을 인정하고 수용해야 할 것이다. 만약, 지금과 같은 시각으로 북한을 대한다면, 최근 여러 여론조사에서 보여주듯이, 북한은 여전히 우리보다는 경제적으로나 문화적으로 한 단계 낮은 '2등 국민'으로만 머물게 될 것이 틀림없다.

4. 이해와 지양을 위하여

최근 우리 주변에서는 분단문학이라는 말보다 통일문학이라는 말이 한층 빈번하게 사용되고 있다. 여기에는 남북한간에 가로놓인 이질성을 부각하기보다는 민족 고유의 동질성을 발굴하면서 서로 이해하고 교류할 수 있는 기반을 마련하고, 그런 과정을 통해서 남과 북이 함께 하는 문학의 장을 만들어가자는 취지가 깔려 있다. 남과 북에서 함께 수용될 수 있는 작가와 작품을 선별하고, 또 남북에서 동일한 작가가 어떻게 달리 평가되는가를 살피면서 남북한 문학의 '원형'을 찾고자 하는 노력은 통일문학의 기반을 조성한다는 점에서 바람직하고 또 시급한 일이다. 하지만 이런 식의 발상이 자칫 동질성보다는 이질성이 심화된 현실을 소홀히 하고 통일에 대한 안이한 낙관과 성급한 기대를 부풀릴 가능성도 없지 않다. 북한문학은 우리와는 다른 역사와 원리에 의해서 규율되어 왔고, 또 훨씬 정치적이다. 통일문학을 기획하기 위해서는 당연히 동질성의 기반을 확인해야 하겠지만, 그에 못지않게 서로의 존재를 인정하고 상호 소통할 수 있는 이질성의 영역도 아울러 탐구되어야 할 것이다.

　분단 반세기를 경과하면서 한층 두꺼워진 이질의 벽은 쉽사리 허물어질 성질의 것이 아니다. 반세기에 걸친 분단의 역사는 여전히 우리의 정상적인 삶을 가로막는 완고한 벽으로 존재한다. 남북한 사이의 왕래가 빈번해지고 있음에도 불구하고, 한편에서는 "통일은 국군이 평양의 주석궁에 탱크를 진주시킬 때 완성된다"는 전율할 냉전논리가 활개를 치고 있는 것도 부인할 수 없는 현실이다. 그래도 다행인 것은 남북 관계에 대한 다양하고도 생산적인 의견이 개진되고 있다는 것, 그리고 북미·북일관계를 비롯한 국제관계의 전향적인 움직임이 엿보인다는 점이다.

　그런데, 통일을 향한 행보가 한층 가속화된 이 시점에서 우리는 가슴에서 솟구치는 통일에 대한 근원적인 질문과 마주할 필요가 있다. 우리에게 통일이란 진정으로 무엇인가 하는 것이다. 통일이란 민족 성원 모두가 지금보다 더 자유롭고 평화로운 삶을 살고자 하는 꿈이다. 그러니까, 우리가 이르고자 하는 종국의 목적지는 통일 그 자체가 아니다. 분단을 극복한다는 것은 통일이 된 이후까지를 염두에 두는 것이고, 그것은 현재 우리를 질곡하는 여러 요소들을 제거하는 인간해방의 지난한 도정으로 이해되어야 할 것이다. 통일된 뒤의 삶이 오늘보다 평등하지 못하거나 혼란스러워지는 것을 우리는 원하지 않는다. 그렇기에 탈분단의 도정이란 분단으로 야기된 모든 비극성을 극복하는 과정이자 새로운 사회를 만드는 과정이기도 하다. 이 과정에서 무엇보다 선행되어야 할 문제가 곧 우리 내부의 냉전 이데올로기의 청산이다. 냉전 이데올로기는 오랜 기간 동안 우리를 병들게 했고, 북한에 대한 정당한 인식을 원천적으로 가로막아 왔다. 그것은 또한 우리와는 다른 타자에 대한 배려를 근본에서 부정하는 것이라는 점에서 화해와 상생(相生)의 논리와도 거리가 멀다. 북한이란 우리의 시선으로 포착되지 않는 또 다른 코드의 존재일 뿐만 아니라 엄청나게 왜곡된 상태로 각인되어 있는 존재이기도 하다. 남과 북의 정상적인 관계를 위해서는 그들의 역사적인 맥락을 살피고 우리와 다른 그들만의 특성을 최대한 존중하려는 심리가 무엇보다 필요할 수밖에 없는 것이다.

　북한에 대한 거부감이 완화되고 정상적인 관계가 정립되기 위해서는 적잖은 시일이 소요될 것이다. 하지만 그런 이해와 조정의 과정이야말로 우리가 치러 내야 하는 통일의 비용인 것이고, 그 값비싼 비용의 지불 과정이 궁극적으로 구조화된 냉전 이데올로기를 해체하는 길이 될 것이다. 그렇게 되면 남과 북을 가로지르는 분단의 빗금은, 영화의 한 장면처럼 하나의 우스꽝스러운 축조물이었다는 사실을 역사에 기록하며 사라질 것이다.

분단에 대한 자각과 주체적 극복 의지
— 1970년대 분단소설에 대해서

1. 분단소설의 형성

　분단문학이라는 용어가 구체적인 내포를 갖고 문학사에 정착된 것은 70년대 이후이다. 그 이전까지 6·25 이후의 문학은 전쟁문학, 전후문학, 이산문학, 분단시대의 문학 등 다양한 이름으로 불리어 왔는데 이 때를 기점으로 분단문학이라는 말이 내실을 갖춘 용어로 널리 통용되기 시작했다.
　"남북분단의 역사와 현실이 투영된 문학"(김병익)이라거나, "6·25의 비극에 대한 인과율을 담고 있으며 세계사 속에서도 독특한 환경에 처해 있는 한국적 상황과 이를 형상화시킨 문학"(임헌영), 통일지상주의적인 민족사의 근시안에서 벗어나 "진실로 민족적이고 민중적인 소망을 담는" 민족문학의 일환으로서의 문학(최원식), "통일을 이룩하는데 필요한 모든 것에 대한 인식이요 성찰이며 통일을 저해하는 온갖 것에 대한 반성과 부정"의 문학(백낙청)이라는 규정은 강조점의 차이는 있을 망정 모두 분단 현실에 대한 합리적인 인식과 극복에의 의지에 주목한 말들이다. 한 사학자의 말대로, 20세기 전반기의 민족사가 식민통치에서 벗어나는 일을 그 최고 차원의 목적으로 삼는 시대였다면, 후반기 즉 해방후의 시대는 민족분단의 역사를 청산하고 통일민족국가의 수립을 그 민족사의 일차적 과제로 삼는 시대로 보지 않을 수 없고, 이와 같은 역사의식을 바탕으로 이 시기를 '분단시대' 혹은 '분단극복시대'라고 규정하는 것은(강만길) 어쩌면 당연한 일이기도 하다. 따라서 분단문학이란 분단이 시작된 시점으로부터 분단체제가 해체되는 미래의 어느 시점까지의 문학으로 정의해도 무방할 것이다. 그런데 이 용어가 단순한 분류의 차원에서 벗어나 민족문학의 맥락에서 수용되기 위해서는 분단의 원인에 대한 천착과 그 극복의지가 작품 속에 구체적으로 내재되어 있어야 한다. 그래야만 맹신적 반공주의 문학이라든가 분단을 항속화하려는 불순한 의도를 배제하고 진정한 민족문학의 정수를 확보할 수 있기 때문이다.

분단 현실에 대한 문학인들의 관심이 작품을 통해서 본격적으로 표출되기 시작한 것은 1960년대 이후였다. 50년대 중반 이후 전후세대는 전쟁의 상처를 가슴 속에 안은 채 작품활동을 본격화하지만, 당시 이들의 작품은 전쟁을 증언하고 그 폭력에 의해 와해된 주체의 분열과 혼란을 그리는 수준을 크게 벗어나지 못했었다. 사회 곳곳에는 여전히 전쟁의 상처가 황량한 몰골을 드러내고 있었고, 작가들은 그런 사회 현실을 거시적으로 조망할 수 있는 원근법을 확보하지 못하였다. 손창섭과 장용학 등으로 대표되는 이 시기 분단문학은, 그렇기에 분단극복에 대한 의지라든가 분단 현실에 대한 총체성 확보에는 현저히 미달될 수밖에 없었고, 기껏 단편적 체험을 토로하는 수준을 넘어서지 못하였다.

전후 경제복구기(1953-1958)를 거치면서 사회가 점차 안정되고, 또 민주주의에 대한 열망이 거족적으로 표출된 4·19를 지나면서부터 분단소설은 점차 본 궤도에 오른다. 4·19 이후 확보된 민주와 자유의 공간을 활용하여 분단문제를 거시적으로 문제삼은 최초의 작품인 『광장』(1960)에서 확인할 수 있듯이, 당시로서는 감히 상상할 수도 없었던 남과 북의 이데올로기를 동시에 문제삼고 금제에 대한 과감한 도전을 보여준 것은 분단소설의 새로운 지평을 여는 시금석과도 같은 것이었다. 그런데, 남과 북을 비판한 뒤에

도달하게 되는 자살이라는 허무한 결론은 당대 소설이 분단 극복의 전망을 마련하기에는 역부족이었음을 동시에 보여준다. 이후 박경리의『시장과 전장』에서도 이데올로기 문제는 지속적으로 탐구되지만, 그 역시 '사랑'이라는 보편적 주제로 문제를 희석하는 당대의 한계에서 크게 벗어나지 못하였다. 한편, 대표적인 분단작가의 한 사람인 이호철은 혈혈단신으로 남한 사회에 던져진 인물을 통해서 돌아갈 수 없는 고향에 대한 회한을 실감나게 그려내고, 남한 사회에 뿌리내리기 위한 힘겨운 과정을 추적한다.『소시민』에서 보이는 처절한 약육강식의 생존논리에 지배되어 하루하루를 힘겹게 살아가는 월남민의 뿌리내리기 과정과 귀향의 꿈이 스러지고 물신화된 현실에 적응하지 않을 수 없게 된 비애감의 표현은, 단편「판문점」에서 보여준 남북 이질화에 대한 고발과 더불어 이 시기 분단문학의 중요한 성과라 할 수 있다. 이들의 힘겨운 탐색에 의해서 60년대 분단소설은 전쟁의 원인과 분단 고착화에 따른 남북한의 이질감 등을 날카롭게 포착하는 성과를 얻는 것이다.

하지만 이 시기 분단문학은 분단으로 인한 이질화를 극복하고 통일을 준비하는, 이를테면 민족 동질성의 회복을 도모하는 수준에는 이르지 못하였다. 이호철 작품에서 단적으로 드러나듯이 민족의 이질화와 분단의 고착화에 대한 안타까움과 회한이 작품의 중심을 이룰 뿐 그것을 넘어설 구체적인 전망을 확보하지는 못했고, 심한 경우 최인훈처럼 전망 부재의 허무주의적 경향을 노정하기도 하였다. 또, 창작의 주체가 대부분 전쟁 체험세대였던 관계로 개인적 체험을 완전히 객관화하지도 못하였다. 이호철과 최인훈은 월남자로서의 뼈아픈 체험을 지닌 작가들이고, 박경리는 남편을 잃은 전쟁 미망인이었다. 그런 관계로 이들은 자신의 체험을 되돌아보면서 분단현실을 거시적으로 문제삼기는 했으나, 그 체험의 다양한 내적 계기들에 대한 인식이라든가 극복 방안에 대해서는 상대적으로 미흡할 수밖에 없었던 것이다.

2. 분단현실의 자기화와 주체적 인식의 심화

　1970년대 분단문학은 60년대 분단문학의 성과를 이어받으면서 한층 성숙한 면모를 보여준다. 이 시기에는 분단 현실에 대한 관심이 문단 전체로 확산되면서 앞 시기에 비해 훨씬 풍성한 양의 작품이 생산된다. 이호철, 박경리, 최인훈 등의 중견작가들이 왕성한 필력으로 분단 현실을 천착하였고, 김원일, 윤흥길, 박완서, 문순태, 황석영, 이문구, 조정래, 전상국, 이동하, 신상웅, 현기영, 홍성원, 한승원 등 신예작가들까지 대거 가세하여 분단 소재 작품들을 본격적으로 창작하는, 분단소설의 일대 장관을 이룬다.
　당시 이처럼 분단소설이 번성한 데는 다음 몇 가지 요인이 작용한 것으로 보인다. 우선, 이승만 정권이래 경직된 반공주의가 1972년 7·4 남북공동성명 발표를 계기로 점차 해빙의 분위기를 타고 분단 현실에 대한 관심을 증폭시킨 사실을 들 수 있다. 물론 사회 전반의 분위기는 유신체제의 출범과 더불어 한층 악화되었으나, "오오 통일!"을 외치는 감상적 시와 소설을 비롯하여 실향민으로서의 비애나 이데올로기의 폐해를 지적하는 작품 등이 다양하게 등장했던 것은 분단 현실에 대한 문인들의 관심이 그만큼 고조되었음을 의미한다. 또 당시 본격적으로 발굴·채록된 증언과 수기 등의 영향 역시 분단소설을 번성하게 한 중요한 요인이다. 70년대 말의 「민족의 증언」과 이병주가 작품의 근거로 활용한 '이태의 수기' 등이 소개되면서 분단의 금제는 점차 신비의 베일을 벗고 한층 적나라한 본질을 드러내게 되었다. 게다가 당시 활기를 띠기 시작한 현대사와 관련된 사회과학계 연구성과의 수용 또한 무시할 수 없다. 6·25와 관련된 다양한 연구물이 출간되고, 전쟁의 원인과 양상, 결과에 대한 진전된 논의가 확산되면서 작가들은 한층 분단의 심층에 가까이 다가갈 수 있었던 것이다.
　그렇지만, 무엇보다 중요한 것은 70년대 들어서 소년시절에 전쟁을 체험한 세대들이 작품활동을 본격적으로 시작했다는 데 있다. 김원일의 체험적 고백에서 짐작할 수 있듯이, 유·소년기에 전쟁을 체험한 세대들이 이 시기

들어서 자신의 체험을 회고적으로 성찰할 수 있는 정신적 연령에 이르렀고, 그들의 삶을 근원에서 규정하는 6·25에 대한 천착을 본격화할 수 있는 시간적 거리감을 확보하게 되었다(김원일, 「분단현실과 분단지양의 문학」, 『강좌, 민족문학』, 도서출판 정민, 1990). 작가들은 이제 과거사를 조망하기만 하는 것이 아니라 그것을 현재화하고 치유의 가능성을 찾는 보다 적극적인 모색을 보여주게 된다. 이 시기 소설의 상당수가 '회상 기법'을 도입하고 있는 것은 6·25와 관련된 과거사를 객관화하고 그와 더불어 성장기에 체험한 그 고통의 상처를 어떤 형태로든 정리하고 치료하려는 의도에서 비롯된 것이다. 작가들이 과거사를 서술하면서 어린이의 시점을 차용한다든가, 성인의 시점과 어린이의 시점을 병렬적으로 서술하는 등의 기법을 동원했던 것은 과거와 현재를 계기적으로 이해하고 현재의 관점에서 적극적으로 수용하려는 의도라 할 수 있다. 성인이 되더라도 유년기의 체험에서 자유로울 수 없듯이, 6·25가 여전히 현실적 삶을 가로막는 원체험으로 파악되고, 작가들은 그 원체험을 탐색함으로써 그것이 한 개인뿐만 아니라 민족 전체의 삶을 질곡하는 요인임을 깨닫는 것이다.

 이런 점에서 이 시기 분단소설은 현재의 삶을 여러 요인들의 복합체로 파악하고 수용하는 주체적 시각의 확립 과정으로 정리할 수 있다. 주체적 시각이란 현재의 삶을 대타적으로 이해하려는 태도와 자세로서 자신의 존재를 가능케 하는 현실적 근거를 주체의 특수한 정황과 결부지어 이해하는 태도라 할 수 있다. 이를테면, 국내·국제적인 정치의 영역이자 공산주의와 자본주의라는 이념과 경제의 영역이기도 한 분단체제(백낙청)를, 국내·외적 요소의 복합으로 이해하고 그 해결의 실마리를 모색하는 것으로, 이는 과거사에 대한 성찰과 그것을 극복하려는 실천적 의지를 수반할 때만이 가능한 것이다. 분단 극복의 진정한 가능성이 이런 자각을 통해서 마련될 수 있는 것이라면, 이 시기 소설에서 두루 발견되는 민중에 대한 발견과 민족사에 대한 주체적 인식, 분단 극복의 의지 등은 모두 전 시기 소설에서는 볼 수 없었던 이 시기만의 소중한 성과들이다.

이 시기 소설은 대략 세 부류로 나누어 볼 수 있다. 하나는 『노을』(김원일), 『순이삼촌』(현기영), 「유형의 땅」『불놀이』(조정래) 등과 같이 해방정국의 좌우 대립을 배경으로 분단의 원인을 사회·경제적인 측면에서 조망한 작품들이고, 둘은 『아베의 가족』(전상국)이나 『황토』「거부반응」「타이거 메이저」(조정래) 등에서 문제시되는 외세의 작용과 그로 인해 왜곡되는 민족의 삶에 대한 고발을 다룬 작품들이고, 셋은 「한씨연대기」(황석영), 『나목』「카메라와 워커」(박완서), 「앞산도 첩첩하고」「폐촌」(한승원), 『관촌수필』(이문구), 「장마」(윤흥길) 등에서 볼 수 있듯이 일상 속에 내재되어 있는 분단의 상흔과 질곡을 민중의 시각에서 수용하고 넘어서려는 의지를 담고 있는 소설군이다.

1) 분단 원인에 대한 역사적 조망

분단의 원인에 대한 탐구는 분단문학의 전제조건과도 같다. 상처의 원인을 진단하지 않고서 수술의 칼날을 들이댈 수 없듯이, 우리의 삶을 근본에서 제약하는 요인들에 대한 탐구 없이는 문제 해결의 진정한 실마리를 찾을 수 없을 것이다. 최인훈이 『광장』에서 그토록 집요하게 추적한 이념과 체제의 문제라든가, 박경리가 『시장과 전장』에서 보여준 맹신적 이데올로기에 대한 천착 역시 분단 원인에 대한 탐구와 무관한 게 아니다. 이들의 힘겨운 탐구에 힘입어 앞 시기보다 한층 진전된 인식에 이르는 것이다. 앞 시기 작가들이 6·25 전시하의 현실을 배경으로 이데올로기의 문제를 천착했던 것과 달리 이 시기의 김원일, 조정래, 현기영, 신상웅 등은 시대 배경을 해방공간으로 거슬러 올라가 분단의 원인을 탐색하는 시각의 역사적인 확장을 보여준다. 이들에 의하면 분단의 실질적 원인은 이데올로기의 대립뿐만 아니라 과거 오랫동안 우리의 삶을 구속해온 경제적·신분적 차별에 있다.

대표적인 분단소설가로 평가받는 김원일, 조정래, 현기영 등에서 보이는 일관된 주제는 분단의 자기화(自己化)와 그것을 극복하려는 의지였다. 월북한 부친을 둔 특수한 가족사와 "조국 분단문제야말로 이 시대의 가장 첨예한 이슈"라는 확고한 시대인식을 바탕으로 왕성하게 분단소설을 창작한 김원일이나 '여순사건'이나 '제주 4·3사건'과 같은 고향에서의 특수한 체험을 바탕으로 빨치산들의 역사적 진실에 주목한 조정래나 현기영 등에 있어서 분단이란 자신들의 삶을 규정하는 원체험과도 같은 것이었다. 그런 상처가 유년기 이래 이들의 삶과 의식을 규율해 온 까닭에 작품에는 분단현실에 대한 회한과 그 굴레에서 벗어나려는 열망이 다른 누구보다도 강하게 드러난다. 이들이 하나 같이 과거와 현재를 번갈아 교차시키면서 작품을 전개했던 것은 현재는 과거에 의해서 규정되고, 과거 역시 현재의 시각에서 조망되어야 한다는 생각과 무관하지 않을 것이다. 『노을』(김원일)에서 강조되듯이, 분단 현실이란 그것과는 전혀 무관한 것으로 보이는 중산층 소시민에게도 지울 수 없는 깊은 화인(火印)을 남겨 놓았다. "아버지의 시대와는 달리 그런 쪽(이데올로기-필자)과는 담을 쌓고 살려는 나에게까지 남북의 극단적인 대치 상황이 그렇게 가깝게 영향력"을 미치고 있다는 사실을 실감했다는 진술은, 자신과는 무관하리라 생각했던 이데올로기와 분단 현실이 사실은 자신을 거미줄처럼 옭아맨 구조적 그물과도 같다는 것을 새삼 환기시켜 준다. 조정래가 「유형의 땅」에서 분단 현실을 '유형(流刑)의 땅'이라고 명명했던 것은 그런 이유일 것이다. 가령, 주인공 만석 영감은 세상이 엄청나게 변했음에도 불구하고 아직도 6·25 당시와 같은 현실의 변두리에서 벗어나지 못하는 삶을 살아간다. 갖은 고초 속에서 살려고 안간힘을 썼음에도 불구하고 여전히 이전과 다를 바 없는 비참한 신세에서 벗어나지 못한 것은 전적으로 6·25의 상흔이 이들의 삶을 원천적으로 억압하고 있었기 때문이다. 이런 깨달음을 통해서 작가들은 불행했던 과거사란 외면하거나 부정함으로써 치유되는 것이 아니라, 바르게 보고 객관화함으로써 극복될 수 있다는 생각을 하기에 이른다.

   분단의 자기화(自己化)를 통해서 김원일 등은 분단 현실에 대한 한층 깊이 있는 천착을 보이는데, 그것은 구체적으로 아버지로 표상된 전 세대의 비극을 사실적으로 조망하려는 노력으로 나타난다. 이들에게 있어서 '아버지'는 하나 같이 부정적 이미지로 채색된 '빨갱이'였고, 그것도 엄청난 만행을 자행한 살인마로 기억 속에 각인되어 있다. 『노을』에서 제시된 아버지는 '소백정'으로 성격이 포악하여 걸핏하면 어머니를 학대했던 인물이다. 더구나 사회주의자가 된 뒤에는 누구보다도 그것을 맹신하는 인물이 되어 무고한 사람들을 학살하는데 앞장섰고, 종국에는 경찰에 쫓기다가 자살로써 불우한 생을 마감하였다. 『불놀이』(조정래)에서 그려진 아버지 역시 다르지 않다. 화자의 아버지인 배점수는 신씨 집성촌에서 대대로 소작을 붙이던 소작인의 자식으로 성질이 괄괄해서 걸핏하면 지주집 아이들과 싸웠고 자신의 미천한 신분에 항상 불만을 품고 있었다. 대장장이로 일하던 중 사회주의에 세례를 받게 되고, 인민위원회 부위원장을 맡으면서부터는 그 권력을 이용하여 그간의 수모를 앙갚음하듯이 무자비한 학살을 자행하여 자그마치 38명이나 되는 신씨 일족을 학살하였다. 이런 아버지를 두었던 까닭에 『노을』의 화자는 30년에 가까운 세월 동안 아버지를 잊으려 했고, 『불놀이』의 배점수는 자신의 출신과 고향을 완전히 바꾼 채 30년 가까운 세월을 다른 인생으로 살아왔던 것이다.

'핏빛'으로 얼룩진 이 아버지들의 과거사를 추적하면서 작가들은 그들이 왜 빨갱이가 되었고 또 빨치산이 되었는지를 이해하게 된다. 곧, 빨치산이었던 아버지가 그토록 잔혹한 만행을 저질렀던 것은 단지 이데올로기 때문만은 아니었던 것. 해방 직후 인민 해방을 내세우는 사회주의의 이념이 하층민들에게 요원의 불길처럼 번졌던 것은 백정이라는 최하층 신분으로서 당해야 했던 천대와 울분이 깊숙이 작용한 때문이었다. 오랜 신분적 불평등과 차별 속에서 이들은 계급적 적대감을 무의식적으로 갖게 되었고 그것이 해방 이후 좌우 대립의 극한 와중에서 걷잡을 수 없이 폭발한 것이다.

"니한테 한 마디 묻겠다. 니는 여태꺼정 백정으로 천대받고 살아온 시월이 원쑤같지도 않나? 우리가 언제 사람 대접 한분 받아 본 적이 있나 말이다. 그러나 인자 시상이 바꼈으이 나도 한자리 할 끼데이. 우리 같은 사람을 더 떠받들어 준다 카능 기 공산주이잉께 울매나 좋노. 니가 자꾸 이래 아가리를 때싸모 증말로 재미 적데이. 인자 내가 가만 안둘 끼라. 니는 반동잉께, 내가 반드시 니를 쥑이고 말 끼데이. 니 목숨 하나 쥑이능 거는 문제도 읎다!"

(『노을』에서)

    소를 잡던 도수장 안에다 지서 순경을 매달아 놓고, "갑자기 신명이 받치는지 덩실덩실 춤을" 추며 난도질했던 광기어린 만행에는 이처럼 이데올로기와는 상관없는 오래된 사감(私感)이 개입되어 있었다. 그렇기에 그들의 행위는 잔인할 수밖에 없었고, 그것이 또 다른 증오와 복수심을 불러일으켜 서북청년단과 같은 또 한번의 처절한 복수극을 불러 온 것이다. 물론 이들의 행동에는 오랜 신분적 구속에서 벗어나 차별 없는 세상에서 살고자 하는 강렬한 소망이 깃들어 있으나, 그것은 외형상의 명분에 불과할 뿐 사실은 누적된 복수심의 극단적 표출 외에 다른 무엇이 아니었다.
    『불놀이』에서 배점수가 보인 광신적 살인행위 역시 그런 이유 외에는 달리 설명할 길이 없다. "상것이고 가난하기" 때문에 당했던 그간의 수모를 앙갚음하기 위해서 사회주의 세상이 되자 자신을 멸시하고 천대했던 신씨 일족만을 골라 의도적으로 살해했던 것이다. 「하늘 아래 그 자리」에서 전상국이 보여준 문제의식도 이와 전혀 다르지 않다. 상암리와 하암리로 나누어진 마을에서, 양반들이 사는 하암리가 전쟁이 발발하면서 상암리 사람들에 의해 무참하게 파괴되고 복수를 당한다는 내용은 반상의 적대감이 분단의 비극을 한층 조장했음을 보여주는 또 다른 사례인 것이다. 또 「순이삼촌」에서 목격되는 서북 청년단들의 광기어린 반공주의 역시 같은 맥락에서 이해할 수 있다. 공산주의자들에게 농토와 가옥을 빼앗기고 강제로 월남하지 않을 수 없었던 이들에게 있어서 공산주의자란 가정과 개인의 삶을 송두리째 파괴한 원수나 다름없는 존재였다. 그런 까닭에 공비 토벌과정에서 보인 그들의 광기어린 살상행위는 이데올로기보다는 사적인 감정에 사로잡힌 형태로 드러날 수밖에 없었던 것이다. 이런 불행한 과거사를 조망하면서 작가는 6·25를 전후해서 자행된 처절한 살상극은 과거의 불합리한 신분제도와 수탈구조에서 비롯된, 민족 내부의 오랜 갈등에 기인한 것임을 사실적으로 설파한다.

이런 점에서 이 부류 작품들은, 우선 소위 '빨치산 소설'의 본격적인 출발을 예고하는 전사(前史)로서의 의미를 갖는다. 문학사에서 좌익, 특히 빨치산에 대한 관심이 본격화되고 그 실상이 총체적으로 조망된 것은 1980년대였다. 『남부군』(이태)이나 『태백산맥』(조정래)에 이르면 빨치산의 생성과 투쟁, 궤멸의 과정이 소상하게 그려지고, 그것이 어떻게 분단으로 구조화되는가의 문제가 사실적으로 포착된다. 특히 『태백산맥』은 빨치산이 생겨나게 된 직접적이고 본질적인 원인, 가령 일반 민중들의 경제적·정치적 요구가 해방 이후의 정치 현실 속에서 좌절되면서 공산주의 이데올로기와 결합하고 급기야 빨치산 항쟁으로 이어지는 과정에 대한 총체적인 조망을 통해서 이 부류 소설이 도달할 수 있는 최고의 수준을 보여준 바 있다. 물론 여기에 비추자면 70년대 소설은 체험의 개별성에 폐쇄되어 개인적 체험과 역사적 사실의 두 영역을 유기적 전체로 파악하지는 못하고 있다.(정호웅, 「지리산론」, 『1970년대 문학연구』, 예하, 1994, 109면) 체험의 절실함과 생생함에 근거하면서도 개인적 체험의 폐쇄성에 매몰되지 않기 위해서는 그것을 역사적 맥락에서 조망하는 역사주의적 시각을 견지해야 하는 것이지만, 이 시기 소설은 그것을 대부분 개인의 사감으로 이해하는 소박한 수준을 벗어나지 못하고 있다. 그렇지만 이런 천착을 통해서 그들의 삶을 객관화하고 나아가 공산주의에 대한 새로운 인식의 지평을 열고 가치의 상대화를 꾀한 점은 높이 평가되어야 할 것이다. 빨치산의 준동이 단순한 광기나 이념의 맹신적 추종이 아닌 사회·경제적인 요인에 의해서 유발된 것이라는 인식은 그들의 인간적 진실에 대한 인정일 뿐만 아니라, 사회주의에 대한 새로운 인식의 지평을 열어준 것이다. 80년대 빨치산 소설이 독자들에게 널리 공감을 얻을 수 있었던 것은 이런 전사적인 노력에 힘입은 바 크다.

이러한 시각에 의거하자면 분단 극복의 진정한 길은 민족 내부의 갈등 요인을 제거하고, 누구나 인간으로서 기본적인 삶을 누릴 수 있는 평등한 사회를 만드는 데 있음을 새삼 확인하게 된다. 작품 말미에서, 김원일이 '노을'을 우울한 낙조로 보지 않고 새벽을 여는 '여명'으로 받아들였던 것이나, 『불놀이』에서 만행의 당사자인 배점수만을 응징하고 그 죄를 자식 세대에까지 물려주지 말아야 한다는 의지를 피력했던 것은 분단 극복이 현재적이고 동시에 미래지향적인 것임을 말해준다. 그런 점에서 이 부류 소설은 분단소설의 새 지평을 열었을 뿐만 아니라 분단의 역사적 진실을 새로운 차원에서 규명하고 그 해결의 실마리를 적극 모색한 것으로 평가할 수 있다.

2) 외세와 민족사에 대한 주체적 인식

문학사에서 미국과 외세의 문제가 본격적으로 등장한 것은 60년대 이후이다. 물론 해방직후에도 「양과자갑」(염상섭)이나 「미스터 방」「역로」(채만식) 등의 작품이 없었던 것은 아니지만, 민족 주체성의 시각에서 외세를 정면으로 문제삼은 것은 60년대 이후였다. 미국은 우리를 공산화로부터 지켜주었고, 또 그 은덕으로 전후 복구사업을 수행할 수 있었다는 인식이 확산되어 있던 상황에서, 더구나 당시 집권자들이 대부분 미국의 비호 아래서 정권을 유지했던 현실에서 미국을 비판한다는 것은 국가 정책 자체를 비판하는 것이자 동시에 반국가적인 불경죄를 범하는 것이기도 했다. 특히 박정희 정권이 들어서면서 본격화된 근대화정책은 경제구조의 대외의존도를 심화시켜 친미적인 성향을 더욱 강화시켰고, 그것이 이승만 정권 이래의 반공주의와 결합되면서 사회 전반의 분위기를 동토처럼 경색시켜 놓았다. 이런 분위기 속에서 미국과 외세의 문제를 조망한다는 것은 그 자체가 모험일 수밖에 없었다. 1965년 남정현의 필화사건은 이런 당대의 야만적 분위기를 단적으로 보여준 사건이었다. 그런데 「분지」에서 제시된 작가의 문제의식, 가령 민족의 정기를 바로 세우고 주체적 역사의식을 확립하기 위해서는 미국을 비판하고 극복해야 한다는 생각은, 이후 민족사의 전개과정에서 미국을 새롭게 인식케 하는 중요하고도 본질적인 통찰을 담고 있었다.

70년대 소설에서 외세에 대한 인식은, 「분지」에서 보인 문제의식이 한층 구체적이고 역사적으로 심화되어 드러나는 것을 확인할 수 있다. 조정래의 「거부반응」과 「타이거 메이저」는 일상 현실 속에 내재되어 있는 외세의 문제를 조망한 작품이다. 「거부반응」에서 보이는 옷가게 점원들의 태도, 즉 미국 옷을 판다는 것에 대한 자부심과 국산품을 사용하는 사람들에 대한 경멸감이나, 「타이거 메이저」에서 제시된 한국군과 미군 사이에 존재하는 심한 차별과 불평등은 전쟁으로 인해 야기된 우리의 왜곡되고 굴종적인 심리가 사회 전반에 만연되어 있음을 보여준다. 특히 동등한 복무규정을 갖고 있음에도 불구하고 한국군에게 오만한 행동을 서슴지 않는 미군들의 행태나 또 그것을 당연한 것으로 받아들이는 한국 군인들의 비굴한 모습은 그런 문제가 궁극적으로 국가적인 차원에서 구조화되어 있음을 시사한다. 작가가 이런 현실에 대해서 강한 비판의식을 보였던 것은 「거부반응」에서 제시되었듯이 미국은 우리에게 결코 긍정적인 존재만은 아니라는 역사적인 체험에 바탕을 둔 것이다. 한국전쟁 당시 '형태'에게 각인된 미군의 이미지는 한 마리의 난폭한 야수나 다름없는 것이었다. 어머니와 고모를 겁탈하려 했던 미군의 모습은 "시커먼 얼굴에서 무섭게 빛나던 그 눈, 뒤집어 까진 그 두껍고 징그럽던 입술과 커다랗던 입, 그 속에서 유난히 희게 빛나던 이빨"로 기억 속에 잠복되어 지금까지 그를 괴롭혀 왔던 것이다.

전상국에게 있어서 미군은 한 가족의 의식을 근본에서 속박하는 불행의 원천으로 나타난다. 「아베의 가족」에서 초점인물로 등장하는 '아베'는 미군에 의해서 짓밟힌 이 민족의 비극을 상징하는 인물이다. 그가 지능지수 20도 안되는 미숙아로 태어난 것은 어머니가 임신 팔 개월이 된 시점에서 미군들에게 집단 윤간을 당했고 그것이 원인이 되어 미처 사람의 형체를 갖추기도 전에 세상에 내던져진 때문이다. 아베는 동물과 다름없는 존재였고,

그런 '아베'를 양육하면서 어머니는 평생 죄의식을 짊어지고 살지 않을 수 없게 된다. 아베의 가족이 한국을 떠나 미국이라는 만리타향으로 이민을 떠났던 것은 이 원죄와도 같은 땅과 과거의 기억으로부터 벗어나기 위한 것이었다. 하지만, 거기서도 과거의 상처를 떨칠 수는 없었고, 급기야 그 치유책을 찾기 위해서 고국으로 발길을 돌리지 않을 수 없게 된다. 화자가 미군이 되어 한국 근무를 지원했던 것은 어머니의 상처를 조금이나마 덜어주고자 하는 의도에서였고, 그래서 주변을 수소문해서 재혼하기 전에 어머니가 머물렀던 시집을 방문하여 한국에 버리고 간 아베의 행방을 찾고자 한 것이다. 하지만 시어머니는 죽었고, 미국으로 건너오기 직전 어머니가 아베를 데리고 잠깐 다녀갔다는 흔적만을 확인하는 것으로 작품은 마무리된다. 이렇듯 미군은 한 가족의 삶을 철저하게 황폐화시킨 상처의 근원으로 그려진다. 물론 이 작품에서 전상국의 관심이 모아진 곳은 외세라기보다는 그로 인해 치유되지 않은 상처를 간직하고 살아가는 사람들의 신산스러운 삶이지만, 거기에는 외세에 대한 고려 없이는 분단 문제를 풀 수 없으리라는 믿음이 깃들어 있음을 간과할 수는 없다.

분단의 비극은 이렇듯 단순히 남과 북의 대립에서만 연유한 것이 아니라 외세의 개입에 의해서 더욱 심화되었음을 확인하게 되는데, 그것을 역사적으로 확장하여 한층 심도 있게 천착한 작가는 조정래이다. 중편「황토」에서 작가는 외세의 문제를 역사적으로 조망하고 그 극복에의 의지를 보여주는데, 여기서 오욕으로 얼룩진 민족사의 비극을 대변하는 인물은 가난한 소작인의 딸 점례이다. 그녀가 걸어온 삶의 궤적은 외세에 짓밟힌 통한의 최근 세사를 상징하는 것이라 해도 과언이 아닐 정도로 불행으로 점철되어 있다.

식민지 시대, 과수원에서 품팔이를 하던 어머니가 일본인 주인에게 겁탈당하려는 것을 목격한 아버지는 지주를 폭행했고, 그것이 계기가 되어 주재소에 갇히는 신세가 되고, 이 아버지를 살려내기 위해서 점례는 주재소장 야마다의 첩으로 들어가게 된다. 야마다의 성적 노리개로 전락한 그녀는 갖은 수모를 당한 끝에 아들까지 낳지만 야마다는 일본의 패망과 더불어 야반도주하고 만다. 이렇게 시작된 그녀의 비극은 끝이 없어서, 해방 후에는 이모의 배려로 과거를 숨기고 총각과 정식으로 결혼하여 잠시나마 행복한 생활에 젖지만, 그것도 잠시 공산주의자였던 남편이 행방불명으로 사라지면서 이내 물거품이 된다. 게다가 당국에 연행되어 조사를 받는 과정에서 뜻하지 않게 미군의 호의를 받지만, 그 역시 그녀를 또 다시 비극 속으로 몰아 넣는다. 그녀는 다시 한 남자의 성적 노리개로 전락했고 급기야 아들까지 두게 되지만, 그 역시 야마다처럼 미국으로 훌쩍 떠나버리고 만다. 이 불행한 여인의 행적을 추적하면서 작가는 그녀의 불행이 단지 그녀 혼자만의 문제가 아닌 우리 민족 전체의 문제임을 환기시켜 준다. 식민치하에서 그녀가 당했던 고통은 사실 피지배 민족으로서 우리 민족 전체가 당했던 수모와 동일한 것이고, 좌익 남편을 둔 그녀의 비극 역시 이념에 희생당한 무고한 양민들의 수난사를 대변한다. 말하자면 그녀의 비극은 일제 강점기에서 오늘의 분단시대에 이르기까지 역사의 주체로서 지위를 누려야 했으나 사실은 생존권마저 유린당해 왔던 우리의 비극적인 역사를 상징하는 것이다.

그런데, 작가는 이런 참혹한 운명을 지녔음에도 불구하고 그녀가 누구보다도 강인한 생명력을 지녔다는 데 주목한다. 점례는 비극의 씨앗이라 할 수 있는 아비 다른 세 자식을 박씨의 호적(정식 결혼한 남편의 호적)에 올림으로써 그들 모두를 자식으로 받아들이고 양육하겠다는 본능적인 모성을 보여준다. 야마다의 피를 받은 큰아들을 박태순으로, 공산주의자 남편의 피를 받은 딸은 박세연으로, 푸란더스의 피를 받은 막내아들은 박동익으로 가호적을 만들어 편입함으로써 그들 모두를 포용하겠다는 의지를 분명히 하는 것이다. 그래서 그녀는 자식들의 교육과 뒷바라지에 온 정성을 쏟고, 특히 모멸과 자학으로 일그러진 막내 동익을 보살피는데 세심한 배려를 멈추지 않는다. 이를테면 한으로 얼룩진 자신의 삶을 넉넉한 모성과 강인한 생명력으로 승화시키고자 하는 것이다. 작가가 작품의 제목을 '황토(黃土)'로 했던 것도 사실은 이런 의도와 무관하지 않을 것이다. 생산과 풍요의 상징이기도 한 황토는, 외세의 작용과 그 질곡으로 얼룩진 민족사를 넉넉한 모성과 생명력으로 포용하려는 작가의 염원을 담고 있으며, 특히 작품 말미에서 그녀가 수난으로 점철된 자신의 생애를 기록하여 딸에게 물려주겠다고 한 것은 비극의 역사를 정리하여 다시는 그런 과오를 되풀이하지 않겠다는 단호한 의지를 표현한 것이다. 이런 점에서 이 작품은 한 여인의 비극적 삶을 통해서 민족사를 증언하고, 외세에 대한 주체적 인식을 통해서 그 극복 가능성까지도 암시한 작품으로 정리할 수 있다.

3) 분단 현실의 민중적 수용과 극복 의지

70년대는 민중의식이 본격적으로 성장하고 민중의 시각으로 현실을 이해하려는 노력이 대대적으로 일어났던 시기였다. 전태일 분신(70)과 광주대단지 사건(71)을 계기로 민중 현실에 대한 지식인들의 관심이 고조되면서 사회 전반의 구조적 모순에 대한 민중적 천착은 본격화된다. 당시 번성하였던 『장길산』을 비롯한 대하역사소설은 역사를 민중의 시각에서 이해하고 재정립하려는 노력의 일환이었고, 큰 줄기를 이루기 시작한 『객지』『우리동네』 등의 노동자·농민소설은 민중의 열망을 예술로 승화시키려는 시대 분위기를 구체적으로 반영한 것이었다. 이런 시대 분위기 속에서 분단 현실에 대한 민중들의 관심을 적극적으로 포착해내고 그들의 입장에서 분단을 극복하려는 의지를 피력한 작품들이 다양하게 창작된다.

남다른 사명감으로 의업에 종사해 왔던 한 양심 있는 의사가 월남민이라는 이유만으로 간첩으로 몰려 갖은 수모를 당한 끝에 폐인이 되는 과정을 그린 「한씨연대기」(황석영)나, 고등학생인 조카의 진로를 결정하는 과정에서, 과거의 이데올로기로 인한 비극을 떠올리면서 이과(理科)로 진로를 선택하게 한다는 내용의 「카메라와 워커」(박완서) 등은 모두 민중 현실에 작용하는 분단의 상처를 되새기고 그 비극적 일면을 조망한 작품들이다. 그리고 6·25란 비록 "잔인한 한발(旱魃)이 고사시킨 고목(枯木)"을 연상시키는 것이기는 하지만, 궁극적으로는 성인이 되는 과정에서 겪을 수밖에 없는 젊음의 내면혼란을 가중시키는 계기에 불과할 뿐이라는 생각을 피력한 『나목(裸木)』(박완서) 역시 전쟁의 의미가 무엇인가를 새삼스럽게 환기한다. 그리고, 전쟁으로 파괴된 한 집안과 마을 사람들을 통해서 전쟁이 야기한 사회적·인간적 변모를 추적한 이문구의 연작소설 『관촌수필』이나, 한 가족 내부에 틈입한 이데올로기로 인해 야기된 갈등과 그 극복의지를 피력한 윤흥길의 『장마』, 이념적 상처에도 불구하고 두 남녀가 필연적으로 결합해야만 한다는 내용을 신화적인 발상을 통해서 그려낸 한승원의 「폐촌」 등은 이념과 분단 현실이 민중에게 어떠한 의미를 지니며 그것을 극복하기 위한 방안이 무엇인가를 묻는 진지한 성찰의 산물들이다.

　이런 일련의 노력을 통해서 분단에 대한 민중적 자각은 더욱 심화되거니와, 여기서 특히 주목되는 것은 이문구와 윤흥길의 소설들이다.

　8개의 연작으로 구성되어 있는 『관촌수필』은 근대화의 물결에 의해 사라져버린 고향의 질박한 인정과 풍속에 대한 그리움을 배경으로, 공산주의자였던 아버지에 대한 회상과 인공치하에서 겪었던 일화를 소개한 작품이다. 여기서 특히 돋보이는 대목은 분단 현실을 담담하게 수용하는 민중들의 자세라고 할 수 있다. 그것은 작품 전반을 관통하고 있는 작가의 민중적 시각과 그런 시각에서 과거사를 이해하고 포용하려는 작가정신을 통해서 확인할 수 있다. 가령, 사회주의 활동을 했던 아버지에 대한 화자의 태도는, 어린이의 시점을 빌어서 서술되기는 하지만 은근한 자부심으로 충만되어 있다. 「일낙서산(日落西山)」에서 드러나듯이, 해방이 되자마자 아버지는 종래의 회고조의 가풍이나 실속 없는 사상을 뒤집어엎는 데 주저하지 않았고, 사농공상의 서열을 망국적 퇴폐풍조로 생각하였다. 더구나 사회주의자였던 까닭에 "무산 계급의 옹호와 서민 대중의 사회적인 위치를 쟁취한다"는 생각을 몸소 실천했고, 그로 인해 숱하게 연행되어 구금되기도 했었다. 그렇지만 언제나 의기 왕성하고 투지만만했던 인물이다. 이런 아버지에 대해서 화자는 전혀 두려움이나 부끄러움을 보이지 않는다. 그것은 아버지가 "잡범이나 파렴치범"이 아닌 뭔가 의미 있는 일을 하고 있으리라는 믿음 때문이었다. 물론 이런 믿음에는 혈연관계에서 비롯된 원초적 신뢰감이 작용하고 있으나, 바탕에는 민중에 대한 깊은 사랑이 깔려 있음을 확인할 수 있다.
아버지 때문에 수시로 일어나는 심야의 가택수색과 그에 얽힌 옹점의 일화(「행운유수(行雲流水)」) 역시 민중의 질박한 심성에 대한 작가의 깊은 믿음을 보여준다. 즉, 경찰들은 한 밤중이고 새벽이고를 가리지 않고 느닷없이 담을 넘어 들어와서 함부로 뒤져대기 때문에 온 집안 여자들은 아무리 무더운 복중이라도 겉옷을 벗고 잘 수가 없었고, 수시로 일어나 신문을 당해야 했다. 그런데 그런 수모를 누구보다 심하게 당했던 식모 옹점이의 푸념이란 기껏 "하루라도 좋응께 속것만 입구 자 봤으면 원이 읎겄유. 오뉴월 삼복에두 입은 채루 틀틀 감구 자장께 첫째루 땀떼기 땜이 못 살것유."라는 것이었다. 또 순경이 그녀를 식모를 가장한 연락원으로 알았는지, 치렁치렁 땋아 늘인 그녀의 머리채 끝의 댕기를 풀면서 빗을 꺼내 무슨 암호문이나 찾듯이 빗기는 모멸적인 심문을 한 적도 있었다. 그렇지만 그런 수모를 당하고도 그녀는 "자던 사람 대이구 말시키면 하품 나와유."라는 재치로 위기를 모면하는 여유를 보여준다. 이런 넉넉한 품성을 통해 작가는 그 참혹했던 시절을 견디어낸 민중의 지혜와 의지를 발견했던 것이다. 물론 옹점이 역시 시대의 비극에서 예외가 아니어서, 결혼한 남편을 전장에서 잃는 비운의 당사자로 전락하고 말지만, 그런 불운 역시 그녀의 강인한 생명력을 꺾을 수 없음은 능히 짐작할 수 있는 일이다.
민중의 강인한 생명력은 「공산토월(空山吐月)」의 석공(石工) 신씨를 통해서 한층 구체화되어 나타난다. 석공 신씨가 부역행위로 5년형을 살았던 것은 6·25의 어수선한 상황 속에서 사회주의자였던 화자의 아버지를 존경하고 보살폈던 것 외에 달리 어떤 이유가 없었다. 사상에 대해서는 전혀 관심이 없었고 단지 평소 존경하던 어른이 구속되었다는 이유 하나로 마치 자신의 부친이나 구속된 듯이 매일 사식을 날랐고 그것이 연유가 되어 인공치하에서 잠시 면서기를 하게 된다. 그를 지배한 것은 이념이라기보다 윗사람에 대한 존경과 연민이었고, 그런 점에서 5년간의 감옥생활이란 지나치게 가혹한 것이었다. 출옥 후 아내에게 내놓은 고백은 그가 얼마나 성실한 농민이었는가를 알게 해 준다. "형무소에 들앉아 있는 동안 처자 다음으로 그립고 잡아보고 싶어 못 견딘 것이 낫 호미 쇠스랑이며, 밤마다 귓전에 들려 온 것이 도리깨 소리 탈곡기 소리였다"는 것. 농투산이로 땅을 일구고 살려는 질박한 농부였던 까닭에 그는 출감 직후 곧바로 마을의 온갖 궂은 일을 도맡아 하는 억척스럽고 건실한 농군으로 변신한다. 이렇게 보자면 그에게 이념이란 한갓 스쳐 지나가는 바람에 지나지 않았던 것이다. 이는 「폐촌」에서 한승원이 분단의 비극을 "잘못 만난 시국 탓"으로 보는 시각과도 일치한다. "그렇게 우리 일단 이 자리서 과거지사를 쫙 쓸어다가 잊어뿝시다. 그러고, 그런 일이 씨도 없었든 것으로 치고, 다시 옛날 맹이로 오순도순 정답게 삽씨다."(「폐촌」, 91면)라는 진술은 이념이란 이들의 실제 삶을 구속하는 본질적인 요인이 아니었다는 것을 말해준다. 하지만 이념의 여독은 혹독한 것이어서 신씨는 결국 감옥에서 얻은 병과 고문의 후유증으로 37살이라는 한창 나이로 비운의 생을 마감하고 만다. 이런 일화를 통해서 우리는 작가의 민중을 향한 넉넉한 시선과 애정을 새삼 확인하게 된다.

윤홍길은 이 민초들에게 맺힌 한을 해한(解恨)의 차원으로 승화시킨 작가이다. 평판작 「장마」나 「무지개는 언제 뜨는가」에서 두드러지는 것은 일상에 틈입한 이데올로기로 인한 갈등과 그것을 치유하려는 의지이다. 「장마」에서 사돈지간의 두 할머니가 우연히 한솥밥을 먹게 된 것은 전쟁이 일어난 직후였다. 서울에서 피난 내려온 외할머니의 안타까운 사정을 알게 된 할머니는 아들에게 사랑방을 내주라고 일렀고, 난리가 끝나는 날까지 서로 의지하면서 살자고 위로했던 그야말로 돈독한 사돈지간이었다. 그런데 이데올로기가 틈입하면서 그 돈독했던 관계는 이내 금이 가고 견원지간으로 악화된다. 국군에 입대해서 장교로 근무하던 외삼촌이 죽었다는 통지서가 날아들고, 외할머니는 그 충격으로 빨갱이들에 대한 저주를 퍼붓는데, 그것이 아이러니 하게도 빨치산 아들을 둔 할머니를 자극하게 된다. 이념과는 무관한 인물들이 자식을 사이에 두고 정반대의 입장이 되면서 서로를 적대하는 지경이 된 것이다. 그런데, 빨치산이 된 삼촌마저 국군에게 쫓겨 생사를 알 수 없는 상황이 되면서 할머니 역시 외할머니와 같은 운명으로 전락한다. 하지만 아들의 생존을 굳게 믿는 할머니는 점쟁이를 찾게 되고 급기야 아들이 "아무 날 아무 시"에 귀가하리라는 "신탁"을 받는다. 할머니의 지시로 음식을 장만하는 등 법석을 피우면서 기다리던 그 시간이 다가 왔지만 예언과는 달리 삼촌은 나타나지 않았고 사람들은 하나 둘 실망감을 감추지 못한다. 그런데 그 초조한 기다림의 시간에 전혀 예기치 않게 한 마리의 큰 구렁이가 나타난다. 구렁이의 난데없는 출현으로 할머니는 졸도를 하고, 집안은 삽시간에 혼란에 빠지는데, 뜻밖에도 그 어수선한 상황을 수습한 것은 외할머니였다. 외할머니는 구렁이를 삼촌으로 생각하고 꼭 산사람을 대하듯이 말을 건넸고, 마치 '영혼의 안내자'(psychopomp)가 되어 이승에서의 미련을 떨치지 못하고 방황하는 원귀를 달래듯이 구렁이를 제 갈 길로 인도하는 것이다. 말하자면, 불행한 원귀가 되었을지도 모르는 삼촌의 영혼을 달래는 진혼굿과도 같은 행위를 외할머니가 연출한 것이고, 이 간절한 행위가 결국 구렁이로 하여금 제 길을 가게 하고, 급기야 이데올로기의 독기를 중화하여 두 노인을 화해하게 만든 것이다. 의식을 회복한 할머니가 외할머니의 노고를 전해듣고 하염없이 감사해 하고 눈물을 흘렸던 것은 자식을 향한 어머니의 원초적 심리를 이해한 때문이고, 그 동병상련의 심리 앞에서는 이데올로기적 갈등이란 한갓 물거품과도 같은 것임을 작가는 보여준다.

　이렇듯 이 부류 작품들은 분단의 장벽을 허물고 민족의 동질성을 회복하는 지난한 과정을 통해서 분단으로 야기된 상처를 확인하고 극복하려는 의지를 담고 있다. 이 부류 작품들에서 목격되는 민중적 시선과 극복에의 의지는 근대화의 부정성에 대한 저항의지를 본격화한 노동소설과 더불어 민중적 관심으로 일구어낸 중요한 성과라 할 수 있다.

3. 70년대 분단소설의 성과와 한계

　세기 전환기를 앞 둔 오늘날, 반세기에 걸친 분단의 역사는 여전히 우리의 정상적인 삶을 가로막는 완고한 벽으로 존재한다. 주변에서는 분단극복의 의지를 내세우기보다는 그것을 외면하는 경향이 늘고 있고, 특히 90년대 문단을 휩쓴 소위 '신세대 문학'에서는 분단 현실에 대한 고민의 흔적마저 찾기 힘든 지경이 되었다. 하지만 김원일이 『노을』에서 설파했듯이, 과거란 현재를 구속하는 원체험과도 같고 그러므로 그것은 외면한다고 해서 부정될 수는 없다. 분단 현실에 대한 무관심은 현실을 천착하고 그 이면의 상처를 어루만지는 작가의 역할을 스스로 방기하는 듯한 느낌마저 준다. 문제의 본질을 직시하고 정직하게 수용하는 자세야말로 작가 본연의 임무일 터. 전후의 허무주의와 모멸의 감정에서 벗어나 분단 현실을 자신의 문제로 수용하고 역사적으로 조망하여 해결의 실마리를 모색한 70년대 분단소설은 그래서 오늘날까지도 문제적일 수밖에 없다.

　분단문학이 통일이 그 종점이 아니라 통일이 된 이후에도 인간 존재의 모든 비극성을 극복하려는 의지까지 담아야 하는 것이라면(임헌영, 「분단인식과 민족문학」, 『민족의 상황과 문학사상』, 한길사, 1986), 현실을 주체적 시각으로 수용하고 해결의 실마리를 모색한 70년대 소설은 분단 극복에 대한 작가들의 의지가 전 시기에 비해서 한층 고조되고 구체화되었음을 보여준다. 김원일, 현기영, 조정래 등이 해방정국의 좌우 대립을 통해서 분단 문제를 천착한 것은 분단의 원인을 민족 내부의 오랜 갈등에서 찾는 한층 진전된 인식의 표현이고, 전상국, 조정래 등이 외세의 작용과 그로 인해 왜곡된 민족의 삶을 비판적으로 천착한 것은 분단 극복을 위해서는 주체적인 시각이 정립되어야 한다는 필요성을 역설한 것이다. 또 황석영, 이문구, 박완서, 한승원, 윤흥길 등이 분단의 상처를 민중의 시각에서 수용하고 극복하려 했던 것은 이 모든 문제가 궁극적으로 민중의 입장에서 이해되고 해결되어야 한다는 믿음을 피력한 것이다. 70년대 분단소설의 성과란 바로 이러한 인식을 통해서 분단 현실을 주체적으로 수용하고 실천의 토대를 마련한 데 있을 것이다. 특히 빨치산에 대한 조망을 통해서 반공주의로 인해 경직된 이데올로기에 대한 이해의 지평을 넓힌 것은 이념의 상대화라는 측면과 아울러 이승만 정권이래 지속된 정통성 약한 정권에 대한 단호한 비판이라는 측면에서도 매우 소중하다. 80년대 들어서 분단소설이 만개할 수 있었던 것은 이런 바탕 위에서 가능했던 것이다.

물론 이 시기 소설이 80년대와 비교하자면 상대적으로 역사주의적 시각이 결여되어 있고, 또 문제해결의 과정 역시 능동적이지 못했던 게 사실이다. 하지만, 이런 지난한 과정을 통해서 80년대의 한층 진전된 모습으로 나갈 수 있었다는 것을 고려하자면 그 의의를 결코 소홀히 할 수 없을 것이다. 자신을 규정하는 내·외적 요인들을 냉철하게 자각하지 못한다면 자기갱신의 몸짓이 무의미할 수밖에 없듯이, 분단시대를 살면서 분단시대에 살고 있다는 의식이 철저하지 못하다면 결코 극복의 방향을 찾을 수 없을 것이다. 이런 점에서도 70년대 소설이 보여준 분단의 자기화와 극복 노력은 소중할 수밖에 없고, 그에 대한 관심이 둔화되는 오늘날까지도 중요하게 음미되어야 할 것이다.

민족사로 승화된 가족사의 비극
— 김원일론

1. 김원일 문학의 원점

　김원일 소설의 근저에서 늘 어른거리는 그림자는 아버지이다. 소설 속에 자주 등장하는 인물도 아버지인데, 여기서 아버지는 존경이나 권위와는 거리가 먼, 증오와 부정의 대상이다. 「어둠의 혼」에는 참혹한 주검으로 누워 있는 아버지가 나오고, 대하장편 『불의 제전』에서는 전쟁을 전후한 시기를 배경으로 아버지의 좌익활동과 가족들의 가난과 공포가 소상하게 그려진다. 작가 스스로 "핏줄로서의 연민은 느끼면서도 잊으려 노력해 왔다"고 아버지에 대한 양가감정을 고백한 바 있고, 어머니에게는 아버지의 존재가 "한의 본질이었고 골수에 맺힌 원수"(『노을』에서)였다고 술회함에도 불구하고 소설의 중심에는 항상 아버지가 자리하고 있는 것을 볼 수 있다. 이는 김원일 소설의 문학적 기제가 아버지라는 존재로부터 생성되었음을 시사하는 것이다.

　김원일의 부친(김종표)은 해방 전 마산상업학교를 나와 수재 소리를 듣던 재주 있는 인물이었다. 그는 문학에도 재능이 있는 다분히 낭만적인 인물이었던 것으로 보이나 해방 직후부터 좌익활동에 깊이 관여함으로써 가족들을 거의 돌보지 않았다. 전쟁 전에는 남로당 경남도당 부위원장, 인공치하 서울 성동구역 임시 인민위원회 위원장, 서울시당 재정경리부 부부장, 유엔군 인천 상륙시 구로 지역 방어선 후방부 책임자, 서울 마지막 철수팀으로 월북 후 이승엽의 지시로 유격 6지대 간부로 남하, 1952년 3월까지 태백산맥 연봉 강원도 오대산, 경북 일월산 등지에서 유격투쟁 후 북으로 귀환, 스위스 제네바에서 열린 남북 포로교환 협상 북한 대표단 일원, 1953년 남로당 숙청에 따른 몰락과 복권을 되풀이하던 간난 끝에 1973년 득병, 76년에 폐결핵으로 사망했다고 한다. (6·25를 전후한 시기의 행적은『불의 제전』에 상세하게 암시되어 있고, 그 이후의 행적은 최근 이산문학상 '수상소감'에서 김원일이 직접 밝혀 놓았다.)

이런 아버지를 두었던 까닭에 김원일은 평생 아버지가 놓였던 자리가 과연 어떠했고, 그것을 어떻게 받아들여야 하는가의 문제로 고민할 수밖에 없었을 것이다. "아버지가 월북함으로 인하여 아버지의 비밀을 장자로서 끝까지 지켜야 된다는 관념을 어릴 때부터 어머니로부터 훈계조로 교육받았는데, 이것이 일종의 억압심리로서 내 의식 속에 존재했었습니다."(김원일·권성우·우찬제 대담,「인간과 문학의 심오한 본질을 향한 도정」,『문학정신』, 1990. 5)는 고백은 김원일 소설을 구성하고 추동하는 문제의식의 중심에 아버지가 놓여 있음을 직정적으로 드러내는 대목이다. 실제로 김원일은 자신의 분단문학이란 "한국 전쟁 와중인 1950년 그해 9월, 국군의 서울 수복 직전 월북한 아버지의 복원이 주요 목적"(「수상소감」,『문학과 사회』, 98년 가을)이었다고 고백한 바도 있다. 김원일은 이 아버지에 대한 의문을 되새기면서 숨은 상처를 들여다보고 그것을 소설로써 승화해 온 것이고, 그런 점에서 그의 작품이란 개인적인 가족사의 기록이자 해원(解怨)의 과정이었다.

그런데, 그의 소설이 단순한 가족사나 성장의 기록에 그치지 않고 민족사를 증언하고 참된 삶의 방향을 지시하는 리얼리즘 문학으로 우뚝할 수 있었던 것은 과거사에 대한 깊은 성찰이 있었기에 가능했다. 프로이트(G. Freud)에 의하면, 예술가는 보통 사람들이 직면하기를 두려워하는 무의식과도 같은 상처나 금지된 욕구들을 자기 자신과 타인들에게 즐거움과 감동을 주는 방식으로 표출(승화)해내는 창조적 자아를 지닌 사람들이다. 김원일은 인생의 가장 격동기로 해석되는 유년기의 체험들을 끊임없이 되새기면서 성숙해진 현재의 관점에서 과거의 사건을 끊임없이 새롭게 해석해내고, 이 재해석의 과정을 통해서 과거의 한과 상처를 씻어낸다. 그래서 그의 작품에는 주제나 소재가 초기작 이래 일관되게 반복되는 측면과 재해석되는 측면이 공존한다. 여러 작품에서 두루 반복되는 '진영'이라는 공간적 배경, 좌익 아버지, 가난 속에서도 결코 굽힐 줄 모르는 모성의 어머니, 굶주림과 공포 속에서도 천진하기만 한 어린 형제 등은 작가의 실제 가족사를 변형한 것으로 김원일 소설의 일관된 측면이다. 하지만 이런 가족사를 바라보는 작가의 시선은 작가의 연륜이 증가할수록 차츰 성숙되고 깊어간다. 작품의 화자는 초기의 어린이에서 점차 성인으로 이동하고 등장 인물도 가족에서 그 주변의 여러 인물들로 확대된다.

가족사의 이러한 반복에 대해 한편에서는 작가의식이나 체험이 협소하다고 비판할 수도 있을 것이다. 다양한 제재와 인물들을 그리는 것이 하나의 미덕처럼 회자되는 풍토에서 불행했던 가족사와 살림살이를 남에게 까발린다는 것은 구차스럽고 또 고지식한 행동으로 폄하될 수도 있다. 하지만 잘 닦여진 너른 길을 놔두고 굳이 외진 샛길을 자청하여 들어선 그 혼자만의 길에 역설적으로 김원일 소설의 특성과 매력이 있다. 사실 그 험난한 길을 외롭게 걸어가는 것이 작가적 글쓰기의 운명이 아닐까. 더구나 작가의 아버지는 단순한 자연인이 아니라 근대사의 한복판을 가로질러온 인물이고, 그에 대한 천착은 곧 우리 현대사에 대한 탐구이기도 하다는 점에서 그 의의는 더욱 큰 것이다.

2. 유년의 상처와 혼돈

유년기의 억압과 좌절은 한 사람의 성격구조를 결정짓는 근원적 기제로 작용하며 사람에 따라서는 평생에 걸쳐 운명의 그림자를 만들어 놓기도 한다. 김원일의 경우, 유년기의 아버지는 억압되어 현실 속에서 추방되었었다. 그러나 현실 속에서 배제되고 추방당한 아버지는 작가의 무의식 속에서 역동하며 의식을 휘두르는 존재로 살아 있었고 문학적 승화의 대상이 되었다.

해방과 더불어 본격화된 아버지의 좌익활동과 월북, 그로 인한 유년의 가난과 공포는 김원일로 하여금 평생 씻지 못할 정신의 강박관념을 형성해 놓았다. 작가 자신의 고백이나 자전소설에서 볼 수 있듯이 그의 유년을 지배한 것은 부조리한 현실에 대한 공포와 혼란의 정서였다. 초기의 「1961, 알제리」, 「이야기꾼」, 「전율」, 「죽어 눈뜨리」, 「상실」, 「앓는 바다」, 「어둠의 혼」, 「절망의 뿌리」 등에서 목격되는 악마적이고 광기 어린 인물들의 모습이란 어쩌면 작가의 무의식 속에 내재된 왜곡된 자의식이 소설의 외피를 쓰고 나타난 형국이다. 여기서 인물들은 한결같이 출구가 없는 어두움의 세계에 짓눌려 살아간다. 살인이나 강간・고문 등의 극단적인 형태로부터 절망과 공포, 당혹감 등의 내면에 이르기까지, 갖가지 형태의 폭력적 상황으로 점철되어 있는 그 출구 없는 어두움은 거대한 외부적 상황의 부조리성, 혹은 음험한 폭력성 앞에서 무력한 개인이 감당해야 할 좌절과 자기파멸의 극단적인 삶의 양태들로부터 비롯되는 것이다. 그들이 놓여 있는 이 세계의 모습은 그들에게 저항할 수 없는, 아니 이해할 수조차 없는 불가해성으로 다가오며, 그 상황에 대응하는 그들의 행위는 대체로 그 불가해한 상황에 우발적인 폭력으로 맞서거나 혹은 무기력하게 함몰된다(박혜경, 「실존과 역사, 그 소설적 넘나듦의 세계」, 『작가세계』, 1991 여름, 118면). 하지만 간과할 수 없는 대목은 이런 절망과 공포가 주된 색채를 이루고 있음에도 불구하고 거기에는 그 상황을 근본에서 제약하는 요인으로서 '분단'이 중요하게 작용한다는 사실이다. 「1961, 알제리」에서 인물은 전쟁의 상처로부터 자유로워지려는 심경을 내보이고, 「앓는 바다」에서는 전쟁으로 인한 상처에도 불구하고 조국에 대한 애정을 잃지 않는 인물이 그려지며, 「DMZ」에서는 전쟁이 끝났음에도 불구하고 긴장의 연속일 수밖에 없는 현실이 DMZ의 특수 상황과 결부되어 제시된다. 그렇기에 이들 작품은 작가의 왜곡된 자의식이 부조리한 현실에 직면해서 노정할 수밖에 없는 절망과 혼돈의 심리를 표현한 것으로 이해할 수 있다.

김원일 문학의 한 결절점으로 평가되는 「어둠의 혼」(73,1)은 작가의 무의식 속에 내재되어 있는 상처의 실체가 무엇인가를 구체적으로 보여준다. 분단문제를 본격적으로 천착하는 신호탄으로 언급되기도 하는 이 작품은, 일제의 지배와 해방기의 좌우대립에서 전쟁으로 이어지는 역사의 격동기에 좌익에 앞장선 아버지의 행동이 어린 화자의 시선을 통해서 포착된다. 비슷한 시기에 발표된 윤흥길의 「장마」처럼 어린이 화자를 통해서 인물들의 행위가 서술되는 까닭에 좌익에 관여하는 아버지의 실체는 거의 드러나지 않으며 단지 풍문으로만 제시된다. '닭을 채어 가는 들개처럼 늘 숨어서 어디론가 헤매고 다녔던 아버지', '산도둑 같이 털석부리로 또는 선생님처럼 국방복을 입고 문득 나타났다 잽싸게 사라져버리는 요술쟁이'와도 같았던 아버지의 모습이란 어린 작가에게는 공포 그 자체였다. 한 밤중 순경들이 밀어닥쳐 집안을 뒤지는 날 밤 어린 작가의 머리 속에 떠오르는 아버지의 모습은 밉다 못해 원수와도 같은 것이었다. "죽어 뿌리라, 어디서든 콱 죽고 말아 뿌리라. 나는 아버지를 두고 몇 십 번이나 이 말을 되씹었는지 모른다."는 절규는 어린 화자에게 아버지가 얼마나 큰 고통과 증오를 심어주었는가를 집약적으로 보여준다. 게다가 아버지로 인해서 당했던 가난과 고통 역시 이루 말할 수 없는 것이었다. 어머니는 거의 매일 양식을 구걸하다시피 했고 어린 자식들은 굶기를 밥먹듯이 해야 했다. 그래서 어머니가 구해 놓은 쌀자루를 보자 어린 화자의 가슴은 순간 두근거리기 시작한다. "저 자루를 가져가 밥을 짓게 된다면 (…) 이젠 살았구나, 하는 생각이 든다." 또한, 어머니는 수시로 순경들에게 불려가 매찜질을 당해야 했고, 순경들이 뜬금없이 밀어닥친 날 밤에는 모두가 공포에 떨어야 했다. 이런 날 밤에는 "아버지가 밉다 못해 원수로 여겨"지기까지 했던 것이다.

가족들에게 이렇듯 크나큰 고통만을 남긴 채 사라지고 만 아버지였던 까닭에 아버지의 존재란 화자에게 수수께끼일 수밖에 없었던 것이다. '빨갱이 짓을 하면 무조건 죽인다'는 세상에서 '아버지는 왜 빨갱이 짓을 했을까?' 아버지의 참혹한 죽음을 목격하면서 화자가 갖게 되는 이런 의문이 곧 작가 김원일의 유년기를 지배했던 상처의 원형인 것이고, 김원일 소설이란 실상 이 질문에 대한 탐구과정인 것이다.

장편『노을』에서는 어두운 과거사가 회상되면서 그것이 한 단계 승화되어 제시된다. 고향 진영을 떠난 뒤 30년 가까이 서울 생활을 해온 화자가 삼촌의 죽음을 계기로 고향을 방문하고, 그것이 원인이 되어 과거와 조우하고 옛 상처의 의미를 되새긴다는 내용으로, 여기서 아버지의 모습은 좀더 실체에 근접한 모습으로 등장한다. 이 작품 역시「어둠의 혼」과 마찬가지로 실제 아버지를 모델로 하고 있지는 않으나 이념적 갈등에 희생된 아버지와 가족들의 고통, 그런 과거사를 외면하려는 주인공의 심리는 작가 김원일의 그것이라 해도 무방하다.

현재 출판사의 중견사원이자 한 가정의 가장인 주인공이 과거사를 떠올리게 된 것은 우연한 계기를 통해서였다. 평범한 소시민에 불과한 그는 옛 상처를 거의 망각하고 지내는 상태였다. 백정의 자식이라는 굴레가 씌어져 있고, 또 좌익에 관여하여 살인을 하고 처참하게 죽어간 아버지를 두고 있었던 까닭에 과거란 기억하고 싶지 않은 치부나 다름없었다. 하지만 그것은 휴화산처럼 항상 그의 마음 속에 잠복해 있는 것이기도 했다. 그런데 이 무의식 속에 잠재되어 있는 과거의 상처를 의식의 표면으로 불러낸 사람이 바로 고향의 배도수였다. 그의 뜻하지 않은 출현으로 화자는 과거의 상처가 언제라도 그의 생활에 개입할 수 있다는 것을 알게 되는데, 그 발단이란 매우 사소한 것이었다. 어느 날 뜻하지 않게 배도수라는 인물이 출판사로 찾아와서 과거 일본에 있을 당시 알게 된 재일동포의 원고를 출판해 달라고 부탁했고, 배도수의 간곡한 부탁을 거절할 수가 없어서 화자는 그 원고를 받아 두었었다. 그런데 며칠 후 원고의 저자인 재일 동포 청년이 간첩으로 체포되고 화자는 경찰에 소환되어 심문을 당하는 곤욕을 치른다. 이 일을 계기로 화자는 자연스럽게 옛 기억들을 떠올리게 되고 종국에는 이데올로기라든가 분단과는 전혀 무관한 것으로 보였던 자신의 삶이 사실은 그 그물망으로부터 한 치도 벗어나지 못하고 있음을 깨닫는 것이다.

그런데, 이것은 하나의 발단에 불과하고, 화자가 한층 깊숙하게 과거 속으로 들어가게 된 것은 삼촌이 별세했다는 전보를 받고 고향을 찾은 뒤였다. 고향이란 화자에게는 옛 상처를 상기시키는 근원지였고, 그래서 29년 동안이나 외면하고 지내왔던 것이지만, 이제 그 고향을 외면할 수 없는 상황에 봉착한 것이다. 이 과정에서, 화자가 '고향'으로 상징되는 옛 상처를 치유한 상태였다면 고향에 대한 거부감을 갖지 않았겠지만, 화자는 아직도 옛 상처를 수용할 만한 마음의 준비를 갖추지 못한 상태였다. 정면으로 마주하고 소화하기에는 그 상처가 너무나 크고 깊게 각인되어 있었던 것이다. 고향에서 내려와서 삼촌의 장례를 치르자마자 서둘러 귀경길에 오르고자 한 것은 그런 심리에서였다. 또 화자가 동향 후배인 치모의 집요한 질문을 받고 과거에 대한 생각을 드러내지 못하고 자꾸 회피했던 것도, 아직도 그 시대의 삶과 역사를 외면하고 싶은 내면의식이 일종의 방어기제가 되어 화자를 억압하고 있었기 때문이다. 그래서 그는 고향을 한 시라도 빨리 벗어나고자 했던 것이다. 하지만, 작가는 그런 화자를 배도수와 만나게 함으로써 상처의 실체로 한층 다가서게 만드는데, 이는 작가가 아버지의 실체에 한층 가까이 다가서려는 의도에서 비롯된 것으로 볼 수 있다.

화자가 만나기를 꺼리는 배도수는, 작품에서는 소백정이었던 화자의 아버지를 사회주의자로 끌어들인 인물로 나오지만, 신분이나 행동이 작가 김원일의 실제 아버지와 흡사한 모습으로 제시된다. 그는 현재 부모의 재산을 고스란히 물려받아 과수원을 지키면서 유복한 말년을 보내고 있으나, 과거 사회주의 운동을 주도하면서 수많은 사람들을 그 일에 빠져들게 한 장본인이었다. 마을의 식자이자 사회주의 운동의 지도자였던 그는 공산주의가 무엇인지도 모르는 사람들을 포섭하여 운동에 끌어들였고, 또 많은 사람들을 참혹한 죽음으로 내몰았다. 일개 소백정에 불과했던 화자의 아버지를 맹신적인 폭도로 만든 것도 바로 배도수였다. 그런 인물이었기에 화자는 그를 외면하고 꺼렸던 것이다. 더구나 그는 그가 끌어들인 많은 사람들이 유명을 달리한 현재, 스스로 부정해마지 않았던 자본주의의 덕을 톡톡히 보면서 넉넉한 생활을 하고 있지 않은가. 이 불공평한 현실 앞에서 화자는 분노까지 느끼게 되는 것이다.

고향 후배이자 화자와 비슷한 처지의 청년 치모는 화자의 이런 생각을 반성하게 하는 인물이다. 배도수와 더불어 좌익운동을 주도했던 과격분자 이중달의 유복자로 태어난 치모는 대학 시절에 학생 데모에 깊이 관여하여 제적된 뒤 현재 고향에 내려와 있는 상태였다. 그는 마을을 돌아다니면서 무료 대서방 노릇을 하고 고소장이나 농협대출금 서류를 써주기도 하며, 심지어 특수작물 재배요령 등을 가르치면서 농촌지도자의 역할을 톡톡히 하고 있다. 그가 이런 활동을 하게 된 것은 이데올로기를 둘러싼 좌우의 갈등은 "동족상잔의 부산물 내지 찌꺼래기"에 불과하고, 그래서 그 비극을 증오하기보다는 사랑하는 마음을 가져야 한다는 생각에서였다. 지금 상황에서 중요한 것은 이데올로기를 넘어서 서로가 서로를 증오하지 않는 마음을 배워야 하고, 또 이것은 흑이고 저것은 백이라고 둘로 나누는 단세포적인 생각을 지양해야 한다. 만일 우리가 서로 원수지간처럼 옛 악몽을 되씹으며 앙숙으로 지낸다면 서로의 이질감은 우리 당대를 넘어서게 되고, 통일은 그만큼 더 멀어질 것이라는 게 그의 주장이다. 이를테면 치모는 과거를 외면하거나 증오하기보다는 적극적으로 수용하면서 화해한 인물로 옛 상처에서 벗어나지 못한 화자와는 정반대의 모습을 보여주는 인물이다.

화자가 치모의 이런 생각을 접하면서 점차 과거를 포용하는 마음의 변화를 보이는 것은, 그를 통해서 과거의 의미를 되새기고 스스로를 대상화한 때문이다. 과거의 비극을 사랑하는 마음을 가져야 함에도 불구하고 증오로 일관했던 자신의 태도를 되돌아봄으로써 배도수 역시 굳이 비난할 이유가 없다는 것을 깨닫는 것이다. 배도수는 화자로 하여금 고향을 떠나 객지 생활을 시작하게 만든 장본인이지만, 한편으로는 오늘날 화자를 출판계에 몸담게 한 은인이기도 했다. 빨치산에 가담한 아버지로부터 벗어나 산을 내려온 뒤 어린 화자는 부산에서 잠시 서점의 사환 일을 본 적이 있는데, 그것을 소개시켜준 인물이 바로 배도수였다. 서점의 사환으로 어려운 시기를 보내면서 화자는 고학으로 대학을 마치고 오늘에 이른 것이다.

게다가 배도수는 현재 전향한 뒤 과거를 참회하는 생활을 하고 있지 않은가. 배도수는 빨치산 운동이 실패로 돌아가자 일본으로 밀항하여 오랜 동안 조총련에 몸담아 왔고, 그러다가 오십 줄에 들면서 "프롤레타리아 관료 국가는 계급 없는 사회를 만들겠다는 원칙론에서도 실패했고, 노동자의 생활 수준을 지나치게 억압함으로써 인간을 진정 인간다운 삶의 터전에서 소외시켰다는 결론"을 내리고 민단으로 전향한 뒤 5년 전에 한국으로 나왔다. 부유했던 부모의 유산을 물려받은 관계로 현재 과수원을 지키고는 있으나 그 또한 과거에 대한 죄스러운 마음을 떨치지 못하고 있는 상태였다. 이런 모습을 지켜보면서 화자는 아버지나 배도수, 이중달 모두가 시대와 이념의 희생양들이고, 또 그들은 각자 그 벌을 호되게 받은 사람들이라는 것을 알게 된다. 죽은 자들이나 산 자들이나 그 상처란 어느 누구에게도 가벼운 것이 아니었고, 그렇기에 누가 감히 누구를 미워하고 증오할 수 있겠냐는 것, 이런 생각을 통해서 화자는 과거의 상처란 외면하거나 부정한다고 해서 치유되는 것이 아니라 오히려 그것이 '오늘의 자신을 있게 한 모태'로 수용함으로써 넘어설 수 있다는 생각을 하기에 이른다.

작가가 화자의 귀향과 회상을 통해서 불편한 과거사와 조우하고 그것을 빌어서 궁극적으로 말하고자 한 것은 바로 이 점이라고 할 수 있다.

『노을』에서 주목되는 또 하나는 화자가 '아버지의 진실'에 한층 가까이 다가간다는 데 있다. 기억 속에 부정적으로만 각인되었던, 그래서 애써 외면하고 지우고 싶었던 아버지이지만, 화자는 과거와의 조우를 통해서 그의 진실을 어렴풋이 나마 이해하게 된다. 소백정이었던 아버지가 그토록 잔학한 만행에 앞장서면서 광기를 내뿜었던 것은 오랫동안 아버지를 옭아매고 있던 천민이라는 신분적 굴레와 무관한 게 아니었다. 경찰을 매달아 놓은 채 소를 잡듯이 난도질했던 것은 그런 무의식적 상처가 내재되어 있었기 때문이다.

> "니한테 한 마디 묻겠다. 니는 여태꺼정 백정으로 천대받고 살아온 시월이 원쑤 같지도 않나? 우리가 언제 사람 대접 한분 받아 본 적이 있나 말이다. 그러나 인자 시상이 바꿨으이 나도 한자리 할 끼데이. 우리 같은 사람을 더 떠받들어 준다 카능 기 공산주이잉께 울매나 좋노. 니가 자꾸 이래 아가리를 떼싸모 증말로 재미 적데이. 인자 내가 가만 안 둘 끼라. 니는 반동잉께, 내가 반드시 니를 쥑이고 말 끼데이. 니 목숨 하나 쥑이능 거는 문제도 읎다!"
> 그 때 도수장 안에서 마치 까마귀가 우짖는 듯한, 살려 달라는 비명이 터져 나왔다. 아버지의 머리가 획 그쪽으로 돌아갔다. 아버지는 추서방을 남겨 두고 도수장 쪽으로 까치걸음을 걸었다. 갑자기 신명이 받치는지 덩실덩실 춤을 췄다.
>
> (『마음의 감옥 외』, 동아출판사, 1995, 264-5면)

백정의 신분으로 한 번도 사람 대접을 받은 적이 없는 세월을 살아온 까닭에 노동자와 농민들을 우대한다는 사회주의 이념이란 휘황한 광휘로 이들을 눈멀게 할 수밖에 없었던 것이고, 사람을 죽이면서도 전혀 죄의식을 느끼지 못하고 "신명이 받치는지 덩싱덩실 춤을 췄"던 이면에는 이런 오랜 신분적 질곡과 한이 내재되어 있었던 것이다. 실제로 해방 후 많은 민중들이 사회주의에 동조했던 것은 이와 같은 오랜 신분적 질곡이 작용한 때문이 아니었던가. 화자가 29년만의 귀향을 통해서 과거와 조우하고 새삼 확인한 것은 바로 이런 사실들이었다. 작품의 후미에서 화자가 핏빛 노을이 자식에게는 희망을 키우면서 내일 아침을 기다리는 오색 찬란한 무지갯빛일 수도 있으리라고 생각하는 것은, 부모 세대의 그것이 자식 세대에게 이어져서는 안되고 오히려 희망의 근거로 승화되어야 한다는 작가의 전언인 셈이다.

하지만 이런 과거에 대한 이해와 포용의 시선에도 불구하고, 이 작품은

'아버지'로 상징되는 분단의 비극을 온전하게 드러내지는 못한다. 중년의 소시민과 어린이 화자를 번갈아 등장시키면서 과거사와 현재가 긴밀하게 연결되어 있다는 인식을 보여주기는 하지만, 작가는 아버지의 삶이나 그 시대를 정면에서 대면하기를 꺼리고 있다. 어린이의 천진한 시선을 빌어서 사물을 객관적으로 포착하려는 작가의 의도에도 불구하고, 작품은 단편적이고 피상적인 수준에 머물고 있다. 어린이의 시선이란 새로운 것에 눈뜨는 자의 호기심에 의해서 규율되고, 그 호기심은 세상을 있는 그대로 드러내기보다는 그 세상을 좇고 싶다는 매료나, 혹은 이 세상이 무섭다는 공포를 낳는다. 그의 시선으로 사물을 본다는 것은 곧 그런 홀림이나 공포로 세상을 재구성한다는 말이다(정과리,「세상 살아내기의 의미」,『현대문학』, 1989. 4).「어둠의 혼」이나『노을』에서 목격되는 어린이 화자의 시선에는 공포와 호기심이 스며 있고, 그런 시선으로 현실을 보는 까닭에 현실은 그 한 단면만을 드러내는 것이다. 소백정이었던 아버지의 절규에도 불구하고 그가 왜 그렇게 될 수밖에 없었는가에 대한 천착이 미진한 것이나 배도수가 죄의식 속에서 살고 있는 것으로 그려지지만, 그 죄의식의 실체가 무엇인지 쉽게 포착되지 않는 것은 그런 이유 때문이다. 김원일에게 아버지란 아직도 대면하기 두려운 존재로 남아 있었던 것이다.

3. 이데올로기와 전쟁, 그리고 휴머니즘

『불의 제전』은 1980년에 연재가 시작되어 장장 18년에 걸쳐서 완성된 김원일 문학의 결정판이다. 1980년『문학사상』지에 연재를 시작한 이래『학원』『동서문학』『문학과 사회』로 지면을 옮기면서 작가는 6·25를 전후한 시기의 민족사를 실록을 기록하듯이 그려놓았다. 사실적이고 섬세한 필치와 주요인물만도 30여 명에 이르는 방대한 규모는 작가의 집요한 관심이 마침내 가족사의 비극을 민족사의 큰 줄기로 승화시켜 놓았음을 보여준다. 어린이의 시선에서 벗어나 성인들의 시선을 본격적으로 도입한 것이나, 이념의 소용돌이 속에서도 꿋꿋한 생명력을 이어 온 민중에 대한 애정은 작가가 과거의 상처에서 벗어나 그것을 객관적으로 조망하고 있음을 의미한다.

작품의 배경이 되는 1950년 1월에서 10월에 이르는 기간은 6·25가 발발하고 해방 이후 본격화된 민족 내부의 모순과 사회적 갈등이 첨예하게 증폭된 시기이고, 그래서 역사에 대한 깊은 안목 없이는 쉽게 접근할 수 없는 공간이다. 진영을 배경으로 토지개혁을 둘러싼 좌우의 대립과 지식인의 갈등, 소작인과 지주의 입장 차이, 민중들의 수난 등을 세세하게 그려냈다는 것은 작가의 역사적 안목이 그만큼 깊다는 얘기다. 또 작품의 구성을 1950년 1월부터 10월까지를 시간적 대상으로 하여 월별로 총 10개의 장(章)을 구분하고, 달마다 5일에서 12일까지를 다루면서 절(節)을 나누는 연대기 형식을 취했던 것은 이 장강(長江)과도 같은 현대사의 흐름을 포착하기 위한 장치로 이해될 수 있다. 그래서 이 작품은, 한 평론가의 견해대로, 플롯이 워낙 교묘해서 어느 한 인물에 초점을 맞추어 읽을 때마다 완전히 다른 소설 한 편씩을 드러내 보여준다(성민엽, 「분단소설과 복합소설」, 『문학과 사회』, 1997, 가을, 1167면). 30명을 상회하는 인물들은 어느 하나의 기준으로 나눌 수 없을 정도로 다양해서, 하층의 술집 작부, 머슴, 소작인, 자작농으로부터 위로는 경찰과 지주, 공장장에 이르는 인물들이 제시되고, 또 학교 교사에서 마을 유지, 의사, 좌파 지식인, 민족주의자 등의 지식인을 두루 포괄하고 있다. 또 작가의 유년 시절을 떠올리게 하는 갑해를 비롯한 유해, 시해 등이 등장하여 전쟁의 잔학상을 고발한다.

그런데, 이 과정에서 작품을 이끌고 작가의 의도와 가치를 대변하는 인물들은 대부분 지식인이라는 사실을 주목할 필요가 있다. 작품의 부록으로 첨부된 <주요 등장인물> 목록에서 보더라도 지식인의 범주에 드는 인물은 27명 중에서 18명에 이르고, 나머지는 소작인, 술집 작부, 경찰, 어린이 등이 제시될 뿐이다. 말하자면 『불의 제전』에서 작가가 주목한 인물군은 지식인들이고, 그것도 상당수가 사회주의자들이거나 아니면 거기에 경도된 인물들이다. 작가의 부친을 모델로 한 사회주의자 조민세와 그를 비판하면서 작가의 궁극적 가치를 대변하는 심찬수를 중심에 세우고, 이 둘을 둘러싼 좌파에 배종두, 안진부, 한정화, 박귀란을, 그리고 우파에는 서용하, 박도선, 안진부, 민한유, 서주희, 허정우 등을 배치해 놓는다. 이렇듯 지식인을 대거 포진시킨 것은 사회주의 운동의 지도자였던 "아버지를 복원하겠다"는 작가의 의도와 무관한 것은 아니겠으나, 보다 근본적인 것은 해방공간과 전쟁의 성격을 이데올로기를 중심으로 파악하고 있었기 때문이라 할 수 있다. 미소간의 냉전체제 대립구조 안에서 해방공간의 혼란과 6·25를 파악하는 까닭에, 작품의 중심에 이들 지식인을 놓지 않을 수 없었던 것으로 보인다. 작품에서 소련과 북로당의 관계, 남로당과 북로당의 갈등, 이승만 정권과 맥아더 사령부의 유착 등이 중요하게 언급되는 것은 이런 시각에서 비롯된 것이다. 물론 그렇다고 작가의 시선이 이들에게만 집중되는 것은 아니다. 이데올로기 갈등으로 고통받는 민중들의 참혹한 현실에도 애정과 관심을 소홀히 하지 않는다는 데 이 작품의 또 다른 묘미가 있다. 이렇게 보자면 작중의 인물들은 대략 세 범주로 나누어진다. 하나는 조민세를 위시한 좌파 사회주의자들이고, 다른 하나는 심찬수를 둘러싼 중도 우파 민족주의자들이며, 나머지 하나는 봉주댁과 아치골댁으로 대표되는 민중들이다.

　작품의 한 축을 이루는 조민세를 비롯한 좌익 인물로는 배종두, 차구열, 안진부, 한정화 등 여럿이 있으나 작가의 관심은 조민세에게 모아진다. 영민한 머리와 투철한 신념의 소유자인 조민세는 상황에 따라 전략과 전술을 달리 구사하는 이론과 실천을 겸비한 인물이다. 남로당의 지령을 받는 지하조직원이면서도 그는 당의 투쟁지침이 현실을 외면한 낙관론에 바탕을 두고 있다는 이유로 지도부에 대한 비판을 서슴지 않는다. 가령, 전쟁 직전 서울 지하당 기관지『로력인민』에 발표한「유격전의 전략과 전술」은 해주 지도부의 그것과는 정반대의 정세관을 바탕을 둔 것이었다. 해주 남로당 본부에서는 정세를 낙관하고 남한 전역에서 게릴라 활동이 가능하다고 보았으나, 실제 게릴라 활동을 이끌었던 조민세는 이와는 달리 상황이 악화되어 유격전이 거의 불가능해졌다는 내용의 의견을 제출한다. 이 일을 계기로 그는 숙청 당할 위기에 몰리지만 자신의 생각을 끝내 굽히지 않는다. 이런 능력의 소유자였기에 그는 이후 북로당의 호감을 사고 전쟁이 발발하자 인민군 대좌로 임명되어 그쪽에서 일하게 된다.

조민세에게 작가가 애정을 보이는 것은 무엇보다 그로 대변되는 남로당의 이념적 순수성에 대한 상대적인 신뢰에서 비롯된 것이라 할 수 있다. 조민세의 정세분석과는 정반대로 현실을 직시하지 못한 남로당의 안이한 상황판단이 비판되고, 남로당 지도부 역시 종파투쟁에서 예외가 아니라는 사실이 암시되지만, 남로당의 지하당원인 그는 그런 지도부와는 달리 상대적으로 순수한 모습을 견지한다. 그 주위의 배종두나 안진부 또한 하나 같이 프롤레타리아 혁명을 꿈꾸면서 사회주의자가 되었고, 가족마저 외면한 채 빨치산 투쟁에 헌신하였다. 배종두는 지주의 아들이자 대를 이어야 하는 외아들임에도 불구하고 일본 유학시절 사회주의자가 된 뒤에는 가정을 버리고 운동에 뛰어들었다. 진영에서 빨치산 활동을 주도하고, 이후 해주로 월북하여 남파 훈련을 받은 뒤 다시 유격대의 일원으로 남한에 침투한 그는 특히 가족주의를 경계하는 냉철한 성격의 소유자이다. 빨치산 생활을 하던 중 총상을 입고 치료를 받는 과정에서 아들과 어머니를 만나 볼 것을 권유하는 의사의 청을 거절하고 홀연히 병원에서 사라지는데, 이런 점에서 그는 지주를 살해한 뒤 빨치산이 된 소작인 차구열과 흡사한 비타협적 공산주의자의 모습을 떠오르게 한다. 서울에서 활동하는 남로당의 자금책이자, 조민세의 친구인 안진부 역시 동일한 인물이다. 서울 묵동에서 '민성공업사'를 운영하면서 부유한 생활을 하는 등 이중적인 모습을 보이기는 하지만('민성공업사'는 소위 '정판사 위폐사건'의 본거지였던 남로당의 비밀 아지트인 '영진공업사'를 모델로 한 것이다.)(한수영, 『소설과 일상성』, 소명출판, 2000, 209면 참조) 그 역시 조민세와 마찬가지로 프롤레타리아 조국 해방을 위해 청춘을 바친 인물이다. 말하자면 조민세를 위시한 남로당 계열의 인물들은 하나같이 평등한 사회에 대한 꿈에 매료되어 사회주의자가 된 인물들이고, 작가가 이들의 행적을 통해서 주목한 것은 바로 이 순수한 열정이라고 할 수 있다.

그런데, 현실은 이들의 순수한 열정과는 달리 매우 추악한 모습으로 전개된다. 골수 좌익 운동가였던 박도선이 47년 사상적으로 동요하면서 갈파했듯이(1장 4절), 또 안진부가 전향을 결심하고 조민세와 논쟁하는 과정에서 언급되듯이(9장 3절), 좌·우 정치가들은 미·소 강대국의 정치 놀음에 꼭두각시 노릇밖에 못하고 있었고, 토착 공산주의자 박헌영은 미군정에 쫓겨 활동무대를 해주로 옮겼으나 소련군을 등에 업은 젊은 김일성에게 그 세력이 점차 밀리고 있었다. 당 내부의 권력투쟁 속에서 헤게모니를 장악한 갑산파와 소련파에 의해서 남로당이 점차 제거되자, 박도선이나 안진부처럼 청춘을 다 바쳐서 투쟁해온 사회주의자들은 실망하지 않을 수 없게 된다. 그렇다고 이북에 앉아서 안이하게 남한의 폭력혁명을 충동질하는 박헌영에 대해서도 동의할 수 없었다.

이런 상황에서, 북로당은 전쟁의 혼란을 이용해서 정적들을 제거하려는 음모를 노골적으로 내보인다. 미군의 개입으로 전선이 낙동강 부근에서 소강상태에 빠지고 이후 대대적인 반격을 당하자, 갑산파는 그것을 미군의 개입을 예측하지 못한 남로당의 과실로 몰아붙이면서 당의 권력을 장악해간다. 또, 인민군이 퇴각하는 과정에서, 남로당 계열의 인사들을 후방으로 집결시켜 유격대로 남파하겠다는 계획을 세우는데, 이는 수세적 국면을 이유로 정적을 총알받이로 제거하겠다는 의도나 다름없는 것이었다. 이런 생각을 토로하는 안진부를 조민세는 패배주의에 젖었기 때문이라고 비판하지만, 사실은 그 역시 누구보다도 먼저 그것을 간파한 상태였다. 조민세가 월북 후 다시 유격대에 지원해서 남한으로 내려오겠다고 다짐했던 것은 권력쟁탈에만 혈안이 된 지도부와 거리를 두고 이념의 순결성을 지키면서 사회주의 혁명완수에 매진하겠다는 의지였던 것이다. 안진부가 서울에서 철수하는 인민군에 합류하지 않고 잔류한 뒤 곧바로 전향했던 것은, 남로당의 일원으로서 월북해 봤자 권력다툼의 와중에서 신분을 보장받을 수 없다는 불안감과 권력다툼에만 혈안이 된 당 지도부에 대한 환멸에 따른 실존의 결단이었던 셈이다.

작품에서 남로당 계열의 공산주의자들이 상대적으로 순수한 모습으로 드러나는 것은 이렇듯 이들은 권력투쟁과는 무관한 인물로 그려지기 때문이다. 조민세를 비롯한 배종두, 차구열, 안진부 등을 규율했던 것은 프롤레타리아 해방과 평등사회를 향한 순수한 열정과 의지였고, 이를 통해서 작가는 해방 이후 한국사회를 지배했던 프롤레타리아 운동의 본질을 제시한 것으로 보인다. 물론, 이들은 조민세나 배종두의 경우처럼 지나치게 이념과 목적에 종속되어 가족과 현실을 외면하는 경직된 모습을 보여주기도 하지만, 이들은 권력이나 일신의 영달보다는 사회적 명분과 신념을 위해서 헌신한 인물이라는 데 작가의 시선이 모아져 있고, 그것이 곧 작가가 주목한 이들의 진실이었던 것이다.

심찬수는 이들을 비판하면서 작가의 가치를 대변하는 인물이다. 그는 경성제대 예과 시절 러시아 혁명 관계 서적에 심취한 뒤 사회주의 사상에 빠져들었지만, 학병으로 징집되어 죽을 고비를 넘기고 살아 온 뒤 술로 소일하며 냉소와 자학에 빠진 식민통치의 피해자이다. 팔 하나를 잃고 인육까지 먹으면서 살아남은 강인한 생명력에도 불구하고 그는 좌우의 극한 대립 속에서 어느 한쪽에도 공감하지 못하고 냉소와 허무적 태도로 일관한다. 그렇지만 그는 누구보다도 지혜롭고 비판적 지성을 겸비한 인물이다.

그의 사상적 기조는 인본주의에 바탕을 둔 중도 좌파로 정리할 수 있다. 이런 모습은 그의 은사이자 마을의 유지인 안시원과 흡사한 것으로, 안시원이 유가적인 입장에 좀더 기울었다면, 그는 사회주의에 좀더 경도된 형국이다. 과거 경력뿐만 아니라 그가 교류하는 인물들이 대부분 사회주의적 지향성의 소유자라는 데서도 이점은 확인되거니와, 가령 박도선이나 이문달이 그런 경우들이다. 중학교 교사이기도 한 박도선은 30년대에는 적색 농민조합운동을 선도했던 인물이고, 현재 온건한 민족주의자가 되었으나 농촌 공동체에 대한 희망을 버리지 못하고 야산을 얻어서 그것을 몸소 실천하고 있다. 이문달은 소작인들의 입장에서 농지개혁의 문제점을 지적하여 항의하게 한 인물로 양심적 교사였으나, 학교에서 해임되자 상경하여 결국 좌익으로 기울어진 인물이다. 심찬수는 이들의 입장을 지지하고 후원한다. 하지만 그는 결코 조민세나 배종두 등의 행동에는 동참하지 않는데, 그것은 이들이 현실을 외면한 채 "인본주의는 눈 닦고 봐도 찾을 길 없고 신기루 같은 이데아"만을 맹종한다는 데 있다.

"조선생이나 그 친구나, 모두 외곬으로 그렇게 치달을 수밖에 없겠지. 열정이야 눈물겹지만 그런 정열을 민족애와 동일시할 순 없어. 그들의 희망이 우리 현실과 밀착되어 있대도, 주입된 강제 이념에 그들이 맹종하고 있으니깐. 몰라, 그들 입장에서 보면 인민을 살리는 절대적인 민족주의 길일 수도 있겠지."

"민족주의? 성전(聖戰)이란 미명을 덮씌워 젊은이를 소모품 써버리듯 전장터로 내몰던 제국주의 개차반들, 그놈들 역시 천왕 민족만이 선택 받은 일등 국민이라고 맹신한 민족주의 주창자들 아닙니까." 일본 제국주의와 태평양전쟁, 그 전쟁에 동원되었던 학병 관련 화제를 되새길 때면 심찬수의 어조가 격해진다. "형님 해방의 의미가 뭡니까. 인본주의는 눈 닦고 봐도 찾을 길 없고 신기루 같은 이데아만 난무하니. 모스크바 삼상 회의가 깨졌을 때, 이념을 초월한 민족 공동체로서 통일의 길은 멀어졌습니다." (중략)

"이쪽 저쪽 모두 똑같아. 사상이란 옷을 걸치고 이것이 아니면 저것이다, 그 획일적인 선택과 복종의 강요가 오히려 삼팔선 분단을 고착화시켜 도대체 이 나라의 주인은 누군데 말이다. 양 쪽이 다 무력으로 상대방을 깨부수겠다는 궁리만 하고 있으니. 그렇게 되면 동족이 동족을 적으로 삼고, 죽어나는 것은 백성 아닌가." 박도선이 팔짱을 끼고 심찬수를 본다.

(『불의 제전』1권, 231-2면)

이데올로기라는 관념 속에 갇혀 있는 까닭에 이들은 인간을 인간답게 놓아두지 못하고 한갓 연장이나 도구로 이용한다. 그래서 전쟁이란 빵에 굶주린 인민들을 제물로 삼아 선동하는 행위일 뿐이고, 종국에는 권력을 장악하려는 데로 귀착할 수밖에 없다고 생각한다.

'투계(鬪鷄)'란, 이런 작가의 생각을 대변하는, 작품 전체를 관통하는 강렬한 상징이다. 주인의 의도대로 물고 뜯는, 적자생존의 본능에 따라 한 쪽이 죽어야만 끝을 보는 야수적 본능에 지배되는 것이 바로 '닭싸움'이다. 어린 갑해가 투계 장면을 지켜보면서 인민군과 국군의 전투 장면을 떠올리고, 떨리는 가슴을 진정하지 못한 채 슬그머니 빠져 나온 것은 그 참혹한 광경을 더 이상 지켜볼 수 없었기 때문이다. 작가가 남로당과 북로당 중에서 북로당에게 더 비판적인 시선을 보낸 것이나 권력욕에 눈이 멀어 민중을 외면한 채 미국의 눈치만 살피는 이승만을 비판한 것은 이들 모두가 소련과 미국이라는 주인의 사주로 움직인다는 데 있었던 것이다.

이런 생각에서 심찬수를 규율하는 것은 휴머니즘이다. 인간과 이데올로기의 문제에서, 인간이 증발되고 이데올로기만 난무하는 현실을 비판하면서 그가 궁극적으로 강조한 것은 인간에 대한 사랑이었다. 그래서 주변 사람들에 대한 그의 애정은 각별한 것으로 제시된다. 농지개혁위원회 위원장이자 지주인 아버지를 두었음에도 불구하고 찬수는 소작인들을 이해하고 그들의 입장에서 문제를 해결하고자 한다. 또 배종두의 아들과 조민세의 가족을 데리고 총탄을 뚫으면서 고향으로 돌아온 것은 순전히 이들에 대한 인간적 온정 때문이었다. 종손자 보기를 학수고대하는 배현주(배종두 부친)의 기대를 채워주기 위해서, 그리고 어린 생명이 격전지 서울에서 자칫 생명을 잃을지도 모른다는 우려에서 전장의 포화를 뚫고 서울에서 진영까지 그 핏덩이를 데리고 온 것이고, 외아들 성구의 강제 징집을 피하려는 안골댁의 간절한 염원을 외면할 수 없었던 까닭에 선뜻 그들과도 동행한 것이다. 심찬수가 서울에서 내려 온 뒤 미군들의 행패로 처녀들이 수난을 당하자 주민들을 선동하여 시위를 주도했던 것도 그들에 대한 인간적인 연민 때문이었다. 이렇게 보자면 심찬수는 이데올로기의 좌우를 떠나서 인간의 존엄과 가치를 중히 여기고 그것을 위해서는 사선까지 넘는 실천적 휴머니스트이고, 이것이 곧 좌와 우를 넘어선 작가의 대안인 것이다.

　작품에서 강렬한 생명력의 표상으로 제시된 봉주댁이나 아치골댁은 또한 작가의 긍정적 의도에 의해서 만들어진 인간형이다. 이들은 모두 이념의 본질을 꿰뚫고 있는 인물도, 그렇다고 약삭빠른 처세술을 갖고 있는 인물도 아니다. 주어진 현실에 순응하면서 억척스런 생명력을 발휘하는 인물들이다. 봉주댁은 사회주의자인 남편을 둔 까닭에 갖은 고초를 당하면서도 삶에 대한 의지를 포기하지 않으며, 게다가 그녀는 동물적인 모성의 소유자여서 시해를 전쟁의 제물로 바친 후에는 남은 자식들을 잘 키우겠다는 욕망 하나로 삶을 꾸려간다. 아치골댁 역시 동일한 성격의 인물이다. 이념의 노예로 남편을 잃었고, 게다가 지주의 씨를 잉태한 불행한 운명에도 불구하고 그녀는 태어난 자식을 모성으로 감싼다. 원수의 자식임에도 불구하고 생명에 대한 외경과 모성이 그녀로 하여금 아기를 포용하게 한 것이다. 작가는 이들의 강인한 생명력을 통해서 삶의 새로운 가능성을 보고, 그 가능성이 장강(長江)과도 같은 현대사의 줄기로 맥동하고 있음을 암시하는 것이다. 이제 작가는 이 유장한 강물 속에다 평생동안 짊어지고 있던 원(怨)과 한(恨)을 내던지고 마침내 화해의 길을 찾은 게 아닐까.

　물론, 이 작품은 한 평론가의 지적대로, 당대를 바라보는 개인적 동기의 강렬함으로 인해 역사적 현상을 재배열하는 객관적 진실에서 미흡한 면을 보이기도 한다(류보선, 「분단문학의 새로운 지평을 위하여」, 『문학사상』, 1989, 3, 213면) 가령, 해방공간에서의 혼란과 6·25의 성격을 단순한 이데올로기의 대립으로 보는 시각은, 식민지 시대부터 누적된 지주-소작간의 계급적 갈등과 파장을 상대적으로 소홀히 한 것이고, 또 이 시기에 이데올로기가 전사회적으로 팽배할 수밖에 없었던 내부의 필연성을 외면한 것이기도 하다. 또한 지식인들에게 작가의 관심이 집중된다는 것은 일반 민중들의 실제 삶을 상대적으로 도외시 한 것으로 비판받을 수도 있다. 하지만, 그럼에도 불구하고 이 작품은 『태백산맥』이나 『지리산』, 『녹슬은 해방구』 등과 함께 현대사의 중요한 흐름을 포착해내고, 좌우대립과 전쟁의 상처를 넘어설 수 있는 실천적 휴머니즘을 제시했다는 점에서 그 의의를 인정하지 않을 수 없다.

4. 분단극복으로 가는 길

좌익의 아버지와 월북, 그로 인한 내상(內傷)으로 한 평생을 고통받아 온 김원일의 문학적 여정은 개인적으로는 해원의 과정으로 정리할 수 있다. 초기에 환부의 뚜렷한 소재를 모른 채 혼돈과 광기를 보여주었던 작가는 「어둠의 혼」 이후 상처의 실체를 파악하면서 그것을 치유하기 위한 문학적 모색을 본격화한다. 『노을』에서부터, 이 글에서 다루지는 않았으나 거창 양민학살사건을 소재로 한 『겨울 골짜기』를 통과하면서 그 상처는 한층 분명한 형태를 드러내게 되고, 마침내 『불의 제전』에 이르러서는 어둠 속에 묻혀 있던 아버지를 역사적으로 복원해내기에 이른다.

작가의 이 길고도 집요한 여정이 우리에게 감동을 주는 것은 개인사를 통해서 민족사의 심층에 도달한 작가의 열정 때문만은 아니다. 그것은 탈분단의 흐름이 본격화된 오늘날 우리들의 삶을 성찰하는 중요한 기회를 제공한다는 데 있다.

우선, 맹신적 이데올로기의 폐해에 대한 고발의 측면. 이데올로기란 사실 현실적인 필요에 의해서 만들어지고, 또 현재의 모순을 극복하고 인간의 삶을 한 단계 발전시키는 원리이기도 하다. 해방공간에서 많은 사람들이 이데올로기에 매료되었던 것은 이런 가능성을 신뢰한 때문이다. 그런데 소설 속의 아버지로 표상되는 인물들이 보여주듯이, 그 이데올로기는 변혁의 열망을 내재한 까닭에 언제든지 '광기'로 전환될 가능성을 갖고 있다. '공산사회'라는 휘황한 미래를 앞세우다 보면 현실은 부정되고 인간 또한 그 목적에 종속된 도구로 전락할 수밖에 없다. 김원일이 아버지를 복원하는 과정에서 만난 인물은 바로 이런 인물들이었고, 이 반면의 교사를 통해서 작가는 인간의 소중함을 역설적으로 환기하는 것이다. 이데올로기의 측면에서 전쟁을 조망하고, 나아가 해방공간으로까지 소급하여 쓰라린 과거사를 성찰한 것은 이런 생각에서 비롯되었을 것이다. 이와 더불어 주목할 대목은 민족 내부의 심성에 관한 것이다. 농촌 사회에 온존했던 전통적인 풍습이 이데올로기의 틈입으로 인하여 왜곡·변질되는 광경은 오늘날 우리가 추구해야 할 탈분단의 과제가 어떠해야 하는가를 생생하게 환기시켜준다. 정월 대보름날 설창리 사람들이 서로에 대한 적의를 불태우며 두 패로 나뉘어 달집을 태우는 장면은 이해와 포용보다는 반목과 질시로 일그러진 우리들의 비극적 초상화라 할 수 있다. 이질(異質)의 정도가 심화될 대로 심화된 남과 북의 현실은 차치하더라도, 우리 내부에서 이런 대립은 더욱 빈번하게 목격된다. 이승만 정권 이래 권력유지의 수단으로 조장되어 온 냉전 이데올로기는 아직도 우리들의 자유로운 상상력과 활동을 제약하고, 심지어 사물을 대하는 심성마저 변질시켜 놓았다. 좌와 우를 나누고 경계하던 당대의 모습이 이제는 출신학교와 지역을 나누는 또 다른 외피를 쓰고 주위에서 횡행하고 있다. 게다가, 3백만 명 이상을 죽음으로 내 몬 전쟁은 사람을 경시하는 사회적 풍토를 만연시켜 놓았다. 사상이 의심스럽다는 이유로 수십 명을 생매장하다시피 한 진영의 보도연맹사건이나 수십만 명을 사선으로 내몰아 총알받이로 희생시킨 낙동강 전투란 심찬수의 비판대로 "인본주의는 눈 닦고 봐도 찾을 길 없"는 현대사의 살풍경들이다. 아버지의 복원이 김원일이 추구했던 문학의 목표였다면, 분단극복을 지향하는 우리의 목표는 어쩌면 이 왜곡된 심성과 가치를 바로잡는 일이 아닐까.

 분단극복이 남과 북이라는 이질적인 시스템의 조정만을 의미하는 것이 아니라면, 중요한 것은 인간에 대한 사랑과 존엄을 회복하고 그것을 사회적 가치로 정착시키는 일이 될 것이다. '아버지 찾기'의 도정이라 해도 지나치지 않을 김원일 소설이 주는 교훈이란 이점일 것이고, 그것은 우리 모두가 마주한 숙제이기도 한 것이다.

외세의 질곡과 민족의 주체성
― 남정현의 「분지(糞地)」의 경우

1.

국토와 민족의 분단과 더불어 그것을 극복하려는 문학적 노력은 사실 분단과 더불어 시작되었다고 할 수 있다. 우리의 경우 분단문제란 본질적으로 민족문제이고, 그렇기 때문에 그것은 우리 사회의 주요 모순을 형성한다고 해도 지나친 말이 아니다. 그래서 그 동안 문제 해결의 방향을 반제(反帝) 자주화(自主化)에 집중시키는 노력도 한편에서는 있어 왔다. 그런데 문제는 지배체제의 성격이 반제자주 쪽이 아니라 그 반대를 지향하고 있을 때 말하자면 외세 의존적인 성격을 갖고 있을 때, 문제의 본질을 석명(釋明)하려는 노력은 어떤 식으로든 금기시되고 억압받는다는 데 있다. 문학이란 본질적으로 금기에 도전하는 형식이고 끊임없이 그 금기를 침범함으로써 문제의 본질에 한층 가까이 다가서게 되는 것이지만, 그 금단의 베일을 벗긴 작가는 오히려 그 금기를 넘어서는 순간부터 혹독한 시련과 탄압에 직면하기 마련이다. 그것은 어쩌면 문제적 개인이 겪어야 하는 예정된 비극인지도 모른다. 분단문제란 분단된 현실을 살아가는 우리들이 감당해야만 하는 이 비극의 아킬레스건과도 같은 것이다.

작가 남정현에게 닥친 저 1960년대의 유명한 필화사건1)은 우리의 분단문학사에서 치러야 했던 가장 혹독한 체험의 하나였다. 알려진 대로, 남정현은 전후의 가장 뛰어난 풍자작가로 평가되어 온 사람이다.2) 1958년 「경계구역」으로 등단한 이래 1961년 「너는 뭐냐」로 확고한 입지를 굳히면서 그는 특유의 독설과 풍자로 사회 현실의 모순을 날카롭게 파헤쳐 왔다. 풍자로 일관한 그의 문학은 그 전대의 이상이나 채만식으로 이어지는 문학사의 전통 속에 놓여 있으나 공격의 예리함이나 강도는 그보다도 훨씬 신랄하다.

남정현이 당시 그렇듯 예민한 사안을 포착해 낼 수 있었던 것은 무엇보다 그의 독특한 성격3)과 관계가 깊은 것으로 보인다. 1933년 충남 서산에서 태어난 그는 초등학교 3학년 때 자칭 '신령'이라는 사람의 꾐에 빠져서 가출을 했고, 이후 유랑 걸식을 하면서 한만 국경 근처에서 고아원 신세를 지기도 했다. 해방이 되자 그는 선열들의 고귀한 피를 회생시키려는 의도로 '민족 대부활 전문학교'를 설립할 구상까지 했다고 한다. 하나의 일화에 불과한 것이지만, 이를 통해서 그의 괴벽한 면모와 함께 민족주의적 성격을 읽어내는 것은 그리 어려운 일이 아니다. 또 그는 등단하기 전에 이미 막스, 레닌을 비롯한 광범위한 사회과학적 지식을 갖고 있었던 것으로 보인다. 작품을 통해서 유추해 볼 수 있듯이, 제국주의에 대한 인식은 당시로는 보기 드물 정도로 깊고도 정확하다. 그가 1960년대 당시 재일 동포에 의해서 발간된 종합지『한양(漢陽)』등에 글을 발표하면서 진보적인 인사와 어울렸던 것은 이런 이력이 있었기에 가능했던 것으로 판단된다. 박정희 정권이 근대화 정책을 본격적으로 추진하던 당시, 탄압의 위험을 무릅쓰면서도 근대화

---

1) 단편「분지(糞地)」가 반공법에 저촉됐다는 이유로 작가가 구속·기소되어 징역 7년을 구형받은 사건으로 자세한 것은『분지』(흔겨레, 1987) '부록'의 자료 모음 참조.
2) 『분지』(흔겨레, 1987)의 부록으로 수록된 이어령의「현대인의 허울을 벗기는 신랄한 풍자성」및 구중서의「현실을 초극하는 집요한 풍자정신」참조.
3) 남정현의 개인사에 대해서는『너는 뭐냐』(문예출판사, 1965),『굴뚝밑의 유산』(문예출판사, 1967),『준이와의 삼개월』(한진출판사, 1977),『허허 선생』(범우사, 1979),『분지』(흔겨레, 1987) 등의 '서문' 및 '나의 이력서'란 참조.

의 허구성을 대담하게 공격한 「너는 뭐냐」라든지, 정치적 금기와도 같은 '미국'에 대한 비판적 시선을 노골적으로 드러낸, 그로 인해 작가 스스로 곤욕을 치르기도 했던 「분지」 등은 대담한 발상과 용기, 그리고 민족사에 대한 주체적 자각 없이는 쓰여질 수 없는 작품들이었다. 이 글이 문제삼는 「분지」는 작가의 이러한 대담성을 바탕으로 분단 현실에 가해진 외세의 본질을 문제삼은 작품이다. 반외세에 대한 자각과 몰외세의 미몽에서 눈뜨게 한 공적은 지금의 시점에서 보더라도 타의 추종을 불허하는 것이다.

하지만 불행하게도 이런 기발한 착상과 문제의식이 당대 사회에서 용납되지 못했다. 『현대문학』 3월 호에 발표된 뒤 2개월 후인 5월초 북한의 기관지 『통일전선』에 전재됨으로써 작가가 구속되는 불행한 사태를 불러 왔던 「분지」는 일탈을 용납하지 않는 사회가 낳은 비극을 상징한다. 한 가정의 불행한 가족사를 통해서 사회의 전도된 가치관을 문제삼고 그것을 민족의 주체성 확립을 통해서 바로잡으려는 의도로 쓰여진 이 작품은 작가의 천부적 입담과 능란한 풍자로 독자들을 탄복시키기에 충분한 것이었다. 게다가 상식을 뛰어넘는 요설(饒舌)과 상상력 또한 문학적으로나 이념적으로 하등 문제될 게 없었다. 하지만 당대를 횡행하던 냉전 이데올로기와 반공주의는 그것을 용납하지 못하고 작가를 그 희생양으로 만드는 불행한 사태를 불러온다. 검찰의 공소장대로 과연 이 작품이 "반미감정을 조성, 격화시켜 (…) 북괴의 대남 적화전략의 상투적 활동에 동조"[4]한 것인지는 의문이지만, 북한을 경쟁적으로 의식하던 당대 현실을 감안하자면 이 역시 우리 사회가 헤쳐나가야 할 진통이었던 것만은 분명하다.

「분지」가 세계화(globalization)를 구호로 내세우는 오늘날에도 문제가 되는 것은 외세의 문제란 여전히 우리의 운명을 좌우할 만큼 중요한 현안인 까닭이다. 세계화가 자본과 힘을 앞세운 강대국의 패권주의를 관철하는 과정이라는 사실이 확인된 오늘날, 민족 주체성의 확립과 외세에 대한 비판적 시

---

4) 앞의 『분지』 자료 중 김태현의 「공소장」 참조.

각의 정립은 여전히 문제적일 수밖에 없는 것이다. 아직도 분단의 비극은 해결의 실마리를 찾지 못한 채 어두운 그림자를 드리우고 있으며 문학 역시 그런 상황에서 자유롭지 못한 실정이다. 따라서 예각적으로 드러난 외세에 대한 인식을 되돌아보는 것은 현재를 반성하고 동시에 향후 문학을 전망해보는 일이 될 것이다. 더구나 이 작품은 60년대에 발표된 것이라는 점에서, 당시 전후의 혼돈과 폐허에서 미처 벗어나지 못했던, 말하자면 개아(個我)의 실존적 몸부림이나 파괴된 자의식을 미처 수습하지 못하고 신음하던 60년대 현실에서 그것을 한 단계 진전시켜 사회 현실, 특히 외세와의 관계 속에서 우리 스스로를 객관화하는 계기를 제공했다는 점에서도 주목할 수 있다. 남정현, 하근찬 그리고 20여 년의 절필 끝에 문단활동을 재개한 김정한 등에 의해서 60년대 우리 소설은 식민지 이래의 리얼리즘 전통을 되살리고 민족문학의 굳건한 발판을 마련해낼 수 있었는데, 「분지」는 60년대의 이런 흐름을 주도한 작품이다.

2.

현대 문학사에서 미국과 외세의 문제가 본격적으로 그려지기 시작한 시점은 분단이 고착화되기 시작한 해방 이후부터라고 할 수 있다.

해방직후에 쓰여진 염상섭의 「양과자갑」이라든지 채만식의 「미스터 방」 「역로」 등은 민중의 입장에서 미국의 의미를 천착한 작품들로, 미군의 진주가 결코 남한 민중들의 삶을 향상시키지 않았다는 사실을 곡진하게 표현해 내고 있다. 물론 이 작품들은 미국에 대한 전면적 인식이나 민족 주체성에 대한 자각을 보여주지는 못했으나 외세의 부정성을 문제삼기 시작했다는 것은 그 자체로 소중한 성과라 할 수 있다. 하지만 이런 작업은 전쟁과 더불어 더 이상 지속되지 못한다. 전쟁의 본질이 무엇이었든 간에 미국은 우리를 공산화로부터 지켜주었고, 또 그 은덕으로 전후 복구사업을 시작하지 않을 수 없었던 상황에서, 더구나 당시 집권자들은 대부분 미국의 비호 아래

정권을 유지했던 까닭에 미국을 비판한다는 것은 국가 정책 자체를 비판하는 것이자 반국가적인 불경죄를 범하는 것이기도 했다. 특히 박정희 정권이 들어서면서 본격화된 근대화는 경제구조의 대외의존도를 심화시켜 친미적인 성향을 더욱 강화시켰고, 그것이 이승만 정권 이래의 반공주의와 결합되면서 사회 전반의 분위기를 동토처럼 경색시켜 놓았다. 이런 상황에서 미국을 비판적으로 그린다는 것은 상상조차 할 수 없었던 것이다.

하지만 어느 시대든 문제적인 개인은 있기 마련이고, 더구나 4·19에 힘입어 시민 민주주의에 대한 가능성이 확인되면서 사회적 금기에 대한 도전 역시 활발하게 이루어진다. 하근찬의 「왕릉과 주둔군」(1963)은 「분지」보다 2년 앞서서 외세의 문제를 제기한 작품이다. 물론 그 이전에도 외세를 문제 삼은 작품으로는 송병수의 「쇼리 킴」(1957)이 있으나, 여기서 드러나는 미국에 대한 인식은 전면적이지 못하고 단편적인 수준을 크게 벗어나지 못했다. 「쇼리 킴」에서 작가가 주목했던 것은 미군으로 인해 야기된 물신주의의 문제였다. 「왕릉과 주둔군」은 이 미군의 문제를 민족 주체성의 측면에서 조망하는 한층 진전된 모습을 보여준다. 우리 고유의 전통과 조상에 대한 자부심으로 꽉 차 있는 능지기 박첨지 영감을 통해서, 작가는 미군의 야외 기동훈련으로 인해 야기되는 마을의 변화를 섬세한 시선으로 포착한다. 미군이 주둔하게 되자 아이들은 신기한 서양 사람들을 구경하기 위해서, 혹은 과자 부스러기라도 얻어먹으려는 생각에서 미군 주변에 몰려들고, 밤이면 요란하게 치장한 여인들이 나타나 마을의 분위기를 흐려놓는다. 미군들은 버젓이 밤거리를 활보하며 심지어 박첨지가 눈에 불을 켜고 지키는 능 주위에서 '흘레'를 붙는 등 차마 눈뜨고 볼 수 없는 광경들이 펼쳐진다. 그리고 급기야 박첨지가 애지중지하던 딸마저 미군을 따라 야반도주하는 불행한 사태가 일어난다. 이 짧은 일화를 통해서 작가는 미군이 주둔하면서 야기된 전통과 권위의 실추, 분방한 성문화의 유입에 따른 풍속의 타락, 물신주의 등을 섬세하게 포착하고, 미군이 더 이상 원군(援軍)이자 구세주와 같은 존재가 아니라 전통과 풍습을 파괴하는 '주둔군'이라는, 당대로는 매우 놀라운 인식에 도달한다. 물론 이 작품에서 드러나는 미국에 대한 인식은 전면적이지 못하고 또 작가 특유의 희화적 필치로 인해 비판의 예봉이 둔화되고 있으나, 이런 인식을 통해서 우리 소설은 점차 외세라는 금단의 영역을 객관화하는 계기를 마련하게 되었던 것이다.

「분지」는 「왕릉과 주둔군」에서 드러난 미국에 대한 비판적 시각이 보다 심화되면서 인식의 극점을 보여준다는 데서 문제성을 찾을 수 있다. 이 작품에 이르면 미국은 비판의 대상일 뿐만 아니라 우리의 주체적 시각에 의해서 극복되어야 할 대상으로 그려진다. 작가 특유의 풍자를 통해서 제시된 이러한 주제는, 현실의 왜곡된 가치를 비판·공격하는데 있어 더 없이 유효한 풍자의 형식을 빈 까닭에 한층 극적인 형식으로 나타난다. 풍자(諷刺)란 웃음을 통해서 근엄한 대상을 공격하는 양식이고, 그래서 권위적이고 전제적 지배체제 하에서는 더욱 그 빛을 발할 수밖에 없는 속성을 갖고 있다. 풍자는 해학과는 달리 작가의 비판적 시각이 작품의 이면에 숨어 있고 따라서 그 본질은 대상이나 표현을 통해서 드러나는 게 아니라 주관의 태도, 즉 인생관이나 세계관을 통해서 드러난다. 이를테면 실재하는 것과 이상적인 것의 충돌 과정에서 이상적인 것이 실재적인 것에 의해 부정되거나 비판되고, 그 아이러니한 과정을 통해서 대상을 공격하고 부정하는 게 곧 풍자의 본질이다[5]. 비주체적이고 외세의존적인 삶을 살아가는 현실을 비판하고 교정(矯正)하려는 의도를 담고 있는 「분지」는 이런 풍자의 속성을 전형적으로 보여준다. 인물의 희화화된 성격과 능청스러운 태도는 풍자를 구사하기 위한 장치인 셈이다.

주인공 홍만수는 풍자소설에서 흔히 만날 수 있는 상식에서 벗어난 인물이다. 그는 자신이 홍길동의 10대 손이자 단군의 자손이라는 사실을 유독 내세우는, 말하자면 불의에 항거하는 조상들의 의협심을 계승한 인물로, 그런 전통과 권위를 바탕으로 타락하고 왜곡된 현실을 비판한다. 더구나 그는

---

[5] 풍자에 대해서는 『미학강의 I』(MS 까간, 진중권 역, 벼리, 1989) 및 『비평의 해부』 (N. 프라이, 임철규 역, 한길사, 1982) 참조.

상식 이하의 행동을 일삼는다는 점에서 풍자적 특성이 두드러지는 남정현의 다른 작품들, 가령 「너는 뭐냐」의 '광수'나 「경고구역」의 '종수', 「사회봉」의 '원규', 「옛날 이야기」의 '나' 등과 동일선상에 놓여 있다. 홍길동과 단군의 자손이라는 사실을 걸핏하면 내세우는 것이나, 미군 상사의 부인을 유인하여 그녀의 음부(陰部)를 보고자 하는 것, 그리고 미국 여인들의 배꼽에 태극기를 꼽겠다는 결의 등은 모두 상식에서 벗어난 기행(奇行)들이고, 이 엉뚱한 행동을 통해서 작가는 독자들로 하여금 수시로 웃음을 연발하게 하는 것이다. 물론 그 웃음 뒤에는 전도된 가치관이 횡행하는 현실을 비판하고 정상적인 삶을 희구하는 작가의 교정(矯正) 의도가 놓여 있어 독자를 단순히 웃게 놓아두지는 않는다. 누이동생의 한을 풀어주기 위해서 미군 상사의 부인을 납치하고 음부를 확인하겠다는 것은 분명 상식에서 벗어난 기행이지만, 작가는 그것을 통해서 미국의 본질을 질문하는 까닭에 웃음 뒤에는 비판의 예리한 칼날이 숨어 있다.

또 홍만수의 가계 역시 지극히 불구적으로 나타난다. 해방이 되었으나 독립투사였던 아버지는 행방불명이 되어 돌아오지 않았고, 어머니는 아버지를 환영하러 나갔다가 뜻하지 않게 미군에게 강간을 당한 뒤 그 충격에서 헤어나지 못하고 미쳐서 죽는다. 뒤이어 6·25가 발발하고, 군복무를 마친 만수는 암담한 상황에서 길거리를 방황하던 중 우연히 누이동생을 만나는데, 그녀는 이미 미군 상사 스피드와 동거하고 있는 상태였다. 만수는 이런 불행한 현실을 통탄하지만, 아이러니 하게도 그 역시 미군에 의탁하여 살아가지 않을 수 없게 된다. 그 역시 호구를 위해서 미군 물품을 팔지 않을 수 없는 처지가 된 것이다. 결국 그는 "홍길동의 10대 손이며 동시에 단군의 후손"이라는 영예로운 전통을 갖고 있음에도 불구하고 미군물품으로 연명하는 오욕의 과거를 반복하지 않을 수 없게 된다. 이런 홍만수의 내력은 일찍이 채만식이 「논 이야기」에서 제시한 바 있는, 현대사의 전개과정에서 소외되고 고통받는 우리 민족(혹은 민중)의 모습을 단적으로 상징하는 것으로 이해할 수 있다. 해방이 되어도 다시 만나지 못하는 아버지와 어머니는 분단된 조국을 상징하는 것으로 이해할 수 있고, 미군 상사와 동거하는 누이는 전쟁이 끝났음에도 불구하고 다시 미국에 의지해서 살아가지 않을 수 없는 참담한 현실, 더구나 그 누이에 기생하여 살아가는 홍만수는 그런 왜곡된 현실을 비판하면서도 끝내는 타협하지 않을 수 없는 대외의존적인 경제 상황을 암시한 것으로 볼 수 있다. 이런 왜곡된 역사로 인해 현실에는 주객이 전도(顛倒)되고, 왜곡된 가치가 횡행하는 풍조가 생겼다는 게 작가의 생각인 셈이다.

더구나 홍만수의 눈에 비친 당대 사회는 부조리 그 자체였다고 해도 과언이 아니다. 민중을 위해서 투쟁한 별다른 경험이나 경륜이 없이도 '반공'과 '친미'만을 열심히 부르짖으면 쉽사리 애국자가 되고 위정자가 되며, 입법과 행정도 정치 자금을 제공한 몇몇 사람들의 이익과 번영만을 위해서 움직인다. 또 하늘 높은 줄 모르고 올라가는 빌딩은 기이하게도 이방인과 몇몇 고관들만을 위해서 존재하고, 그래서 민중들은 그것을 자신들과는 무관한 깊은 '유택(幽宅)'이나 높은 '신전'과 같은 것으로 착각한다. 이렇듯 전도된 가치관이 현실을 휩쓸고 있었던 까닭에 대학을 둘씩이나 나왔다는 사람이 양키를 매부로 두고 있는 홍만수를 마치 특혜족이나 되는 것처럼 부러워하고, 비굴한 웃음을 지으며 미국으로 통하는 길을 열어 달라고 애원하는 기이한 광경이 연출되는 것이다. 그래서 홍만수는 "이 칙칙하고 누추한" 현실에서 "이대로 아무런 말이 없이 눈을 감는다"면, "하나님께서 저를 용서치 않을 것"이라는 비상한(?) 결심을 하기에 이른다.

> 정말 오물처럼 한 번도 제것을 가지고 세계를 향하여 서 본 적이 없이 이방인들이 흘린 오줌과 똥물만을 주식(主食)으로 하여 어떻게 우화(寓話)처럼 우습게만 살아 온 것 같은 저의 이 칙칙하고 누추한 과거를 돌아다 볼 때에 말입니다. 제가 이대로 아무런 말이 없이 눈을 감는다고 한 번 생각하여 보십시오. 결과가 얼마나 무섭겠는가를. 그러면 누구보다 먼저 하나님께서 저를 용서치 않을 것입니다. 인륜(人倫)이며 천륜(天

倫)을 다 떠들어 보아도 한 인간이 그렇게 시시하게 죽는 법은 없다고 하나님은 저를 향하여 격노할 것입니다. 뿐더러 저의 10대조인 홍길동 각하를 차후에 제가 무슨 면목으로 알현(謁見)하겠습니까.

(『분지』, 318면)

이런 맥락에서 보자면 홍만수가 벌이는 기행(奇行)은 단순한 복수행위가 아니라 한번도 주체적인 삶을 살아 보지 못한 채 단지 외세에 의존하는 삶만을 살아온 왜곡된 현실에 대한 단호한 부정이고, 홍만수가 누이동생의 한을 풀어주기 위해서 미군의 부인을 납치하는 것은 바로 이 저항의지를 구체적인 행동으로 옮긴 것이다. 작품에서 언급된 대로, 미군 상사와 동거하고 있는 누이의 고통은 음부의 구조가 미국인 아내와 다르다는 데 있었다. 그래서 누이동생은 걸핏하면 스피드에게 폭행을 당했고, 그것을 보다 못한 홍만수는 그 누이의 한을 풀어주기 위해서 미군 스피드의 부인을 유인하여 음부를 직접 확인하고자 한 것이다. 그런 의도대로 홍만수는 스피드의 부인을 향미산으로 유인하여 강제로 음부를 확인하지만, 그 사소한 일로 인해 미국의 엄청난 보복을 당하게 된다. 작가의 풍자적 의도가 한층 구체화되어 점입가경의 상황으로 들어가는 것. 자국민이 욕을 당했다는 이유로, 그것도 홍만수라는 한 인간을 처벌하기 위해서 미국이 핵무기와 최정예 사단을 동원하는 것은, 이 또한 홍만수와 하등 다를 바 없는 상식 이하의 행동이다. 작가는 이 상식 이하의 행동을 서술하면서 미국의 권위를 조롱하고 그 본질을 질문하는 것이다. 김유정의 작품에서 일찍이 목격한 바 있는 희화화된 인물의 엉뚱한 행위를 통해서 문제의 본질을 드러내는 풍자의 기법을 전형적으로 보여주는 셈이다.

펜타곤 당국의 주장처럼, 당대 현실에서 살아남기 위해서는 "어디까지나 성조기(星條旗)의 편에 서서 미국의 번영과 그리고 인류의 자유를 확장시키는 작업에 뜻을 같이한 자유세계의 시민"이 되어야 한다. 그것이 곧 "역사적인 사명"이고, 동시에 사회적으로 명성을 얻고 지위를 획득할 수 있는 방법이다. 그렇지 않으면 "신(神)이 잘못 점지하여 이 세상에 흘린 오물"에 불과한 존재로 전락할 수밖에 없다. 홍만수의 행동은 이런 미국의 입장에서 보자면 인류의 평화를 깨뜨리고 역사적 사명감을 망각한 짓이고, 도저히 용납할 수 없는 "중대한 도전행위"였던 것이다. 펜타곤 당국이 핵무기까지 동원하면서 분노를 표시했던 것은 이와 같은 사회의 금기이자 시대의 불문율을 침범한 데 원인이 있다. 그래서 미국은 "오물"과도 같은 인간을 제거하기 위해서 핵폭탄까지 동원하는, 홍만수에 버금가는 기이한 행동을 연출하고, 이 상식 이하의 행동을 지켜보면서 우리는 자국의 이익을 위해서는 어떠한 행동도 불사하는 미국의 본질을 새삼 확인하게 된다. 그렇기에 이 작품은 미국의 입장에서 보자면 자신들의 야만적 실상을 고발하는 작품이 되고, 검찰의 공소장대로 반미사상을 고취한 작품으로 오인될 수도 있을 것이다.

그런데, 「분지」에서 작가가 궁극적으로 의도한 것은 외세 지향적인 가치관이 횡행하는 현실과 그로 인해 증발되다시피 한 민족의 주체성 문제라고 할 수 있다. 그것은 작품의 중심에 놓여 있는 '어머니'의 형상과 그에 대한 홍만수의 태도를 통해서 확인해 볼 수 있다. 가령, 작품은 홍만수가 죽은 어머니에게 고백하는 형식을 빌어서 서술되고, 홍만수는 자신의 행동이 시종일관 어머니를 잊기 위한 것이었다고 진술한다. "저의 과거란 모름지기 당신을 잊어버리기 위한 가열한 투쟁사의 한 장면이었다"(322면)는 고백은, 미국 여인을 납치한 행동 역시 어머니를 잊기 위한 하나의 방책이었음을 의미한다. 물론, 외견상의 명분은 누이의 설움을 해소하기 위한 것으로 제시되지만, 그의 참 의도는 비참하게 죽은 어머니의 한을 풀어주기 위한 일종의 해원(解冤) 행위였다. 작품에서 자세하게 언급되듯이, 홍만수에게 있어서 어머니란 독립투사였던 아버지만을 기다리다가 불행하게 미군에게 겁탈 당한 뒤 미쳐서 죽은, 그래서 자애스럽다기보다는 오히려 "망측스러운 환상"으로 기억 속에 각인된 인물이다. 어머니는 독립투사인 아버지를 자랑스럽게 생각했고 해방이 되면 당당하게 돌아올 것을 믿어 의심치 않았다. 그래서 해방의 소식을 접하고 난 후에는 낮과 밤을 가리지 않고 약수에 목욕을 하고 옷매무새를 가다듬으면서 남편의 귀국을 빌었던 것이다. 그러던 어느 날 어머니는 정성껏 만든 태극기와 성조기를 앞세우고 환영대회에 나갔으나 어찌된 영문인지 "갈갈이 찢기운 옷하며 벌겋게 독이 오른 눈, 그리고 피문은 자국하며 떨리는 입술"로 반쯤 미쳐서 귀가한다. 홍만수가 이 어머니에 대한 망측스러운 환상을 갖게 된 것은 이 이후의 행동 때문이었다. 그녀는 다짜고짜로 옷을 훌훌 벗어 던진 뒤 홍만수의 얼굴을 가랑이 사이에 갖다 대면서 겁탈 당한 음부를 보여주는데, 이 뜻하지 않은 행동으로 말미암아 홍만수는 "울지도 못 하고 부들부들 떨던 기억"을 갖게 되고 이후 어머니에 대한 흥칙스러운 환상에 사로잡히게 된다.

그렇지만 어머니의 이러한 행위는 단순한 기행이 아니라 외세에 의해 무참히 짓밟힌 민족사의 통한을 상징하는 것이라는 점에서 '망측스럽다'는 표현 이상의 의미를 함축하는 것으로 이해할 수 있다. 그것은, 그녀의 진술에서 드러나듯이, 그녀가 그토록 아버지를 기다려 온 것은 외세의 속박에서 벗어나 정상적인 삶을 살고자 하는 간절한 염원이고, 그런 점에서 그녀가 유린당한 음부란 다름아닌 민족의 순결성과 헌신을 상징하는 일종의 알레고리(allegory)와도 같기 때문이다.

"아이고, 이 천하에 때려죽일 놈들앗, 내가 뭐 너희들을 위해서 밑구멍을 지킨 줄 아냐! 엉! 이 벼락을 맞을 되지 못한 것들앗. 흥! 어림없다 어림없어, 아이고 내사 원통해, 그러니 우리 남편만 불쌍하지, 아 글쎄 나도 사위스러워서 제대로 한 번 만져보지 않은 밑구멍을 아 어떤 놈 맘대로 찔러! 이 더러운 놈들앗, 아이고 더럽다 더러웟."

연신 더럽고 분하다면서 당신은 아무데나 대고 침을 탁탁 뱉으셨습니다. (중략)

어쨌든 당신은 미군(美軍)한테 겁탈을 당하고 미쳤다는 이러한 소문이 파다하게 퍼지는 가운데 알몸이 되어 얼마 동안이나 식음을 전폐하시더군요. 그리고 연방 무슨 소린지 모를 소리를 지르시며 사타구니만

을 열심히 쥐어뜯으시던 어느 날, 당신은 갑자기 목구멍이 터져라 하고,
"이 죽일 놈들아! 날 죽여다오."
애절하게 외마디 소리를 치시더니 영 그냥 눈을 감고 마셨습니다.

(앞의 책, 326-7면)

이처럼 그녀에게 있어서 육체란 순결과 헌신을 상징하고, 그렇기에 그것이 짓밟혔다는 것은 주체의 존엄을 훼손당한 것이자 동시에 삶의 존재가치 자체를 부정당한 것이 된다. 이런 심리가 내재되어 있었던 까닭에 그녀가 미군에게 짓밟힌 뒤 죽음을 택했던 것은 어쩌면 당연한 선택이었는지도 모른다. 그렇다면 어머니가 만수에게 보인 행위는 단순한 기행이 아니라, 주체의 존엄을 훼손당한 열패감의 표현이고, 따라서 홍만수가 비취 여사를 납치한 것은 이 실추된 존엄성과 권위를 되찾기 위한 몸부림으로 이해할 수 있다. 비취 여사가 홍만수에게 당한 뒤 비명을 지르면서 산을 뛰어내려가는 뒷모습을 바라보면서 옛날 "어머니의 모습"을 떠올리고 "가슴이 후련해지"는 감격을 맛보았다는 것은 그의 행동이 이렇듯 어머니로 표상된 과거사에 대한 부정의 심리와 연결되어 있었기 때문이다.

작품 말미에서 홍만수가 태극기를 만들어 미국 여인의 배꼽 위에 꽂겠다는 다짐 역시 같은 맥락에서 이해할 수 있다. 즉 태평양을 건너 대륙에 누워 있는 우윳빛 피부의 여인들의 배꼽 위에 태극기를 꽂겠다는 것은 미국을 침략하고 정복하겠다는 것이 아니라 민족의 주체성을 만방에 천명하겠다는 것이고 동시에 그런 입장에서 미국과 대등한 관계를 맺어야 한다는 주장인 것이다.

"이 견딜 수 없이 썩어빠진 국회여 정부여, 나 같은 것을 다 뼈으로 알고 붙잡고 늘어지려는 주변의 이 허기진 눈깔들을 보아라. 호소와 원망과 저주의 불길로 활활 타는 저 환장한 눈깔들을 보아라. 너희들은 도대체 뭣을 믿고 밤낮없이 주지육림(酒池肉林) 속에서 헤게모니 쟁탈전에만 부심하고 있는가. 나오라, 요정에서 호텔에서 관사에서. 그리고 민

중들의 선두에 서서 몸소 아스팔트에 배때기를 깔고 전세계를 향하여 일대 찬란한 데몬스트레이션을 전개할 용의는 없는가. 진정으로 한민족(韓民族)을 살리기 위해서 원조를 해줄 놈들은 끽소리 없이 해주고 그렇지 않은 놈들은 당장 지옥에다 대가리를 처박으라고 전세계를 향하여 피를 토하며 고꾸라질 용의는 없는가. 말하라 말하라."

(앞의 책, 332면)

당대 정치 현실에 대한 이러한 통탄은 오늘의 현실에 비추어보더라도 여전히 유효하거니와, 홍만수의 탄식은 민족의 이 참혹한 현실을 외면한 채 권력쟁탈에만 눈이 먼 정치인들에 대한 질책이자 동시에 주권 국가로서 당당하게 국가의 위상을 세우라는 강력한 요구인 것이다.

작품의 제목인 분지(糞地)가 의미하는 바는 바로 이런 데 있을 것이다. '똥으로 얼룩진 땅'이란 다름아닌 민족의 주체성을 몰각하고 맹목적이고 외세추종적인 비주체적인 세력이 횡행하는 현실에 대한 환멸어린 비아냥인 것이다. 이렇게 보자면 홍만수의 행위는 외세에 짓밟힌 민족의 주체성을 찾기 위한 처절한 몸부림이 되고, 이 소설은 반미소설이 아니라 왜곡된 민족사를 청산하고 민족의 주체성을 바로 세우려는 의도를 지닌 것임을 알 수 있다.

3.

문학이 사회를 선도하던 시대는 지났으나, 그럼에도 불구하고 문학은 여전히 정치적 이념이나 체제에 앞서 있고, 그것을 초월하여 인간 본연의 삶과 세계와의 관계를 인식하고 표현하는 양식이다. 역사 속에서 인간의 위치를 발견하고 인간의 행복과 불행, 자유와 꿈을 통해서 보다 나은 사회를 개척하려는 노력은 그래서 시대를 초월한 문학의 영원한 과제일 수밖에 없다. 8·15 해방에 뒤이은 국토의 분단은 민족 내부의 모든 것을 왜곡시켰고 문학 역시 예외로 남겨두지 않았다.

남정현은, 전후 작가들이 대부분 전쟁으로 파괴된 가치의 회복과 평화로운 일상으로의 복귀를 꿈꾸던 시절에, 삶의 본질적 연관성에 대한 천착을 통해서 당대 현실을 거시적으로 규정하는 외래 세력에 대한 합리적 인식을 보여주었다. 우리의 삶을 근원적으로 규정하는 외세를 문제삼았다는 것은 '운명론'의 자장에서 벗어나 주체와 세계의 관계를 냉엄하게 인식했다는 것을 뜻하고, 더구나 그것을 민족의 가장 중요한 현안으로 파악하고 교정하려는 의지까지 드러냈다는 것은 50년대의 혼돈에서 벗어나 전후문학을 한 단계 끌어 올렸음을 말해준다. 그가 보인 인식의 깊이는 60년대 문학의 최고 경지를 보여준 것이라고 해도 지나친 말이 아니다. 남정현은 작가의 책임을 "한국 사람을 한국 사람이 되지 않게 방해하는 물결" 속에서 "가장 고귀한 인간 정신의 영토를 관리하"는 것이라고 말하는데(「나의 출생설」에서), 이런 문학관을 바탕으로 그는 시종일관 사회와 정치의 근원적 모순을 파헤쳐 온 것이다. 이런 점에서 그의 문학은 평가받고 충분히 인정되어야 한다.

하지만 그의 문학은 천편일률적인 주제의식으로 인해 도식주의적인 속성 또한 갖고 있음을 부인할 수 없다. 거의 동일한 인물 유형이 작품 속에 반복되는데, 이는 주체와 세계의 상호연관성에 대한 변증법적 인식이 상대적으로 결여되어 있었기 때문이 아닐까. 남정현은 현실을 일단 부정적인 것으로 규정하고, 그 다음에 엉뚱하고 희화적인 인물을 등장시켜 그 현실을 비판하거나 풍자하는, 거의 동일한 유형의 작품을 반복해서 써 왔다. 그래서 김병걸의 지적처럼, "도식주의의 올가미로 스스로를 구속하고 있는 작가가 아닌가"[6] 하는 의문을 사기도 했다. 「분지」에서 볼 수 있는 홍만수의 직설적인 비판과 반성 없는 행위는 그 구체적인 사례로 볼 수 있다. 만일 주체와 현실을 변증법적으로 인식했다면 양자의 성격이 그처럼 고정된 형태로 제시되지는 않았을 것이다. 어머니가 당했던 것과 똑같은 방법으로 미국에 복수하겠다는 단순한 발상과 행위는 이런 인식에서 비롯된 것이고, 이는 결국 이

---

6) 김병걸, 「狀況惡에 대한 끈질긴 도전」, 『분지』, 한겨레, 1987, 354면.

[齒]에는 이로 대항한다는 약육강식의 제국주의 논리와 다름없는 것이다. 시대의 혹독한 분위기로 작가적 열정이 위축되기는 했겠지만, 그가 80년대까지 거의 동일한 유형의 작품을 되풀이했던 것은 이런 사실과 무관하지 않을 것이다. 197, 80년대의 변화된 현실에서 60년대의 시각을 반복했다는 것은, 물론 현실의 본질이 변화된 것은 아니지만, 새로운 인식을 부단히 추구하는 것을 본질로 하는 문학의 속성에 비추자면 진부한 것으로 평가될 수밖에 없을 것이다.

이런 점에서 보자면 남정현의 문학은 60년대에 섬광처럼 화려한 빛을 발했으나 그 파장을 지속하지 못하고 불행하게 사그라진 경우라 할 수 있다. 한 재능 있는 작가가 이데올로기의 질곡을 넘어 성장하기엔 분단의 천형이 너무 깊고 거대했던 것이고, 바로 여기에 우리 현대문학의 깊은 비극이 놓여 있다.

한 원칙주의자의 좌절과 선택
―― 이호철의 『심천도(深淺圖)』론

1. 파란 많은 삶의 여정

　이호철은 작품과 생활의 양면에서 분단 현실을 온몸으로 감당해 온 작가이다. 가족과 고향을 북에 두고 월남 길에 올랐던 역사적 비운의 당사자로서, 나아가 분단의 질곡을 홀몸으로 견디어 온 산 증인으로서 그의 인생 행로란 현대사의 굴곡만큼이나 파란 많은 것이었다. 소설이 작가 자신의 체험에 바탕을 둔 존재론적 탐구의 양식이라면, '분단'이란 그의 전 생애를 지배하는 화두와도 같은 것이다.

　등단작 「탈향(脫鄕)」(55년) 이래 분단된 현실과 소시민적 일상에 대한 비판을 계속해 온 이 작가는 장편『소시민』[1]에서는 정씨와 그 아들을 통해서 시정의 속된 흐름에 맞서는 올곧은 신념을 피력한 바 있고, 최근의『남녘사람 북녁사람』(96년)에서는 그 동안 가슴속에 묻어 두었던 인민군 복무 경험을 바탕으로 분단과 이념의 문제를 비판적으로 조망하기도 하였다. 이 긴 창작의 여정 속에서 작가는 유신정권의 폭압에 저항하여 민주수호국민

---
[1] 이호철,『소시민 / 심천도』, 청계연구소 출판국, 1991. 이하『심천도』에 대한 분석은 이 책을 텍스트로 하며, 인용 면수 역시 이 책에 의존한다.

위원회 운영위원, 자유실천문인협의회 대표를 맡는 등 비판적 활동을 멈추지 않았으며, 1974년에는 소위 '문인간첩단 사건'[2]에 연루되어 독재정권에 희생되는 비운을 겪기도 하였다. 이호철은 이렇듯 창작과 사회활동 양면에 걸쳐서 비판적 문인이자 지식인으로서의 면모를 시종일관 견지해 온, 말하자면 삶과 창작을 아우르는 곧은 양심과 신념의 소유자였다.

창작과 실제 삶이 일치하는 이런 행동이 가능했던 것은 작가의 고백대로 '둔감과 교지'라는 생래적인 기질이 중요하게 작용했던 것으로 보인다. '자서전적 연보'에 의하면 이호철이 자신의 이런 기질을 확인한 것은 초등학교 2학년 때였다고 한다. 홍수 직후 마을 앞 강에서 동갑내기 6촌과 멱을 감다가 급류에 휘말려 들어간 적이 있다. 그때 이호철은 물 속에서 힘껏 몸을 뒤채어 목을 내밀어 숨을 쉬고는 다시 깊은 물 속으로 들어가는 짓을 되풀이하여 혼자 힘으로 뭍으로 나왔는데 콧구멍에만 물이 조금 들어갔을 뿐 아무 탈이 없었다고 한다. 이 조그마한 일화를 회상하면서 이호철은 그 뒤 어떤 난국도 뒤에 겪고 나서 생각하면 늘 이런 식으로 감당해왔다고 말하며, 그런 자신을 "천성적인 둔감과 교지가 묘하게 배합된 성격"[3]으로 설명한다. 이 일화에 비추자면 이호철이 남한 사회라는 급류 속을 거슬러 오면서 갖은 곡절을 넘길 수 있었던 것은 얕은꾀를 쓰지 않고 그 속에 뛰어들어 우직하게 감당해 온 특유의 성격 때문으로 이해할 수 있다. 하지만 보다 중요한 것은 세상을 읽는 해박한 지식과 삶에 대한 깊은 통찰력이었던 것으로 보인다. 「자서전적 연보」나 「촌당(寸斷) 당한삶의 현장」[4]에서 드러나듯이, 청소년기에 그는 김소월, 임화, 나츠메 소오세키를 비롯한 톨스토이, 고리끼 등을 광범위하게 읽었는데, 특히 고리끼를 위시한 19세기 러시아 민중문학에 깊이 매료되었다고 한다. 또 공산치하에서 북한의 토지개혁과정과 지방

---

[2] 여기에 대한 자세한 설명은 임헌영·채호석 대담, 「유신체제와 민족문학」(『작가연구』7,8 합호, 새미, 1999) 참조.
[3] 이호철, 「자서전적 연보」, 『이호철 전집 1』, 청계연구소 출판국, 1988, 415면.
[4] 이호철, 「촌단당한 삶의 현장」, 『이호철 문학앨범』, 웅진출판, 1993.

의 당조직 결성 과정을 목격하면서 이데올로기와 사람살이의 참뜻을 깊게 자각했던 것으로 보인다. 그래서 피난지 부산에 도착하기 전에 이미 그는 세계관이나 역사관이 웬만큼 틀이 잡혀 있었고,5) 임헌영의 회고대로 전후 작가 중에서 누구보다도 해박한 사회과학적 지식을 갖고 있었던 것이다. 이 사회과학적 지식과 신념을 바탕으로 그는 작품과 생활에서 비판적이고 실천적인 면모를 견지해 왔던 것이고, 실제로『소시민』이나 시사 칼럼집『희망의 거처』6)에는 현실에 대한 사화과학도 못지 않은 깊은 안목이 투사되어 있음을 목격할 수 있다.

『심천도(深淺圖)』(1967)가 문제적인 것은 이런 작가의 정신적 특질(혹은 신념)이 거의 원형질의 상태로 드러난다는 데 있다. 우직한 원칙주의자를 주인공으로 내세우고 있는 점, 근대화의 추진 세력이라 할 수 있는 공무원 사회를 다루었다는 점, 하지만 안일주의와 적당주의가 만연하는 공무원 사회를 철저하게 비판하는 신념을 고수한다는 점에서 이 작품은『소시민』의 문제의식을 잇고 있다. 전후 사회의 재편과정에서 사회 전반에 만연된 타락과 무질서를 비판하면서, 한때 적색운동에도 관여했고 지금도 여전히 신념을 지키고 있는『소시민』의 '정씨'와 4.19가 일어나자 학생 데모에 적극 가담하여 정의를 외치는 '그의 아들'을 통해서 비판적 정신을 견지했던 작가는 『심천도』의 이원형 주사를 통해서 그 신념을 한층 구체화한다. 작가 자신의 실제 체험을 소재로 삼았던『소시민』과는 달리 공무원 사회라는, 당시로는 금단의 영역과도 같은 곳을 의도적으로 선택했다는 것은 그만큼 작가의 문제의식이 날카롭게 벼려 있음을 말해준다. 작품에서 언급되듯이, 공무원 사회란 혁명의 회오리가 지나간 직후인 1965, 6년의 시점에서도 전혀 그 영향을 받지 않은 마치 혁명의 무풍지대와도 같은 곳이다. 안일주의, 보신주의, 현실 추종주의, 기회주의 등이 판을 치는 공무원 사회란, 이승만 정권하의, 마치『소시민』에서 그려진 바 있는 협잡과 사기, 정경유착이 판을 치는 소

---

5) 이호철,「나의 문학생활 30년」,『마침내 통일절은 온다』, 서문당, 1988, 290면.
6) 이호철,『희망의 거처』, 미래사, 1994.

위 '구악'에다, 영악한 출세주의, 기회주의라는 '신악'이 들끓는 아수라장이나 다름없다. 더구나 그 집단은 박정희 정권이 들어서면서 본격화된 근대화 정책을 이끄는 중심세력이라는 점에서, 근대화 정책의 의의를 인정하고 있었던[7] 작가의 입장에서는 한층 비판적일 수밖에 없었던 것으로 보인다. 『심천도』는 이 속된 흐름에 맞서 살아온 작가 이호철의 신념과 의지를 가식 없이 내보인 작품이다.

이 글은 이런 견지에서 『심천도』의 문제성을 작중의 인물의 성격과 갈등의 해결과정을 통해서 분석하고, 그것이 궁극적으로 이호철 문학 전반과 어떠한 관련을 갖는가를 살펴보고자 한다.

2. 4·19 정신과 공복사회의 안일주의

『심천도』는 요설적인 문장과 관념적인 진술로 인해 수월하게 읽히는 소설은 아니다. 특히 주인공의 사변적 언술과 내면적 진술을 통해서 작가의 의도가 구현되는 까닭에, 공무원 사회에 대한 비판적 의도에도 불구하고 사실은 작가의 신념을 고백한 심경소설(心境小說)로 읽히기도 한다. 게다가 다양한 사건을 통해서 공무원 사회의 실상을 제시한 것이 아니라 주인공 이원영의 관념을 통해서 공무원 집단에 대한 비판을 시도한 까닭에 장편소설다운 긴박감이라든가 서사적 감동 역시 상대적으로 약하다. 이런 점에서 이 작품은, 장편임에도 불구하고 별다른 사건 없이 특정 공간에 모여 사는 사람들의 자질구레한 일상을 묘사하고 서술한 『소시민』과 기법적으로 유사하

---

7) 이호철, 「근대화 작업과 지식인」, 『마침내 통일절은 온다』, 서문당, 1988.
  이 글에서 이호철은 "1966년을 정부 당국이 말하는 대로 1차 5개년 계획의 성공적인 완수와 수출의 증대, 새로운 경제적 터전의 마련이라는 점에서 획기적인 시기라고 보는 견해에 굳이 의심을 두고 싶지도 않고, 그의 낙관론만은 버리지 않고 있다."고 말하면서도, 만약 그 과정에서 "사회 정의나 사회 도덕이 내적(으로) 수반"되지 않는다면 "화려한 겉치레의 뒤안 속에서 무서운 병폐"가 옮아갈 지도 모른다고 우려한다.

다. 그런데, 이원형의 행동이 매우 희화적(戲畵的)으로 드러난다는 점에서 대상을 객관화하려는 작가의 의도가 한층 두드러지는 것을 볼 수 있다. 이를테면, 주인공 이원형의 언행은 상식적이기보다는 과장되고 무모하기까지 한 모습으로 나타나는데, 여기에는 대상을 거리를 두고 조망하려는 작가의 의도가 깊숙하게 개입되어 있음을 알 수 있다.

말단 공무원인 이 주사는 상사인 김 사무관이나 구 사무관, 심지어 과장이나 국장에게까지 가혹할 정도의 비판적 언사를 서슴지 않으며, 상경한 아버지를 마치 농촌의 '신악(新惡)'을 대변하는 존재로 몰아 세우는 등 무모하고 분별없는, 동키호테와도 같은 모습을 보여준다. 특히, 과장에 대한 이 주사의 태도는 상식과는 거리가 먼 것이다. 즉, 문제의 발단이 된 공팔 예산의 처리 과정에서 이주사의 반발이 워낙 완강하니까 과장은 매사가 귀찮다는 식으로 남은 예산을 국가에 귀속시킬 것을 명령한다. 그런데 이 주사는 그런 태도가 바로 과장이라는 직권을 이용하여 과원들을 우중(愚衆)으로 취급하는 태도라고 역공을 취한다. 조국 근대화의 기치가 높이 오른 현시점에서는 도저히 묵과할 수 없는 '구악(舊惡)'이고 마땅히 사표를 내야한다는 것. 게다가 이 주사는 상관인 김 사무관의 비열한 행동을 지적한 뒤, 휘파람까지 불면서 "자기야말로 우리 국가가 요구하는 사람일 것이고 근대화 추진의 첨병"(282면)이라고까지 생각하는 과대망상의 모습까지 보여준다. 이렇듯 이 주사는 과장되고 희화적인 모습으로 그려진 것은 작가 나름의 깊은 의도가 개입된 때문이다. 이를테면, 정상이 비정상으로 몰리고, 원칙을 지키는 것이 현실에서 조롱되고, 원칙에 투철한 인물이 희극 배우처럼 조롱받는 현실이란 그 자체가 한 편의 소극(笑劇)이나 다름없는 것이고, 그렇기에 이 주사의 희화적 행동이란 정상적인 가치가 조롱되고 부정되는 이 속악한 현실에 대한 일종의 역설이자 야유인 것이다. 더구나 작품이 발표된 1967년은 군사정권의 퍼런 서슬이 사회 전반의 분위기를 경색시켜 놓았던 때라는 것을 감안하자면, 인물의 희화적 행위란 엄숙한 분위기에 지배된 현실을 여유와 거리감을 갖고 바라보려는 의도를 표현한 것으로 이해할 수 있다. 사실

희극이란 엄숙함이나 비장함 대신에 여유와 희극적 낙관성을 견지하고 대상을 바라볼 때 발생하는 미적 특질이다.[8] 그런 까닭에 이원형의 희화적 행동은 현실을 대상화하고 그것을 통해서 올바르고 정상적인 가치를 소망하는 작가의 의도를 표현한 것이다. 조국 근대화까지 들먹이면서 문제를 확대하고 비약시키는 이 주사의 태도란 사실 문제의 본질을 근원적으로 분석하고 실마리를 찾자는 작가의 의도인 것이지 구체적인 실감에 바탕을 둔 인물의 자연스러운 모습은 아닌 것이다.[9]

작가는 이 희화적인 인물의 행동을 통해서 공무원 사회의 실상에 접근하는데, 그 발단이 되는 사건이 곧 예산의 처리문제이다. 내용은 사실 간단하다. 즉, 경제기획원으로부터 배당 받은 예산을 어떻게 처분할 것인가의 문제를 놓고 한 과(科)에서 벌어지는 갈등과 대립이 작품의 중심 내용이다. 사용처가 없기 때문에 국가에 귀속시켜야 하는 게 원칙이나 그 동안의 관례는 그렇지 않았다는 데서 문제가 발생하고, 또 과원 대부분이 그 돈을 나눠 갖기를 원한다는 데 있다. 이 과정에서 갈등이 야기되는 것은 작중의 주인공이자 예산 집행 담당관인 이원형 주사가 그 예산을 국가에 귀속시켜야 한다는 원칙론적인 입장을 고수한다는 데 있다. 반면에 안이하고 순응적인 민 과장은 부하인 김 사무관이나 구 사무관을 앞세우고, 심지어 상급자인 국장까지 동원하여 이원형 주사를 설득하고 협박하지만 이원형 주사는 끝내 자신의 결심을 돌리지 않는다. 하지만 과의 분위기는 이 주사의 생각과는 달리 냉담할 뿐이다. 오랜 공무원 생활에 길들여진 타성과 문제를 확대하지 말자는 적당주의, 무사안일주의 등이 점차 고개를 들면서 이 주사는 사표를

---

[8] 희극의 원리와 특성에 대해서는 A. 베르그송의 『웃음』(정연복 역, 세계사, 1992) 참조.
[9] 이런 사실은 이호철의 여러 작품에서 두루 발견되는 것으로 중요하게 천착해야 할 주제로 생각된다. 5.16 직후 교원노조 문제로 교단에 몰아닥친 검거선풍을 소재로 한 「부시장 부임지로 안가다」나 포로로 잡힌 불안한 상황임에도 불구하고 바보와도 같은 천진성으로 그런 현실을 감당해내는 인물을 다룬 「나상」 등이 그 대표적인 경우이다.

내거나 아니면 과장과 타협할 수밖에 없는 처지가 되고, 결국 사표를 내고 고향으로 낙향하는 것으로 작품은 마무리된다.

이런 내용을 통해서 작가는 자신의 의도를 구체화하는데, 이 과정에서 이원형 주사가 문제적으로 다가오는 것은 4·19의 정신을 계승한 인물로 그려진다는 데 있다. 이원형 주사는 4·19 무렵에 대학을 졸업한 이른바 4·19 세대로, 4·19 때는 자유당 정권을 무너뜨리기 위한 데모에도 가담한 경력이 있고, 현재는 5급 공무원 시험에 응시하여 합격한 뒤 공무원이 된 사람이다. 그는 자신의 생각을 항상 정정당당하게 주장하며 추호도 굽힘이 없는 철저한 원칙론을 견지하는, 마치 『소시민』의 '정씨의 아들'을 방불케 한다. 정씨의 아들은 4·19 데모의 주동자로 강한 비판정신을 갖고 있는 인물로, 이원형 주사는 그가 성장하여 공무원이 된 이후의 행적을 보여주는 듯하고, 그런 점에서 이 작품은 『소시민』의 속편(續編)으로도 읽힌다.[10] 또 이원형 주사는 상당히 개혁적인 인물이어서 말단 공무원임에도 불구하고 전 부처의 행정에 골고루 관심을 갖고 그것을 효율적으로 운용하기 위한 방안을 연구한 적도 있으며, 실제로 전 부처의 기구와 직제를 면밀하게 조사하여 자기대로 가장 경제적이고 효율적인 공무원 기구를 만들어서 상부에 올리기도 한다. 하지만 이런 행동이란 타율에 젖어 있는 공무원 사회에서는 웃음거리일 수밖에 없고, 그래서 주변으로부터 "융통성이 없다느니, 혁명은 저 혼자 도맡아 하려고 한다느니" 하는 등의 뒷공론을 듣게 된다. 그런데 그런 뒷공론에도 불구하고 이원형은 "공무원 각자가 자기 위치와 자기 임무를 항상 자각하고, 부정 불의와는 누가 뭐래도 싸울 수 있는 태세 속에서만 창의(創意)를 발휘할 수 있고, 능력도 발휘할 수 있을 것"(269면)이라는 신념을 굽히지 않는데, 이런 점에서 그는 직접적으로 언표되지는 않지만, 사회 정의를 기치로 내건 4·19 정신을 계승한 인물임을 어렵지 않게 간파할 수 있다.

---

10) 『소시민』에 대해서는 필자의 「이호철의 '소시민' 연구」(『민족문학사연구』 11호, 창작과 비평사, 1997) 참조.

더구나 이 주사를 둘러싸고 있는 인물들은 시대적 격변에도 불구하고 하나 같이 구태를 벗지 못한 타성화된 삶을 사는 사람들이다. 일본에서 대학을 나와 자유당 정권 때 공무원 생활을 시작한 '민 과장'은 자유당 말기에 한 밑천 든든하게 장만해 둔 까닭에 공무에는 관심이 없고, 매사를 안일하게 처리하는 관료주의의 매너리즘에 빠져 있다. '김 사무관'은 유능하고 결백한 공무원이라고 자처하지만, 혼자서 잘난 체해 보아야 저 혼자 굶을 뿐이라는 생각에 사로잡혀 있다. 게다가 그는 적당히 요령껏 남의 눈에 과하지 않을 정도로만 일을 처리하는 책임 전가주의, 회피주의에 물든, 요컨대 자기만의 출세에 얽매인 소위 '신악'을 상징하는 인물이다. 월남한 인물인 '구 사무관' 역시 관료주의와 관리 티를 가장 혐오한다고 하면서도 누가 자기를 관리로서 대접해 주기만 하면 갑자기 관리 행세를 하고 싶어하는 모순된 성격의 소유자다. 따라서 이들에게서 공복(公僕)으로서의 사명감이나 개혁의 의지를 찾기란 거의 불가능하다. 이렇듯 이 주사를 둘러싸고 있는 인물들은 하나같이 부정적이고 비판의 대상이 되는 인물들이고, 그런 까닭에 이 작품은 60년대 중반 공무원들의 실상을 다양한 인간 군상들을 통해서 포착해내는 중요한 성과 또한 얻는다.

　그런데 이러한 비판은 이 작품이 발표된 시점이 박정희 정권의 근대화 정책이 본격적으로 추진되던 1967년이라는 사실을 감안하자면, 단순한 공무원 사회에 대한 비판이 아니라 근대화 정책 전반에 대한 비판적 의도를 내재하고 있음을 알 수 있다. 이런 사실은 작품 곳곳에서 언급되는 '근대화'와 관련된 진술에서 확인되거니와, 특히 사회 전반에 만연된 좌절의 체념의 분위기를 일신하고자 하는 이 주사의 의도를 통해서 한층 구체화된다. 주지하듯이, 60년대의 근대화는 생산량의 급증에 따른 물질적 풍요와 생활의 질적인 향상을 가져왔고, 또 절대빈곤에서 벗어날 수 있는 계기를 마련해 주었지만, 다른 한편에서는 『소시민』에서 지적된 대로, 속물주의와 물신주의라는 부정적 현상 또한 만연시켰다. 이런 현상은 물론 자본주의가 뿌리내리고 발전하는 과정에서 야기되는 필연적인 현상이라고 볼 수도 있으나, 근본적으로는 4·19의 실패로 인한 좌절과 체념에 중요한 원인이 있었다. 백낙청의 지적대로, 60년대 문단이 보여준 참여문학에의 열의나 전통의 문제, 리얼리즘의 문제에 대한 새로운 관심, 또 낡은 권위주의에 대한 도전은 모두 4·19와 그것을 이룩한 젊은 지식층의 각성에서 나온 것이며, 또 3공화국의 중요한 업적으로 내세워지는 경제성장과 건설조차도 사실은 자유당정권의 무능과 무기력에 대한 4·19의 선고에 그 적극적인 시원(始原)을 둔 것이다. 하지만 4·19의 실패는 참여문학 논의에서부터 경제건설에 이르는 모든 적극적인 움직임에, 달리 설명 안 되는 불모성과 독소를 안겨다 주었는데,『심천도』에서 목격되는 공무원들의 안일주의와 타성은 이런 당대의 분위기와 무관한 게 아니고, 그런 점에서 4·19 정신을 체현한 이원형의 비판이란 근본적인 변화 없이 형식상으로 진행되는 근대화에 대한 신랄한 비판을 의미하는 것이다.

① 4·19를 겪고 5·16을 겪기는 하였지만, 관리들만은 용하게도 깊은 상처를 안 입고 그 소용돌이를 넘기었다. 더러 높은 줄에서 바람을 맞은 자도 없지는 않지만, 그런 축은 너무 지나치게 욕심을 부리고 지나치게 술수만 믿다가 그렇게 제 묘혈을 스스로 판 사람들이고, 정작 태반의 관리들이나 관청 기구 그 자체는 별반 정치 바람의 상처도 안 입었고, 따라서 관리들의 일반적 성격도 비교적 그대로 온존(溫存)되어 온 셈이다.

자유당 때도 그렁그렁, 민주당 때도 그렁그렁, 5·16 이후에도 그렁그렁 지내기는 뭐니뭐니 관리 생활이 괜찮다. 비록 겉으로는 장사하는 사람들을 부러워하고, 혹은 매어 있지 않은 자유인들을 부러워하기도 하지만, 그것은 반은 진담이고 반은 엄살이기도 하다.

확실히 요즈음은 여기저기의 감사도 까다롭고 예산 지출만 해도 예전에는 없던 기획실을 거치는 등 꽤 기강이 확립되어 가는 듯이도 보이지만, 그렇다고 관리들 자신은 그전의 버릇, 그전의 타성을 버렸다고는 할 수 없을 것이다.[11]

② 물론 제가 사표를 던진다는 것은 전면적으로 모든 것을 부정한다는 뜻은 아닙니다. 도리어 저는 요 몇 년 동안 어느 점, 활력을, 다이내미즘을 느낍니다. 나 자신이 그 한 가운데에 있었으니까요. <u>경제적으로 근대화시키자는 노력은 가상한 것이고, 이미 어느 정도 효과도 나타나는 것 아닙니까.</u> 그 효과의 내실이 건전한 것인지 비건전한 것인지는 잘 모르겠지만, 좀더 두고 보아야겠지만, 그러나 사표를 내면서 한 가지 확신은 있습니다. (…) 도리어 이런 마당에서는 부정적인 영역에 몸으로 부딪치고 전면적으로 부딪쳐서 불꽃을 튀기며 부서지는 것이 나을 겝니다.(밑줄 인용자)12)

    근대화의 의의를 인정하지만 그 성패는 내실의 건전성 여부에 달려 있고, 자신이 사표를 내는 행위는 그와는 상반된 방향으로 진행되는 현실을 '부정의 형태'로 드러내기 위한 하나의 방법이라는 게 이원형의 주장이다. 이렇게 보자면 이원형의 비판은 근대화 자체에 대한 부정이 아니라, 내실과 실질을 외면한 채 진행되는 외형 위주의 근대화 정책을 향한 것임을 알 수 있고, 이런 점에서 작가의 사려 깊은 시선을 새삼 엿볼 수 있다.
    이원형이 주목되는 또 다른 이유는 이처럼 4.19의 실패로 야기된 혼란과 무질서 속에서도 현실에 절망하지 않고 희망과 의지를 간직한 낙관적 인물로 제시된다는 데 있다. 그렇지만, 그 낙관성은 현실에 대한 단순한 기대나 소망이 아니라 깊은 통찰과 고뇌에 바탕을 둔 것이라는 점에서 안이한 믿음과는 거리가 멀다. 가령, 공팔 예산 처리 문제로 불거진 과내의 갈등을 되새기면서 이 주사는 공무원 사회의 심층 메커니즘이 무엇인가를 알게 된다. 과원들이 예산을 나눠 갖기를 원하는 것이나, 심지어 고위직에 있는 국장마저 예산 전용에 앞장서는 것은 그 문제가 단순히 개개인들의 자질에서 비롯된 때문만은 아니었다. 말하자면 공무원 각자가 공정하고 청렴결백한 생활을 할 수 있는 것은 무엇보다 자기대로의 생활의 근거가 있어야 하지만, 공

---

11) 앞의 『소시민/심천도』, 243면.
12) 앞의 책, 391면.

무원들의 봉급은 현실적으로 그것을 충족시켜 주지 못한다. 그렇기 때문에 부정과 부패에 휩쓸려 들지 않을 수 없고, 적은 액수의 예산이라도 전용하려는 심리를 갖게 된 것이다. 이런 자각에서 이원형 주사는 과장에게 대항하는 자신의 행동이 수년간 누적된 타성의 벽을 깨뜨리기에는 역부족일 수밖에 없다는 것을 알게 되고, 결국 사표를 내고 마는 것이다.

하지만, '사표'가 주변의 우려처럼 스스로를 '소외'로 몰아가는 것이 아니라 새로운 출발을 뜻하는 것이라는 점에서 결코 무책임한 행동은 아니다. 앞의 지문 ②에서 암시되고 있듯이, 사표를 통해서 공무원 사회의 부정성과 맞서는 행위는 "어느 정권도 아직 메스를 가할 수 없었던 구제 불가능한 요소를 철저하게 부정적으로 체현해"내는, 말하자면 "부정적인 영역에 몸으로 부딪치고 전면적으로 부딪쳐서 불꽃을 튀기며 부서지는 것"(391면)이 나을 것이라는 신념의 표현이다. 이 주사의 말대로, 부정적인 것이 지배적인 판국에서 긍정적인 것만 좇아서 가는 것도 안 좋고, 밝은 미래를 예견하면서 그 속에 섞여 있는 부정적인 요소에 눈을 감고 모든 사람이 상투적으로 우르르 좇아가는, 소위 밝은 면만 보려고 하는 것도 경계해야 한다. 대신에 부정적 현실에 맞서 그 부정성을 온몸으로 드러내는 것이야말로 지금의 시점에서는 필요하다. 이런 생각에서 이 주사는 과장과 타협하기를 끝내 거부한 것이다. 그렇기 때문에 이 주사의 행동은 우행(愚行)이기보다는 문제의 본질을 인식한 뒤에 이루어지는 고뇌어린 결단이고, '귀농'은 이런 고민을 통해서 도달한 결론인 셈이다.

"농사나 짓지요. 농민들과 같이 살아 보는 것도 괜찮을 것 같아요 허지만 상록수식은 아닙니다. 차라리 그 속에 일단은 철저하게 묻혀 있을 수 있으면 해요. 그것이 내 소망이지요."[13]

그런데, 이 귀향이란 농민 위에 군림하여 계몽적 구호나 남발하는 '상록

---

13) 앞의 책, 394면.

수식'은 아니라는 데서 단순한 도피를 의미하는 것이 아님을 알 수 있다. "상록수식은 아니"라고 말했던 것은 구조적인 문제가 근본을 제약하고 있음에도 불구하고, 원칙이 통용되는 삶에 대한 꿈을 접을 수 없다는, 곧 미래에 대한 믿음만은 버릴 수 없다는 낙관적 신념의 토로인 것이다. 물론 선택 이후의 삶이 얼마나 힘겨울 것인가는 능히 짐작되지만, 그리고 김 사무관의 말처럼 농촌에 내려간들 결국은 그 체제에 묻힐 수밖에 없을 지도 모르지만, 그럼에도 불구하고 이 주사는 우선 내려가서 겪어 보고 그 속에서 새로운 길을 찾겠다는 의지를 굽히지 않는다. 『남풍북풍』14)에서 '집'과 '결혼'으로 상징된 월남민의 뿌리내리기가 실향민들의 지상과제라는 사실을 보여주었다면, 이 작품에서는 그보다 훨씬 본질적이고 중요한 게 양심과 신념, 곧 원칙을 지키는 것이라는 점, 이 원칙의 붕괴로 말미암아 안이한 처세주의와 부정이 횡행하게 되었고, 그로 인해 남한 사회는 타락과 부패의 냄새가 진동하게 되었다는 것이 작가의 생각인 셈이다. 이 주사는 이런 신념과 의지를 대변하는 시대의 방부제와도 같은 인물이다. 이호철 장편 전반을 관통하고 있는 이 신념과 의지는, 이후 작가의 실제 행적을 염두에 둘 때, 작가를 지탱하는 삶의 근원적 파토스가 되며, 그렇기에 이 작품은 이호철의 삶과 문학을 규율하는 작가의식의 정수(精髓)라 할 수 있을 것이다.

3. 반공주의의 획일성과 사회적 금기

『심천도』에서 또 하나 주목할 수 있는 점은 당대 사회를 먹구름처럼 뒤덮고 있던 반공주의에 대한 비판이다. 종전 후 미국의 외교정책으로 채택된 매카시즘(반공주의)15)은 중국과 소련을 비롯한 공산국가를 국제사회로부터 고립시켜 미국의 영향력을 전세계로 확대하려는 의도에서 채택된 정책이었

---

14) 이호철, 『남풍북풍』, 일신서적출판사, 1994.
15) 반공주의에 대해서는 이영희의 『전환시대의 논리』(창작과 비평사, 1974) 중 「조건반사와 토끼」, 「베트남 전쟁 1, 2」 참조.

다. 그런데 일체의 사상(事象)을 흑과 백, 선과 악, 천사와 악마, 자본주의와 공산주의 등으로 양분하여 세계를 파악하는 양가치적(兩價値的) 사고로 인해 엄청난 폐해를 낳았던 게 주지의 사실이다. 이승만 정권에 의해 전후 혼란된 민심을 수습하고 자유민주주의를 수호한다는 미명 아래 널리 유포된 바 있는 이 반공주의는 잠시나마 국민적 신임을 얻는 데 일조하는 듯 했으나, 사실은 강력한 전제정치의 도구로 전락하여 같은 민족을 적대시하고 이질화하는, 그리고 비판자를 탄압하는 빌미로 이용되는 나쁜 전례를 남겨 놓았다. 정부의 정책을 반대하거나 비판적인 입장을 취하면 가차없이 '빨갱이'로 몰아붙여 구속하는 일이 비일비재했던 사실을 익히 보아왔거니와, 월남자 이호철에게는 그런 현실이 더욱 매섭게 느껴졌던 것으로 보인다.『남녘사람 북녘사람』에서 고백된 대로, 북에서 인민군으로 복무한 경험이 있는 작가의 입장에서 보자면 '빨갱이'라는 말은 바로 작가 자신을 지칭하는, 심리적 아킬레스건과도 같은 말이다. 주인공 이원형이 '빨갱이'라는 말에 민감하게 반응하면서 조심스런 태도를 보였던 것은 그런 작가 자신이 개인사가 숨어 있었기 때문이다.

　작품에서 반공주의에 폐해는 두 가지의 사례를 통해서 제시된다. 하나는 이 주사가 아버지와 논쟁을 벌이는 대목에서이고, 다른 하나는 과장과 대립하는 과정이다. 이를 통해서 작가는 당대 사회의 전제적 분위기를 비판하고 동시에 월남자로서의 불편한 심기를 우회적으로 고백한다.

　이원형 주사가 아버지로부터 '빨갱이'라는 말을 듣게 된 것은 근대화와 건설의 의욕에 불타 있는 듯한 아버지의 심기를 자극한 데 있다. 아버지는 시골에서는 매우 엄격하고 보수적인 인물이지만 서울에 와서는 그와는 달리 구습에 얽매이지 말고 민주주의적으로 행동하라고 말하는 등 상반된 모습을 보여주는데, 이원형의 눈에는 이런 모습이 바로 '근대화 병'에 걸려 있는 농촌의 실상을 단적으로 상징하는 것으로밖에 보이지 않는다. 근대화의 실질이나 내용에는 전혀 관심이 없으면서도 입버릇처럼 근대화를 외치는 것은 '소지주 근성'이자 동시에 '농촌에 있는 소시민 근성'이라는 것. 이런 생각에서 이원형은 신문 스크랩까지 동원하여 근대화정책의 잘못을 조목조목 비판한다. 농촌 근대화란 단순한 구호에 그쳐서는 안되며, 또 농촌진흥청이나 지주의 입장이 아니라 농사를 짓는 농민의 입장에서 바라보아야 한다. 그리고 최근 몇 년 사이에 농촌의 생산 실적은 올랐으나 실질 소득은 줄어든 기이한 현상이 발생했는데 이는 농촌이 구조적으로 문제가 있기 때문이며, 또 정부의 시책으로 기업농이나 협업농이 제시되고 있으나 그것은 사실 먼 장래에나 가능한 것이지 현실에서는 불가능하다는 점을 지적한다. 이런 비판으로 아버지는 궁지에 몰리게 되자, 그것을 만회하기 위해서 느닷없이 아들의 주장을 "빨갱이들 비슷하다"는 말로 몰아붙이는 어이없는 장면을 연출한다.

"가마안, 난 지금 곰곰이 생각하고 있었는데, 이제야 생각이 났다. 네 하는 소리나 지껄이는 투는 꼭 빨갱이들 비슷하다는 애기다. 애기 내용도 더러 그런 냄새가 풍기고. 너무 진지한 체를 해도 꼭 그놈들 비슷해진다는 말이다. 네 생각도 충분히 옳고 일리가 없지는 않겠다마는, 그런 식은 자칫하면 빨갱이로 오해받을 수도 있다는 말이다. 조심해야지."
아버지의 이 소리에 이원형 주사는 웬만큼 술기운이 오른 속에서도 온몸에서 모든 기운이 수울 빠져나가는 듯하였다. 멍청하게 입을 벌린 채 아버지를 건너다보다가 나지막한 소리로 받았다.
"그렇게 나오면 이편에서는 더 할 소리가 없어지지요. 할 소리가 없어지는 것은 할 소리가 없어서 없어지는 것이 아니라, 이편에서도 빨갱이와 비슷하다는 것만도 기분이 나빠지니까요. 허지만 아버지와 같은 그런 식의 시점과 히스테리가 있는 한, 객관적인 사태를 냉정하게 제대로 볼 수 있는 길은 없어지고, 조국 근대화도 구두선에 그친다는 애기입니다."16)

정상적인 토론 과정에서 느닷없이 튀어나온 '빨갱이'라는 말은 부자지간

---
16) 앞의 책, 293면.

이라는 육친적 관계마저도 이렇듯 갈라놓는다. 물론 이원형의 비판은 근대화 정책 전반을 향한 것이고, 비판의 대상 역시 아버지가 아니라 정부의 정책이다. 그렇기 때문에 아버지의 말을 농담으로 돌릴 수도 있으나, 작가가 문제삼은 것은 그런 사소한 말이 상대방을 무력하게 만드는 일종의 심리적 폭력으로 작용한다는 데 있다. 의기양양하던 이 주사가 '빨갱이'라는 말 한 마디에 기운이 쭉 빠지고 더 이상 말을 잇지 못했던 것은 그 말이 지닌 사회적 함의와 공포를 자각한 때문이었다. '빨갱이'란 잔인하고, 혼란을 조장하며, 근본을 부정하는 '악'의 대명사나 다름없는 존재라는 인식이 해방직후 좌우익의 소용돌이를 겪어 본 아버지의 기억 속에 각인되어 있었고, 이원형의 정연한 논리와 주장이 그런 공산주의자들에 대한 무의식적 편견을 촉발시킨 것이다. 이런 점에서 아버지의 반응은 일종의 조건반사와도 같은 것으로, 이원형의 말대로, 합리적 비판을 통해서 사태를 객관적으로 인식하고 해결하는 과정을 원천적으로 봉쇄하는 폭력이자 '히스테리'나 다름없는 것이다.

이원형 주사가 과장의 무사안일주의를 비판하고 사퇴를 종용하자 당황한 과장이 구사하는 무기 역시 아버지와 동일하다. 이 주사가 과장의 공괄 예산 처리 방식을 비판하면서 그런 행태란 노예 근성이고, 공복(公僕)으로서의 의식을 갖지 못한 것이기 때문에 마땅히 사표를 내야 한다고 주장하자, 과장 역시 아버지와 꼭 같은 반응을 나타낸다. "저 새끼, 꼭 빨갱이 새끼군. 하는 투나 하는 소리나 꼭 빨갱이군."(341면)이라는 과장의 말은, 아버지의 경우와 마찬가지로, 공산주의에 대한 잠재된 공포심을 자극하여 자신의 치부를 감추고 동시에 자신의 처지를 합리화하려는 억지나 다름없는 것이고, 특히 공무원이라는 신분을 생각해 보자면 그의 주장은 곧 수많은 인사들을 공포에 떨게 했던 당대의 폭압적 권위주의를 상징하는 것으로 이해되기도 한다. 그렇기에, '반공주의'라는 국시(國是)는 그 본래의 취지와는 달리 "사용(私用)으로 엄청나게 도용당하고 있"을 뿐만 아니라 "심각하게 왜곡당하고 있다"는 이원형의 지적은 정당하다고 할 수 있다.

그런데, 더욱 중요한 것은 이러한 행태들이 궁극적으로 인간의 가장 기본적인 가치인 양심과 신념의 자유마저도 억압하는 심리적 금기로 작용한다는 데 있다. 건전한 시민사회가 형성되기 위해서는 이성의 추구, 과학적인 사고, 사상과 양심의 자유 등이 마땅히 존중되고, 사실을 사실대로 진실을 진실대로 보고 말하고 토론할 수 있어야 하지만, 부자간으로부터 공무원 사회에 이르기까지 광범위하게 만연되어 있는 반공주의는 이런 자유를 근본에서 부정하는 까닭에 개인의 결단은 제한될 수밖에 없다. 이원형이 사표를 제출하는 과정에서 동료 양 주사가 보이는 반응은 그것이 한 개인의 행동을 어떻게 제약하는가를 보여주는 구체적인 사례인 것이다.

> "이건 자네에게 실례되는 말이고 대답도 뻔하리라고 믿지만, 자네가 워낙 그런 식으로 나온다면 묻겠는데, <u>자네는 본질적으로 우리나라의 현 체제를 어떻게 생각하나? 긍정하는가, 아니면 부정하는가?</u>"
> 이원형 주사는 와락 성이 오르는 것을 꾸욱 참고 양 주사를 잠시 머엉하니 건너다보다가, 대포 한 사발을 주욱 들이마시고 어이가 없다는 듯이 피식 웃었다.(밑줄 인용자)[17]

이원형이 사표를 제출하기로 한 것은 부정적 현실에 영합하지 않고 새로운 길을 찾겠다는 단호한 의지를 표명한 것이었으나, 그것이 '체제'를 부정하는 행위로 오인된다는 것은, 결국 현실에 안주하는 것 이외의 삶을 허용할 수 없다는 당대의 양가적 사고를 단적으로 보여주는 것이다. 사람들은 누구나 자신의 문제를 철저히 파헤치고 타인들이 미처 의식하지 못하는 문제를 일깨워 줄 수 있는 것이지만, 정권의 이데올로기로 변질된 반공주의는 그런 권리와 의무마저 봉쇄한 채 어느 하나만을 선택할 것을 강요하고, 정권은 그런 전일적 사고를 악용함으로써 비판적 지식인과 정적을 탄압하고 체제를 유지했던 것이다. 원칙론자인 이원형이 사표라는 비타협적 행동을

---

17) 앞의 책, 371면.

통해서 자신의 의지를 피력하면서도 다른 한편으로 그런 행위가 몰고 올 오해를 우려했던 것은 그런 시대의 분위기를 예민하게 감지하고 있었기 때문이다. 사표를 낸다는 것은 "사표에만 그치는 것이 아니라, 반체제의 논리로까지" 몰릴 가능성이 큰 것이고, 그것은 "지금 현재로서 너무나 엄청난 일이고, 무모하기까지 한 일"(372면)일 수밖에 없는 상황이기에 그의 행동은 위축되고, 신중할 수밖에 없었던 것이다. 이 주사가 "체제의 근본 문제에 결부시키다 보면 결국 모든 비생산적인 요소도 체제 탓으로 돌리고, 현상 자체에 안주할 길밖에 없다는 결론이 체념 비슷이 나올"(372면) 수밖에 없다고 자각하고 조심스럽게 문제를 풀어 간 것은 여기에 원인이 있다.

이렇듯 작가는 두 개의 사례를 통해서 당대인들을 구속하던 반공주의의 실상을 비판하는데, 작가가 그것을 이렇듯 예리하게 포착할 수 있었던 것은 스스로가 그것의 직접적인 피해자라는 데 있다. 북한 체제 아래서 고등학교를 다녔고 인민군에 복무하다가 포로가 되어 단신 월남하게 된 작가로서 주변으로부터 받을 지도 모르는 불필요한 오해를 의식하지 않을 수 없었고, 그런 상처를 갖고 있었기에 역설적으로 반공주의의 폭압성을 누구보다도 민감하게 자각할 수 있었던 것이다.『광장』에서 최인훈이, 북한에서 간부로 활동하고 있는 아버지를 둔 주인공 이명준이 정치 모임에 참가하기를 꺼리는 이유를 서술하면서 "아버지 아들인 그는 조심해야했다"고 읊조렸던 사실을 상기하자면, 이원형의 신중한 처신은 바로 월남자로서 작가가 취할 수밖에 없었던 불가피한 보신책이었던 것이다. 이명준처럼 체제를 부정하는 극단의 선택을 하지 않는다면 이원형이 취할 수 있는 행동이란 체제가 허용하는 범위 내에서만 문제를 제기하고 그 테두리 내에서 가능한 대안을 찾는 길밖에 없을 것이다. 이런 점에서 이 작품은 당대인들을 옥죄는 족쇄와도 같았던 반공 이데올로기에 대한 날카로운 비판을 통해서 당대 사회의 전제적 분위기를 이해할 수 있는 중요한 정보를 제공해줄 뿐만 아니라, 그 속에서 살아가지 않을 수 없는 월남작가 이호철의 비극적 심경을 우회적으로 보여주었다는 점에서 의의를 찾을 수 있다.

4. 사실주의 정신의 복원과 60년대 문학

최근 들어서 1960년대 문학에 대한 관심이 고조되면서 다양한 방식의 논의가 이루어지고 있음을 목격할 수 있다. 최인훈이나 이호철, 김정한, 박경리, 하근찬, 남정현 등이 새롭게 연구되면서 이제 이 시기는 전후의 혼란을 수습하고, 식민지이래 위축되었던 민족문학의 맥을 부활하는 문학사의 중요한 시기로 자리매김 되고 있다. 이 과정에서 문제의식의 진중함이나 사실적인 묘사와 분석력, 인식의 깊이로 전후 문학을 한층 심화시킨 인물로 이호철을 꼽는 데 주저할 사람은 없을 것이다. 이호철 소설 전반에서 목격되는 핍진한 묘사와 집요한 서술은, 이 작가의 또 다른 특성이라 할 수 있는 분위기의 창출과 더불어 전후의 직정적이고 주관화된 소설을 한 차원 높여 놓았다.

『심천도』는, 『소시민』의 뒤를 잇는 속편(續編) 격의 작품으로, 동일한 문제의식에서 창작된 작품이다. 『심천도』의 이원형은 『소시민』의 '정씨'나 '그 아들'의 정신을 고스란히 계승한 인물로 속물화된 현실에 맞서는 4·19 정신을 체현자로 나타난다. 작가는 이 인물을 통해서 공무원 사회의 타성과 안일주의를 비판하고 보다 내실 있는 근대화 정책의 추진을 소망하는데, 이는 4·19가 한국사회의 근대화 과정에서 그 실질을 가늠하는 방향추와 같다는 인식에서 비롯된 것으로 오늘날도 여전히 유효한 것이라 할 수 있다. 원칙과 실제 사이에서 방황하던 주인공이 원칙을 고수하면서 사표를 낸다는 것은 타락한 사회와 타협하지 않겠다는 강한 의지를 표명한 것이고, 이는 곧 파란 많은 현대사를 온몸으로 헤쳐온 작가 자신의 지혜와 신념에 다름 아닌 것이다. 그렇기에 이 작품은 작가의 신념을 원형의 상태로 보여준다고 해도 지나친 말은 아닐 것이다. 그리고, 이 작품은 아직도 공무원 사회에서 목격되는 다양한 인간 군상을 생동감 있게 포착해냈다는 점에서도 의미를 찾을 수 있다. 타성에 젖은 민 과장, 출세주의자인 김 사무관, 보신주의자인 구 사무관, 원칙주의자인 이 주사 등 실로 다채로운 인간 군상들이 갈등하고 대립하는 양상이란 관료주의라는 완고한 성채에 갇혀 있는 공무원 집단의 실체를 생동감 있게 보여주고도 남음이 있다.

물론, 근대화에 대한 비판적 의도를 담고 있음에도 불구하고 그것이 이 주사의 비판적 언행과 유기적으로 연결되어 제시되지 못하고, 또 공무원 집단 역시 관료 기구를 대표하는 존재로 그려지고 있음에도 불구하고 그들을 거시적으로 조종하는 권력과의 관련성에 대해서는 거의 언급되지 못하는 한계 또한 갖고 있다. (이 역시 이 주사의 행동에서 볼 수 있듯이 당대의 폭압적 현실에서 원인을 찾을 수도 있을 것이다.) 그리고, 자신의 의도를 투사하려는 의도가 지나쳐서 장황하고 사변적인 문체가 남발되고, 사건 전개가 약화되는 등의 문제점이 없는 것은 아니다. 하지만 그런 문제점에도 불구하고 문제의 본질을 구경(究竟)까지 파고드는 집요한 탐구와 분석의 정신은 60년대 소설사에서 사실주의 정신을 심화하고 궁극적으로 민족문학의 지평을 확장하는 중요한 몫을 담당했다는 사실을 부정할 수는 없을 것이다. 작가의 이후 행적은 그것을 몸소 입증하고도 남음이 있기 때문이다.

북한문학, 위계화의 논리와 의미
— 『조선문학개관』을 중심으로

1. 머리말

통일을 향한 행보가 한층 빨라진 오늘, 우리에게 '북한 문학'이란 무엇이고 어떤 의미를 갖는 것일까.

지난 1988년의 해금을 통해서 북한문학은 이제 금단의 영역이 아니라 서로 소통하고 포섭해야 할 민족문학의 중요한 자산으로 인식되기에 이르렀다. 금기시되었던 작가들이 문학사에서 제자리를 찾게 되고, 통일문학사 서술을 위한 구체적인 모색이 가능해진 것은 모두 감금되었던 정보의 해금과 공유를 통해서였다. 90년대 중반 이후 북한문학에 대한 의미 있는 연구물들이 쏟아졌고 이제는 관(官)에 의해 '북한문학전집'까지 기획되는 단계에 이르렀다. 지금의 상황에서 무엇보다 중요한 것은 북한문학에 대한 사시와 폄하가 아니라 실체에 대한 올바른 이해와 수용일 것이다. 냉전적 사고를 바탕으로 북한을 사갈시하는 태도나 이질(異質)의 영역을 과장하여 통합의 가능성을 외면해서도 안될 것이다. 북한문학에 대한 편향된 시각은 북한을 바로 알고자 하는 것이 아니라 오히려 또 다른 왜곡을 초래할 가능성을 갖고 있다. 북한문학에 대한 관심이 민족동질성의 회복과 분단 극복의 참된 밑거

름이 되기 위해서는 동질성과 아울러 이질성의 양면을 객관적으로 조망하고 검토해야 할 것이다.

이 글에서 북한문학사를 검토하고자 하는 것은 무엇보다 '문학사'가 한 사회의 문학관과 미학관을 집약적으로 반영하며 동시에 당대의 연구 수준을 총괄한다고 보기 때문이다. 문학사를 서술한다는 것은 역사를 보는 사관(史觀)과 아울러 문학에 대한 관점을 전제하고, 거기에는 필연적으로 서술 주체의 현재적 입장이 투사될 수밖에 없다. 그리고, 북한문학사는 "문학발전의 합법칙적 과정"[1]을 서술하고 있다고 주장하는데, 과연 그것의 실체가 무엇인지 그리고 그러한 주장에 부합되는 서술체계와 타당성을 갖추고 있는지 하는 점 역시 관심의 대상이 되기에 충분하다. 북한문학사에 대한 이해란, 그런 점에서 북한의 문학과 사회에 대한 이해이자 동시에 향후 통일문학사 서술을 위한 토대의 점검이기도 한 것이다.

이 글은 이런 생각에서 최근의 저술인 『조선문학개관』(1986)[2]을 통해서 북한문학을 이해하는 기회를 갖고자 한다. 『조선문학개관』은 1977년 판 『조선문학사』(사회과학원 문학연구소편)를 '주체의 문예이론'에 의해 요약・정리한 것으로, 현 북한 사회의 문학관과 미학관이 집약된 것이라 해도 과언이 아니다. 따라서 『조선문학개관』의 검토는, 북한문학의 근간이자 사상적 지침이라 할 수 있는 '주체의 문예이론'에 대한 이해이고 나아가 최근 무분별하게 소개・도입되고 있는 북한문예의 사적(史的) 맥락에 대한 이해라는 점에서도 중요하다. 이러한 작업을 통해서 우리는 분단의 현격한 심연을 이해하고 진정한 민족문학사 수립을 위한 실마리를 발견하게 될 것이다.

---

[1] 『조선문학개관』(상)(번간본 ; 서울, 백의, 1988), 3면.
[2] 정홍교・박종원, 『조선문학개관』(상,하)(사회과학원출판사, 1986) (번간본:서울, 백의(상) 및 온누리(하), 1988). 본문의 '북한문학사'는 이 책을 지칭하며, 특별한 언급이 없는 한 인용은 이 책에 의존한다.

2. 북한문학사의 서술시각과 의도

　문학사란 과거의 문학적 제현상을 현재의 요구를 바탕으로 정리하고 평가하는 작업이다. 『삼국유사』나 『삼국사기』의 문학 관련 서술도 과거의 문학을 당대 사회의 일정한 요구에 의해서 정리하고 평가한 것이고 그런 점에서 문학사 서술의 단초적인 모습을 보여준다. 또 조윤제가 『한국문학사』 서문에서 "나의 이십 여 년의 학구(學究)의 생활은 나에게 있어서는 하나의 민족독립운동이었다"[3]는 진술도 이러한 사실을 뒷받침한다. 이렇듯 문학사는 역사의 특정 시기마다 그 시대의 요구를 일정하게 반영하면서 이루어져 왔다. 그런데 문학사는 과거의 모든 문학 현상을 서술하는 것이 아니라 특정 시각에 의하여 과거 사실들을 선택적으로 정리하고 평가한다. 그렇기 때문에 문학사에 대한 이해는 무엇보다 서술의 기본 원칙이 되는 서술시각에 대한 이해를 전제할 수밖에 없다.

　북한문학사는 연대기적(年代期的) 배치를 기본으로 한 시기구분 속에서 장르 혹은 주제별로 제반 문학현상을 배치하는데, 이는 남한에서 쓰여진 문학사의 서설 체제나 구성과 전혀 다를 바 없다. 예컨대 <삼국시대 / 발해 및 후기 신라 / 고려 / 15-16세기 / 17세기 / 18-19세기 중엽 / 19세기 후반-20세기 초> 등으로 시기를 구분하여, 각 시기마다 소설, 시, 극 등의 장르를 나누어 특징적인 사실들을 서술한다. 이 과정에서 주목되는 것은 북한이 한국사의 정통성을 고구려와 발해를 통해서 확립하고자 하는 까닭에 이 부분에 대한 서술이 상대적으로 강화되어 있고, 또 현대 편에서는 김일성을 중심으로 한 항일무장투쟁을 서술의 중심축이 되고 있는 점이다. 이를테면, 북한은 <고조선→ 고구려→ 발해→ 고려→ 조선→ 김일성의 항일무장투쟁>으로 민족사의 정통성을 세우는 까닭에 고구려와 발해 문학에 대해서 큰 의미가 부여되고, '현대편'에서는 항일 혁명문학이 서술의 중심으로 자리잡

---

3) 조윤제, 『한국문학사』, 탐구당, 1984년판, 6면.

는다.

이러한 서술체계 및 구성을 바탕으로 북한문학사는 '혁명과 건설'이라는 북한 사회의 당면 요구에 부합된 작품들을 선별·해석한다. 따라서 북한 사회의 특수성에 입각한 문학의 공리적(功利的) 측면이 고도로 강조되고, 지도 이념인 '주체사상'의 강한 규율성을 곳곳에서 목격할 수 있다. 주체사상(主體思想)에 의하면 '혁명과 건설'의 시기에 있어서 문학의 역할은 "노동자의 선봉적 역할과 혁명적 영향력을 강화"하고 그것을 통해서 "노동자의 계급적 당파성"[4]을 확립하는 것인 바, 북한문학사 서술의 기본원리는 바로 이러한 실천적 요구에서 비롯된다.

> 우리는 우리 인민들이 창조한 민족문화유산 가운데서 <u>진보적이고 인민적인 것</u>과 낡고 반동적인 것을 정확히 갈라내어 낡고 반동적인 것을 버려야하며 <u>진보적이고 인민적인 것</u>은 오늘의 현실과 노동계급의 혁명적 요구에 맞게 비판적으로 계승·발전시켜야 합니다.
> (사회과학원 문학연구소편, 『조선문학사』, 과학백과사전출판사, 1977, 383면)
>
> 민족문화 유산을 비판적으로 계승 발전시키고 조선사람이 좋아하고 그들의 정서와 비위에 맞는 <u>진보적이며 인민적인</u> 문학예술을 창조하고 발전시키는 것은 민족문화예술 건설의 유일하게 옳은 노선이며 방침이다.
> (상권, 92면)
>
> 고려의 <u>인민적이고 진보적인</u> 문학은 이러한 사회역사적 현실을 배경으로 하고 있으며 불교, 유교를 비롯한 반동적인 사상조류들과의 첨예한 투쟁 속에서 민족 고유의 특성을 살리면서 줄기찬 발전을 이룩하였다.
> (상권, 73면)(이상 밑줄 필자)

인용문에서 드러나듯이, 과거 문학에 대한 선택과 평가의 미적 기준은

---

[4] 태백 편집부편, 『북한의 사상』, 태백, 1988, 134면.

'인민성'과 '진보성'으로 요약된다. 즉 과거의 문학을 낡고 반동적인 것과 진보적·인민적인 것으로 대별하고 그 가운데서 진보적이고 인민적인 것만을 계승·발전시켜야 한다는 주장이다. 북한문학사는 이러한 미적 개념을 과거 문학에 대한 선별과 평가의 기본원칙으로 삼는다. 따라서 북한문학사에서 언급되는 작가나 작품은 모두 이러한 시대적 요구에 부합되는 것으로, 계승·발전시켜야 될 과거 문학의 결정(結晶)인 셈이다.

사회주의 미학의 기본개념의 하나인 '인민성'은 모든 문학 예술을 창조하고 수용하는 주체는 인민(人民)이라는 명제에 바탕을 두고 있다. 즉 창작의 주체도 인민이며 수용의 주체도 인민이라는 것. 따라서 인용문에서 보이는 "인민들이 좋아하고 그들의 정서와 비위에 맞는"이라는 추상적 진술은 이러한 양 측면을 포괄하는 말이다. 말하자면 과거문학에 대한 미적 가치판단의 기준으로 '인민성'을 사용하고 있기 때문에 작품의 내용이 인민적이냐 그렇지 않느냐에 서술의 초점이 모아진다.

북한문학사는 이러한 개념에 입각해 1)주제사상(主題思想)의 측면에서 인민성을 구현한 경우와, 2)언어 혹은 형식의 측면에서 인민성을 구현한 경우로 나누어 서술한다. 1)의 경우 인민들의 도덕적 풍모나 생활감정, 행복에 대한 염원, 불교·유교 등 '반동적 사상'에 대한 비판이나 통치배와 중들에 대한 비판 등이 작품에 반영되어 있으면 모두 '인민적'이라고 고평하며, 2)의 경우는 인민들이 알기 쉬운 형식으로 창작되어야 한다는 원칙에 입각해서 지배층의 기록문학보다는 피지배 인민 대중의 구비문학을 더욱 중시하는 서술태도로 나타난다. 그렇지만 두 가지 측면을 요목화하여 서술하지 않고, 대신 당대 사회의 객관적 요구에 부응하여 어느 하나를 충족하고 있으면 모두 '인민성'으로 포괄하는 다소 융통성 있는 태도를 보여준다.

한편, '진보성'은 위의 인용문에서 알 수 있듯이, 인민 대중의 이해관계를 반영한 것으로 '인민성'과 거의 같은 개념으로 사용되고 있다. 즉 인민 대중의 이해를 반영하고 있으면 진보적이고, 착취계급의 이해 관계를 반영하면 반동적인 작품이라는 식이다. 이것은 루카치가 『독일문학사』에서 "독일의 비참상에 대한 투쟁은 진보적"이며, "독일의 비참상을 어떠한 형태로든 영구화하려는 모든 시도는 반동"5)이라고 한 규정에 비추어 보자면, 당대 현실의 제반 모순을 인민 대중의 입장에서 극복하려는 시도는 '진보적'이고 그것에 반하는 것은 '반동적'인 것으로 이해할 수 있다.

이처럼 인민성과 진보성은 긴밀히 결부되어 있지만, 『조선문학개관』은 인민성이 구현된 작품을 모두 진보적이라고 평가하지는 않는다. 왜냐하면 주제사상(主題思想)의 면에서 인민성을 구현하고 있더라도 상대적인 제한성이 있으며, 또 주제사상의 면에서 반동적이라 하더라도 언어·형식면에서는 진보성이 인정되는 경우가 존재하기 때문이다. 이러한 이유로 북한문학사는 인민성이 바로 진보성으로 연결되는 경우를 제외하고 특히 다음과 같은 두 가지 항목에 대해서 '진보성'의 개념을 적용하는 것으로 보인다. 하나는 그 시대의 선진적(先進的) 사상을 반영한 경우이고, 다른 하나는 조국에 대한 사랑의 감정을 표현한 경우이다. 전자는 최치원과 같은 당대의 진보적 인사들에게 적용되며, 후자는 국토 방위와 결부된 애국주의(愛國主義) 문학에 적용되는데, 특히 후자의 경우 지배계급의 작품이라 하더라도 '애국주의'를 표방한 경우에는 모두 '진보적'(혹은 인민적)이라고 평가하는 다소 모순적인 시각을 보여준다. 이를테면, '지배층'은 인민 대중을 착취하는 '반동적 계급'임에도 불구하고 작품에서 조국과 국토 방위에 대한 충정을 노래하면 곧바로 '진보적'으로 평가하는 정반대의 시각을 보여준다. 여기서 우리는 '진보성'이 앞의 '인민대중의 이해를 반영'한 것과는 다른, 즉 '민족 단위의 자주성 실현'이라는 주체사상의 근본명제와 결부되어 있음을 확인할 수 있다.

주체사상에 의하면 철학의 근본 명제는 인간과 세계의 관계로 규정되며 "인류 사회의 발전역사는 자주성을 옹호하고 실현하기 위한 인민 대중의 투쟁의 역사"가 된다. 이 자주성 쟁취의 역사과정에서 기본 단위는 '민족'이

---

5) G. Lukacs, 반성완·임홍배역, 『독일문학사』, 심설당, 1987, 21면.

며, "자주권을 가진 민족으로서 자유롭게 살아가기 위한 데" 모든 "혁명투쟁의 목적"6)이 있다. "반침략 애국주의 문학"에 대한 초계급적(超階級的) 긍정과 찬사는 바로 이런 명제에서 비롯된 것으로 보인다. 즉 민족 단위의 자주성 실현과정이 주체사상의 근본 명제가 되는 까닭에 그것의 문학적 표현이라 할 수 있는 반침략 애국주의 문학이 무엇보다 주목되고 강조될 수밖에 없는 것이다. 그렇기에 타민족에 대한 반침략 애국주의는 계급의 고하를 막론하고 긍정적인 찬사의 대상으로 포착되고, '민족적 긍지'와 '조국의 산수에 대한 사랑'이 중요한 주제사상적 강조점이 되는 것이다.

인민성과 진보성의 차별적 적용에서 우리는 북한문학사의 서술 의도를 간파하게 된다. 즉, 인민대중의 이익을 반영한 '인민적이며 진보적인 문학'과 민족 자주성에 바탕을 둔 '애국주의 문학'만이 북한 사회의 현재적 요구에 부합되며, 문학 유산의 계승이라는 측면에서도 긍정적으로 평가받고 있다는 점이다. 환언하자면, "주체형의 공산주의적 인간"을 만들기 위한 "문화사업의 일환"7)으로 문학사 서술이 이루어지는 까닭에 문학의 공리적 측면이 고도로 강조되고, '인민성'과 '진보성'은 그것을 구현하는 구체적 원칙이자 서술의 방향인 셈이다. 따라서 북한문학사의 의의와 한계는 바로 이러한 서술시각을 살핌으로써 드러나리라 생각한다.

3. '인민성'과 '진보성'의 구현 양상

북한 문학사에서 '인민성'의 문제는 주로 1)의 주제사상적 측면에서의 구현 여부를 설명하는데 주로 사용된다. 창작의 주체가 지배계급이든 인민대중이든 상관없이 인민의 이해관계를 반영한 작품이면 모두 인민성으로 포괄한다. 가령, 「단군신화」와 「해모수신화」를 설명하면서 두 작품은 모두 "국가권력을 장악한 지배계급의 지향과 요구"를 반영하는 한계를 지니고는

---

6) 앞의 『북한의 사상』, 77면.
7) 『정치사전』(사회과학출판사, 1973)(번간본 ; 지양사, 1989), 396-397면.

있지만, "인민의 유년기의 생활 정형과 그들에 의하여 창조된 문학예술의 발전 면모를 보여"주고 있다는 데서 긍정적인 평가를 받는다. 그리고 「도미와 그의 아내」는 가난하고 평범한 백성인 도미와 그의 아내를 통해서 인민의 미풍양속인 사랑과 절개를 잘 표현하고 있다는 점에서, 그리고 「설씨의 딸」은 신의를 지키려는 '딸'의 형상을 통해서 가난한 인민의 미풍양속을 구현하고 있다는 이유로 모두 긍정적인 평가를 받는다. 또 중을 포함한 "지배층의 교활성과 착취를 폭로 비판"하고 있는 「무영탑」「에밀레종」「사리화」「장암」「보현사」「나라에서 농사군이 맑은 술과 이밥먹기를 금지하는 영을 내렸다는 말을 듣고」「며칠후에 다시 쓰노라」 등 인민의 이해를 반영한 작품들이 높이 평가되는데, 이러한 서술은 모두 주제사상적인 면에서 인민성의 구현 여부를 보여주는 사례들이다.

그런데 인민들이 고유한 표현 수단을 갖지 못했던 시대에 있어서 서사문학(즉 기록문학)은 "통치배를 비롯한 일부 지배층의 독점물"이었기 때문에 "광범한 인민들의 창작활동과 보급은 구전적 형식"으로 진행되었고, 그 속에서만이 "인민문학의 참다운 면모"를 발견할 수 있다고 한다.

> 삼국시기 인민들 속에서 널리 창작보급된 구전문학은 이 시기의 문학에서 주도적인 자리를 차지하고 있었다. 당시 서사수단으로 이용되고 있던 한자나 이두 글자는 우리말을 자유롭게 표현할 수 없었을 뿐만 아니라 그마저 통치배들을 비롯한 일부 지식층의 독점물로 되어 있었다. 따라서 광범한 인민들 속에서의 창작활동과 보급은 많은 경우 구전적 형식으로 진행되었다. 삼국시기에 창조·발전된 설화와 국어가요는 당대 인민들의 사상 정신생활의 예술적 구현으로서 중세초기 인민문학의 참다운 면모를 보여 주고 있다.
> (상권, 29면)

인민성에 입각한 이러한 서술시각은 설화, 구전가요, 민요, 참요 등의 구비문학에 대한 긍정적인 의미부여로 이어져 구비문학이 각 시대마다 "국어 시가의 기본형태"가 되며, 그것을 바탕으로 제반 문학양식이 출현했다는 서술로 이어진다. 즉, 민족문학사의 기본 줄기로 구비문학을 설정하고 그것의 "창조적 경험에 의존"하여 「한림별곡」, 「관동별곡」 등의 경기체가와 『동인시화』, 『패관잡기』 등의 패설(집)과 『금오신화』 등의 고전소설이 출현했다는 것이다. 심지어 고려시대의 '한자시(漢字詩)' 역시 구비문학인 '고려가요'의 영향 아래서 발전했다고 본다. 이를테면, 임춘을 비롯한 '해좌칠현'의 문학과 이규보, 윤여형 등의 한자문학은 고려 국어가요에서 "그 형식을 도입했거나" 혹은 "인민구전문학"의 "수집"과 "번역"의 결과로 탄생한 민족문학의 고유한 형식이지 결코 중국문학의 영향을 통해서 이루어진 것이 아니라고 설명한다. 그리고 그런 전통이 현대문학으로 이어져 항일무장투쟁시기의 「혁명가」를 비롯한 혁명가요와 송가(頌歌) 등의 구전형식으로 계승되며, 그 토양에서 "꽃 핀" 항일혁명문학이 1920년대 후반에서 1930년대에 이르는 '진보적 문학' 발전에 영향을 주어 조명희·이기영 등의 프로 작가와 채만식·이효석 등의 '비판적 사실주의 작가'를 배출했다고 한다.

구비문학을 중심축으로 하여 제반 문학양식을 배치하는 이러한 서술시각은, 한때 남한 사회에서 논란이 되었던 표기수단에 의한 한자문학의 수용과 전통단절론의 문제를 극복하려는 의도로 짐작되는데, 특히 주목되는 것은 현대분야의 서술에서 민족문학의 중심축을 만주와 간도에서 발생한 항일혁명문학으로 설정하고 그 영향 아래서 프로문학을 비롯한 국내의 제반 '진보적 문학'이 발전했다고 보는 시각이다. 말하자면 현대문학에서 가장 중시되는 것은 김일성을 중심으로 이루어진 항일혁명문학이고 그 '영도' 아래서 국내의 제반 진보문학이 발전했다는 식이다. 그런 까닭에 국내의 프로문학은 상대적으로 평가절하되며, 김일성을 중심으로 한 항일혁명문학이 민족문학 최고의 성과로 평가된다. 또 전쟁 직후 권력의 헤게모니 장악과정에서 김일성 등의 갑산파(甲山派)에 의해 숙청된 남로당(南勞黨) 및 소련파 계열의 문인들 즉 임화, 이원조, 설정식, 김남천, 이태준 등은 문학사에서 아예 거론조차 되지 않으며, 대신 정치와는 무관하게 활동했던 채만식, 심훈, 이효석 등이 '비판적 사실주의 작가'로 중요하게 평가를 받는다. 이 역시 김일성의 선명성과 영도성을 부각시키기 위한 의도적인 전략에 의한 것으로 보인다.[8]

다음은 2), 즉 언어·형식의 측면에서 '인민성'의 구현 여부를 살펴보기로 한다. 언어·형식에 대한 강조는 '사회주의적 내용에 민족적 형식'을 갖추어야 한다는 사회주의 미학관과 결부되는 것으로, 그것은 먼저 형식 창출의 전제가 되는 문자 발명에 대한 사적(史的)인 의미부여로부터 시작된다. 즉 구비문학에서 '인민성'의 직접적인 구현을 찾고 그것을 통해서 민족문학의 줄기를 잡으려는 북한문학사의 시각에서 보자면 평이하고 과학적인 한글의 창제는 '인민성'에 바탕을 둔 '민족적 형식'을 창출하기 위한 기본 요건이라는 점에서 중요할 수밖에 없다. 그래서 훈민정음의 창제는 "국문문학의 획기적 발전"의 계기를 제공한 것으로 주목되고, 당연한 결과로 한글에 대한 사랑과 새로운 양식의 창조가 높이 평가된다. 특히 '주체의 문예이론'이라는 북한 고유의 미학원리의 자생적 발전과정을 추적하여 그것에 역사적 정당성을 부여하려는 의도에서, 한글에 대한 사랑과 진보적 미학관의 피력은 그 근거를 제공한다는 점에서 더욱 강조되는 것으로 볼 수 있다. 진보적이지도 그렇다고 인민적이지도 않았던 그러면서 "철저히 통치계급의 입장에 서 있었"던 정철이 북한문학사에서 높이 평가되는 아이러니는 이런 맥락에서 이해할 수 있다.

정철은 곡절 많은 생활과정에서 얻은 체험에 기초하여 당대의 현실생

---

[8] 최근의 한 연구는 북한문학사의 이러한 시각이 점차 변화되고 있음을 보여준다. 1980년대 이후 북한은, 기존의 방식으로 문학사를 서술할 경우 그렇지 않아도 빈약한 우리 근대문학의 유산이 한층 축소된다는 인식 하에서 그 동안 문학사에서 제외되었던 작가들을 새롭게 평가하고 있는데, 그 대표적인 경우가 이광수와 염상섭이다. 1998년에 나온 『현대조선문학선집』 16권에는 염상섭의 「만세전」이 수록되어 있고 이광수 역시 친일행적에도 불구하고 상대적인 평가를 받고 있다. 자세한 것은 김재용의 「남북 문학계의 교류와 문학유산의 확충」(『실천문학』, 2000년 여름호) 참조.

활을 재현한 한자시 작품들과 가사, 시조 등의 국문시가 작품들을 창작하였다. 그는 사회정치적 견해에서는 철저히 통지계급의 입장에 서 있었으나 창작생활에서는 양반관료들과는 달리 우리글을 사랑하고 국문시가의 창작에 깊은 관심을 돌렸다. (중략)
 국문시가는 정철의 시가문학에서 주되는 자리를 차지하며 정철의 문학사적 공로도 바로 여기에 있다.

(상권, 176면)(밑줄 필자)

 또 17세기 중엽에서 19세기 중엽까지 실학자들의 미학 견해를 높이 평가하는데, 이는 실학사상의 진보적 측면 외에도 "현실과 예술의 관계문제에 대한 소박한 유물론적 해석"을 통하여 "사실주의적 문학 발전을 추동하는 데 이바지하였기"때문이라고 한다. 그리고 이런 전통이 현대문학으로 이어져 이인직 문학의 "반인민적이며 숭미사대주의적인 측면"에도 불구하고 "전통적인 소설 형식을 강조하고" 발전시켜 "새로운 양식의 소설작품"을 창조했다는 상대적인 긍정성 부여로 나타나고, 그것이 "항일혁명문학"으로 "꽃 피게"되어 "진정한 인민의 문학, 참으로 혁명적인 노동계급의 문학"이 탄생했다는 서술로 이어진다.
 다음은, 인민성과 긴밀히 결부되어 있지만 주로 다른 범주의 문학에 적용되고 있는 '진보성'의 문제를 살펴보기로 한다. 진보성은 앞에서 언급한대로 현실의 제반 모순을 인민 대중의 입장에서 극복하려는 시도를 말한다. 이러한 의미에서 진보성은 인민성과 긴밀히 결부되어 있지만, 특히 그 시대의 선진적 사상을 반영한 작품은 인민성을 선취(先取)하고 있다는 점에서 주목된다. 가령, 최치원의 현실 비판적 작품이나, 왕거인의 "통치배들의 폭압과 횡포를 폭로"한 작품, 15-16세기의 "사회현상에 대한 비판적 경향을 담은"『용재총화』『패관잡기』등의 패설, 그리고 17세기 중엽에서 19세기에 이르는 "사회적 불합리를 비판"한 실학파 문학 등에 대한 진보성 부여는 모두 이런 맥락에서 이해할 수 있다.

그런데 '진보성'의 적용에 있어서 주목을 요하는 것은 앞에서 언급한대로 '조국애' 혹은 '반침략 애국주의'와 결부된 경우로, 이 범주의 문학에 대한 진보성 규정은 신분의 고하나 계급의 반동성 여부를 떠나서 무차별적이며 초계급적이라는 특징을 보여준다. 즉 「박제상 이야기」를 설명하면서 "박제상의 형상은 봉건국가에 대한 충성과 밀접히 결부되어 있지만", "악착한 고문과 죽음에도 주저함이 없이 왜놈들에게 끝끝내 굴복하지 않는" "강한 애국심과 민족적 긍지"를 지녔기 때문에 진보적이라고 평가한다. 그 결과 귀족지배층이었던 '양태사'나 '왕효렴'의 한자 서정시 문학이 그들의 계급적·세계관적 한계에도 불구하고 "자기 나라에 대한 사랑의 감정"을 노래했다는 이유만으로 높은 평가를 받는다. 이러한 애국주의 문학에 대한 초계급적 긍정과 진보성 부여는 문학사 곳곳에서 발견되는데, 특히 '현대편'에서 김일성을 중심으로 한 항일무장투쟁과 그 부산물인 '항일혁명문학'에 대한 절대적인 신뢰와 찬사는 지나칠 정도여서 현대문학사의 거의 전부가 김일성을 중심으로 한 교시와 찬양이라 해도 과언이 아니다. 그리하여 '항일혁명문학'과 현재 산출되고 있는 제반 문학이 '혁명적인 사상'과 '인민적인 형식'을 지닌 당대 최고의 문학으로 자리잡는다.

> 항일혁명문학예술은 혁명적인 내용을 우리 인민이 잘 알고 좋아하는 민족적 형식에 담음으로써 인민들에 잘 이해되고 그들의 심금을 울릴 수 있었으며 사회주의적 사실주의 창작방법의 확고한 토대를 마련할 수 있었다.
> 김일성동지께서 혁명의 진두에 서시어 항일혁명투쟁을 승리에로 조직영도하시던 시기에 창조발전된 항일혁명문학예술은 오늘 우리 문학예술의 영광스러운 전통으로 되고 있다.
> (하권, 16면)

이상에서 우리는 서술시각을 중심으로 북한문학사의 특징을 살펴보았다.

정리하자면, 북한문학사의 서술시각은 '인민성'과 '진보성'이라는 두 개의 미학개념에 입각하는 바, 인민성은 주제사상적인 면에서 인민의 이해관계를 반영하는 것이고, 언어형식의 면에서는 인민들의 문자와 양식 발전에 기여하는 것을 뜻한다. 그래서 전자의 측면에서는 구비문학이 중요하게 다루어지고, 후자의 측면에서는 한글 창제 이후 그것을 갈고 다듬는 데 공헌한 정철과 실학파 문학이 주목된다. 그리고 진보성은 대부분 인민성과 결부되어 사용되지만, 특히 애국주의 문학을 설명할 때는 그 의미가 확대되어 '민족 단위의 자주성 실현'이라는 주체사상의 입장이 반영되면 무조건 칭송되고, 그 연장에서 1920년대 이후의 항일혁명문학이 당대 최고의 문학으로 자리잡게 된다.

4. 북한문학사의 의의와 한계

이상의 분석을 통해서 우리는 북한문학사의 특성을 제한적으로나마 이해할 수 있었다. 여기서는 그것을 바탕으로 북한문학사의 의의와 문제점을 거론해 보기로 한다.

먼저 북한문학사 서술시각의 의의를 살펴보면, 첫째로 임화 이래 현대문학의 기본명제가 되다시피 한 '이식문학론(移植文學論)'에 대한 새로운 이해의 지평을 제공해 준다는 데 있다. 서구문학의 이식을 통해서 근대문학이 본격적으로 시작되었다는 임화의 논리는 그것을 극복하려는 여러 노력[9]에도 불구하고 여전히 미진한 상태로 남아 있다. 그런데 북한문학사는 '인민성'이라는 개념에 의거하여 구비문학을 민족문학의 기본줄기로 파악하고 그것이 시대 발전에 따라 변모・발전한 양상을 추적하여 근대문학으로 이

---

[9] 임화의 이식문학론을 극복하려는 의도 하에 쓰여진 글로는 다음과 같은 것들이 있다. 조동일의 『한국시가의 전통과 율격』 및 『한국문학통사』, 김현・김윤식의 『한국문학사』, 그리고 최원식의 『한국근대소설사론』 등. 이 중 조동일과 최원식은 임화의 명제를 극복하려는 의도를 상대적으로 강하게 보여준다.

어진 과정을 서술한다. 즉 이식문학론의 이론적 근거가 되는 '개화기 문학'을 구비문학에 바탕을 둔 "전통적인 소설형식을 강조하고 그것을 현실 발전과 시대의 미학적 요구에 맞게 발전시키면서 새로운 양식의 소설작품"을 산출한 것으로 이해하고, 그러한 전통이 항일혁명문학으로 이어진다는 '전통계승론적 입장'을 취한다. 그리하여 작품의 외형에 주목하여 서구문학의 이식(移植)에서 근대문학이 시작되었다는 임화 이래의 단절론적(斷絶論的) 입장과는 다른 입장을 보여준다. 물론 이 과정에서 무리한 비약이나 당위론적인 주장만을 내세우는 경우가 목격되기도 한다. 즉 실증적인 근거의 제시 없이 전통계승론적인 입장을 '주장'만 하는 한계를 보이는데, 가령 개화기 문학의 연속성을 설명하기 위해서 이인직 문학을 내용과 형식으로 분리하여 내용은 문제삼지 않고 단지 형식에만 주목하는 식의 편의주의적 서술을 서슴지 않는다. 따라서 북한문학사는 '인민성'이라는 개념을 통해 전통단절론을 보는 새로운 이해의 지평을 제공하는 긍정적인 의의에도 불구하고 그것을 실증적 근거와 논리적 타당성을 갖추어 입증하지는 못하고 있는 것으로 판단된다.

둘째로 북한문학사는 문학에 있어서 민족적 형식(혹은 양식)의 문제를 중시한다는 점이다. 이러한 점은 '사회주의적 내용과 민족적 형식'을 강조하는 사회주의 미학관에서 비롯된 것이지만 북한의 경우 주체사상의 영향으로 '민족적 형식'은 더욱 강조되는 것으로 보인다. 그 결과 진보적 미학견해나 언어관 등이 높이 평가되며 그 연장에서 항일혁명문학을 "민족적 바탕 위에서 창조 발전된 혁명적이며 인민적인 문학예술"로 특히 강조한다. 이러한 민족적 형식에 대한 강조는 국수주의적 편향성을 갖고 있기는 하지만, '민족적인 것이 세계적인 것이다'라는 명제를 상기할 때 민족 현실에 맞는 고유의 양식을 발굴하고 계승시켜야 한다는 차원에서 보자면 매우 긍정적임을 알 수 있다. 북한문학사는 이러한 점에서 중요한 시사점을 제공한다.

셋째로 인민성 중심의 문학사 서술은 기록문학, 고급문학을 중시하는 기존의 남한문학사에 비해 상대적인 진보성(혹은 건강성)을 견지하고 있다는 점이다. 소수 지식인 중심의 문예운동이나 사조, 유파 등을 강조해 온 기존의 남한문학사(특히 현대문학사)에 비해 북한문학사는 민중 속에서 태동・발전한 작품을 문학사의 중심축으로 설정하고 있다는 점에서 진보적이며 상대적으로 건강해 보인다. 특히 역사 허무주의, 개인주의, 퇴폐주의 등이 점차 확산되는 남한의 현실에 비추어 건강한 민중정서와 사상을 중시하는 서술시각은 오늘의 우리를 새삼 되돌아보게 하는 반성적 측면마저 갖고 있다. '문학발전의 합법칙적 과정'의 서술이라는 과학적 문예학을 주장한 북한문학사의 의의는 바로 이런 데 있을 것이다.

그렇지만 북한문학사는 이런 장점에도 불구하고 다음과 같은 근본적인 문제를 안고 있는 것으로 보인다. 첫째로 주체사상과 주체의 문예이론이 갖는 근본 문제[10]와 직결되는 것으로 '문학발전의 합법칙적 과정'에 대한 서술과 평가가 실증적 근거와 논리적 타당성을 결(缺)하고 있다는 점이다. 이러한 점은 과거의 문학적 제 현상과 사회・경제적 토대에 대한 이해가 관념적이며 변증법적이지 못하다는 데서 확인할 수 있는 것으로, 가령 내용은 반동적이지만 형식은 진보적이다는 규정은 내용과 형식을 변증법적으로 파악하지 못한 형식논리의 산물이다. 현실을 이해하고 해석하는 원칙과 작품 구성의 원칙은 상호 불가분하게 결합되어 나타날 수밖에 없다. 즉, 모든 예술작품은 일정한 내용과 그것에 유기적으로 연결된 고유한 내면의 구조와 형식을 갖는다. 따라서 내용과 형식을 단절시켜서는 안되며 유기적으로 결합된 통일체로 파악해야 그 전모를 온당하게 파악할 수 있는 것이다. 그런데 북한문학사는 이러한 변증법적 관계를 고려하지 않고, 내용과 형식을 분리하여 편의적으로 선택・배제하는 도식적인 서술 태도를 곳곳에서 보여준다. 그 결과 과거문학에 대한 해석과 평가에서 역사적 원근법과 논리적 타당성을 확보하지 못한 채 주관적 편견을 곳곳에서 드러낸다.

둘째로 과거문학에 대한 선별과 해석이 편향적이라는 점이다. 이러한 사

---

[10] 주체사상의 근본문제에 대해서는 『주체사상비판』(1, 2)(이진경 엮음, 새길, 1989)을 참고할 것.

실은 남북이 서로 다르게 정통성(正統性)을 주장하고 있는 현대분야의 서술에서 더욱 두드러지는데, 앞에서 언급한대로, 북한문학사는 민족문학의 줄기를 항일혁명문학으로 잡고 그것의 영향하에서 당시의 제반 진보적 문학이 발전했다고 본다. 그렇지만 남한에서 산출된 어떠한 문학사나 연구서도 이러한 사실에 동의하지 않고 있다. 북한문학사가 진정으로 과학성에 입각한 '문학발전의 합법칙적 과정'을 서술하고자 한다면, 이러한 주장은 실증적 자료에 의해 해명되어야 할 것이다. 그렇지만 북한문학사는 이러한 사실에 대한 실증적 근거 제시에는 미흡한 것으로 보인다. 또 북한문학사는 1952년 말에서 1953년에 걸쳐 숙청된 임화, 김남천, 이원조 등과 식민지시대의 대표적 민족시인이라 할 수 있는 이육사, 윤동주 등을 배제하고 있다. 이러한 '불순문인'(?)의 제거는 '혁명전통의 순결성'을 강조하는 주체사상의 입장에서 보자면 타당할 수도 있지만, 그들의 당대적 역할을 고려하자면 최서해를 비롯한 '비판적 사실주의 작가'들에 대한 언급에서처럼, 그들의 진보성과 아울러 제한성을 지적하면서 문학사에 수용하는 것이 보다 형평에 맞는 서술이 될 것이다.

서술시각의 이러한 편향성은 북한문학사의 또 다른 한계인 지방주의(地方主義)와 연결된다. 지역편향적 서술은 민족사의 줄기를 고구려, 발해를 통해서 확립하려는 역사관의 산물로, 발해와 고구려 문학에 대한 적극적인 찬사와 의미 부여, 북한의 수도인 '평양'에 대한 역사성 강조로 드러난다. 정지상의 시 「서도」, 「이원」, 「벗을 보내며」, 「대동강」 등을 서술하면서 "오랜 역사와 문화를 가진 고도이며 자신이 나서 자란 고향인 평양"을 노래했다는 이유로 "민족적 정서가 차넘치는 우수한 서정시 작품"으로 평가하고 있는데, 이것은 '평양'과 결부된 "서정적 주인공의 감정세계"가 평양의 상징성, 이를테면 "평양은 고구려의 옛 도읍으로서 역사적으로 우리나라의 정치・경제・문화의 중심지의 하나"였다는 점과 연결되어 곧 바로 '민족적 정서'가 된다는 논리이다.

이러한 편향성과 주관적 왜곡은 현대문학사 전부를 김일성을 중심으로 서술하는 인물주의(人物主義)로 이어진다. 『조선문학개관』의 하권은 모두 김일성에 대한 찬양이라 해도 과언이 아닐 정도다. 이점은 '노동계급의 수령 형상 창조'와 '수령에게 열렬한 혁명전사들의 형상 창조'라는 주체의 문예이론이 투영된 결과로 이해되긴 하지만 주체사상에 익숙하지 못한 남한 독자들에게는 당혹스러울 수밖에 없다. 이와 같은 지방주의와 특정 인물에 대한 편향성은 무엇보다 역사를 주관화(主觀化)한다는 점에서 과학적이지 못하다. 이러한 점은 '진보성'과 '인민성'이라는 사회주의 미학개념에 의거해 과거 문학을 정리하려는 서술시각에도 불구하고 현재의 공리주의적 입장이 지나치게 개입된 결과라 하겠다.

5. 맺음말

이상의 검토를 통해서 우리는 북한문학사의 서술시각과 그 의의를 소략하게 고찰하였다. 북한문학사가 내세운 '과학적 문예학'의 의미를 서술과정을 통해서 확인하였고, 그것이 지닌 의의를 남한문학사와 대비하여 살펴보았다.

북한문학사는 '인민성'과 '진보성'의 개념을 통해서 전통단절론 혹은 이식문학론에 대한 새로운 해석의 지평을 제공하고, 민족적 형식과 인민의 정서와 사상을 중시하고 있음을 확인할 수 있었다. 이런 점은 남한의 문학사와는 확연히 다른 모습으로, 비록 낯설고 이질적으로 느껴지기도 하지만, 한편으로는 새로운 인식과 해석의 가능성을 제공하는 것으로 받아들일 수 있다. 그렇지만 북한문학사는 '주체사상'과 '주체의 문예이론'의 근본 한계와 직결된 역사인식의 관념성, 도식적 서술 그리고 특정 지역과 인물 중심의 편향성 등의 문제로 말미암아 과거 사실에 대한 선별과 평가가 매우 자의적(恣意的)임을 확인하게 된다. '과학적 문예학'이라는 주장이 호소력을 갖기 위해서는 이런 대목들이 실증적 근거와 합리적 서술을 통해서 보완되어야 할 것이다. 문학사란 과거사를 임의로 선별·해석하는 것이 아니라 오랜 연구로 누적된 결과물을 집약한 결정판과도 같은 것이다. 북한문학사가 자의성을 강하게 노정하는 것은 북한의 역사적 특수성에서 비롯된 것으로 이해할 수는 있다. 주변의 강대국과 경쟁하면서 자주권을 지키고 사회주의 혁명을 완수하기 위해서는 내적으로 단결하고 이념적으로 무장할 필요가 더욱 절실했을 것이다. 주체사상이란 이 단결의 이념이고, 주체의 문예이론이란 그것의 문학적 적용원리였던 것이다. 북한문학사에서 목격되는 자의성이란 이런 특수성에서 비롯된 것으로 이해된다.

　지금의 시점에서 북한의 역사적 특수성을 굳이 부정할 필요는 없을 것이다. 중요한 것은 북한 사회가 더 이상 고립된 섬으로 존재할 수는 없다는 사실, 또 남과 북이 더 이상 냉전적인 사고로 서로를 부정하고 적대시하는 과거의 전철을 밟아서는 안 된다는 사실이다. 북한문학사를 검토하면서 확인한 동질성과 이질성의 국면들을 받아들이면서, 서로를 이해하고 교정하는 노력이 조금씩 진행된다면 남·북한 문학의 접점(接點)은 한층 넓어질 것이고, 그것을 위해서 북한에 대한 이해의 노력은 한층 가속화되어야 할 것이다. 문학의 통일이란 결국 이 지난한 과정을 통해서 이질과 동질의 영역을 한 단계 지양하는 과정이 될 것이다.

Ⅲ 질주의 시대와 소설의 풍경

- 질주의 시대와 작가의 고민
- 시대·광기·허무주의
- 진실을 천착하는 집요한 시선
- 인물로 본 삶과 시대의 풍경
- 문체로 구축한 일상의 삶
- 비극적 세계를 사는 방식
- 신생의 즐거움과 위태로움
- 어머니와 함께 한 기억들
- 신세대의 연애법
- 풍경화로 소묘된 누님의 초상
- 카리스마적 군주와 영웅 대망의 심리

질주의 시대와 작가의 고민
— 박일문과 최윤의 소설

1.

　오늘날처럼 속도가 위력을 발휘한 시대가 있을까. 속도의 질주 속에서 모든 것은 허공 속으로 사라진다. '제3의 근대'로 명명되는 현실을 질주 속으로 몰아 넣은 것은 컴퓨터와 통신장비의 급속한 발전이다. 최신 기종의 컴퓨터는 불과 몇 달 사이에 구형이 되어 중고상으로 밀려나고, 첨단 통신장비로 각광받던 기기들은 불과 2-3년의 수명을 채우지 못한 채 자취를 감춘다. 무선호출기(삐삐)는 고작 3년을 넘기지 못하고 그 자리를 PCS에 물려주었고, 그마저도 머잖아 IMT-2000이라는 또 다른 첨단 장비에 의해 대체될 운명에 놓여 있다. 이제 더 이상 새로운 것이란 없고 끊임없는 변화만이 있을 뿐이다. 속도와 변화에 편승하지 못하면 중심에서 밀려나 시대의 외곽을 배회할 수밖에 없게 된 것이다.
　속도의 질주 속에서 야기된 변화는 새로운 인식과 감성의 출현이다. 사람들은 더 이상 사물의 근원에 대해서 질문하지 않는다. 화려한 외형에 주목할 뿐 그것을 가능케 하는 존재의 본질과 특성에 대해서는 관심이 없다. 벤처기업을 해서 누가 얼마를 벌었는가에 눈동자를 빛낼 뿐이지 그런 신화를 만들어내기 위한 과정의 괴로움에 대해서는 시선을 돌리지 않는다. 문학 역시 예외가 아니다. 무수히 출몰하는 대중가수 중에서 대중의 욕망에 부합한 한 두 명이 살아남듯이, 엄청난 수로 쏟아지는 작품 중에서 기억되는 것이라곤 고작 한 두 명의 작가일 뿐이다. 작품의 깊이와 문제의식의 진정성보다는 감각적인 흥미와 현란한 이미지만이 문단을 활보한다. 기술복제시대의 예술이 지닐 수밖에 없는 예술의 위약성을 경계한 벤야민의 통찰은 이제 먼 옛날의 이야기가 되었다. 예술은 특정한 시간과 공간 속에서 그 예술작품이 갖는 유일무이한 현존성 즉 그 예술작품이 위치하고 있는 장소에서 그것이 지니는 일회적 현존성에서 발생하는 독특한 분위기(즉, aura)를 갖고 있고, 기계가 원작을 아무리 똑같이 복제해내도 이 아우라는 복제할 수 없다는 게 벤야민의 견해였다. 이런 주장에 따르자면 무수히 쏟아지는 정교한 복제품들이란 한갓 사이비 모사품에 불과할 뿐이지 결코 예술의 지위를 획득할 수는 없다. 그런데, 진품과 모사품의 구분 자체가 의미를 상실하게 된다면 벤야민의 주장은 한갓 미몽이 될 수밖에 없을 것이다. 시뮬라크라(simulacra)에 의해 창출되는 이미지는 원본과 대상과 실체를 복제하고 모사하는 차원을 뛰어넘어 생산하고 재생산하는 단계에 이르렀다. 이런 상황에서 문제되는 것은 아우라(aura)가 아니라 끊임없이 재생산되는 이미지(image)일 수밖에 없다.

최근 소설에서 젊은 작가와 중견 작가들의 작품이 뚜렷한 단절을 보여주는 것은 기실 이런 환경의 급격한 변화와 무관하지 않다. 젊은 작가들에게서 보이는 이미지의 과도한 활용과 비선조(非線條的)인 구성 등은 이들이 기존의 서사방식과는 다른 감성과 인식에 바탕을 두고 있음을 말해준다. 남는 시간을 활용하여 쓰여지고 수용되는 양식으로 문학을 이해하는 까닭에 가벼운 흥미에 집중될 수밖에 없고, 그래서 사물의 근원을 추적하고 그 경과에 주목하는 기존의 선조적 구성을 선호하지 않는 것이다. 길을 가되 그 끝을 의식하지 않으며 언제든지 옆길로 나갈 수도 있고 또 여행을 포기할 수도 있다. 어느 것이 진짜이고 가짜인지, 어느 것이 진품이고 어느 것이 가상의 이미지인지를 구별할 수 없게 된 상황에서 중요한 것은 현재의 현실이지 미래나 과거는 아닌 것이다.

어느 시대나 당대의 흐름을 주도하는 인물은 있기 마련이고, 이들의 일탈적인 활동에 의해서 기존의 완고한 규범들은 새로운 내용과 형식을 갖게 된다. 그런 점에서 이들의 의의를 결코 소홀히 취급할 수는 없다. 중요한 것은 이런 흐름을 맹신하기보다는 거리를 두고 변화의 근원을 성찰하는 태도가 될 것이다. 과연, '현실'이란 무엇이고, 또 소설이 이미지와 흥미로만 존재할 수 있는 것인지. 우문일 수밖에 없는 질문이지만, 사실 이런 문제에 대한 고민이 없이는 시대와 접점을 찾기가 힘들지도 모른다. 최근의 흐름에 별다른 문제의식을 느끼지 않는다면 모르지만, 선뜻 그 흐름에 공감할 수 없다면 글쓰기에 대한 성찰과 반성은 필연적일 수밖에 없는 것이다. 특히 기존의 전통적인 서사방식을 고수하던 작가들의 경우 급속한 문학환경에 적응하기 위해서 이런 노력은 더욱 절실하다. 맥락 없는 이미지만을 남발할 수도, 그렇다고 포스트모더니즘을 빙자하여 혼성모방의 위악적 행위를 일삼을 수도 없는 것이다. 최근 작가들이 보여주는 소설과 예술의 존재방식에 대한 성찰은 작가로서의 위기의식을 표출한 것이자 동시에 진지한 모색의 결과인 셈이다.

2.

전통적인 서사방식을 고수해온 작가가 문학 환경의 급격한 변화에 당황해하는 것은 당연한 일일 것이다. 『살아남은 자의 슬픔』을 통해서 80년대라는 격변의 시대를 가로질러온 젊은이의 내면에 주목했던 박일문이 문학의 효용성이 거세되고 급기야 소설의 죽음마저 운위되는 현실에서 느끼는 심정은 우선 당혹스러움일 것이다. 그 시절에 소설가는 '계몽의 사도'로서 때로는 '양심적인 민주인사'로서 자임할 수 있었으나, 이제는 기껏 시장에서 몸을 파는 창녀와 같은 신세거나 아니면 잘난 사람들의 자서전이나 대필하는 존재로 전락하였다. 이런 참담한 상황에서 자의식 강한 작가가 신경질적이고 과격하기까지 한 반응을 보이는 것은 어쩌면 자연스러운 일이기도 하다. 「하이힐」은 중견 작가들이 느낌직한 이 당혹스러움을 표현한 작품이다.

「하이힐」에서 작가가 특히 문제삼고 있는 것은 문학 환경의 변화에 따른 소설가로서의 위기감이다. '소설의 죽음, 오래된 물음'이라는 부제에서 그런 위기감은 쉽게 확인된다. 그렇지만 작가는 위기감을 표현하는 데 그치지 않고 '오래된 물음'을 통해서 소설의 근본을 되새기고 새롭게 대응하려는 자세를 보여주며, 이런 점에서 이 작품은 한 때 유행했던 '소설가 소설'의 계보를 잇고 있다. 사회적 이념과 공동체적 지향성이 혼미해진 상황에서 작가들은 창작의 거점을 마련하지 못한 채 과거를 배회하거나 글쓰기의 근원적 의미를 되돌아보았다. 그런데, 그와는 달리 박일문은 시대 환경 전반의 변화, 특히 대중의 감성변화에 따른 소설의 존재 방식 자체를 문제삼고, 심지어 "쓰레기 세상에 쓰레기 방식으로 대항하는" 구체적 사례로 포르노그라피와도 같은 액자소설을 제시하고 현실을 조롱하기까지 하는 한층 극단화된 서사를 구사한다.

책을 읽지 않으면 죄의식을 느껴야 했던 시절이 작가가 문학에 첫발을 들여놓은 80년대였다. 공학도라고 하더라도 조세희나 황석영을 읽었고, 거의 대부분의 대학 써클에서는 사회과학을 공부했었다. 그런 분위기가 약화되기는 했지만 그래도 80년대 후반이나 90년대 초반까지는 문학시장에 나름의 고급 독자들이 형성되어 있었다. 그런데, 지금은 책을 안 읽는다는 사실이 전혀 죄책감이나 부끄러움이 되지 못하는 시대가 되었다. 소설이란 기껏 대학의 교재나 참고자료로나 연명할 뿐이다. 이런 상황에서 소설은 비평가의 입맛이나 맞추고 대학 과제물로 선택되기 위해서 쓰여지지 않을 수 없다. 이제 소설가의 선택이란, 시나리오나 드라마 작가가 된다든가, 아니면 학위를 받고 대학 강단에 서는 길이 있을 뿐이다. 그런데 시나리오나 드라마는 소설과는 다른 전문성을 요구하는 까닭에 전업이 쉽지 않고, 또 강단에 서는 것도 자리가 한정된 까닭에 누구에게나 기회가 주어지는 게 아니다.

이와 같이 존립의 근거를 박탈당한 상태에서 소설가가 할 수 있는 일이란 박일문이 보기에 두 가지이다. 하나는 "동물원에 갇혀 예전에 소설이란 장르의 글을 쓰는 소설가란 직업도 있었다면서 타이프라이터를 두드리며 구경꾼들 앞에서 퍼포먼스를 하"는 일이거나, 아니면 "자살이나 다름없는 (…) 글쓰기에 대한 글쓰기랄 수 있는, 본격문학의 죽음에 관한 소설을 주제로 글을 쓰는" 것이다. 이 두 가지 방식 가운데서 작가가 취한 것은 후자이다. 액자 형식으로 삽입된 외설적이고도 과격한 내용의 소설은 그런 대응방식을 보여주는 사례인 셈이다. 액자의 내용은 사실 간단하다. 섹스학과에 다니는 인물이 있다. 그가 학교에서 배우는 것은 섹스에 대한 이론과 실제 행위들이다. 그것도 매우 병적이다. 광기와도 같은 새디즘과 마조히즘 속에서 이루어지는 성교와 그에 대한 탐닉이 이들의 학교생활 전부이다.

이런 내용에서, 작가가 직면한 위기감과 거기서 벗어나고자 하는 참혹한 심경을 확인하는 것은 그리 어려운 일이 아니다. 액자 속에서 벌어지는 단말마적인 새도-매저키즘은 이제 더 이상 진지한 소설을 쓸 수 없다는 현실에 대한 작가의 극단화된 환멸감을 표현한 것이다. 물어뜯고 할퀴고 칼로 찌르면서 교성을 지르는 행위는 엽기적이다 못해 섬뜩하기까지 하다. 작품의 후반부에서 이런 액자소설을 읽어 가는 화자에게 한 청중이 "이 짐승아. 집어치워."라고 외치면서 하이힐을 던지는 대목은 이런 반어적 행위마저 현실에서 용납되지 않는다는 것을 말해준다. 더 이상의 모색이나 문제제기마저 용납되지 않는 현실에서 작가는 절망하지 않을 수 없고, 그것을 이와 같이 극단화된 서사를 빌어서 표현한 것이다.

하지만 이런 문제의식에도 불구하고 작품을 읽고 난 뒤의 느낌은 개운하지 못하다. 저질 포르노를 본 뒤와도 같은 불쾌한 감정은 차치하고 작가의 자세 역시 안이하게 느껴지기 때문이다. 대중들이 포르노그라피를 탐닉한다고 해서 작가마저 그런 방식으로 접근해야 하는 것일까. 또 과연 대중들의 감성이 그런 식으로 고착되어 있다고 단정할 수 있을 것인가. 대중들의 감성이란 기실 조장되고 길들여진 측면이 많다. 그것은 사회적으로 양산되는 거짓 욕망이거나 환상이고, 특히 상업화된 욕망인 경우가 대부분이다. 그런데 그와 거의 동일한 방식으로 문제를 제기한다는 것은, 작가의 진정성에도 불구하고, 사려 깊은 것으로 생각되지 않는다. 더구나 작품 말미에서 관중이 집어던진 '하이힐'을 다시 관중에게 되던지는 행위는 작가가 대중들을 전면적으로 부정하는 멸시와 조롱의 심리가 아닌지. 이런 행위에는 어쩌면 아직도 소설이 시대를 주도하는 계몽의 사도가 되어야 한다는 믿음이 내재된 것은 아닌지. 나는 그것이 이제는 더 이상 가능하지 않다고 본다. 우리 사회는 이제 어느 한 집단에 의해 이끌리기에는 너무나 많은 중심이 생겼다. 문학인들 역시 이 다원화된 중심을 기꺼이 수용하면서 냉철하게 시대변화를 인정해야 하지 않을까. 이런 현실에서 창조의 진경을 제시하기 위해서는 한층 더한 노력이 필요할 것이다. 작가의 말대로 그것은 천재적인 예술가나 할 수 있는 일이라면, 평범한 작가들이 할 일이란 자기만의 독특한 분야를 개척하는 것이 될지도 모른다. 어느 한 분야에 전문적인 식견을 갖추고 그것을 소설로 만드는 일이 훨씬 더 이 질주의 시대에 적합한 생존방식이 아닐까.

「예술의 오수」는 「하이힐」과 흡사한 문제의식을 보여주지만, 일상의 삶에서 예술이 어떻게 체험되는가를 문제삼는다는 점에서 한층 본질적이다. 박일문이 시대 현실에 대해서 공격적이고 다소 거친 반응을 보였다면 최윤은 관조적이고 알레고리적인 태도로 예술의 존재방식 자체를 질문한다. 작품에서 '예술'이라는 말이 중의적(重意的)으로 구사된 것은 이런 질문의 방식과 관계된다. '예술'은 한 여인의 이름이자 동시에 예술(藝術)을 상징하는 말이다. 작가가 굳이 예술이라는 이름의 여인을 등장시킨 것은 추상적이고 관념적일 수밖에 없는 예술(혹은 예술적 체험)을 구체적으로 표현하기 위한 전략으로 이해될 수 있다. 먼저, 작가는 다음과 같은 진술을 통해서 문학과 예술이 더 이상 '별'이 될 수 없다는 것을 우회적으로 고백한다.

세상에는 무수한 오락거리가 존재하는데, 그 따위 한 스산함과 또 다른

스산함 사이의 거리를 메우는 방법을 찾는 데 짧은 인생을 할애하는 사
람들의 숫자가 점점 더 희박해져 가는 것은 당연하다고 그는 생각한다.
「예술의 오수」에서)

이런 시대에서 예술은, 언젠가 존재했지만 지금은 세상에서 사라져서 이름만 남아 있는 멸종동물과도 같다. 박물관에서 가끔 만나게 되는 멸종 동물이나 식물처럼 실체는 사라지고 이름만이 남아 있는 그런 존재가 바로 예술인 것이다. 그래서 작가는 그것을 마치 '실어증 환자'와도 같다고 말한다. 짧은 삽화가 암시하듯이, 어린아이가 실어증에 빠지게 된 중요한 이유는 대상의 이름을 잘 알고 있음에도 불구하고 그 대상을 두 손과 눈으로 만질 수 없다는 데 있다. 열 한 살의 소년이 '말 거부증'에 빠졌던 것은, 고생대의 멸종동물의 종류와 모양은 물론 길고도 복잡한 학명까지도 잘 알고 있지만, 원시의 초원에서 그들과 같이 뛰놀 수도 없고 그렇다고 공포에 쫓기는 놀이를 할 수 없는, 그러다 마침내 실체는 없어지고 이름만이 남았다는 것을 알아차린 데 원인이 있다. 실체를 상실한 까닭에 단어란 의미를 잃을 수밖에 없고 결국 말을 상실하게 된 것이다.

그런데, 작가는 이 말 거부증 아이와 자폐아가 너무나 손쉽게 치료되는 장면을 통해서 예술이 완전히 소멸된 것은 아니라는 사실을 암시한다. 말 거부증과 자폐아를 주인공이 치유한 방법은 단지 그들 옆에서 혼자 사색에 잠겨든 일 뿐이었다. 그런데 아이들은 갑자기 말을 하기 시작했다. 말하자면 깊은 몰두와 사색이 전제되었을 때 이들의 보이지 않는 마음의 문이 열린 것이다. 물론 이런 행위가 현실적으로 가능한 것은 아닐 수도 있다. "성대의 말랑한 근육이 마비되어 다시는 맞물리지 않게끔 고착되어" 버린 상태에서 침묵이라는 치유방법을 통해서 말문을 열었다는 것은 의학적으로 가능하지 않기 때문이다. '오후 두 시에서 4시 사이의 정적'이라는 말이 중요한 의미로 상징화되는 것은 이 지점에서이다. 소음이 완전히 제거된 완벽한 정적 속에서 인간은 자신의 근원을 건드리는 아주 투명하고 내밀한 또

다른 소리를 감지할 수 있듯이, 오후 두 시와 4시 사이의 시간이란 인간이 자신의 내면과 대면하는 시간이자 동시에 일상적 소통과는 전혀 다른 차원의 소통이 발생하는 시간이다. 작가는 바로 이 지점에서 예술이 발생한다고 암시한다. 추상적이고 관념화된 것이긴 하지만, 이런 인식은 사실 일상에서의 예술적 체험을 단적으로 설명하는 것이기도 하다. 작가가 한 남자와 '예술'이라는 이름을 가진 여자의 우연한 조우와 이별을 설정한 것은 복잡하고 미묘한 이런 주제를 구체화하기 위한 전략인 것이다.

또 하나, 이 작품에서 주목할 수 있는 것은 일상의 삶(혹은 창작 행위)과 예술의 관계에 대한 암시이다. 「예술의 오수」에 나오는 남자는 "흰 접시에 무늬를 그려 넣고 색깔을 입혀 가게에 내다 파는 일을 하는 사람"이다. 그러니까 그는 단순히 생업으로써 장식접시를 만드는 평범한 사람이다. (물론 그런 행위를 예술가의 삶으로 이해할 수도 있다.) 그가 생산하는 것은 쉽게 깨지고 흔적이 남지 않는 접시들, 무의미하고 허약한 일상의 접시들일 뿐이다. 그런데 이 무의미한 그릇들이 의미를 갖는 것은(예술로 승화되는 것은) 그의 손끝으로부터 그의 영혼을 전달하는 어떤 비밀스런 작용이 그릇(즉 대상)에 가해질 때이다. 바로 그 순간에 주인공은 예술이라는 여자와 만나게 된다. 이를테면 '정적(靜寂)'으로 상징되는 몰입과 직관에 의해 포착되는 황홀경의 순간에 찰나적으로 만났다가 곧 바로 헤어지는 게 바로 예술인 것이다.

그런데 예술은 현실적으로 주인공을 돕는 존재가 아니라 현실과 교묘히 동거하는, 비현실적인 존재일 뿐이다. 주인공은 예술이라는 이름의 여자와 같이 생활하는 일이 자연스럽게 되면서 은근히 그녀에게서 무언가를 바라는데, 가령, 최소한 붓을 빨아준다거나 채색이 된 접시에 먼지가 들러붙지 않도록 그 위에 망을 놓는 일을 원한다. 그러나 그녀는 어느 하나도 도와주지 않는다. 오후 두 시에서 네 시까지는 낮잠을 자고 저녁이 되면 언제 나가는지 모르게 바람처럼 외출해서 상처투성이가 되어서 돌아온다. 예술의 모습은 쌈꾼이 되어 사람들과 싸움을 벌이며 조롱을 받는 길거리의 미친 여자나 다름없는 것이다. 그런데 작가는 그것이 바로 예술의 참 모습이라고 암시한다. 말하자면 현실적이지 못하고 더구나 비정상적이기까지 한 모습을 지닌 존재가 바로 예술이다. 이렇게 보자면 예술은 어쩌면 이 시대를 사는 예술가들의 불우한 초상과도 같은 셈이다.

그 여인을 바라보는 남자의 시선이 두려움에 가득 차 있는 것은 곧 비범함에 대해서 일상인들이 갖는 두려움, 혹은 예술에 대해서 세상이 느끼는 거리감이라고 할 수 있다.

> 그는 그만 그 자리를 뜨고 말았다. 물론 그 당장에는 자신이 개입하면 사태를 더 복잡하게 만들 것 같은 판단이 시켰다고 생각했지만 그는 결국 어떤 두려움과 예술에 대한 자신의 불확실한 입장 때문에 몸을 숨겼을 따름이라는 것을 인정하지 않을 수 없었다. 그는 솔직히 말해 그 순간 예술에게 좀 질려버렸고, 그녀의 정체에 대해 근본부터 흔들렸다. 도대체 그녀는 누구인가.
>
> (「예술의 오수」에서)

이러한 불안감과 의구심이란 예술의 일탈적인 속성에 대한 일상인들의 거부와 저항감을 상징하는 것이다. 예술이란 사실 '상냥한 어머니와 관대한 아버지'로 상징되는 일상적인 삶과의 결별을 통해서 이루어진다. 예술이라는 여자를 한결같이 좋지 않은 여자로 바라보는 주변의 불안한 시선들이란 바로 일상과는 대립적인 관계를 가질 수밖에 없는 현실의 시각을 대변하는 것이다.

아무리 희구하고 갈망한다고 하더라도 예술이 꿈처럼 찾아오는 것은 아니고, 또 현실적인 효용을 원한다고 해서 예술이 그에 호응하는 것도 아니다. 착시처럼 엄습했다가 사라지는, 활홀경과도 같은 찰나의 시간에 예술은 존재하고 사라진다. 그러나 아주 사라지는 것은 아니다. 예술과의 해후는 미술관 꼭대기에서 발견된 조각품처럼 어떤 형상으로 기록되어 그 존재를 상기시킨다.

예술과 헤어진 주인공에게는 두 가지의 길이 남아 있다. 하나는 예술을 찾아 헤매는 조각가의 길이 있을 것이고, 다른 하나는 일상인으로서의 길이다. 전자는 광기에 기울고, 후자는 현실에 기운다. 많은 사람들은 그 가운데의 지점에 놓여 있다. 예술을 그리워하고 기다리는 인물이 그녀에게 가까이 다가가기 위해서는 깊은 몰두와 사색의 시간을 마련해야 한다. 완벽에 가까운 정적으로 표현되는 그런 순간이 되었을 때에만 "예술이 움직이는 소리, 그에게 가까이 다가오고 또 멀어져 가는 소리를 들을 수" 있기 때문이다. 이렇게 보자면 이 작품은 우리가 예술을 어떻게 만나는가를 상징적으로 보여준 작품으로 이해될 수 있다. 그런데 그 체험은, 일상적인 사람살이의 과정에서 엄습했다가 사라지는 예술의 일반적인 존재방식에 관한 것이라는 점에서 시류적이기보다는 한층 본질적이다.

3.

시대 환경의 급격한 변화에도 불구하고 근대를 구성하는 중요한 요소들은 여전히 소멸되지 않고 있다. 어떤 의미에서는 현재야말로 그 요소들이 만개한 시대이다. 현재의 과학기술과 경제의 발전은 200년 동안 이어진 제2근대의 최첨단을 달리고 있다고 해도 지나친 말이 아니고, 또 그것을 받쳐주는 근대의 합리주의 정신도 약해지기는커녕 더더욱 강해지고 있다. 디지털 기술의 급속한 발전 역시 근대성의 핵심인 기계론적 세계관과 진보시간론, 그리고 생산주의적-계산적 이성의 지배에서 한 치도 벗어나 있지 않다. 오히려 그것이 한층 급진화되고 강화되고 있다.

환경은 변화되고 있지만 그 환경을 구성하는 근본 원리는 여전히 변하지 않는 현실에서 보이는 작가들의 위기감이란 어쩌면 너무 현상에만 집착한 것은 아닌지 하는 의문이 든다. 물론 현실의 외형은 엄청난 속도로 변하고 있고, 그런 변화를 응시하고 적극적으로 대응하는 자세는 중요하다. 하지만 근본을 망각한 채 표면에만 집착해서는 결코 문제 해결의 단서를 찾을 수 없을 것이다. 박일문의 포르노그라피와도 같은 도발적인 내용을 통해서 현실을 야유하고 조롱했던 것은 현실의 절박한 문제의식에서 비롯된 것이다. 물론 방법과 내용에 대해서는 생각을 달리하지만, 모색과 대응의 자세만큼은 존중되어야 할 것이다. 그런데, 최윤이 암시하듯이, 예술은 현실에서 그 존재를 한층 깊숙하게 감추고 있을 뿐이지 결코 소멸한 것은 아니라는 생각 역시 음미해볼 필요가 있다. 「예술의 오수」가 의미 있게 읽혔던 것은 예술이란 존재 자체가 본래적으로 일상과는 대척적인 것이라는 점, 그래서 누구나 쉽게 접할 수 없다는 사실을 곡진하게 보여준 데 있다. 황홀경과도 같은 찰나의 기쁨을 맛보기 위해서는 인고와 몰입이라는 절대 정적의 순간을 요구한다. 존재를 쉽게 드러내지 않기 때문에 누구나 예술과 만날 수 있는 것은 아니다. 작품 속의 한 남자처럼, 오후 두 시에서 네 시 사이, 마치 지하 저 밑에서, 느리고도 먼 지구 중심의 회전운동, 그 미세한 소리까지 투명하게 들릴 것만 같은 그런 정적의 순간으로 몰입할 때에 예술은 실체를 살짝 내보일 뿐이다. 관념적이고 신비적인 것으로 오인될 수도 있지만, 예술이란 사실 이런 섬세하고 집요한 과정을 통해서 이룩되는 게 아닐까. 예술의 죽음까지 회자되는 혼돈스러운 현실에서 우리에게 필요한 것은 어쩌면 이런 발본적인 성찰과 모색이 아닐는지.

시대 · 광기 · 허무주의
— 이호철, 심상대, 배수아의 소설

1.

　상실, 결핍, 부재의 상황을 욕망의 발생 지점이라고 한다면 문학 또한 마찬가지가 아닐까. 불완전한 세계에 놓여 있는 불완전한 존재로서 인간이 겪는 세계와의 불화는 그가 감당해야 할 운명이 될 수밖에 없다. 그 속에서 발생하는 상처와 고통, 결핍은 역설적으로 행복, 화해, 구원에 대한 꿈을 발생시킨다. 욕망의 열도와 그 현실적 고통의 깊이가 그 이면에서 비례관계를 이루며 미묘한 함수를 만들어내는 까닭이 여기에 있을 것이다.
　작가들은 이 불완전한 세계에 놓인 인간의 존재방식에 대해 늘 존재론적 질문을 던져야 하는 사람들이다. 비약하자면 소설이란 작가가 자신의 체험에 근거하여 존재론적 질문을 던지는 양식이라고 할 수 있다. 가령, 작가 이호철에게 그 질문은 분단사로 요약될 수 있는 거친 세상살이와 그것이 한 사람의 인간성을 어떻게 훼손시키는가 하는 것이다. 그런 질문을 이호철은 등단이래 계속하고 있다(「사람들 속내 천야만야(千耶萬耶)」). 아직도 저 80년대의 상처에서 벗어나지 못한 채 그 가장자리를 맴돌고 있는 김영현 역시 그만의 존재론적 질문을 멈추지 않는다(「개구리」). 반면에 신세대 작가들은 조금 다른 내용과 서사방식을 보여준다. 순정한 영혼의 소유자였던 친구가 냉혹한 세상을 견디지 못하고 고통받고 있으리라는 기대와는 달리 잘만 살고 있는 현실을 그린 이응준이나(「옛사람」), 사이버 공간을 배경으로 옛사랑에 대한 기억을 지우지 못해 방황하고 있는 이문환의 인물(「모나드」) 역시 그만의 독특한 존재의 고민을 보여준다. 세대와 환경에 따라 세상살이의 모습이 다르듯이, 소설도 매우 다양한 방식으로 나타나는 것이다. 이호철, 김영현, 김향숙, 심상대 등의 작품이 다소 익숙한 방식으로 구성되었다면, 이응준, 이문환, 김별아, 배수아 등은 상대적으로 익숙하지 못한 경향의 작품을 쓰는 작가들이다. 그래서 전자는 대개 기존의 서사를 고수하며, 후자는 새로운 형식과 내용을 추구하는 반역적 모습을 보여준다고 평가되기도 한다. 하지만, 이런 분류와 설명이란 사실 피상적이고 동시에 순환론적인 논법에서 벗어나기 힘들다. 중요한 것은 기성과 신인의 구분이 아니라 그들이 지닌 삶에 대한 열정과 깊이를 얼마나 적절한 방식으로 형상화해 냈는가에 있다. 문학이라는 전장터에서 최후의 승자는 이 실존의 치열함과 부단한 부정 의식의 소유자일 터, 이런 점에서 문제적으로 보이는 작가들은 이호철, 심상대, 배수아였다.

2.

이호철의 「사람들 속내 천야만야」는 분단문제라는 작품의 소재나 회상을 통한 서술 방식, 화자의 해설적인 개입 등 매우 고전적인 형식을 취하고 있는 작품이다. 등단이래 일관되게 분단문제를 천착해온 이호철의 소설은 우선, 유행에 뒤지지 않기 위해 기갈증에 든 문단 전반의 경박성과는 거리가 먼 진중함을 견지하고 있다는 점에서 빛을 발한다. 주제와 형식면에서는 기존에 발표된 작품과 크게 다른 것이 없으나 작가의 시선이 우리의 삶을 총체적으로 옭죄는 분단 문제에 닿아 있다는 점에서 노작가가 차지하는 몫은 한층 소중한 것이다.

「사람들 속내 천야만야」는 작가가 이전부터 꾸준히 관심을 가져왔던 전쟁과 그로 인한 인간성의 왜곡 문제를 다루고 있다. 전쟁은 사회를 황폐화시켰을 뿐만 아니라 사람들의 심성마저 극도로 왜곡시켰다. 선량한 농민들을 사악한 기회주의자로 변질시켰고, 우직한 청년을 살상을 서슴지 않은 냉혈한으로 만들었고, 모든 반도덕적인 행동들을 전쟁이라는 이름으로 합리화하는 야만적 행위를 자행하게 했다. 작가는 이 혼란의 시기에 목격되는 상식으로는 도저히 이해할 수 없는 인간성의 예측불가능성을 문제삼는다. 그런 작가의 의도를 대변하는 인물은 두 유형으로 등장한다. 하나는 김하사의 아버지이고, 다른 하나는 동료 안중사와 송중사이다.

한때 의식분자이기도 했던 김하사의 아버지는 일제의 식민통치와 해방, 전쟁을 경과하면서 형성된 우리 민족의 비극적 역사를 대변하는 인물이다. 역사의 소용돌이 속에서 살아남기 위해서 그가 터득한 인생관은 " '과묵'이었고, 함부로 어디서나 잘난 척 나서지 않는다는 것이었고, 반드시 남의 뒷줄에 서지 바람맞기 십상인 맨 앞에는 절대로 나서지 않는다는 것이었다." 말하자면 잘났다고 자처하는 사람들이 주로 나서는 정치 같은 쪽에는 절대로 얼씬 기웃거리지도 않는 인물이다. 그래서 그는 매사에 사람을 조심하고, 절대로 사람이라는 것을 믿지 말자는 철옹성과 같은 원칙을 갖게 되고, 그런 원칙을 자식들에게도 예외 없이 적용하였다.

그런데 이런 용의주도하고 의뭉스럽기까지 한 아버지의 '감(感)'으로도 끝내 예견하지 못했던 것은 종전 후 현실의 변화였다. 해방기에 약제상으로 엄청난 돈을 거머쥐었고, 그것을 조선은행권으로 바꾸어 깊숙이 간직해 오던 아버지가 죽으면서 큰아들에게 그 조선은행권의 지폐 다발을 물려준 것. 말하자면 남과 북으로 분단되어 서로 다른 이념과 체제, 경제제도를 갖게 된 오늘처럼 이질화된 현실에서도 여전히 조선은행권이 통용될 것을 믿고 자식에게 유산으로 물려주는 것이다. 누구보다도 시류에 민감했던 인물이 시대착오적 인물로 귀착되는 순간이다. 생존을 위해 그토록 의뭉스럽게 대응해왔던 김하사의 아버지를 통해서 작가는 보신주의로 일관하며 격동의 시대를 넘기고자 했던 한 개인의 존재방식을 보여주고, 그것을 통해서 인간의 한계와 개인의 노력을 무위로 만들어 버리는 거대한 시류를 대비시킨 것이다.

두 번째로 소개되는 안중사와 송중사의 얘기 역시 전쟁의 비극을 되새기게 해주는 일화이다. 이들은 김하사와 더불어 사단에서 모르는 사람이 없을 정도로 용감무쌍한 군인이지만, 사실은 '세상에 드문 악종 중에도 극악종에 해당하는 망나니'였다. 모든 중대원이 슬슬 꽁무니를 빼는 일일수록 이 두 사람만은 노상 앞장을 서서 흔쾌히 자원해나서곤 하였는데, 거기에는 이들만이 아는 은밀한 '재미'가 있었기 때문이었다. 즉 "사람 죽이는 재미요, 또 한쪽으로는 여자 해먹는 재미였다." 이들은 사람 하나 둘 죽이는 일쯤은 너무나도 아무렇지도 않게 생각하였고, 노인과 젊은이를 가리지 않고 여자라면 무조건 겁탈하고 살해하였다. 어느 고비에선가부터 이들은 사람으로서 응당 지녀야 할 그 어떤 최소한의 상식선에서도 차츰 멀어지며 그런 쪽으로는 아예 마비상태로 들어선 상태였다. 그런데 공교롭게도 이들은 모두 제명을 채우지 못하고 비명횡사하고 만다. 생존을 위해 의뭉스럽게 대응해 왔던 김하사의 아버지가 분단현실을 예견하지 못했듯이, 안중사와 송중사는 인간성을 포기한 광기어린 인물로 전장을 휩쓸고 다녔으나 자신의 죽음도 예견하지 못하고 허무하게 급사하고 마는 것이다.

제목처럼 사람들의 속내가 천야만야(千耶萬耶)하다는 것이 작자의 주제이자 화두였지만, 그런 의도는 작품이 종결되면서 김하사의 아버지와 같이 용의주도했던 인물마저도 예견할 수 없을 정도로 이질화된 남북의 현실에 대한 안타까움으로 나간다. 또한 분단과 전쟁이라는 현실이 상식적으로 예측 가능한 인간성마저 사악하게 변질시켰다는 문제의식을 품고 있으며, 반세기를 경과한 현실이 이제는, 루비콘 강을 건너버린 시저의 경우처럼, 돌이킬 수 없는 깊은 골을 갖게 된 사실을 비감스럽게 표현하고 있다. 50년이 지난 시점에서 회상된 전시하 인간들의 모습이란 이와 같은 상처로 인한 민족의 비극을 단적으로 상징하는 셈이다. 90년대 이후 분단현실에 대한 관심이 거의 사라지다시피 한 문단에서 이 노작가는 분단의 상처를 환기하고, 아직도 그 상처가 아물지 않고 있음을 상기시켜준다. 우리는 우리의 삶을 규정하는 분단의 현실을 되돌아보며 이 작품이 전해주는 메시지를 냉정하게 귀기울여 볼 필요가 있다.

심상대의 「美」는 고향마을에서 일어난 미장원 살인 사건을 회고하는 형식을 통해 인간에게 숨겨진 광기와 본능을 천착해 들어간 작품이다. 색깔과 인간의 욕망을 대비시키는 수법에서 심상대의 장인적 기질이 빛난다.

작가가 유년시절을 보낸 동해안의 작은 항구도시, 무연탄과 양회 수출항이 작품의 무대다. 색채를 띤 별다른 구조물이 없는 무미 건조한 동네, 겨울이 되면 눈과 곳곳에 쌓인 탄분 가루가 극명한 대조를 이루는 장소. 이때의 세상은 흑과 백이라는 단 두 개의 색으로만 드러난다. 이 무채색의 공간이 표상하는 세계란 단조로운 일상 그 자체라고 할 수 있다. 그리고 그것은 본능을 가진 인간에게는 공포 그 자체로 다가오기도 한다. 늘 바다에 나가 있는 늙은 남편을 둔 어머니의 화냥질이나 그것을 눈감아주며 만화에 빠져드는 화자인 '나'의 행동은 이런 공포를 이겨내는 하나의 방식이다.

이 단조로운 일상 세계와 대척되는 지점에 '미장원'이라는 상징적인 공간이 놓여 있다. 내가 속한 세계는 색깔 없음의 세계, 즉 어미의 화냥질, 동네 사람들의 손가락질, 애꾸눈 동생으로 드러나는 암울하고 추한 세계이지만, '나'의 눈에 들어오는 '미장원'은 그와는 대립되는 어떤 세계, 밝고 화사한 색깔로서 드러나며 '아름다움을 위한 성지'처럼 의식되는 세계이다. 물론 미장원 주인은 깡마른 체구에 볼품없이 키가 작은 노처녀 미용사로 현실적으로는 초라하게 느껴지는 존재다. 그러나 미장원에서 뿜어 나오는 붉고 환한 불빛과 난로 연통에서 피어나는 김에서 느껴지는 온기는 그것과 상관없이 현실적 존재가 뿜어 올리는 열망과 욕망을 상징하는 것으로 이해할 수 있다. 미장원은 변신의 장소이다. 그것은 미에 대한 욕구이자 변화에 대한 열망의 메타포이기도 하다. 그러기에 작가는 미장원을 "다른 모든 단조로운 풍경에 항거하는 도발적인 장식"으로 표현하며 "암울한 세상에 억압당하고 있는 육신의 충동을 이끌고자 하는 한 점의 등대불 같은 의미"로까지 묘사하는 것이다.

서울에서 대학을 다니는 읍내에서 흔치 않은 여대생이자 대단한 미모여서 동네 모든 청년들이 짝사랑하는 대상인 읍장의 딸이 서울로 가기 전에 머리 손질을 하러 미장원에 왔다가 미용사의 광기 어린 집착에 몰려 살해당하는 사건은 이 작품의 중심 내용이자 동시에 서사의 축을 구성한다. 미장원 살인사건은 표면적으로는 미용사의 광기가 빚어낸 비극으로 보인다. 미용사의 광기는 일탈과 변화가 불가능한 세계로부터의 탈출 욕망을 여대생에게 투사한 것으로 해석할 수 있지만, 다소 의외로운 것은 '나'가 보이는 태도이다. 그는 미장원에 들어가고 싶었으나 들어갈 수 없었다. 그는 유일하게 미장원에 들어갈 수 있었던 엄마와 아우를 내심 질투하며 미장원에 들어가 보고 싶다는 생각을 일생 동안 품고 지내는 것이다. 이런 점에서 '나'의 다음과 같은 언술은 그 광기가 한편으로는 악마적 탐미주의로 통하고 있음을 단적으로 보여준다.

> 나는 아직도 그 미장원 안으로 들어가 보고 싶다는 생각을 가지고 있다. 그곳에 들어가기만 한다면, 그곳에서는 여전히 세상에서 가장 아름다운 여자가 미용의자에 앉아 있고, 그녀의 목에 꽂힌 은빛을 반사하는 조그마한 미용가위가 손잡이로는 가느다란 한 줄기 피가 흘러나오고 있으며, 불붙은 이십사공탄 구멍에서 피어오른 붉디붉은 스물 네 개의 불꽃이 무더운 열기 속에서 날름대며 춤추고 있으리라 믿고 있다. (중략) 하지만 나는 어린아이를 지나 어른이 되도록 기어이 그 미장원에 들어가 보지 못하고 말았다. 세상은 내가 품고 있던, 열기와 환희의 장소로 들어가려는 치열한 욕망을 철저하고 냉정하게 말살했다. 그 미장원은 헐려버리고 말았으며, 다시는 지어지지 않았으며, 다른 어디에서도 그와 같은 미장원은 찾아볼 수 없었다.
>
> (「미(美)」에서)

미용의자에 앉아 있는 아름다운 여자의 목에 꽂힌 은빛 가위에서 한 줄기 피가 흘러나오고, 이십사공탄 구멍에서 피어오른 붉디붉은 스물 네 개의 불꽃이 무더운 열기 속에서 날름대며 춤추고 있는 장면이란 미에 대한 집착이 광기와 결합된, 우리 문학사에서 유례를 찾기 힘든 섬짓한 광경이다. 아름다움에 대한 이 집요하고 광기어린 집착으로 인해 작품 전반은 탐미주의적 분위기로 채워지게 된다. (이 구절은 로트레아몽의 「말도로르의 노래」를 연상케 하다. 곧, 보름 동안 손톱이 자라도록 내버려둔 뒤 어린아이를 침대에서 난폭하게 끌어내려 그의 아름다운 머리털을 뒤로 쓸어주면서 갑자기 긴 손톱을 그의 부드러운 가슴에 박아 넣고 상처를 핥으면서 피를 맛있게 마신다는 구절은 흡혈귀를 연상시킬 정도로 기괴하고 엽기적이다. 로트레아몽의 잔인성의 언어는 전통적인 언어와 전통적인 미학 속에 안주하고자 하는 소심한 정신에 심한 역겨움과 반발심을 일으킴에도 불구하고, 높이 평가되는 것은 이런 반미학적이고 엽기적인 탐미주의가 기존의 질서와 사회와 인간조건과 인간을 창조한 신에 대해 격렬하게 반항하는 정신을 내포하고 있기 때문이다. 초현실주의자들이 질식할 듯이 느꼈던 부르조아적 질서, 절대적인 지적 자유를 꿈꾸었던 모든 정신이 혐오했던 기존 질서에 대한 완강한 거부와 그것을 근저에서부터 송두리째 파괴해버리고자 하는 난폭한 반항의 의지가 작품에 충만해 있고, 그렇기에 이 작품은 외견상 새디즘적인 잔인성에도 불구하고 문학사에서 평가되는 것이다.)

그런데, 소설 속에서의 인간이 두 부류로 갈라진다는 사실을 주목해 볼 수 있다. 즉 미장원이라는 상징세계 속으로 들어갈 수 있는 인간과 그렇지 못한 인간의 갈라짐이다. 이러한 갈라짐은 정상과 비정상, 광기와 이성의 갈라짐으로 이해할 수 있는데, 곧 미장원에 들어갔다 나온 엄마와 아우, 들어갈 수 없었던 나의 갈라짐은 여기에서 비롯되는 것으로 이해할 수 있다. 말을 바꾸자면 그 차이란 광기 속으로 빠져들 수 있는 인간과 광기를 다만 꿈꿀 뿐인 인간으로 나누어진다. 화냥질을 일삼는 어머니나 애꾸눈의 동생은 정상인과는 구별되는 광기의 상징인 셈이고, 그래서 이들은 미장원을 자유롭게 출입할 수 있다. 또한 소설 속에서의 시간은 현재가 아니고 과거의 것이다. 현재가 성년의 세계라면 과거는 유년의 세계이다. 유년에서 성년으로의 진입 과정이란 광기가 이성에 의해 제압 당하는 사회화・합리화의 과정이라고도 할 수 있다. 마을 속에서 미장원이 놓여 있듯, 이성이 지배하는 현실에서 광기는 위험하기 그지없는 반사회적 존재다. 성년의 세계에서 광기는 금기사항이다. 그런데 '나'는 성년의 강을 건너왔다. 그렇기 때문에 현재의 '나'의 역할이란 잃어버린 것들을 다시 추억하는 존재로 머물 수밖에 없는 것이다. 물론 이제 다시 되돌아본들 그것은 이미 사라지고 없는 세계일 뿐이다. 과거의 세계 속에 놓여 있는 그것들은 이성의 밑바닥에 놓여 꿈틀거리는 관능, 그 본능이 새겨 놓은 미묘한 기억들, 그리움과 갈망의 형태로만 간절히 존재할 뿐이다.

이렇게 보자면 이 작품은 미에 대한 집착과 열망을 그리면서 동시에 일상 현실에서 그것을 구현하는 것이 불가능하다는 견해를 표상하고 있음을 알 수 있다. 미란 일상 속에 존재하는 것이지만 그것을 추구하는 데는 광기가 요구된다는 점, 작중의 화자가 할 수 있는 일이란 기껏 그 세계를 회억(回憶)하고 동경할 뿐이라는 사실은, 삶에 대한 허무와 비감이 화자의 현재적 삶을 짓누르고 있음을 의미하는 것이 아닐까. 그래서 이 작품에서 우리가 일상적 삶의 무의미성, 어떤 고상한 이념이나 정열도 무용할 뿐이며 사랑이나 우정, 가족애와 같은 타인과의 유대도 가능하지 않다는 시대적 비감을 읽어내는 것은 그리 어려운 일이 아닐 것이다.

이호철과 심상대의 소설이 비교적 전통적인 방식의 서사로서 다가온다면, 배수아의 「개종」은 그녀의 소설이 흔히 그렇듯 조금은 낯선 방식을 취하고 있다.

'개종(改宗)'이라는 단어가 갖는 지시적 의미는 종교를 다른 것으로 바꾸어 믿는다는 뜻이지만 이 소설 속에서 '개종'은 그와는 다른 함의로 쓰여지고 있다. 소설에 등장하는 교회와 수녀는 그 자체의 의미로 기능하기보다는 비세속화와 세속화, 또는 정신적인 미성년과 성년의 세계를 가름하는 어떤 상징으로 사용되고 있는 것이다. 그러기에 카톨릭계의 여자 고등학교에 다니는 주인공인 '나'가 우연히 만난 가스검침원 신분의 교회신자로부터 개종을 요구받는 대목을 지시적으로 받아들이는 독자의 입장에서는 여러 종류의 삽화와 인물들이 종횡으로 얽혀 전개되는 소설의 전개가 혼란스럽게 느껴질 수도 있을 것이다. 소설 끄트머리에 가서야 이 소설이 '개종'이라는 단어를 통해서 한 인간이 성인이 되는 과정을 그린 일종의 알레고리(allegory) 소설이라는 것을 어렴풋이 짐작할 수 있게 된다.

먼저, 이 소설에서 대부분의 이야기가 할애되는 시간대인 1983년이라는 지점에 주목해볼 필요가 있다. '나'의 정신적인 시간은 이후에도 이 시간대에 못 박혀 있기 때문이다. 1983년에 주인공은 19살이며 대학입시를 앞두고 있는 고등학교 3학년생의 신분이었지만, 외형상의 생활은 그와는 거리가 먼 모습을 보여주고 있다. '나'는 성적이 우수함에도 불구하고 대학 생활의 의미를 찾지 못해 대학 진학을 일찌감치 포기한 상태인데다가 오히려 입시에 매달리는 급우들에게 환멸까지 느낀다. 처음으로 관심을 가진 남자아이가 있었지만 유일한 친구였던 같은 반 급우에게 빼앗긴 이후 미묘한 열등감에 시달리고, 단순히 처녀(성)를 버리겠다는 생각으로 흑인들을 상대로 하는 사창가에 제 발로 걸어 들어가는 등 혼란의 연속이다. 거리에서 우연히 말을 걸어온 가스검침원의 권유를 받고 그가 다니는 교회에 나가게 된 것도 어떤 종교적인 의도에서라기보다 일종의 반항적인 충동에 의한 행동이었다. 그리고 그의 소개를 받아 탁아소 보모 일을 하면서 그녀의 첫사랑이 될 한 남자를 만나게 되는 것이다. 19살 여학생의 행동이라고 보기에는 비정상적이고 엉뚱하게 느껴지는 이런 양상들이 의미하는 것은 어쩌면 미성년에서 성년으로 가는 길목에서 겪게 되는 정신적 혼란을 상징하는 것으로 이해할 수 있을 것이다. 말하자면 일종의 통과 의례인 셈이지만, 이 과정에서 주목되는 것은 '나'가 수녀가 되고 싶어한다는 데 있다.

'나'가 수녀가 된다는 것은 세속적인 삶을 버리고 종교에 귀의하겠다는 의미는 아니다. 수녀로서의 삶은 그녀를 지배하는 어떤 두려움의 피난처로서 기능할 뿐이다. 그렇기에 '나'의 희망은 자신의 죄를 회개하고 그리스도의 마음으로 살고 싶어하는 교회 신도들의 희망과는 차원을 달리한다. 수녀가 되려는 것은 '나'가 불을 무서워하는 것과도 관계가 된다. 소설의 처음에서 말미까지 '나'는 반복적으로 '불을 무서워한다'고 고백한다. '불'이라는 것은 곧 '불'의 의식인 것이고 그것은 현재의 자신을 죽이고 또 다른 나를 받아들이는 것이고, 고통스러운 통과의례를 거쳐 성년의 세계로 들어가는 것으로 이해할 수 있다. 그러면 왜 '나'는 한사코 그것에 저항하는가. 그것은 두려움 때문이다. '나'를 기다리고 있는 강 건너의 세계란, 대학에서 의미를 찾을 수 없듯이 아무런 기대감도 주지 않는, 오히려 두려움이나 폭력적인 예감을 드리운 어떤 대상으로 '나'와 대립되어 있기 때문이다. 그러므로 '나'는 그 두려움의 실체를 껴안기보다는 수녀라는 정지된 시간 속으로 은거하기를 희망한다. 수녀로서 사는 것도 좋다. 그러나 여기에는 예기치 않은 복병이 나타나는데, 곧 '근이'라는 남자의 존재이다. 탁아소에 다니는 열 세 살 난, 아직 성인이 되기도 전인 남자아이를 화자가 생전 처음으로 사랑하기 시작한 것이다.

그렇다면 수녀로서의 '나'는 남자아이를 어떻게 사랑할 수 있을까. 세속화를 거부한 수녀로서 '나'의 시간은 여전히 1983년, 미성년의 지점에 고착되어 있지만 남자는 그렇지 않다. 그는 무럭무럭 성장하여 어엿한 성인이 되어 '나'를 떠나간다. 남자가 '나'를 떠나간 1989년이라는 시점에 주의해 볼 필요가 있다. 1989년은 처음 만날 때 13살이던 남자가 19살이 되는 시점이다. '나'의 1983년과 그의 1989년이 동일하게 겹쳐지는 순간이다. '나'는 수녀가 되었지만 마침내 19살이 된 그는 "수녀가 된다는 것이 무엇을 의미하는 지 알았다"며 내가 머물러 있는 세계를 거부하고 떠나간다. 그는 성년의 강으로 건너간 것이다.

나는 '불'로 상징되는 젊음의 열정과 광기가 두려웠고 위선과 폭력으로 얼룩진 어른들의 세계를 거부했지만 그 결과 얻은 것은 기나긴 침묵 같은 가뭄의 시간들이었다. 그리고 그후로도 아주 오랜 시간이 흐른 끝에 불처럼 다가오는 어떤 느낌을 통해 그녀는 자신이 거부해왔던 어떤 삶을 받아들이는, 개종의 순간을 맞지만 이미 모든 것을 바꾸기에는 너무 늦은 시간임을 깨닫는다. 이제 시간은 가만히 있어도 저절로 앞으로 끌고 가는 오토웍(auto-walk)처럼 '나'의 등을 밀며 무력한 삶을 강요하고 있는 것. 그러나, 19살에 어떤 길을 선택했어도 그것은 죽음이라는 오토웍 한 길 위로 모아지는 것이 아닐까. 가스검침원의 구애를 받아들여 그의 제자가 되었더라도 마찬가지였을 것이다. 수도원이 아니라 연인을 택했더라면 가뭄 같은 시간이 단비의 시간이 될 수 있을까. 그러나 이제 와서 어떤 삶을 선택할 수 있겠는가. 그리고 그 끝은 배수아의 소설에서 종종 반복되는 허무주의의 이미지로 귀결되는 것이다. 그러기에 뒤늦은 개종의 순간을 맞지만 불타는 오토웍 위에 선 것처럼 '나'는 여전히 죽음 앞에서 공포에 떨 수밖에 없는 것이 아닐까.

> 그러나 1997년 그 해 나에게 무엇인가 일어났다. 나에게 목소리가 들렸던 것이다. 그 순간에는 잘 알 수 없었다. 그러다가 시간이 지난 다음에야 그것은 나에게 찾아온 아주 찰나의 개종의 순간, 많은 시간이 흐른 다음에야 느껴진 교감인 것을 알았다. 그는 그렇게 말했다. 개종은 시간이 걸리는 일입니다. 그러나 나는 더 이상 성모 여자 고등학교 3학년 美반이 아니고 1983년의 비는 그치고 그 해부터 지금까지 침묵의 고통 같은 가뭄의 시간이 펼쳐졌다. 가질 수 없었던 내 유일한 남자, 근이는 떠나갔고 그 이후 내 시간은 먼지가 되었다. 의식조차 날려 버리는 그토록 황폐했던 시간. 건조해서 유황 냄새가 나던 갈라진 피부. 그런 때 나에게 개종의 순간이 불처럼 다가왔으나 너무 늦었다. 나에게는 변화할 그 무엇이 남아 있지 않았다. 나는 1997년의 오토웍 위에 있었고 그것은 멈추지 않았다.
>
> (「개종」에서)

자신의 의지나 욕망과는 무관하게 흘러가는 세상과 운명, 무위하고 무력한 삶, 마치 "지하도로의 오토윅 위에 서" 있기 때문에 그녀에게 인생이란 허무의 블랙홀이나 다름없는 것이다.

3.

한 세기가 마감되는 아쉬움을 담은 때문인지 지난 겨울에는 유난히도 많은 작품이 발표되었다. 중견과 신인들이 작품집을 발간했고, 각 계간지와 월간지에도 여러 작가들이 왕성한 필력을 과시하였다. 인문학과 문학의 몰락이 외쳐지는 현실에서 봇물처럼 쏟아지는 이들 작품을 지켜보면서 반가움보다는 착잡함이 앞서는 게 솔직한 심정이다. 사람들의 눈길이 닿지 않는 구석진 자리에서 초라하게 존재를 주장하는 철지난 상품들처럼 잠시 자리를 차지했다가 곧 폐기되곤 하는 운명은 아닌지. 영혼에 빛을 던져주고 존재를 전율케 하는 감동을 기대하진 않더라도 과연 이들 작품이 얼마만큼이나 독자들에게 읽히고 회자될 것인지. 새로운 세기의 희망이 울려 퍼지는 이 시점에서 필자의 심정은 무겁기만 하다. 그럼에도 불구하고 지금 우리의 삶이 결코 행복하지 않다는 점에서 역설적으로 문학의 존재 근거를 찾을 수 있지 않을까. 문학이란 본질적으로 삶의 불협화음을 그려내는 것이고, 존재의 즐거움보다는 괴로움, 화해보다는 불화를 그려내는 운명을 지닌 까닭에 오늘의 현실에서 그 필요성은 더욱 증대할 수밖에 없는 것이다. 작가들의 치열함, 그것이 지닌 생산력이 역설적으로 이 황량한 사회에서 '희망의 증거'로 기능하리라는 것은 필자만의 믿음은 아닐 것이다.

진실을 천착하는 집요한 시선
— 백시종, 윤홍길, 한창훈의 소설

1.

　빛의 속도보다도 빠른 속도로 발전하고 있다는 인터넷은 지구를 하나의 영역권으로 만들어 놓았다. 우리는 인간의 온갖 가능성과 꿈이 투사된 저 그리스 신화 시대의 인류가 꿈도 꾸지 못한 삶을 살고 있다는 점에서 행복한 족속일 것이다. 그런데도 현대를 살아가는 인간들은 그다지 행복하지 못하다. 특히 문학작품 속에서 그려진 세계는 암울하며, 작품 속의 인물들은 한결같이 불행한 포즈를 취하고 있다. 우리는 이미 '컴퓨토피아'라고 말할 수 있는 화려한 도시문명의 뒷골목을 낯설게 떠도는 우울한 초상들을 오래 전 '기형도'의 시에서 목격한 바 있다. 접속만 하면 태평양과 유럽을 가로지르며 시공의 벽을 허물지만, 현관문을 열고 나가면 이웃에 사는 무표정한 타인과 인사 한 마디 없이 지나치고 마는 것이 우리네 현실이다. 시인의 자의식은 그것을 예민하게 포착하면서 문명의 공기 속을 떠도는 그 비인간적 바이러스에 대한 면역력을 서서히 잃어갈 수밖에 없었고, 우리는 그것을 안타깝게 지켜본 바 있다.
　이 놀라운, 그러나 예측불가능한 속도로 질주하고 있는 현대 사회가 도달할 미래에 대한 인간의 상상력이 극한적으로 뻗어나갈 때 '매트릭스(MATRIX)' 같은 영화가 만들어지는 게 아닐까. '매트릭스'는 기계에 의해서 사육되고 가짜 현실을 살아가면서도 그것을 진짜 현실로 혼동하는 미래의 인간상을 보여준다는 점에서 현대를 사는 우리의 등골을 서늘하게 한다. 그런데, '매트릭스'에서 주인공이 처한 입장은 하나의 문학적 은유가 아닐까. 주인공은 진실을 외면하는 패와 진실과 대면하는 패, 두 개의 패 중에서 하나를 선택해야 하는 입장에 처하는데, 후자를 선택하면 진실과 대면하는 고통스러운 일을 피하기 힘들다. 물론, 주인공은 진실을 알게 된 자로서의 고통을 감수하면서 은폐된 진실을 밝혀내고, 나아가 가상세계를 진실로 믿고 살아가는 사람들을 구출하는 영웅으로 활약한다. 그런데 영화가 아닌 현실로 시선을 옮기자면, 진실과 마주하는 일은 금이 간 거울 속에서 드러나는 낯선 얼굴처럼 이질적이고 충격적으로 다가오기 마련이다.

  많은 사람들은 진실의 맨 얼굴을 보기보다는 그것을 치장하고 있는 환상을 선택한다. 말초적인 감각과 쾌락을 추구하는 일이 진실과 대면하는 일보다는 훨씬 더 유혹적이고 덜 고통스럽다. 최근 많은 작가들이 삶의 질박한 목소리를 찾기보다 능란한 구성과 문체에 의존하는 작품을 양산하는 것은 이런 사실과 무관하지 않을 것이다. 경험의 폭과 깊이가 제한되어 있고, 또 작가 스스로가 삶의 현장에 투신하려 들지 않기 때문에 이들은 마치 컴퓨터 그래픽을 이용해서 만들어낸 설계도와도 같은 작품만을 남발하는 것이다. 하지만 이 용의주도하고 면밀하게 꾸며진 작품에서 느낄 수 있는 감동이란 사실 조화(造花)를 보고 순간적으로 매혹 당하는 그 이상이 될 수는 없다. 작가란, 영화 속의 주인공이 인조인간들과 처절한 싸움을 벌이듯, 현상 속에 은폐된 진실과의 싸움에 몸을 던진 사람들이다. 자율적이기보다는 사실은 지극히 타율적인 존재에 지나지 않는 인간의 허약함을 폭로하고 거짓의 이면을 섬세한 끌로 벗겨내어 숨겨진 진실을 보여주려는 게 작가의 업이다.

2.

부도로 재산을 모두 날리고 아내마저 달아난 상황에서 '죽음 여행'을 떠난 인물이 에이즈에 걸려 삶을 포기하고 자살을 시도한 젊은 여자를 구해내고, 그것을 계기로 동행이 되어 다시 삶의 의지를 회복하려는 「끝을 향하여」(문순태)나, 구조조정 과정에서 퇴직할 수밖에 없었던 신문사의 논설위원이 낙향하여 죽은 아버지와 해후하고 다시 새로운 삶을 시작한다는 내용의 「슬픔의 알갱이」(이언), 공무원들의 안일주의와 관료주의의 병폐를 고발하고, 그것을 유전자 조작에 따른 폐해와 결합시켜 제시한 「검문」(백시종) 등은 모두 사회 현실의 문제를 소재로 삼고 있다. 또, 과거 학생운동을 할 당시 고문을 못 이겨 동지들을 경찰에다 팔아 넘기고 풀려난 뒤 자기 모멸감에서 헤어나지 못하고 있는 한 젊은이를 소재로 한 「산불」(윤흥길)(이상 『문학과 의식』, 봄)이나, 농촌의 잔치마당에서 일어난 짧은 일화를 '몸'의 상징성과 결부시켜 제시한 「춘희」(한창훈)(『문학동네』, 봄) 역시 작가의 예민한 촉수에 의해 포착된 사회 현실의 한 단면을 보여준다. 이 외에도 소위 '386 세대'의 과거를 회상하고 이 질주의 시대를 힘겹게 살아가는 인물들을 통해서 삶에 대한 새로운 변신을 꾀하는 내용을 담고 있는 방현석의 장편 『당신의 왼편』(해냄, 2000, 3)이나 삶의 이면을 천착하는 집요한 시선을 통해서 일상의 허울을 벗겨내는 하성란의 소설집 『옆집 여자』(창비사, 1999, 12) 역시 같은 맥락으로 이해할 수 있다.

「검문」(백시종, 『문학과 의식』)은 한국 사회를 살면서 한번쯤 경험했음직한 불신검문을 소재로 삼고 있다는 점에서 사뭇 친숙하게 읽혀진다. 경찰의 관료적 권위주의와 안일한 행정을 소재로 한 까닭에 작가의 비판적 의도가 상대적으로 두드러지지만, 특히 작품의 또 다른 축으로 제시되는 환경 호르몬의 문제를 다룰 때는 사뭇 비감하기조차 하다. 작품은 곧, 경찰과 검찰의 안일한 일 처리 관행을 비판하면서 다른 한편으로는 최근 심각한 사회문제가 제기되고 있는 '환경 호르몬'의 폐해를 문제삼는 두 개의 서사로 이루어져 있다. 그런 까닭에, 다소의 작위성이 발견되고 또 그 둘이 유기적으로 연결되지 못하는 부자연스러운 모습 또한 드러나지만, 일상의 이면을 파고드는 작가의 문제의식은 그런 부자연스러움을 능가하는 날카로움을 보여준다.

사건의 발단이 되는 것은 주인공이 뜻하지 않게 당하는 '불심 검문'이다. 주인공이 약속 시간에 맞추기 위해서 서두르는 상황에서 당한 검문은 사실 일상 속에 숨어 있는 덫과도 같은 것이다. 출국을 앞 둔 인물로부터 '토지 사용 동의서'를 얻어야 하는 절박한 상황에서 당하게 된 검문인 까닭에 불쾌감과 당혹스러움은 한층 더 할 수밖에 없다. 하지만 경찰의 고압적인 태도는 주인공의 절박한 사정을 조소할 뿐이고, 마침내 파출소로 끌려온 주인공은 신원조회를 당하는 어이없는 처지로 전락한다. 아무리 생각하더라도 무슨 뚜렷한 죄가 있는 것은 아니지만 주민등록번호를 조회한 결과는 '지명수배자'라는 것. '사기횡령'이라는 죄명이 이미 그의 발목을 잡고 있었고, 끝내 수갑을 찬 채 검찰청까지 불려 가는 신세가 되고 만 것이다.

그런데 그를 더욱 당혹스럽게 만든 것은 벌써 지워졌어야 할 이름이 검찰의 착오로 지워지지 않은 채 지금껏 남아 있다는 사실이었다. 친구의 보증을 잘 못 선 까닭에 잠시 사기횡령의 누명을 쓸 뻔한 적이 있었지만, 바로 담당 검사가 무혐의 처리를 한 까닭에 당연히 지명수배자 명단에서 빠져 있어야 했다. 하지만 검찰은 그것을 2년씩이나 방치했고, 주인공은 무심결에 대검찰청의 지명수배자 특별검거 강조기간에 걸려들고 만 것이다. 하지만 더욱 기가 막히는 것은 그런 엄청난 과실을 저질렀음에도 불구하고 담당자의 변명이란 기껏 '컴퓨터의 잘못'이라는 한마디뿐이라는 사실. 최첨단 컴퓨터 시대라는 이 정보화 시대에 이렇듯 어처구니없는 인권 침해가 자행되고 있었고, 그것을 작가는 이렇듯 평범한 사건을 통해서 보여준다.

그런데, 주인공을 한층 당혹스럽게 만든 것은 업자들의 이기심과 공무원들의 안일주의가 만들어낸 '환경호르몬 사건'이었다. 아버지의 가업을 이어 받아 인쇄소를 하고 있던 주인공이 뜻하지 않게 양계(養鷄)에 손을 댄 것은 군대 동료였던 오종팔의 권유에 의해서였다. 사료를 구매하는 과정에서 보증을 서 주었고, 그 돈을 갚을 수 없게 된 오종팔이 대신 사료를 공짜로 공급해 줄 테니 양계를 하라고 권유한 것이다. 그의 설명에 혹한 주인공은 경험도 없으면서 선뜻 양계업에 손을 댄 것이다. 그런데 그 사료는 유전자를 조작한 옥수수로 만들었고 또 과도하게 화학처리를 한 까닭에 유해한 환경호르몬을 다량으로 함유하고 있어서 수입과정에서 폐기 명령을 받은 상태였다. 공무원들이 감시를 좀더 철저히 했더라면 오종팔이 그것을 빼돌려 불법적으로 사용하지는 않았을 것이지만, 오종팔은 버젓이 그 사료를 이용해서 엄청난 수입을 올리고 있었고, 더구나 양계업에 성공한 인물로 명성이 나서 군수에 출마할 생각까지 갖고 있었다. 관의 안이한 행정과 업자의 탐욕이 결합하여 한 편의 부정의 드라마를 연출한 것이다. 그런데 문제는 그 사료로 양육된 닭을 먹은 어린이들에게서 나타나는 이상한 징후였다. 닭을 좋아하는 은정이는 엄청난 수로 죽어 가는 그 닭을 밥먹듯이 했고, 그 결과 겨우 여덟 살임에도 불구하고 생리를 하고 성인 만한 젖가슴이 불거져 나온다. 고아원 아이들 역시 동일한 증상을 보여서 심지어 다섯 살 짜리가 월경을 하는 지경에 이른다. 이를 목격한 주인공은, 그것이 곧 환경 호르몬 함량의 과다에 따른 부작용임을 직감하고, 서둘러 그 사실을 오종팔에게 알리지만, 마을의 유지이자 성공한 축산인으로 유명세를 타기 시작한 그는 근거 없는 이야기라고 일축하고 만다. 양심의 소유자인 주인공은 결국 죄의식과 두려움에서 땅을 팔게 되고, 마침 인접 땅 주인의 도로 사용 동의서를 얻기 위해서 상경했고, 그 과정에서 뜻하지 않게 검문에 걸려든 것.

최근 생태와 환경 문제는 인류의 미래를 좌우할 정도로 중요한 사안이고, 그에 대한 관심이 전세계적으로 고조되고 있음을 볼 때 작가의 의도는 매우 적절한 것으로 보인다. 사실 생태와 환경문제란 한두 명의 개인이 감당할 수 있는 것이 아니라 국가적인 차원에서 대처해야 할 사안이라는 점을 감안하자면, 「검문」에서 보이는 공무원들의 안일주의와 관료적 행정이 궁극적으로 문제를 조장하고 악화시키는 주범임을 알 수 있고, 그런 점에서 작가의 비판이 한층 날카로워졌으면 하는 바램마저 없지 않다. 향후 인류의 장래는 이 엄청난 과학문명의 조절 여부에 달려 있다고 해도 과언이 아닐 것이다.

윤홍길의 「산불」은 산불에 얽힌 한 인물의 사연을 수기 형식을 빌어서 다룬 작품이다. 1980년대에 학생 데모에 깊게 관여했고, 이제는 산불 방화범으로 몰려 고초를 겪고 있는 한 인물의 내면세계와 그 상처에 작가의 초점이 모아져 있다. 90년대 초·중반에 유행했던 '후일담 소설'을 연상케 하는 이 작품은 인물의 한(恨) 맺힌 사연을 다루고 있다는 점에서 작가의 오랜 관심사가 투사되어 있지만, 그 동안 작가가 꾸준한 관심을 보였던 분단문제가 아니라 80년대의 상처라는 비교적 최근의 문제를 다루었다는 점에서 새롭게 변신하려는 의도 또한 엿보인다. 작품 모두와 말미의 장황한 언술은 이런 의도에서 비롯된 장치인 셈. 지방 대학의 교수이자 저명한 소설가를 화자로 내세우고 '작가의 말'을 통해서 작가는 이 작품은 자신의 창작이 아니라 '김건식'이라는 한 청년의 이야기임을 밝히는데, 이는 작품의 신빙성을 높이고 동시에 액자소설이라는 형식의 힘을 빌어서 인물의 행적을 좀더 객관화하려는 의도의 표명이라고 볼 수 있다.

소설은 상습적으로 방화를 일삼는 인물의 방화 배경을 추적해 들어간다. 고아 출신인 김건식은 장차 크게 될 인물로 기대를 받고 자라났지만 서울에서의 유학생활은 그의 운명을 바꿔놓고 말았다. 그는 원장과 천성원 식구들의 기대에 부응하여 입신출세의 길을 택해야 했지만 부조리한 현실을 알아 버린 까닭에 독재 정권을 무너뜨리고 민주주의를 회복시켜 기울어진 나라를 바로 세우는 것으로 인생의 방향을 바꾼다. 즉, 그것이 이 사회에서 대표적 소외계층인 고아원 식구들에게 가장 값진 선물이 될 수 있으리라고 판단한 것이다. 그 결과 집회 및 시위에 관한 법률 위반 등으로 형사처분을 받게 되고, 이 과정에서 경찰의 고문을 견디지 못하고 친구들의 은신처와 연고자를 알려주게 된 일로 평생 지울 수 없는 상처를 갖게 된다. 그는 이후 그 죄의식을 떨쳐버리지 못한 채 평생 회한과 자기 모멸에 시달리며 살아간다. 시골의 한적한 대학촌으로 김건식이 내려온 것은 그런 자신을 세상으로부터 완전히 격리시키기 위해서였다. 공사장의 막노동자로 일하면서 그는 점차 마을의 아늑한 풍경과 순박한 인심 속에 젖어들었지만 가슴속에 박혀 있는 모멸감을 떨칠 수는 없었고, 급기야 산불을 통해서 자신의 죄를 씻는 의식을 치르곤 한다.

나 자신을 상대로 처절하게 복수극을 벌이고 싶었습니다. 동지들을 헐값에 경찰에다 팔아 넘기고 풀려난 과거의 나를 열 번이고 백 번이고 불구덩이 속에 처넣고는 태워 죽이고 싶었습니다. 그래서 그렇게 산불이 날 때마다 득달같이 달려가서 나를 볼 속에 집어던지고는 내가 타 죽은 꼴을 만판 즐겼던 것입니다.

(「산불」에서)

이렇게 보자면 산불 구경이란 해한(解恨)의 과정과 다르지 않다. 소설 서두에 화자를 통해서 확인 받고자 했던 것도 그런 자기 행위의 정당성이었던 셈이다. 하지만 방화범으로 몰리고 마을 사람들의 인심까지 잃게 되면서 김건식은 결국 수기 형식의 글을 화자에게 남기고 사라진다. 「장마」에서 볼 수 있듯이 이데올로기로 인한 갈등이나 고문에 의한 배신은 개인에게 가해진 시대의 질곡이었다. 산불이 날 때마다 번번이 화형의 고통을 자청하곤 하는 김건식은 시대의 사나운 불길을 피할 수 없었던 한 가련한 개인의 슬픈 초상이라 하지 않을 수 없고, 그것을 작가는 '산불'이라는 해한의 형식을 통해서 치유하고자 한 것이다.

한창훈의 「춘희」는 오페라를 연상시키는 제목과는 달리 투박한 농촌 사람들의 이야기를 다루고 있다. 1980년대 초반까지만 하더라도 문단에서 농촌소설을 발견하기란 그리 어렵지 않았으나, 산업화의 급격한 진전은 농촌을 문단 변방으로 밀어 놓아 1990년대 이후에는 농촌 소설을 찾기가 거의 불가능한 상황이 되었다. 하지만, 농촌이란 최근 IMF 사태 이후 많은 귀농자가 속출한 데서 알 수 있듯이 여전히 삶과 생존의 근원적 태반과도 같은 곳이다. 한창훈이 주목한 것은 바로 그런 농촌이고, 작가는 그것을 한 인물을 통해서 보여준다.

주인공 춘희는 이 농촌에서 태어나 농사를 짓고 사는 평범한 촌부이다. 작품의 내용은 간단하다. 마을 사람들이 충동적으로 마련한 백세 노인의 생신 잔치가 노인의 돌연사로 인해 뜻하지 않은 장례식장이 되었다는 것과 파종을 앞 둔 하우스에 불이 난 일화가 뒷부분에 첨가된 게 전부다. 여기서 주목할 것은 춘희라는 인물이 작가가 생각하는 몸과 생의 관계, 그 생을 대하는 정서를 대변한다는 점이다. 이 소설에서 두드러지는 것도 몸에 대한 사유의 전개과정이다.

춘희가 남과 다른 특징이 있다면 "몸이 단단하고 살집이 좋"다는 것이었다. 그런 이유로 남편은 그녀의 몸을 보물 다루듯 살폈고 칭송했다. 그런 그녀가 백세를 맞는 연춘 노인의 물기 하나 없이 바짝 마른 시래기 같은 몸을 보고 충격을 받는데, 그것은 과연 저 몸이 "예전에는 뜀박질을 하고 밭을 갈고 아이를 만들고 했던 것인가. 진정 일하고 생산하던 존재였던가." 하는 놀라움과 회한에서 비롯된 것이었다. 노인을 통해 그녀는 자신의 육덕 좋던 어머니도 결국 나뭇가지처럼 빼빼 말라서 죽어갔다는 것을 기억해낸다.

그리고 사람이 비누랑 똑같다는 어머니의 말을 헤아려 보게되는데 그것은 몸이 단단한 돌맹이 같다가도 어느 순간부터 녹아버리고, 뼈가 거품이 되어버리며, 야무진 몸매를 자랑하다가 순식간에 방울방울 허공 속으로 사라져버리듯, 사람의 일생도 그렇다는 것이다. "한 스물댓까지는 엄청 마딘디 그 이후로는 쏜살같어."라는 말처럼, 젊음도 건강한 육체도 시간이 되면 시들 것이 틀림없다. 연춘 노인의 돌연한 죽음은 이 생로병사의 법칙을 그대로 증명해준다.

노인은 분명 살아 있었다. 웃고 손발을 떨고 침을 흘렸다. 그러다가상 하나 받고 죽어버린 것이다. 죽음은 어디에서 왔나. 잔칫상에서 왔나, 사람들의 축하 인사에서 왔나, 정 마담 커피에서 왔나. 설마, 그건 아닐 것이다. 그럼 어디에서 왔나… 어디서 오기는. 어머니처럼 몸 속에서 왔겠지.
　이 손 좀 봐, 엄마, 살이 너무 빠졌어, 살이 다 어디로 갔어? 어디로 갔겠니, 다시 몸 속으로 들어가버린 것이지, 어디로? 저 속으로. 바람처럼 날아가버린 것 같아. 그렇게 생각하면 너무 허전해져, 다시 저 속으로 들어간 거야, 살이 들어가고 대신 죽음이 나왔단다. 엄마, 그런 말 하지 마. 춘희야, 사람이 죽고 사는 것이 다 이 몸 속에 들어 있단다… 사람이 비누랑 똑같어.

(「춘희」에서)

　생과 죽음의 교차를 보았을 때 사람들은 얼핏 허무주의로 빠지기 쉽다. 그러나 춘희와 마을 사람들의 정서는 죽음에 침윤되지 않는 역동적인 정서라는 점에 이 작품의 키워드가 있다. 소설 속에서 '쏜살같다'라는 동사가 여러 번 등장한다. 젊음도 시간도 쏜살같다. 화재와 초상이라는 극적인 사건이 있지만 거기에 어둡게 물들지 않고, 노래방으로 향하는 그들의 모습 속에는 구전되어오는 민요들 속에 흐르는 낙천적 민중정서가 겹쳐져 나타난다.
　「춘희」가 의미를 갖는 것은 90년대 농촌소설의 새로운 면모를 보여주었다는 데 있을 것이다. 물론, 작품에는 기존 농촌소설에서 볼 수 있는 것처럼, 비록 예전에 비해 활기를 잃었지만 여전히 농민들의 삶을 구성하는 중요한 요소로 두레나 마을잔치가 제시되고, 농민들의 질박한 삶의 광경 또한 목격할 수 있다. 그런데 작가는 그런 공동체적 모습보다는 인물의 성격에 초점을 맞추어 몸의 흐름을 좇듯이 자연의 섭리를 수용하는 농민들의 모습에 주목한다. 몸의 자연스러운 변화처럼 세상의 변화를 수용하고 동시에 넉넉하게 넘어서려는 자세야말로 민중들의 질박한 세계관에 다름 아닌 것이다. 전통적인 농촌소설과 다른 모습을 갖고 있음에도 불구하고, 작가의 시선은 농민들의 질박한 심성을 통해서 삶의 근원적 의미를 찾고 있다는 점에서 이 소설은 농민소설의 맥을 잇고 있다. 농민들의 그런 자세와 인식이야말로 산업화나 근대화라는 인공의 행위에 맞서는 근원적인 힘이라는 점에서 이 작품은 농촌소설의 새로운 가능성을 보여주는 것이다.

3.

90년대 소설의 중요한 특성은 리얼리즘 문학에 대한 적의와 부정이었다. '위반과 전복'이라는 용어가 널리 유행하면서 기존의 규범적 서사는 권위를 상실했고, 재기 발랄한 상상력과 장난기 섞인 키치와 사이버 현실이 새로운 권위를 누리게 되었다. 새로운 세기가 시작되고, 많은 신인들이 출현하는 문학환경의 급격한 변화 역시 이런 흐름을 더욱 가속화시켜 이제는 돌이킬 수 없는 대세로 굳어진 듯하다. 물론, 이런 흐름을 부인할 필요는 없고 또 부인한다고 그 흐름을 바꿀 수도 없는 일이다. 다만, 문학이란 근본적으로 '부정의 양식'이라는 점, 현상을 수긍하기보다는 그 이면에 숨어 있는 진실을 추구하는 속성을 갖는 인류의 오랜 유산이라는 사실을 상기할 필요가 있다. 문학은 자신의 존재이유에 대한 자의식적 성찰을 통해서 변화를 추구하고 새로운 생명력을 부여받는 장르이고, 그렇기에 작가라면 시대 변화에 항상 열려 있어 그 변화의 문학적 의미에 대한 성찰을 멈추지 말아야 한다. 이런 본래의 속성이 부단히 발휘되어야 문학은 문학으로서의 존재 이유를 갖는 것이다. 최근의 소설을 보면서 반가움을 갖게 된 이유는 환상과 영상적 이미지가 지배하는 문단의 한 편에서 현실의 변화를 주시하고 그 이면을 천착하는 집요한 시선이 점차 확산되고 있다는 데 있다. 사회 현실에 대한 관심과 그 이면을 천착하는 노력은 시대 환경의 변화에도 불구하고 포기될 수 없는 문학의 근본 속성이고, 90년대를 보내고 새로운 세기를 맞은 우리 문학의 가능성 또한 여기에 달렸다고 해도 과언은 아닐 것이다.

인물로 본 삶과 시대의 풍경
— 김숙, 현길언, 송기원의 소설

1.

소설의 본령은 역시 인물이다. 기발한 사건과 환상적 이미지가 강조되는 디지털 시대에서도 소설이란 본질적으로 성격묘사와 인물창조에 모아지지 않을 수 없다. 소설의 재미는 사건의 개연성이나 복잡성에서 연원하는 것이 아니라, 인물이 가지는 매력, 그 인물의 가능성, 인물의 체취에 있다는 오르테가 이 가세트(Ortega y Gasset)의 지적은 여전히 유효하다. 소설을 통해서 작가의 체험을 전달한다는 것도 결국은 인물을 통해서고, 작품의 승패란 사실 인물의 성격이 얼마나 독특하게 제시되었는가에 의해서 판가름날 수밖에 없다. 게다가 실용적인 과학과 고도의 전문화로 인해 단편적이거나 파행적인 인간형이 더욱 양산되는 작금의 현실에서, 삶의 근원을 천착하고 인간의 깊이를 조망하는 일은 한층 필요할 수밖에 없다. 최근 소설에서 작가들의 관심이 인물 쪽으로 모아지고 그들의 곡절 많은 흔적을 더듬는다는 것은 그만큼 시대 현실을 직시한다는 증거로 이해될 수 있다.

김숙의 「클로버 타자기」(『실천문학』), 김종광의 「모내기 블루스」, 송기원의 「폰개 성」(『창작과 비평』), 김원일의 「나는 누구냐」(『문학과 사회』), 문순태의 「느티나무 아래서」, 현길언의 「우리 빗물이 되어 바다에서 만난다면 서로 알아볼 수 있을까」(『문예중앙』) 등은 사건이나 배경보다는 인물이 한층 강조된 작품들이다.

작가들은 치매가 든 노인의 유품을 정리하다가 우연히 발견한 수동식 타자기를 통해서 노인의 삶을 이어 온 원동력을 읽어내기도 하고, 겉으로는 모자라고 경박스럽기까지 한 인물이 알고 보니 일신의 영달에는 조금의 사심도 없는 속 깊은 인물이라는 것을 발견하며, 때로는 치매에 걸린 노파가 토해내는 횡설수설을 통해서 그녀의 삶에 각인된 현대사의 질곡과 조우하기도 한다. 작품 속의 인물들은 하나같이 자기만의 상처나 사연을 갖고 있는 시대의 풍경화인 셈이다. 물론, 이들을 바라보는 작가들의 시각은 매우 다양해서, 인물들의 이면을 통해서 척박한 현실의 단면을 담아내기도 하고, 이들의 일관된 삶을 통해서 점차 사라지고 있는 소중한 가치들을 포착해 내기도 한다. 그런 점에서 이들은 최근 젊은 작가들과는 사뭇 다른 모습을 보여준다. 길을 걷다가 우연히 떠오르는 착상을 감각적으로 변형하여 작품을 만들거나 영화나 잡지를 보다가 우연히 힌트를 얻어서 줄기를 세우는 이미지와 환상이 지배하는 게 최근의 소설이고, 그래서 이들 소설에서 삶의 진정성이라든가 인간적 가치에 대한 천착을 찾기는 거의 불가능한 상황이다. '인물'이란 인간이고, 인간의 삶에 대한 애정이다. 그런 점에서 작가들의 관심이 인물에 모아진다는 것은 그 자체가 현실에 대한 비판과 아울러 최근의 경박스런 작품 경향에 대한 부정이기도 한 것이다.

「클로버 타자기」, 「나는 누구냐」, 「느티나무 아래서」는 죽음에 이른 노인들의 삶을 통해서 한 인간에게 가해진 시대의 질곡을 읽어낸 작품이고, 「우리 빗물이 되어…」, 「모내기 블루스」, 「폰개 성」은 외면되거나 점차 사라지는 인간의 소중한 가치를 환기한 작품이다.

2.

「클로버 타자기」, 「느티나무 아래서」, 「나는 누구냐」는 흥미롭게도 죽음을 앞 둔 노인들을 소재로 하고 있다. 「클로버 타자기」와 「나는 누구냐」는 의식과 무의식을 오가며 죽음에 임박한 치매노인을 중심인물로 하고 있고, 「느티나무 아래서」는 전향을 거부한 채 끝내 죽음에 이르는 비전향 장기수를 초점인물로 하고 있다. 노령인구가 늘어나면서 치매가 사회적으로 큰 문제가 되어 있고, 또 최근 비전향 장기수들이 북송된 일화를 떠올리자면 작품은 실제 현실과 무관한 것은 아니다. 물론 작품에서 작가가 주목하는 대목은 매우 다르다. 첫 번째 작품이 '클로버 타자기'라는 수동식 타자기를 소재로 한 인간을 지탱케 하는 힘과 정체성의 근원을 천착했다면, 뒤의 두 작품은 노인들의 일생을 회상하면서 현대사의 비극을 환기한 작품이다.

「클로버 타자기」는 열 일곱의 여 주인공에 의해서 서사가 진행된다. 그녀는 낮에는 직장을 다니고 밤에는 여자상업학교에 다니는 학생이다. 임신중절을 받고 방황하던 중 우연히 그림을 그리는 중년 남자를 만나고, 그것이 계기가 되어 그의 작업실을 마음대로 드나들 수 있게 된다. 집에는 치매가 든 외할머니가 한 분 있으나 그녀에게는 부담스러운 존재일 뿐 별다른 의미를 갖지 못한다. 작품은 이 여학생에 의해 관찰되는 중년 화가와 할머니의 이야기인 셈이다.

주인공은 치매가 든 할머니의 잡동사니들을 정리하다가 우연히 라면 박스 속에 곱게 간직된 '클로버 타자기'를 발견한다. 할머니에게는 전혀 어울리지 않는 수동식 타자기란 주인공에게는 큰 의문으로 다가온다. 한글도 모르는 할머니에게 그것은 전혀 의미가 없었던 것. 할머니는 남자에게 버림받은 뒤 술집을 하고 있었고, 우연히 도시에서 흘러 들어온 정옥이라는 반반한 작부를 딸처럼 키우게 되었다. 그런데 그 여자는 돈을 훔쳐 도시로 도망나갔고 몇 년 후에는 애비 없는 아이를 배어서 돌아왔다. 그 여자는 아이(주인공)를 낳다가 죽어버렸고, 할머니는 아이를 매정하게 내팽개칠 수가 없어서 울며 겨자 먹기로 술집을 처분했다. 그러고는 청주를 떠나 낯선 인천에 자리를 잡았고 그 동안 번 돈으로 일수를 하면서 아이를 키웠다. 이런 할머니가 애지중지 보관해 왔던 게 바로 '타자기'였다. 그런데 타자기를 발견한지 반년이 지났는데도 누가 쓰던 것인지, 왜 그것이 다락방에 억류되어 있었는지를 화자는 알지 못한다.

타자기의 실체를 깨우쳐 준 것은 다름 아닌 화가였다. 중년 화가는 원래 극장에서 포스터를 그리던 인물이었으나 극장이 망하자 길거리로 나와 남의 초상화를 그려주는 처지로 전락했다. 월미도에서 화구를 늘어놓고 그림을 그리지만, 밤이면 반지하 작업실로 돌아와서는 자기만의 작업에 몰두한다. 그가 몰두하는 작업이란 초상화를 그리는 것. 그런데 화가가 그리고 있는 그림은 "수백 명인지도 모르는 사람들이 떼거지로 죽어가고 있었는데 하나같이 이목구비가 없"는 기괴한 모습의 초상화였다. 화가는 그 초상화에 몰두했고, 얼마 후 인물들의 이목구비가 갖춰지고 그림이 완성되자, 그 아래에는 "그 해 5월"이라는 제목이 적혀진다. 화가를 버티게 했던 것은 결국 '그 해 5월'이었던 셈. 그림 속의 "금방이라도 울음을 터뜨릴 것 같은 그 여자의 얼굴"을 떠올리며 화가는 처연한 삶을 살아 온 것이다. 이런 화가의 실체를 어렴풋이 감지하면서 그녀가 문득 떠올린 것이 '타자기'였다. 타자기를 살피는 순간 그녀는 타자기에 '이정옥'이라는, 자신의 어머니의 이름이 쓰여 있는 것을 발견한다. 타자기의 주인은 이정옥이라는 여인이었고, 그 타자기란 할머니에게는 딸과도 같은 소중한 존재였던 것, 화자는 이를 통해서 어머니의 실체를 감지하게 된다. 형체조차 없었던 어머니가 추상에서 구상으로 다가온 것이고, 무의미하기만 했던 할머니의 유품이 그녀의 삶 속으로 깊숙이 틈입한 것이다.

이 일을 계기로, 국어 선생님을 좋아했고 문학에 소질을 보였던 주인공은 "번번이 첫머리가 풀리지 않아 하지 못했던 국어 작문숙제를 하기 시작했다. 천천히 몇 글자를 쳐 내려가자 글이 술술 풀렸"던 것이다. 여주인공은 의식하지 못했지만, 그녀는 덧없는 방황에서 벗어나 자신의 정체성을 찾고 할머니에서 어머니로 전해져 오는 존재의 근거를 확인하는 것이다. '그 해 오월'과 '타자기'는 결국 동질의 것이었던 셈.

「나는 누구냐」는 이와는 달리 한 개인의 의식이 죽음에 이르러 해체되면서 정체성의 근원을 질문하는 작품이다. '치매에 관한 보고서'라는 부제처럼, 작가는 양로원에서 여생을 보내는 노인들의 삶에 시선을 보낸다. 정상적인 노인들이 기거하는 A동과 치매가 들어 죽음을 앞 둔 노인들이 머무는 B동으로 이루어진 양로원에서, A동에서 거주했던 주인공 노파는 치매와 더불어 B동으로 옮겨진다. A동에 있을 때 그녀는 누구보다도 깔끔하고 고상한 취미를 가졌던 인물이다. '귀족 출신'이라는 것을 자랑하고 윤동주의 시를 읽으며 몇 시간을 화장하는 데 소일하는 멋쟁이 노파였다. 미국에 살고 있는 아들 자랑을 늘어놓았고, 오페라 아리아 모음집을 즐겨 듣고 젊은 시절의 로맨스를 회상하였다. 이 고고한 노파가 급격하게 허물어져 추한 모습을 드러낸 것은 돌연히 엄습한 치매 때문이었다.

치매가 오기 전의 정상적인 모습을 담았던 1장과는 달리, 2장과 3장은 치매에 걸린 이후의 모습을 보여준다. 노파는 정상적인 의식상태를 보이다가도 돌연 치매 상태에 빠져들어 혼미한 의식을 보이고 두서없는 말들을 쏟아놓는다. 젊은 시절의 추억을 말하다가도 어느 순간 현재 양로원에서 같은 방을 사용하고 있는 동거 노인에 대한 이야기를 늘어놓고, 그러다가 느닷없이 식민치하 정신대로 끌려가 당했던 모멸적인 순간들을 떠올린다. 현재에서 과거로, 과거에서 그 이전으로, 다시 현재로의 왕복을 되풀이하면서 즐거웠던 시절과 상처로만 기억되는 과거가 현재의 화면 속에 되살아나는 것이다. 그런 점에서 이 작품은 의식과 무의식을 오가는 정신병자의 기록처럼 괴기스럽기까지 하다.

그녀의 횡설수설을 통해서 엿보이는 지난 과거사는, 한 마디로 민족사의 비극을 대변하는 것으로 정리할 수 있다. 식민치하의 가난과 일인에게 당한 성적인 모멸, 이후 정신대에 동원되어 겪었던 지옥과도 같았던 고통, 전쟁 이후 양갈보 생활을 하면서 미군과의 짧은 사랑과 자식의 출산, 그리고 입양으로 이어지는 그녀의 행적이란 외세에 짓밟힌 불행한 최근세사를 그대로 축소해 놓은 것이라고 해도 과언이 아닐 정도다. 더구나 그녀의 집안 역시 시대의 회오리를 피하지 못해서 산산조각이 난 상태이다. 그녀(본명 점아가)가 고향을 떠난 이듬해에 아버지는 북해도 탄광으로 돈 벌러 떠난 뒤 소식이 없고, 이듬해에 고향에서는 물난리를 만나서 어머니마저 돌아가셨다. 아래 남동생은 해방 직후 삼남을 휩쓴 호열자로 죽었고, 둘째는 보도연맹에 연루되어 전쟁이 나던 해 팔월에 어디론가 끌려가서 총살당했고, 그 사실에 놀란 셋째는 국군에 입대했으나 석 달만에 전사 통지서로 돌아왔고, 막내 여동생만이 겨우 이웃 김첨지 아들 실근이한테 시집가서 고향 땅에 살고 있다.

이 불행한 여인의 행적을 서술하면서 작가는 그녀의 불행이 단지 그녀 혼자만의 문제가 아닌 우리 민족 전체의 문제임을 환기시킨다. 식민치하에서 그녀가 당했던 고통은 피지배 민족으로서 우리 민족 전체가 겪었던 수모와 동일한 것이고, 양갈보가 되어 미군들로부터 인간 이하의 대접을 받았던 그녀의 비극이란 약한 민족으로서 강대국에 당할 수밖에 없었던 민족의 비극을 상징한다. 이 파란만장한 삶의 곡절을 지녔던 까닭에 그녀의 존재란 스스로도 혼란스러울 수밖에 없다. '나는 누구냐'라는 제목에서 암시되듯, 인생의 황혼에서 되새기는 자기 정체성에 대한 의문은, 삶과 역사의 주체로서의 지위를 누려야 했음에도 불구하고 외세에 짓밟혀 타율적이고 왜곡된 삶을 살지 않을 수 없었던 민족사에 대한 회한인 셈이다. 우리의 비극이란 일제 강점기에서 오늘의 분단시대에 이르기까지 역사의 주체로서 지위를 누려야 했으나 그렇지 못하고 역으로 외세에 의해 생존권마저 유린당해 왔던 데 있다. 그래서 죽음을 앞 둔 시점에서 읊조리는 독백 — "걸을수록 나이를 거꾸로 먹는 그런 길이 있다면 발바닥에 피멍이 맺히고 무릎이 꺾일 때까지라도 걷고 싶다. 그 길을 따라가면 헤어진 사람, 이미 이 세상을 뜬 사람까지 청정한 모습으로 모두 만날 수 있으리라." — 은 나를 잊어버리고 타율화된 삶을 살았던 데 대한 회한이자 모든 것을 원점으로 돌려놓고자 하는 열망인 것이다.

 또 하나 이 작품의 맛은 작가가 치매노인의 무의식적인 언행을 옮기듯이, 단락구분을 의도적으로 무시한 서술기법에 있다. 비교적 긴 분량의 작품임에도 불구하고 작품은 단지 3개의 단락으로 구성된다. 작품은 한 개의 단락으로 하나의 장을 만든 모두 3장으로 이루어져 있다. 이는 정상적인 상태와 치매 상태가 교차되면서 환각처럼 쏟아 놓는 정신병자의 중얼거림처럼, 주인공의 혼란스러운 의식상태를 상징하는 것으로 보인다. 지면 위로 퍼지는 잉크자국처럼 혼란스럽게 엉킨 그녀의 말들은 바람처럼 떠밀려온 한 평생을 환기시켜 주고, 화면은 오락가락하는 그녀의 의식을 숨가쁘게 따라갈 뿐이지 어떤 체계적인 정보를 제공해주지 않는다. 치매 상태에 빠진 노파에게 시각과 공간의 분별이란 가능하지도 않은 일이고, 그것을 작가는 단락 구분을 무시하는 서술기법을 통해서 표현한 것이다. 혼란스러운 진술과 장면의 배치에도 불구하고 그녀의 삶이 강한 여운을 주고, 더불어 애잔한 비감을 반추하게 만드는 것은 작가의 이런 구성에 힘입은 바 크다.

3.

 「우리 빗물이 되어…」와 「폰개 성」은 인물들의 일화를 통해서 일상에서 소홀히 되는 삶의 소중한 가치를 환기한 작품이다. 「우리 빗물이 되어…」는 어머니의 죽음을 지켜보면서 어머니를 버티게 했던 힘의 근원이 무엇인가를 알게 된다는 내용이고, 「폰개 성」은 '폰개 성'(본명 판기)의 성실하고 우직한 모습에서 '거인'을 느낀다는 이야기다.

 「우리 빗물이 되어…」는 임종을 앞 둔 어머니를 하룻밤 간병하면서 어머니의 삶의 내력을 이해한다는 내용이다. 현길언의 다른 작품처럼 이 작품 역시 제주도를 배경으로 하고 있고, 또 좌우 대립에 의한 상처가 깊숙하게 각인된 가족사가 제시된다. 그런데 작가는 이데올로기라든가 가족사의 비극에 주목하기보다는 신앙과 관련된 부자간의 미묘한 갈등을 통해서 어머니의 삶을 재구성하는 방식을 택한다.

　화자는 오랜만에 대면한 어머니의 모습이 기억 속에 남아 있는 것과는 다르다는 것을 발견한다. 누렇게 변색된 살갗에는 검버섯이 듬성듬성 나 있고, 뼈 위에 살갗을 씌운 것처럼 안면의 골상이 그대로 흉하게 드러나 있다. 곡기를 끊은 지 한 달이 넘은 까닭에 육체는 이름뿐이었고, 어머니는 어머니가 아닌 먼 타인으로 느껴진다. 실제로 화자는 어머니와 함께 한 기억도 별로 없다. '폭도'의 아들이라는 따돌림과 집안의 칙칙한 분위기가 싫어서 중학교부터 고향을 떠났고, 교수가 된 현재에도 고향에 들리면 잠시 만났을 뿐이니 어머니의 존재란 희미할 수밖에 없다. 고향을 떠난 이후에는 어머니보다 친구와 서울생활의 외로움에 대한 생각을 더 많이 했고, 또 한편으론 어머니에 대한 서운한 마음도 없지 않았다. 대학에 다닐 시절에 어머니에게 교회에 나갈 것을 권했으나 어머니는 거절했고, 그후 목사가 되어서 권하면 들어줄 것이라 믿었으나 그 역시 '형님이 믿지 않는다'는 이유로 거절하였다. 둘째 아들의 부탁을 장남이 거부한다는 이유로 들어주지 않았던 것. 이런 상황에서 어머니 곁에서 하룻밤을 보내려 했던 것은 어머니에 대한 추억을 하나 새로 마련해 놓으려는 심경에서였다.

　그런데, 인지상정이랄까, 어머니 역시 그런 아들의 마음을 헤아리고 있었다. 어머니는 화자의 집에서 단 며칠이라도 살지 못한 것이 미안하고, 또 하나님을 믿으라는 아들의 말을 듣지·않은 것이 미안하다고 고백한다. 하지만, 목사이자 신학대학 교수인 화자의 입장에서 보자면 사후에나 천당으로 모시고자 하는 자식의 효심마저 거절하는 어머니가 못내 아쉬울 수밖에 없다.

　화자가 어머니를 이해하게 된 것은 고모의 입을 통해서 어머니가 살아 온 과거의 내력을 들은 이후였다. 중학교 교사였던 아버지가 좌익운동에 가담했던 관계로 어머니는 서른 다섯에 청상과부가 되었고, 이후 갖은 고생 끝에 자식 셋을 남부럽지 않게 키워냈다. 게다가 증조할아버지 내외와 시부모, 그리고 친정의 두 어른이 돌아가시자 각각 3년상을 다 치러냈고, 시동생들을 시집보내는 일도 혼자서 도맡아 했다. 그 어려운 시절에, 그렇다고 부자도 아니면서 어머니가 매년 한 두 번씩은 큰일을 치렀고 자식들까지 훌륭하게 키워낼 수 있었던 것은, 고모의 말대로 "어머님은 종갓집 며느리로 타고나신 분"이고 그것을 보람으로 알았기 때문이다. 모자간의 정이라는 것도 종갓집 며느리로서의 사명보다는 앞설 수 없었던 것이다. 시국이 어수선했던 시절에 어머니가 세 아들을 친척집에 각기 분산시켜 숨겼던 것은 그들 중에서 하나만이라도 살게 되면 집안의 대를 이을 수 있다는 생각에서였다. 이런 사연을 간직한 어머니였기에 기독교를 믿으라는 것은 또 다른 신앙을 가지라는 말과도 같았던 것이다. 큰아들의 말대로, 그런 행위란 "어머니로 하여금 그분이 일생 동안 지켜왔던 당신의 삶을 온통 내던져버리라는 가혹한 요구"에 다름 아니었던 것. 이런 사연을 전해 듣고 화자는 종갓집 며느리로서의 이 '냉혹함'이 바로 한 많은 어머니의 일생을 지탱해준 힘이자 삶의 뿌리였던 것을 알게 된다. 그러나 이 극적인 화해를 뒤로하고 어머니는 다음날 영원히 세상을 뜨고 만다. "이제 나에게는 낳아주신 어머니는 이 땅 위에 존재하지 않는다. 우리가 언제 빗물이 되어 혹 그 바다에서 만난다면 서로 알아볼 수나 있을까?"

오늘날의 입장에서 보자면, 희생과 봉사로 일관한 어머니의 삶이란 시대 착오적이고 가부장적 이데올로기에 얽매인 것으로 비판받을 수도 있다. 가문과 자식보다는 개인의 욕망과 일신의 영달만을 앞세우는 게 요즘 소설에 나타난 여성들의 삶이다. 이런 여성들에게 '어머니'의 모습은 어떻게 비쳐질까.

「폰개 성」은 집안의 장자이자, 큰아버지의 외아들인 '폰개 성'(본명 판기)의 이야기이다. 작품은 두 개의 이야기가 교직되어 제시된다. 하나는 작가 자신이 7, 80년대의 독재정권 아래서 겪었던 고초를 실명으로 회상한 것이고, 다른 하나는 그 시기를 평범한 소시민으로 살아온 폰개 성의 이야기이다. 고은, 이문구, 이시영, 윤흥길 등 실제 작가들이 등장하고, 자유실천문인협의회, 문인간첩단사건 등 실제 사건이 언급되는 실명소설의 형식에다가,

그런 행위를 마음으로 지지하고 후원했던 폰개 성의 이야기를 혼합해 놓고 있다.

'폰개 성'은 가난한 살림에다 주정꾼인 아버지 밑에서 국민학교를 간신히 졸업한 뒤 독학으로 겨우 중학을 마쳤다. 그는 가문의 장손답게 가문에 대한 집착이 강해서 문중의 일을 내일처럼 돌보는 인물이다. 그런데, '나'는 세 명의 이복형제를 남긴 채 사라진 아버지에 대한 반감에서 집안과 가문에 대해서 부정적인 의식을 갖고 있고, 또 가문을 들먹이는 폰개 성에 대해서도 별다른 호감을 갖고 있지 못하다. 폰개 성이 철도공무원이 되었다가 택시 운전사를 하고, 또 중소기업의 총무과 서기에서 부장으로, 급기야 이사로 승진하는 인생 행로에 밟지만 그에 대해서도 별다른 관심을 두지 않았던 것이다.

화자가 그럴 수밖에 없었던 것은 그 역시 그 시기를 힘들게 넘기고 있었기 때문이다. 갓 등단하여 문학청년의 티를 벗지도 못한 상황에서 화자는 시국사건에 연루되어 자유실천문인협의회에 끼게 되고, 얼마 후에는 문인간첩단사건을 가까이서 목격한다. 80년도에는 '민주화의 봄'을 맞으면서 우연히 데모대의 선봉에 선 것이 빌미가 되어 '김대중 내란음모사건'에 연루되어 3년 가까운 감옥살이를 하였다. '폰개 성'은 '폰개 성'대로, 나는 나대로 분주하게 격동의 세월을 살아 온 것이다. 그런데 이 과정에서 폰개 성은 나에게 끊임없이 관심을 보내왔고 도움을 아끼지 않았다.

자유실천문인협의회에 연루되어 경찰서에 잡혀갔을 때는 선처해 달라고 면회를 오기도 했고, 문인간첩단사건으로 감옥을 갔다 온 뒤에는 장한 행동이라고 추켜 세우며 훗날 반드시 보상을 받게 되리라는 격려를 아끼지 않았다. 또 실업자로 빈둥거릴 때는 잡지사에 소개하여 취직 자리를 알선해 주기도 하였다. 그런데 그런 행동이 나에게는 오히려 귀찮기만 했고, 특히 걸핏하면 '가문' 운운하는 행동이 몹시 거슬려 업신여기는 마음을 갖기도 했었다. 폰개 성은 자신이 이루지 못한 삶의 어떤 정체성을 다름 아닌 나에게서 찾고 있다는 식으로 받아들였던 것이다.

화자가 이 폰개 성을 새롭게 바라보게 된 것은 우연한 두 개의 사건 때문이었다. 하나는 생부의 첫 부인을 찾게 된 일이고, 하나는 집들이에 초대되어 폰개 성의 유언과도 같은 당부를 듣고 난 뒤였다. 화자에게 아버지란 뚜렷한 기억이 없을 뿐만 아니라 오히려 고통의 근원이기도 했다. 세 명의 여인과 배다른 자식만을 남겨 두었던 까닭에 아버지의 존재란 망각하고 싶은 대상일 뿐이었다.

그런데 폰개 성이 죽음에 임박한 아버지의 첫 여인에게 화자를 데리고 간 것이다. 폰개 성의 이유란, 작가로서 이번 기회를 놓친다면 영영 가문이나 피붙이에 대해서 부정적인 생각을 버리지 못하리라는 것, 좋은 작가라면 가문이나 피붙이에 대한 부정적인 생각은 없어야 한다는 것이다. 아버지와 가문에 대한 의식 자체가 없었던 화자에게는 충격일 수밖에 없는 말이었고, 그 말을 듣는 순간 화자는 폰개성이 갑자기 '거인'처럼 여겨지는 것이다. 두 번째 일화는 폰개 성의 집들이에 초대되어 듣게 된 폰개 성의 생활신조를 통해서다. 배움도 없고 돈도 없이, 이제야 겨우 늘그막에 집 한 칸을 마련했고, 단 한번도 가문에 빚을 내 본 적이 없지만, 자신은 결코 자식들에게 유산을 남기지 않을 것이고, 또 시신은 장기를 기증한 뒤 화장을 하라고 한다. 그것이 아쉽다면 고향의 뒷산에 추념수나 한 그루 심어달라는 것이 폰개 성의 유언과도 같은 당부였다. 이 이야기를 들으면서 화자는 다시 한번 폰개 성의 '거인'으로서의 면모를 실감하고, 같은 가문의 한 사람이라는 사실을 자랑스럽게 여긴다.

폰개 성 역시 앞의 「우리 빗물이 되어…」의 어머니와 같은 인물이다. 자기 헌신과 가문에 대한 종교와도 같은 믿음으로 한 평생을 살아온 인물이다. 두 사람 모두 현실에서는 찾기 힘든 인물이기도 하다. 작가들이 이런 인물에 새삼 관심을 돌리고 거인으로 부각시킨 이유는 무엇일까.

4.

　통신 매체의 급속한 발달로 시공간의 개념이 사라지다시피 한 현실에서도 사람들의 삶은 여전히 아날로그의 수준을 벗어나지 못하고 있다. 현실에서 살아남기 위해서는 경쟁의 소용돌이 속으로 뛰어들지 않을 수 없고, 이 적자생존의 이전투구 과정에서 만인은 서로에게 적으로 존재한다. 이 고독한 영혼들의 전시장과도 같은 소설을 읽는다는 것은 그래서 괴롭고 우울하다. 그 괴로움은 운명적 동질감에서 오는 것이면서 동시에 미처 자각하지 못했던 괴로움의 질량을 새롭게 실감하는 데서 오는 것이기도 하다. 인간의 삶이란 다양한 장(field)이 교차하는 복합적 공간이고, 소설을 읽는다는 것은 이 복합적인 장을 경험하는 과정이다.

　그런데 감각과 이미지와 환상이 강조되는 최근 소설들은 여기에 대해서 그리 심각하게 고민하지 않는다. 문체와 구성의 아름다움, 미적 완결성에 대한 집착이 최근 작가들의 중요한 관심사라 해도 과언이 아니다. 하지만 실용적이고 효율만을 중시하는 현실에서 사람들은 더욱 파편화되고 고립된 존재로 변하고 있다. 사람들은 사회 현실의 복합적 요인에 대해서 고민하기보다는 감각적이고 말초적인 데 더 큰 관심을 보인다. 하지만 과학과 정보 기술의 급속한 전개 속에서도 사물을 전체적 연관 속에서 보지 않고는 그 실상을 온전하게 파악하기가 힘들다. 작가들이 인물의 이면사를 통해서 시대와 역사를 읽어낸 것은 한 개인에게 가해지는 제 연관성에 대한 성찰이자 이 속된 흐름에 대한 거부이기도 하다. 분화가 심화될수록 인간의 전체성에 대한 통찰은 더욱 소홀히 되는 까닭에 '인간의 회복'이란 무엇보다 소중한 과제일 수밖에 없다. 인문학의 위기와 문학의 죽음이 말해지는 상황에서도 사람들의 소설을 외면하지 않는 것은 이런 성찰의 장을 제공해 주기 때문이 아닐까.

문체로 구축한 일상의 삶
— 하성란의 경우

1.

　최근 문단에 두드러진 현상이 있다면 '여성작가밖에 없다'는 말이 들릴 정도로 여성작가들의 활약이 돋보인다는 점이다. 1999년도 '교보문고'에서 집계한 연간 베스트셀러 목록에는 신경숙(『기차는 7시에 떠나네』), 은희경 (『행복한 사람은 시계를 보지 않는다』『마지막 춤은 나와 함께』), 전경린 (『내 생에 꼭 하루뿐인 특별한 날』), 공지영(『존재는 눈물을 흘린다』), 박완서(『너무도 쓸쓸한 당신』) 등 여성작가들이 윗자리에서 독자들의 사랑을 독차지하고 있다. 오정희, 이경자, 양귀자를 비롯한 중견이나 80년대 이후 활동을 계속하고 있는 김인숙, 공지영, 이혜경, 공선옥 그리고 소위 차세대 주자로 평가되는 배수아, 하성란, 조경란, 정정희, 한강 등 이루 헤아릴 수 없을 정도로 많은 여성작가들이 문단을 주도하며 문예지를 장식하고 있다. 이와 더불어 근래 신춘문예 소설 부문에 여성 당선자들이 족출하고 있는 현상 역시 가히 '여성작가의 전성시대'라는 말을 실감나게 한다.
　여성작가들이 이처럼 양산된 배경에는 지난 세기가 이룩한 고속성장이 가져온 사회적 변화와도 관계가 있다. 즉, 가사로부터 상대적인 자유를 누리면서 자기 계발에 몰두할 수 있는 여유를 확보한 고학력 여성의 수적인 증가와 사회적 욕구의 팽배가 여성 고유의 섬세함과 집요함과 만나면서 빚어진 문화적 현상으로 볼 수 있는 것이다. 또한 90년대 이후 우후죽순으로 개설된 문예창작과를 통해서 배출된 문학예비군의 대량 생산 역시 여성작가들의 번성을 촉진한 요인이다. 이제는 소위 명문대학에서까지, 전문대학에서나 개설되는 학과로 여겨졌던 문예창작학과를 개설하게 되었고, 심지어 배출 문인 수가 마치 그 학과의 등급을 판정하는 기준으로 회자되는 기현상을 낳았다. 하지만 보다 중요한 것은 사회 전반의 민주화에 따른 가부장적 권위의식의 약화와 그에 따른 여성들의 사회적 욕구의 증대일 것이다. 이제 여성들은 가정 속에서만 안주하는 비사회적 존재가 아니라 과감하게 자신을 주장하고 당당하게 내세우는 사회적 주체로 공인되기에 이르렀다. 더구나 사회구조가 고도화되면서 야기된 물신풍조와 경직된 사고는 여성의 시각과 감성을 통해서 사회를 새롭게 이해하고 해결의 실마리를 찾지 않을 수 없는 '패러다임의 변화'를 낳았다. 이런 사회 환경 속에서 여성작가들의 활약이 그 어느 때보다도 두드러지는 것은 필연적인 현상이 아닐까.

  물론 모든 여성 작가들을 단일한 경향과 의도로 묶을 수 있는 것은 아니다. 여성 작가들은 저마다 개성적인 작품 세계를 보이고 있다. 가부장적 사회에 대한 의도적인 비판과 적의를 내보이는 부류도 있고, 그와는 무관하게 자신의 일상을 천착하면서 삶의 본질을 질문하는 작가들도 있다. 인간관계의 이면을 날카롭게 통찰하는 은희경의 소설, 삶의 심연을 통찰하는 깊은 시선, 그렇지만 결국은 무위(無爲)로 돌아가는 삶에 대한 회한을 주조로 한 배수아, 여성이라는 비극적 존재가 벌이는 치열한 몸싸움의 흔적을 곳곳에서 보여주는 전경린, 그물로 짠 듯한 정교한 문체와 삶을 응시하는 충실한 시선을 특징으로 하는 이혜경, 아직도 80년대의 격변기의 상처를 간직하고 살아가는 인물들이 벌이는 고투를 소재로 한 김인숙 등은 어느 하나의 경향으로 묶을 수 없는 다양한 모습을 보여준다. 이들에게서 공통적으로 발견되는 것이 있다면 그것은 삶의 이면을 투시하는 날카로운 시선과 집요한 문체다. 남성작가에게서는 찾기 힘든 섬세한 감성과 기지에 찬 시선은 타성에 절어 있는 일상을 철저하게 해부하여 감춰진 진실을 스스로 드러내게 만든다. 그런데 그것은 사회와 역사라는 거시적 시각의 조율에서 벗어난, 즉 원근법이 결여된 경우가 많다는 데서 아직은 불안하다. 이 글에서 살피고자 하는 하성란은 여성 작가의 이와 같은 장점과 한계를 전형적으로 보여주는 작가라 할 수 있다.

2.

하성란은 1996년 등단이래 지금까지 두 권의 소설집과 장편 하나를 발표하였다. 꾸준하고 성실한 활동을 통해서 그녀는 최근 젊은 작가들의 소설과는 달리 안정감 있는 고전적인 스타일의 소설을 지속적으로 창작해 왔다. 『루빈의 술잔』과 장편 『식사의 즐거움』에 이은 최근작 『옆집 여자』는 이런 기존의 장점을 한껏 유지하면서 더욱 성숙한 모습을 보여준다는 데서 작가의 남다른 노력을 엿보게 된다. 하성란의 서사전략은 어떤 꼭지점을 향하여 육박해 들어가는 문체의 정교한 구축을 통해서 최종적으로 어떤 형상, 즉 주제를 제시하는 데서 찾을 수 있다. 이것을 뒷받침하는 그녀의 문체는 마치 사물의 성분을 하나하나 분석하는 현미경의 렌즈와 닮아 있다. 양파의 껍질을 한 겹 한 겹 벗겨내어 마침내 그 속살의 실체를 보여주듯이 그녀는 환상과 가식으로 치장된 현상의 이면을 집요하게 천착한다. 섬뜩할 정도의 이 집요함이란 일찍이 문학사에서 전례를 찾을 수 없을 정도이고, 바로 그런 점이 평범하기 그지없는 일상을 새롭게 의미화하는 이 작가의 전략이자 강점인 것이다.

「즐거운 소풍」「옆집여자」「곰팡이꽃」은 이 집요한 시선에 의해 포착된 우리 일상의 실체를 문제삼은 작품이다. 소설은 치밀한 언어의 구축을 통해 우리 앞에 인간의 숨겨진 단면을 제시한다. 그것을 단적으로 보여주는 대목을 우리는 「즐거운 소풍」에서 만날 수 있다.

「즐거운 소풍」의 마지막 대목에서 등장인물 전원은 카메라 앞에 모여서 단체 사진을 찍게 된다. 그런데 카메라의 렌즈 앞에서 웃고 있는 이들의 표정 이면에는 사실은 입주자 전원을 살해하겠다는 음모를 품고 있는 건물주와, 건물을 팔아버리려는 건물주를 살해하고자 하는 세입자들의 '동상이몽(同床異夢)'이 도사리고 있다. 낡고 냄새나는 5층 짜리 상가건물을 철거하고 고층 오피스텔을 지으려는 사장은 그것을 반대하는 입주자들을 소풍 길에 살해할 생각을 갖고 있고, 사장 한 사람 때문에 많은 세입자들이 고통을 받아야 한다는 사실을 자각한 세입자들은 사장을 없애려는 살기를 내보인다. 그런데도 이들은 야외로 소풍을 나간다는 사실로 인해 들뜨고 즐거운 표정을 연출한다. 아버지의 친구이자 세입자인 학원 원장을 사장이 죽이는 '살인 모티프'를 뺀다면 이 소설은 우리의 모습과 흡사한 것으로 보인다. 회의 석상에서는 예의바르게 인사를 교환하지만 사실 개개인들의 마음속에는 어떤 칼이 숨겨져 있는지 알 수 없다. 이해관계에 따라 그들은 언제 동지에서 적으로 변할 지 알 수 없는 불안한 관계에 있다. 이것을 우리는 신문의 정치면에 실리는 사진들 속에서도 무수히 목격할 수 있지 않을까. 환하게 웃으며 악수를 하고 있는 여야 정치인들의 얼굴 뒤에는 상호간의 이해득실을 따지며 교묘한 줄다리기를 벌이는 또 다른 얼굴이 가려져 있는 것이다. 웃는 표정 뒤에 숨은 또 다른 얼굴은 보통사람들 눈에는 불투명한 막 앞에 선 것처럼 여간해서 보이지 않는 법이다. 그러나 작가의 렌즈는 사람들의 웃는 표정 뒤에 숨은 또 다른 얼굴을 찍어서 적나라하게 보여준다. 「즐거운 소풍」이 보여주는 스냅사진은 하성란이라는 작가의 렌즈가 얼마나 교묘하고 정밀하게 계산된 장치인가를 보여주는 한 예일 뿐이다.

또 다른 단편 「옆집 여자」는 이웃이라는 가면을 쓴 타인의 정체를 보여준다는 점에서 「즐거운 소풍」의 주제의식과 닿아 있다. 전업주부인 '나'는 507호에 새로 이사온 젊은 여자에게 친밀감을 느끼고 마음을 터놓지만 그 여자가 보여주는 친절이란 사실은 가식적인 것이고, 그 친절 속에 자신과 가족의 행복을 위협하는 흉기가 숨어 있었다. 웃는 얼굴로 물건을 빌려가던 여자는 단순히 물건만을 빌려가는데 그치지 않고 '나'가 갖고 있는 것들을 하나하나 교묘하게 절도해 가고 있다. 아이와 남편, 그리고 나중에는 '나'를 정신병자로 치밀하게 몰아가는 행각을 통해 '나'를 무너뜨리고 있었던 것이다.

> 명희와 남편, 그리고 내 아들 성환이는 마치 한가족처럼 보입니다. 남편과 내 아이, 다른 물건들처럼 이번에도 돌려주지 않을 작정일까요?
> 명희, 저 낯선 여자가 누굽니까. 507호, 옆집 여잡니다.
>
> (『옆집여자』, 36면)

그런데, 이 507호 여자는 공동체를 무너뜨리고 그 위에 건설된 사회구조가 발생시킨 수많은 인간군상들 중의 하나일 뿐이다. 인간에 대한 순진한 믿음을 허망하게 배반당하는 경험을 통해 사람들은 속지 않기 위해 상대를 속이는 배타적 인간관계에 길들여지고 고슴도치처럼 날카로운 가시를 곤두세우며 타인을 경계하고 심지어 가족조차 의심하며 스스로를 무장하고 살아가는 것인지 모른다. 웃는 가면을 쓰고 있지만 그 이면에는 냉혹한 악마의 얼굴을 숨기고 있는 '옆집 여자'는 우리 주변에서도 얼마든지 만날 수 있는 인간인 것이다.

「곰팡이꽃」에는 자기가 사는 아파트 단지의 쓰레기 봉투를 매일매일 집으로 가져와 해체해 보는 남자가 나온다. 평범한 회사원일 뿐인 남자가 밤마다 목욕탕에 틀어박혀 욕조 안에 펼쳐놓은 쓰레기를 들여다보며 수첩에 "4월 23일 오비 라거 맥주뚜껑, 풀무원 콩나물, 신라면, 코카콜라, 참나무통 맑은 소주…" 식으로 꼼꼼하게 적어나가는 모습은 기이하기 짝이 없다. 그러나 그의 작업은 작가가 '망가진 시계의 부속품을 핀셋으로 집어 올리는 시계수리공'으로 비유할 만큼 지극히 진지한 행위로 그려진다.

남자는 왜 쓰레기를 분석하기 시작했을까. 그는 같은 사무실에 근무하는 여직원을 사랑했지만 그 여직원이 후배직원과 결혼함으로써 사랑을 잃는다. 실연의 기억은 상처가 되었다. 남자는 나중에야 여자의 숨겨진 성향을 알게 되는데, 그것은 여자가 코발트색에 약하고 입심이 좋고 단정한 옷차림의 남자에게 끌린다는 사실이었다. 따라서 남자가 쓰레기의 성분을 분석하면서 같은 아파트에 사는 사람들의 취향을 파악하는 행위는 그의 좌절된 욕망에 부응하는 행위로 볼 수 있다. 만약 자신이 사랑했던 여자의 쓰레기를 볼 수 있었다면 그 여자의 숨겨진 성격을 알았을 것이고, 그렇다면 그 여자를 잃지 않았을 것이라고 생각하는 것이다. 사람들은 누군가를 사랑하지만 그 사랑은 일방적이기만 한 것이어서 상대방에게 닿지 않는 경우가 많다. 그런데 본질적인 문제는 우리가 누군가를 안다고 생각하지만 그것은 결코 진정으로 아는 게 아니라는 데 있다. 지극히 상대방의 취향을 잘못 알고 있거나 오해하고 있기에 근본적으로 소통되지 못하고 불화가 생겨나는 것이다. 가령 남자의 옆집에 사는 507호 여자는 생크림 케이크를 좋아하지 않지만 그 여자를 짝사랑하는 남자는 여자가 생크림 케이크를 좋아한다고 여기고 있다. 그러니까 생크림 케이크를 좋아한다고 믿었던 여자의 진실은 쓰레기통 속에서 손도 대지 않은 채 문드러져 있는 케이크의 의미 속에 상징적으로 용해되어 있는 셈이다. 작가가 인물로 하여금 아파트 단지 안에 있는 쓰레기를 뒤지게 하는 까닭은 진실의 소재지가 바로 그곳이기 때문이다. '진실은 쓰레기 봉투 속에서 썩어가고 있었다.'는 것이 작가의 메시지다. '쓰레기는 거짓말을 하지 않고 쓰레기야말로 숨은 그림 찾기의 모범답안'이라는 해답은 현대 사회가 지니고 있는 단절적 인간관계의 일면을 아프게 지적하고 있다.

이들 작품을 통해서 우리가 만나지 않을 수 없는 서글픈 진실이 있다면 그것은 현실이 보여주는 표리부동한 모습일 것이다. '저 사람은 웃고 있지만 속으로는 그렇지 않을 지 모른다.' '내가 믿고 있는 이것은 사실은 믿어서는 안 되는 것이었다.'는 사실의 확인, 그것은 참과 거짓을 구별하기 힘든 현실에 대한 절망일 것이다. 그러나 안타깝게도 매일 대하는 현실의 진위 여부를 가려내는 일은 우리의 힘에 부치다. 우리 자신은 이미 거대한 톱니

바퀴를 한 구조 속에서 하나의 부속품이 되어 있고 인간관계 또한 오래 전에 자연성을 잃고 사물화되어 가고 있다. 일상적으로 대하는 광고판의 내용을 무의식적으로 수용하듯이 거품처럼 떠도는 현상의 홍수 속에 저도 모르게 휩쓸린 채 서서히 마모되어 가야 하는 것이 현대를 살아가는 우리들의 운명인지 모른다.

3.

일상에서 벗어나고자 하는 심리는 현대인들이 갖고 있는 보편적인 욕망이다. 사회 구조가 점차 정밀해지고 고도화되는 반면 인간의 삶은 한층 규격화되고 왜소화되는 게 오늘의 일반적 현상이다. 더구나 매일 똑 같은 일을 반복하는 현대인들은 그 타성화된 삶에 길들여져 자신의 본 모습을 잃고 관성적인 삶을 살지 않을 수 없다. 하지만 이 규격화된 일상의 이면에는 그 두꺼운 관성의 벽을 뚫고자 하는 충동, 곧 '탈주(脫走)'에 대한 욕망이 꿈틀거리고 있다. 「깃발」은 이 탈주에 대한 욕망을 표현한 소설이다.

「깃발」에 나오는 '나'의 삶이란 매일 상습정체구간을 지나는 만원버스 안에서 광고탑을 올려다보는 모습으로 상징된다. '나'는 외제차를 파는 영업사원이지만 한 대도 팔아 보지 못한 채 영업소 유리창만 열심히 닦고 있는 신세이다. 나의 이런 일상을 내려다보듯 늘 똑같은 모습으로 서 있는 광고탑 속에 그려진 낙원의 모습은, 아파트 한 채 값이나 되는 외제차처럼, 늘 볼 수 있지만 멀고 먼 현실이라는 점에서 '그림의 떡'과 같은 존재다. 그런데 하루도 빠짐없이 출근할 때마다 광고판을 올려다보는 나에게 이상한 일이 생겨난다. 언제부터인가 광고판 속의 처녀가 '웃기' 시작하는 것이다. 그림이 살아서 움직이는 것 같은 이 느낌이란 실상 그의 내재된 욕망이 만들어낸 환상이 아니고 무엇이겠는가. 그 광고판의 실제 모델이 영업소에 나타났을 때도 상황은 마찬가지다. 그 여자와 관계를 맺는 환상은 내가 버스 안에서 잠깐 졸았을 때 꾼 꿈일 뿐 현실적으로는 외제차를 구매하려는 고객 그 이상도 이하도 아니다. 마침내 현실적으로 차를 팔 수 있는 상황이 되었지만 돌발적인 사고를 일으키는 바람에 그 꿈은 백일몽에서 깨듯이 한순간에 산산조각이 나고 마는 것이다. 그리고 해프닝 같은 사건 이후에도 일상은 똑같이 반복된다. 나는 여전히 만원버스에 시달리며 하와이로 여행 올 것을 유혹하는 광고탑의 처녀를 쳐다본다. '나'가 전신주를 타고 오르면서 육신의 옷을 하나하나 벗어 놓는 것, 곧 자신의 껍질을 하나하나 벗기면서 전신주를 올라가는 모습은 곧 탈주에의 욕망에 다름이 아니다. 그런 일탈적 행동을 통해서 그는 이제, 화자의 말처럼, "실오라기 하나 걸치지 않은 사내는 태초의 인간 아담의 모습"으로 돌아간 것이다.

액자 소설의 형식으로 구성된 이 소설 속에서 전기기사인 '나'는 세일즈맨인 또 다른 '나'와 겹쳐지는 인물이다. 대부분 3인칭 또는 작가 관찰자 시점으로 전개되는 다른 소설에 비해 이 소설에 1인칭 화자가 등장하는 것은 두 개의 '나'가 지닌 공통점을 통해서 '현실의 나'와 '내면의 나'를 보여주려는 의도인 것이다. 전신주 꼭대기에서 사라진 남자와 사라지고 싶은 남자. 전신주 꼭대기에서 차례차례 걸린 구두, 양복 상의, 와이셔츠, 넥타이, 양말, 그리고 깃발처럼 나부끼는 팬티. 이것은 이 사회가 그려낸 서글픈 자화상이라 하지 않을 수 없다.

탈주에의 욕망이 일렁이는 무의식의 창고 속에는 또 다른 욕망이 검은 늪처럼 입을 벌리고 있다. 「올콩」에 나오는 남자는 생일을 맞은 애인을 만나기 위해 차를 몰고 가는 길에 오토바이를 탄 '퀵 서비스 배달원'을 치게 된다. 이후 남자의 행로는 내리막길에 들어선 자동차처럼 위태롭게 질주하는데 이는 이성의 제어장치가 풀린 욕망의 궤적에 다름 아니다.

남자가 병원 응급실에 누운 배달원을 대신하여 서류봉투를 배달하러 길에 전철 안에서 '검정콩' 같은 눈을 한 여학생을 만나는 것이 그가 조금 전에 겪은 교통사고만큼이나 우연적인 만남이다. 스물 여섯의 건강한 청년인 그는 교복치마 밑으로 드러나는 여학생의 다리에 호기심을 느끼게 되고 곧 그것이 연상시키는 은밀한 곳까지 상상하게 되는데, 나중에는 애인과의 약속까지 깨고 이 여학생에 무작정 끌려가게 된다. 모범생의 외양을 하고 있지만 사실은 영악하기 짝이 없는 여학생으로부터 조롱을 당하고 처참한 기분으로 집에 돌아온 그를 기다리고 있는 것은 '금간 거울 속으로 모자이크처럼 조각 조각난' 자신의 얼굴이었다. 깨어진 거울 속에 드러나는 얼굴이야말로 자아의 또 다른 얼굴이자 진실의 맨 얼굴이라 하지 않을 수 없다.

이 작품에서 작가는 치밀한 계산을 통해 욕망의 덫에 걸린 한 인간을 철저히 해체해서 보여준다. 교통사고, 검정콩 눈을 한 여학생과의 만남은 모두 '예고 없음' '기습적'이라는 점에서 동일한 메타포(metaphor)를 갖고 있다. 이것은 남자가 차를 몰고 골목길을 빠져나가는 중에 골목길에서 노는 아이들을 보고 '번개'라고 칭하는 복선처리에서도 암시된다.

> 번개는 예고가 없다. 번개를 피하기 위해서는 땅바닥에 납작 엎드리거나 번개를 유인하는 피뢰침을 세우는 일뿐이다. 미로처럼 뚫린 골목들을 지날 때마다 남자는 언제 떨어질지 모르는 번개에 대비해 아예 한 발을 브레이크발판 위에 얹고 운전을 했다.
>
> (앞의 책, 222면)

그는 아이들뿐만 아니라 자동차 사이를 총알처럼 달려가는 오토바이들 또한 번개라고 의식하며 경계한다. 주인공의 이런 경계심리를 읽어낸 독자로서는 그가 목적지까지 무사히 도착하리라고 예상하지만 곧바로 이어지는 돌발적인 사고는 이런 예측을 여지없이 무너뜨리고 만다. 예측과 빗나가는 상황은 여기서 끝나지 않는다. 경계했지만 결국 피할 수 없었던 사고를 만난 주인공의 운명에 대해 불안한 시선으로 지켜보던 독자는 그가 엉뚱하게도 다리가 부러진 배달원을 대신해서 지하철을 타는 것을 보면서 의아함을 가질 수밖에 없다. 그런데 지금까지의 상황은 전제에 불과할 뿐, 진짜 얘기는 여기서부터 시작된다. 엉킨 실타래처럼 복잡한 지하철 노선표의 화살표를 따라 헤매는 인물의 모습은 욕망의 미로 속으로 빠져 들어가는 심리를 상징한다. 머리 속으로 애인 생각을 하면서도 동시에 맞은 편 자리에 앉은 여학생들에게 성적 흥분을 느끼는 장면은 이성적 자아와는 별개의 본능이 동시에 작동하며 분열하는 모습인 것이다. '어디선가 튀어나온 번개라는 이름의 오토바이 때문에 모든 것이 조금씩 뒤틀리'기 시작하고 있다고 믿는 그이지만 뒤틀리고 있는 것은 그를 강제하고 있던 약속과 질서와 이성의, 즉 피뢰침으로 상징되는 세계였고, 그 뒤틀림 밑에 숨어 있었던 것은 그의 의지와 상관없이 네스호의 괴물처럼 잠복하고 있던 붉은 욕망이었다. 그것은 번개처럼 예고가 없고, 경계하지만 기습적이어서 피할 수가 없다는 게 작가의 생각이다. 사실 인간은 자신을 규율할 수 있는 이성적 존재이지만 한편으로는 언제든지 욕망의 노예로 전락할 수 있는 허약한 존재다. 이는 원조교제를 하는 여중생의 수첩 명부에 올라 있던 남자들의 신원이 일류대 출신의 고학력자, 대기업 사원, 사회의 중견계층에 속하는 사람들이었다는 사실에서도 확인할 수 있지 않을까. 욕망은 억압되어 있다가 번개처럼 예고 없이 그 모습을 드러낸다. 「올콩」은 우리들 속에 숨은 그 욕망의 덫을 상징적으로 보여준다.

하성란은 구조의 덫, 그리고 욕망의 덫에 갇힌 인간들을 언어의 메스로 해부해내고 그것을 파일로 하나씩 저장해 가는 작가이다. 그녀의 섬세한 해부를 통해서 우리는 우리가 미처 의식하지 못했던 내면의 또 다른 인간을 만나고 당혹스러움을 느끼지만, 사실은 그것이 바로 우리들의 진실인 것이다.

4.

많은 사람들은 진실의 맨 얼굴을 보기보다는 그것을 치장하고 있는 환상을 선택한다. 말초적인 감각과 쾌락의 추구가 진실과 대면하는 일보다는 훨씬 더 유혹적이고 덜 고통스럽다. 작가란 이와는 정반대의 길을 걷는 사람들이다. 자율적인 존재라고 주장하지만 사실은 지극히 타율적인 존재에 불과한 인간의 허약함을 폭로하고 거짓말들의 이면을 섬세한 끌로 벗겨내어 숨겨진 진실의 얼굴을 보여주려 하는 게 바로 작가의 업이다. 물론 작가들은 각기 독특한 방식으로 진실과의 싸움을 벌인다. 어떤 작가는 인간관계의 '짐작과는 다른' 이면을 폭로하고, 어떤 작가는 자화상을 통해서 자신의 내면에 숨은 진실을 직접적으로 드러내 보여준다.

하성란이 보여주는 방식은 일견 전통적이면서도 낯선 방식이다. 여성작가로서의 섬세함과 아울러 남성 작가들에게 발견되는 끈기와 집요함이 그녀의 소설을 구성하는 올실인 셈이다. 물론 하성란 소설에는 유사한 내용이 반복되는 안이함과 세밀한 묘사와 천착에 걸맞지 않는 평이한 내용과 주제, 그리고 삶의 세부와 그것을 거시적으로 조정하는 사회 현실과의 원근법 부재 등의 문제가 없는 것은 아니다. 사실, 「악몽」의 분위기와 구성은 「촛농날개」에서 느껴지는 그것과 유사하고, 「올콩」 도입부는 「곰팡이꽃」의 한 대목과도 같은 느낌을 주며, 여러 작품에 산재해 있는 인물의 성격 역시 동명이인이 아닌가 할 정도의 흡사한 모습으로 드러난다. 일상을 정밀하게 천착하고 주변의 친숙한 일상에 주목하는 과정에서 야기되는 문제점으로 이해되기도 하지만, 다른 한편으로는 세세한 일상을 거시적 시각에서 조망하는 원근법의 부재에도 중요한 원인이 있다고 할 수 있다. 서사란 주관보다는 현실의 모습이 더욱 우세할 수밖에 없는 속성을 갖고 있고, 따라서 정밀한 묘사는 사회적 맥락에서 재구성될 때 한층 폭넓게 독자의 공감을 얻을 수 있다. 물론, 이러한 아쉬움은 단지 하성란 소설에서만 발견되는 것은 아니다. 최근 여성작가들의 소설에서 두루 발견되는 공통점이기도 한 이런 문제점은 사실 향후 우리 소설이 극복해야 할 과제라 해도 과언이 아니다. 새로운 세기 우리 소설의 진로는 이 미시 세계와 거시적 시각의 조화에 달려 있고, 그것이 곧 여성작가들의 장점을 한층 고양시키는 길이라고 해도 과언은 아닐 것이다.

비극적 세계를 사는 방식
— 전경린, 김인숙, 이혜경의 경우

　한국 사회에서 여성의 삶은 어떤 모습일까. 사회구조와 사람들의 의식이 아직도 가부장의 완고한 껍질 속에 갇혀 있는 현실에서 여성들의 삶은 생각보다 훨씬 혹독하다. 생산의 현장과는 거리가 먼 가정이라는 일상의 울타리 속에 갇혀 있는 여성들의 삶은, 여성작가들의 표현을 빌자면, 감옥이고 비극이 잉태되는 곳이다. 그곳에는 개인의 욕망은 억압되고 꿈은 소멸되고 의무와 복종만이 강요된다. 그렇지만, 억압하고 강요한다고 해서 인간의 욕망이 순화되지 않듯이, 억압과 복종의 이면에는 거기서 벗어나고자 하는 강렬한 일탈과 반역의 욕망이 꿈틀거린다. 이 서로 다른 두 감정이 충돌하여 소용돌이를 일으키고 있는 현장이 지금 우리들의 가정이고, 그곳에 삶의 뿌리를 두고 있는 여성들은 그래서 불안하고 때로는 위험스럽기도 하다.
　전경린과 이혜경, 김인숙의 소설은 이 소용돌이의 공간을 제각기 독특한 방식으로 살아내고 있다. 여성적 삶의 깊은 무늬들을 보여준다는 점에서 공통점을 찾을 수 있으나, 그 무늬는 매우 다양하고 개성적인 모습으로 드러난다. 전경린의 단편집 『바닷가 마지막집』과 이혜경의 소설집 『그 집 앞』, 김인숙의 『유리구두』을 통해 이 비극의 세계를 힘겹게 건너가고 있는 각기 다른 모습들을 경험할 수 있다.

전경린의 소설은 "사슬에 묶인 삶"을 발견하고 그 사슬을 풀 때 흘리는 피의 냄새가 곳곳에 스며 있는, 비극적 존재가 벌이는 치열한 몸싸움의 흔적을 곳곳에서 보여준다. 줄거리를 덮어 누를 정도로 이미지가 부각되는 원색화법의 '이미지 문체'를 통해서 제시된 작가의 메시지는 인상화를 볼 때와 같은 강렬한 느낌으로 독자들에게 다가온다. 좀더 상세한 논의가 필요하겠지만, 전경린 소설을 특징짓는 요소의 하나가 강렬한 비유적 문체임은 분명하다.

이 독특한 문체를 통해서 작가는 "이제 산다는 것이 어떤 의미인지 알 것 같다. (…) 그건 공기 속에 자신을 놓아야 한다는 것"이라고 외치는 인물을 그려내고 그들을 통해서 자유로운 삶을 억압하는 세상에서 벗어나려는 강렬한 일탈 심리를 표현해 낸다. 「오후 네시의 정거장」에서는 결혼 한 지 9년 만에 기억상실증 환자처럼 서로를 잊어버린, 마치 타인처럼 변해버린 부부가 나온다. 두 사람은 각기 다른 남자, 다른 여자와 외도를 하고 있다. 여자가 다른 남자를 만나는 이유는 그가 "다른 것과 뒤섞이지 않는 뚜렷한 기호"를 가지고 있다는 이유 때문이다. 남자 또한 권태로운 결혼생활이 가져다주는 피로감을 상쇄시킬 신선한 매력을 지녔다는 이유로 다른 여자를 만나고 있다. 요컨대 이들은 사랑이 없는 결혼생활을 하고 있고, '오후 네 시의 정거장'을 연상시키는 듯한 황량하고도 쓸쓸한 풍경 속에 놓여 있다. 여주인공 신아는 결혼생활을 통해서 더 이상 "순수한 것, 지켜야 할 것, 소유할 수 있는 것"이 없다고 믿는 허무주의에 빠져 있으며, 남편의 애인으로 등장하는 여자는 자신이 사랑하는 남자가 소개해주는 다른 남자와 곧바로 동침함으로써 자신의 상처를 위악적으로 드러낸다.

요컨대 이 소설에서는 사랑이 없다. 사랑이라는 이름으로 만들어진 가정임에도 불구하고 일상은 삶의 활기와 꿈을 퇴색시켰고 결국 가정마저 공허하게 만든 것이다. 그래서 작가는 사랑이란 곧 제도와 관습을 넘어서 존재하는 것이라고 말한다.

> 사랑이란 (…) 심연 속에 자아를 내던지는 행위이고 동시에 이 사회의 윤리와 규칙, 체제와 통념, 그 전체와 맞서 겨루는 열정이고, 일상에 저항하는 힘인 거야. 모든 사람이 다 사랑할 수 있는 건 아니야. 정상적이라고 할 수 있는 대부분의 사람은 절대로 누군가를 사랑할 수 없어.
> (「오후 네 시의 정거장」에서)

이런 사랑은 결혼이라는 현재의 제도와 관습 속에서는 불가능하다. 그것은 찬바람 부는 담장 밖에서나 가능한 것, 그래서 인물들은 끊임없이 담 밖으로 뛰어 나가고 싶어한다. 「밤의 나선형 계단」에서 마침내 집을 나가는 엄마는 어쩌면 「오후 네시의 정거장」 속에서 사랑을 포기하는 여자의 내재된 성향이 발전한 것이라고 보아도 무방하다. 그것은 「밤의 나선형 계단」에서 엄마가 "고무장갑처럼 질겨질" 바에는 차라리 "지루한 녹색의 나뭇가지에 물을 부어 종이꽃을 만들어" 내고 싶다는 소망과도 통한다. 종이꽃은 진짜 꽃이 아니기에 한 순간의 신기루로 허망하게 끝날 수도 있으나, 그것을 알면서도 남편이 아닌 다른 남자를 만나는 것은 그것을 통해서 지금 속해 있는 세계로부터 빠져나갈 수 있기 때문이다. 집 나가는 엄마는 이전의 「염소를 모는 여자」에서 염소를 몰고 집을 나가는 여자와도 동일하다. 꿈이 없는 현실보다는 꿈이 있는 비현실을 선택하려 한다는 점에서 이들은 모두 낭만적 세계관의 소유자들이다. 「바닷가 마지막 집」에서 인생의 가장 어두운 시절을 보내고 있는 주인공도 그 시간을 낙조로 보지 않고 언젠가는 지나갈 작은 한 시절로 보고 견디고 있는데 이 또한 언젠가는 그곳을 빠져나가리라는 희망을 품고 있기 때문이다.

변신을 꿈꾼다는 것은 그 자체로 문제될 것이 없다. 꿈은 꿈 그 자체로도 매혹적이다. 사람은 누구나 꿈과 욕망을 품고 있으며 그것은 변화가 불가능한 세계에서 영혼을 고양시키는 가능성과 희망의 기제가 되기도 한다. 그런데 꿈이 꿈으로 끝나지 않고 현실로 현상한다면 문제는 심각하다. 집을 나가는 엄마의 형상이 '인형의 집'을 나가는 '노라'처럼 당당하게 구축되어 있긴 하지만 엄마의 가출 행위는 현실적으로 가족의 해체와 직결되어 있음을 간과할 수 없다. 엄마의 가출은 남아 있는 가족들에게 위기상황을 불러오기 때문이다. 과연 엄마의 부재를 어떻게 받아들여야 할 것인가.

이 대목에서 90년대 문단을 휩쓸다시피 한 '가족 해체'라는 주제에 대한 전경린의 반응을 엿볼 수 있다. 가족이라는 주제를 다루고 있는 소설은 이미 많이 나와 있다. 가족 공동체의 복원을 꿈꾸며 그것에 대한 그리움과 유대감에 기대어 가족관계를 형상화한 소설도 있지만 최근에 두드러진 것은 가족관계의 허구성을 파헤치는 소설들이다. 특히 몇몇 여성작가에 의해 쓰여졌던 것은 가부장적 가족제도 속에서 줄곧 피해자였던 여성의 자아 회복에 관한 문제였는데, 이들에게 있어서 가족관계는 '덫'이나 '적'으로 치부되곤 하였다. 그러나 혈연으로 이어진 가족관계의 공고성은 그리 간단히 척결될 수 있는 문제가 아니다. 여성성의 본질을 이루는 모성(母性)을 어찌 그리 쉽게 끊을 수 있겠는가. 「밤의 나선형 계단」이 12살 어린 화자의 시점으로 이야기가 전개되고 있다는 것은 이런 맥락에서 주목할 만하다. 어린이들은 가족갈등과 해체의 상황에서 가장 큰 상처를 입을 수 있고 실제로 가장 억울한 피해자들이다. 그런데 작가는 이런 사실에 대해서 매우 냉정하다. 엄마가 자기 인생을 찾아 나섰듯이 남아 있는 가족도 자기의 인생을 나름대로 구축해 나갈 수밖에 없다는 것. 이 소설에서 엄마의 부재에 대해 공포심에 가까운 두려움을 느끼던 어린 딸은 어느 순간에 엄마를 이해하기로 마음먹게 된다.

> 여자애는 꿈 속에서 선생님을 이해하겠다고 결심한 것처럼, 전날 밤 엄마의 음성을 들으면서 엄마를 이해하려고 이미 결심했다. 겨울에 들판과 숲의 길들이 선명하게 드러나듯…. 엄마는 그 길을 따라갔다. 누구나 노력하면서 살고 싶은 것이다.
> 여자애는 엄마 없이도 자신이 할 수 있는 일들을 천천히 세어본다. 배

가 고프면 냉장고 문을 열고 무언가를 찾아 먹을 수 있고, 세탁기를 돌릴 수도 있다. (…) 그 모든 날에 마치 먼지에 무관심하듯 엄마에 대해 무심한 척할 수 있다. 실제로 슬픈 일 따위는 없다고 자꾸만 자신에게 타이를 것이다.

(「밤의 나선형 계단」에서)

어린 딸은 자신에게 닥친 엄청난 현실을 이렇듯 소화해내면서 인생의 중대한 고비를 넘어서고 있다. 그러나 이것은 작가가 소망하는 것일 뿐이다. 엄마 없는 세상에서 야생 고양이처럼 강하고 단단하게 살아가리라는 믿음이 과연 이 약육강식의 현실에서 가능한 것일까. 박경리 초기작에서 볼 수 있는 그토록 모질고 억척스러운 모성을 과연 이 한 두 마디의 말과 결단으로 끊어낼 수 있을까. 전경린은 모성이 이제는 여성을 집안에 가두는 명분이 될 수 없다는 것을 분명하게 보여주지만, 그 끝이 그리 믿음직스러워 보이지는 않는다.

이혜경 소설은 그물로 짜나간 듯한 문체의 정교함과 삶을 응시하는 충실한 시선이 돋보인다. 전경린의 인물들이 대체로 낭만적 성향을 보이며 그 끝을 예상하지 않는 직선적 성격을 보여준다면 이혜경의 인물들은 인생의 황혼기까지 밟아 본 자의 너그럽고도 깊은 시선을 지니고 있다. 한 평론가의 말대로, 이혜경의 소설은 촉촉한 '가슴의 눈'으로 스스로의 마음과 타자의 마음을 응시하고, 그 마음들이 서로 스미고 짜이는 양상을 잔잔한 어조로 보여주는 섬세한 평형감각을 갖고 있다.(우찬제,「고독한 공생」,『그 집 앞』해설 참조.) 삶의 신고(辛苦)를 경험한 자로부터 나오는 이 균형감각으로 인해 작품은 독자들에게 아련한 여운을 주는 것이겠지만, 그 한편에는 삶과 죽음을 순환궤도로 보는 불교적 윤회관이 깃들어 있어 그 깊이를 한층 더하고 있음을 확인할 수 있다. 이혜경의 인물들은 생을 삶과 죽음의 순환궤도 속에 놓여 있는 덧없는 목숨이라고 생각한다.

> 마음은, 의식은 어디로 갔을까. 어디서 생겨나고 어디로 갔을까. 왜 그 개미는 하필이면 그 시간에 내 방에서 기어다녔을까. 나는 왜 그날 따라 촛불을 켜놓고 책을 읽었을까. 내게 윤회와 인과의 그 가없는 순환에 대해 눈뜨게 한 건 그 개미였다. 비로소, 나는 나를 용서했다.
>
> (「가을빛」에서)

우연하고 운명적으로 닥친 사건과 그 사건으로 인한 인과의 연속, 이혜경이 체득한 세상살이는 이 윤회의 연속적 과정이다. 훌훌 어미를 떨치고 나갔던 딸은 이제, 제 딸을 기다리는 어미가 되어 있고(「어스름녘」), 전쟁 중에 집안 형제들이 다 죽어 가는 것을 지켜보면서 혼자 살아남은 아버지는 저 세상에서 그들을 만날까봐 죄의식에 시달리며, 자식의 출산과 동시에 아버지가 죽자 화자는 아버지가 어쩌면 막 비워버린 자신의 자궁 속에 깃들일지도 모른다고 생각한다.(「가을빛」)

작가에게 '가족'은 이 소멸과 생성을 반복하는 우주적 순환 속에서 덧없이 저물어 가는 목숨을 환기시켜 주는 구체적인 실체이다. 이혜경은 등단작 「우리들의 떨켜」에서부터 가족을 화두로 삼아 작품을 써왔음을 상기하자면 '가족'이 중심 서사를 이룬다는 것은 그리 낯선 것은 아니다. 평판작 『길 위의 집』에서도 작가는 현대 사회에서 점차 와해되고 해체되는 가족의 운명에 대한 의미 있는 탐색을 보여준 바 있다.

그런데 가족이라는 말처럼 그 속에 여러 겹의 의미를 함축하고 있는 말도 없을 것이다. 한 개인의 성장과정 속에는 탄생과 성장과 죽음으로 이어지는 극적인 가족사가 그림자처럼 따라붙기 마련이며, 그 속에 인생의 비의(秘意)와 합리적으로 설명될 수 없는 인간관계의 복합성이 도사리고 있다. 가족을 화제로 삼는다면 결국 그 가족의 생로병사가 소설 속에 떠오르지 않을 수 없고, 그 중에도 가족의 죽음은 가장 충격적인 사건이 될 수밖에 없다. 이혜경의 소설에 죽었거나, 죽음을 앞두고 있는 가족이 많이 등장하는 것은 삶과 죽음의 의미를 연기적(緣起的)으로 성찰한 결과로 볼 수 있다. 「가을빛」

에서는 암으로 죽어 가는 아버지가 나오며, 「귀로」에서는 죽은 어머니에 대한 기억과 아버지의 재혼 이야기가 그려지고 있다. 「떠나가는 배」에서는 아버지의 49재에 가는 인물이 나오고, 「저물녘」에서는 치매에 걸려 죽음을 앞두고 있는 시어머니가 나온다. 한 때 증오의 대상이었던 인물도 세월의 힘과 목숨의 덧없음을 자각하고 난 다음에는 이해와 용서와 관용의 대상으로 바뀔 수밖에 없는 것이다. 「어스름녘」에서 죽음을 앞두고 자신의 인생고를 털어놓는 시어머니의 모습은 그녀가 지난날 보였던 이해할 수 없는 행동들이 다 그럴만한 내력을 갖고 있었다는 것을 이해하게 해준다. 「가을빛」에서 딸은 아버지의 두려움을 이해하며, 「떠나가는 배」에서 아들은 목숨의 덧없음을 받아들인다.

이혜경의 '가족'이 해체되고 와해되는 과정 속에 놓여 있으면서도 다른 작가들과 같이 그것을 부정하는 식으로 나가지 않는 것은 가족과 인생, 그리고 삶과 죽음이 그 끝과 끝이 서로 닿아 있는 원둘레처럼 하나로 연결되어 있다는 믿음을 갖고 있기 때문이다. 「어스름녘」에서 훌훌 어미를 떨치고 나갔던 딸이 이제는 제 딸을 기다리는 어머니로 변해 있듯이, 주어진 상황에 세세하게 작용하는 연기적 순환과정을 이해하는 깊이가 없다면, 작가의 말대로 "작은 것들의 고물거림이 먼저 보"일 턱이 없다. 작가는 나무를 보느라 숲을 못 보는 미욱함을 염려하기도 하지만 "나무며 풀꽃들, 그 풀꽃을 기어오르는 풀벌레의 고물거림을 오래 들여다보고 있으면, 그것들을 품어 살리는 흙이며 그 안에서 용트림하는 불의 기운, 그 불을 싸안고 지하에서 흐르는 물살, 그것들이 이합집산하며 생성하고 소멸하는 이치가 만져지지 않을까" 라고 생각한다. 이런 생각은 「그집앞」에서 시어머니와 갈등을 겪은 여주인공이 "다시 한번 살아내리라" 하고 다짐하는 힘의 출처가 어디에 있는지를 암시하는 대목이기도 하다.

나무야, 내게 힘을 줘.
나무 둥치는 낮 동안 볕을 머금어 알맞게 따뜻하다. 등을 기대고 서

있자 오래지 않아, 수피 아래를 흐르는 수액의 서늘한 기운이 느껴진다. 땅속 저 깊은 곳에서, 줄기처럼 뻗어나간 뿌리들이 빨아올린 물기. 흙과 물이, 흙 속의 불과 금속의 기운이 뒤섞여 잎맥까지 밀어 올리는 유장하고도 세찬 흐름. 막힐 것 없는 흐름.

(「그 집 앞」에서)

이러한 근원적 통찰이 바닥에 깔려 있기에 인물과 인물과의 관계는 상호 배타적이지 않고, 연민과 이해의 시선을 주고받는 끈끈한 관계로 구축되는 것이다. 「그늘바람꽃」에서 효임이 소희에게 보내는 시선, 「노래하는 여자 노래하지 않는 여자」에서 '경미 언니'와 '나'를 연결하는 정서, 「어스름녘」에서 한내댁이 사돈을 바라보는 연민, 「젖은 골짜기」에서 명예퇴직 한 가장을 바라보는 애틋함, 「가을빛」에서 아버지에 대한 딸의 간절한 소망도 모두 같은 바탕에서 우러나온 것이다. 인물의 밑바닥까지 내려다보는 듯한, 어떤 대목에서는 흡사 오정희의 문체를 느끼게 해주는 꼼꼼함과 집요함까지 갖춘 심오한 묘사를 통해 소설 속의 인물들이 말로써 다 전할 수 없는 마음의 무늬를 직조해 나가는 게 이혜경 단편의 특징이다.

김인숙 소설의 인물은 "문안도 문 바깥도 아닌 곳에서 서성거리는" 자의 몸짓을 보여준다. 안도 밖도 아닌 그곳은 한 때의 열망이 지나간 다소 스산한 풍경 속에 놓여 있다. 그 풍경 속에 서 있는 인물들은 한국 사회의 격변기를 겪은 지식인의 초상을 드러내기도 하고, 불행한 예술가의 형상을 취하기도 하고, 삶의 변두리로 밀려난 채 길 잃은 미아처럼 살아가는 이혼녀의 모습을 취하고 있기도 하다. 인물의 외형은 다를지 모르나 본질적으로는 자아와 세계의 조화를 찾지 못하고 저 막막한 우주의 어둠 속으로 내팽겨진 정신적 상흔을 가지고 있고, 그로 인한 박탈감을 병처럼 지니고 있다는 점에서 어쩌면 모두 동일한 인물들이다. 이로 인해서 김인숙의 소설은 의상만 갈아입었을 뿐, 같은 모티브가 반복되는 것이라고 해도 지나친 말이 아니다. 「유리구두」에서 다리를 저는 유선, 「나비의 춤」에서 무용수의 꿈을 버리지 않고 있는 여자, 「그림 그리는 여자」에서 한때 화가를 꿈꾸었던 여자는 욕망의 등가물로서 모두 동일한 인물이다.

그러면 이들이 왜 이렇듯 자신의 정처를 찾지 못하고 방황하고 있는 것일까. 그 동기는 「유리구두」에서 언급되었듯이 "내게는 더 이상 정열을 다 바쳐 할 수 있는 일이 없다"는 데서 비롯된다. 어린 시절 신데렐라 공주처럼 그렇게 갈망해 왔던 '유리구두'는 이제 더 이상 존재하지 않는다. "존재하는 것은 남과 같으냐, 남과 다르냐, 남보다 더 나으냐, 남보다 더 못 하냐"일 뿐이다. 80년대적 삶에서 벗어나지 못한 작가의 자아를 확인할 수 있는 이 진술은 곧 "광장에서의 열정"과 더불어 "그 열정에 바칠 가능성"이 모두 사라졌다는 것을 의미하고, 동시에 인물들의 가장 빛나는 청년기가 실패로 끝난 데 대한 회한을 표현한 것이기도 하다. 인물들이 진정으로 의미를 두었던 삶에서 그들은 현재 너무나 멀어져 있고, 그것이 인물들의 존재의미마저 박탈시켜 허망함을 안겨 준 것이다. 그래서 그 허망한 현재를 살아가는 인물들의 삶은 불행하다.

> 그녀는 그를 떠났고, 그림을 떠났고, 그녀가 사랑해야 할 삶을 떠나 버렸다. 그리고 그 사막 같은 공간에는 이제 선인장 같은 남편과 먼지 같은 장식과, 그리고 공허한 복제품 그림 하나만이 남아 있었다. 그리고 속절없이 쌓인 세월의 나이테, 고작 칠 년의 세월이 흘렀을 뿐이지만 그녀는 칠 십 년의 세월을 살아버린 것 같았다.
>
> (「그림 그리는 여자」에서)

알맹이는 사라지고 텅 빈 껍질과도 같은 삶, 이제 거기에는 '황홀한 청춘'도 수렁을 건네주는 '황금다리'도 존재하지 않는다. 대신 지난 시절의 날카로운 파편들이 언뜻언뜻 "생살 어딘가를 찍"(「풍경」)르는 후유증만을 남길 뿐이다. 작가의 실제 모습이기도 한 이런 진술은 자신의 모든 걸 버려도 괜찮을 만큼 "청춘의 황홀한 시대"에 매달렸던 인물들의 깊은 내상을 암시하는 것이고 동시에 그 상처에서 빠져 나오는 시간이 그만큼 오래 걸릴 수밖에 없다는 사실을 암시하는 것이기도 하다. 그러므로 "나 역시 세상을 바꾸려 하지는 않았다. 세상뿐만이 아니라 아무 것도. 그렇다면 나는 무엇을 위해 살았던 것일까."(「그 여자의 자전거」) 하고 자신의 과거를 부정한다고 해도 선뜻 새로운 문은 열리지 않는다. 문을 열고 다른 세상으로 나가기엔 자신의 삶을 붙들고 있는 어떤 무게감을 호락호락 떨쳐낼 수 없기 때문이다. 사회주의 퇴조 이후 거의 일반화되다시피 한 가치관의 포기현상과 시대 현실에 발빠르게 적응한 세태에 비추자면, 아직도 지난 시절의 상처를 간직한 채 신음하고 있는 작가의 모습은 안타까우나 사실은 아름답다.

하지만 김인숙은 더 이상 갈팡질팡 하는 머뭇거림에서 벗어나야 할 것이다. 물론 존재하지도 않는 '황금다리'를 세우라는 이야기는 아니다. 「그 여자의 자전거」에서 읊조렸던, "포기하지 말아야 할 것 (…) 내 삶이 다하는 날까지 끝끝내 붙들고 있어야 할 기다림"은 더 없이 소중한 것이지만, 「풍경」에서 말한 "나는 지금 이 언덕바지를 가급적 조용히, 조용히 넘어갈 생각입니다. (…) 아직은 내려가는 길이 아닙니다."라는 깨달음 역시 소중하다. 그 상승의 길이 어떻게 구체화될 지는 지켜볼 일이지만, 『핏줄』과 『79-80 겨울에서 봄 사이』라는 작품을 문학사에 편입시킨 행적은 그녀가 건너야 할 황금다리가 어떤 것인지를 미리 암시한 것인지도 모른다. 작가의 되뇌임처럼, "그렇게 쉽게 포기해서는 안 될 것들이 있는 것이 아닐까. 그리고 또한 바꿔야 할 게 있는 게 아닐까."

문학이란 근본적으로 존재의 본성을 이해하고 또 생명의 온전한 발현을 존중하는 정신에 바탕을 두고 있다. 달리 말해 문학은 존재하는 모든 것들에 대한 사랑과 연민의 정신이다. 눌리고, 비뚤어지고, 착취당하고, 소외당하고, 고통과 죽임을 당하는 그 모든 것들에 대한 '측은(惻隱)의 마음'(이남호, 『녹색을 위한 문학』 참조)이 곧 문학의 마음이다. 여성소설이 현실의 제도와 관습을 뚫고 저 거친 황야로 달려가는 것도 존재의 본성을 밝히고 온전한 생명의 발현을 꿈꾸기 때문이다. 이혜경이 세상살이의 순환적 구도를 인생론적 성찰을 통해서 인식하고 그 속에서 함께 부대끼는 것이나, 김인숙이 세상과의 맥락을 잃고 그 틈에서 고뇌를 되풀이하는 것, 전경린이 제도와 금기의 사슬을 끊고 주어진 생의 굴레 밖으로 모험을 떠나는 것은 모두 문학의 근원적 속성과 연결지어 이해할 수 있다. 그래서 다소 불안한 모습을 보임에도 불구하고 이들의 모습은 아름답고 당당하다. 90년대 초반의 여성소설이, 이제는 그 미숙함을 벗고 한층 성숙된 모습을 갖추었음을 즐겁게 확인하면서 향후 이들의 행보를 주목해 보고 싶다.

신생의 즐거움과 위태로움
— 2000년 신춘문예 소설에 대해서

1. 신인을 보는 즐거움

 해마다 연초가 되면 사람들은 신춘문예라는 화려한 언어의 잔치를 경험한다. 탄탄한 문장과 감수성으로 포착해낸 새로운 세계를 접하면서 잔치 분위기에 한껏 빠져드는 것은 비단 문학인만은 아닐 것이다.
 신진 작가의 문학이란 기성에 물들지 않는 순결함의 표상이기에 그와의 첫 대면에 설레임을 품는 것은 어쩌면 자연스러운 정서이다. 더구나 그 작품들에는 상품만의 고유의 정보를 담고 있는 바코드처럼 그 작가의 문학적 특질과 운명을 내장하고 있기 마련인 것. 첫 작품이란 새로운 문학세계의 출범을 알리는 깃대를 꽂는 일이요, 그러기에 첫 닭의 울음소리에 비견될 만큼 의미심장하다. 우리는 새로운 작품들을 통해 작가가 걸어온 삶의 이력과 세상을 보는 시선, 체험에서 우러난 지혜뿐만 아니라 그 동안 작가가 연마해온 빛나는 언어감각과 충격적(?)으로 만날 수 있기를 기대해 보는 것이다. 또, 신인의 작품이란 그만의 고유한 것이라기보다는 당대 문단의 흐름과 밀접하게 연결되어 있다는 점에서 당대 문단의 흐름을 집약한 것이기도 하다. 다양하게 구사되는 기교라든지, 외국 이론과 기법의 수용 양상이라든지, 소재의 형상화 방식 등 당대 문단에서 첨예하게 논의되는 사안들이 이들의 작품에서 경쟁적으로 구현되는 경우가 많다. 그러기에 신인들의 작품세계란 당대 문단의 흐름을 집약한 축소판이라 해도 과언이 아니다. 또한 당대인들의 삶과 체험을 소재로 한 것이라는 점에서 당대인들의 정신적 편모를 단적으로 보여주기도 한다.

오늘날, 신춘문예 폐지론이 왕왕 거론됨에도 불구하고 매년 신문사들이 현상공모를 하고 새해 첫 신문에 작품을 게재하는 것은 이런 신선한 매력과 장점들이 있기 때문이다. 그런 이유로 문학에 관심이 없는 일반인이라 하더라도 신년이 되면 신춘문예 시 한편이라도 훑고 지나가는 무의식적 행사를 치르게 되는 것이다.

최근 문학이 위축되고 심지어 문학의 죽음마저 운위되는 상황임에도 불구하고 갈수록 많은 수의 응모작이 쏟아진다는 것은 사회적 관심의 분화에도 불구하고 신춘문예의 순기능에 대한 공감이 여전히 완강하다는 반증이다. 새로운 세기가 시작되는 금년 신춘문예도 이런 여러 의의를 담은 다양한 작품들이 얼굴을 내밀었다.

2. 분단, 80년대, 그리고 실직

금년 신춘문예에도 우리 시대의 중요한 현안들이 다각도로 조망되고 있어서 문학이 시대의 바로미터라는 말을 실감할 수 있었다. 탈북 망명자를 인물로 하여, 이데올로기는 쉽게 포기했지만 북에 두고 온 여인에 대한 그리움만은 포기하지 못한 채 끝내 죽음에 이른다는 내용의 전유선의 「구스타프 김의 슬픈 바다」(문화일보)는 반세기가 지났음에도 불구하고 여전히 해결의 실마리를 찾지 못하고 있는 분단의 비극을 되새기게 해주는 작품이다. 속도감 있는 문체와 구성을 바탕으로, 90년대 소설에서 크게 주목받지 못했던 소재를 다루었다는 점에서 새삼 돋보였고, 특히 액션 영화를 보는 듯한 긴박감과 속도는 이 작품의 중요한 장점을 이루고 있다.

편혜영의 「이슬털기」(대한매일)는 80년대의 시대적 상처가 아직도 아물지 않은 내상으로 각인되어 있다는 점을 새삼 환기시켜주는 작품이다. 학생운동을 같이 했으나 이제 운명을 달리한 선배의 영혼을 천도(薦度)하는 굿에 참가하면서 진행되는 이 작품에서, 특히 출산을 앞 둔 여주인공이 굿이 끝나갈 즈음 출산을 하게 된다는 암시적 처리는 80년대의 상처가 기억의 저편으로 날려보낼 과거형이 아니라 여전히 수용하고 치유해야 할 우리 모두의 과제임을 환기시켜 준다.

분단과 80년대의 문제와 더불어 한층 깊이 있게 천착된 소재가 IMF 이후 우리 사회의 화두처럼 회자되는 실업자의 문제였다. 송은상의 「환지통」(조선일보)이나 이영임의 「일곱 말가웃」(경향신문)은 실직자가 겪는 정신적 고통의 문제와 그것을 극복하는 과정을 보여준 작품들이다. 이 두 작품은 우리가 IMF라는 길고 어두운 터널을 지난 듯이 보이지만, 사실 지난 2년간 우리가 겪어야 했던 상처가 의외로 깊고 광범위하다는 사실을 환기시켜 준다. 노숙자들의 범람이나 실직 가장들의 자살처럼 사회적 이목을 끈 경우를 제외하고도 아직도 주변에는 빚더미에 쫓겨 친척집을 전전하거나 정신적 충격에서 헤어나지 못한 채 신음하는 경우가 많다. IMF는 종결형이 아니라 여전히 진행형인 셈인데, 「환지통」은 이런 상황에서 한 실직 가장이 겪는 정신적 상처를 기록하고 있다.

광고회사의 중견 간부로 한때 잘 나가던 카피라이터였던 화자는 구조조정 과정에서 뜻하지 않게 실직자로 전락한다. 현실적인 사고방식을 가진 아내는 남편의 위기의식을 헤아리지 못할 뿐만 아니라, 오히려 별거를 요구해 오고 끝내 이혼에 이르고 만다. 주인공의 통증이 한층 격렬해진 것은 이때부터다. 갈비뼈 밑이 욱신거리고 아무리 긁어도 가려움증은 가라앉지 않으며, 끝내 피를 보고서야 그 통증이 완화되는 증세, 곧 환지통을 느끼는 것이다. 다리가 잘려 존재하지 않음에도 불구하고 있는 것처럼 착각하고 통증을 느낀다는 환지통(幻肢痛)이란 사실 심리적인 것이고, 그런 점에서 그것은 하나의 상징이다. 그것을 작가는 잃어버린 꿈을 잊지 않기 위해서 벌이는 심리적 노력과도 같은 것으로 설명한다. 화자는 한때 시인이 되고자 했고, 광고회사에 입사하면서는 시와 같은 카피를 쓰겠다는 일념으로 근무했었지만, 실제 생활이란 외국의 잡지나 위성방송을 모방해서 적당히 광고문구를 만드는 게 고작이었고, 심한 경우 좀더 벗기라는 간부들의 눈치를 요령껏 수용해야 하는 수모의 연속이었다. 이런 상황에서 통증이 생겨나기 시작하는데 이는 일상의 무력 속에서 시와 같은 카피를 쓰고자 했던 주인공이 지난 시절의 꿈을 잊지 못하고 스스로를 환기하는 일종의 무의식적 암시로 제시된다.

집에서 소일하던 이 화자가 산책길에서 뜻하지 않게 만난 여자 역시 동일한 질병의 소유자다. 그녀는 남편이 7년 전 뺑소니 차량에 치여 한쪽 다리를 절단한 뒤 보인 환지병 환자의 아내였던 관계로, 그 병에 대해서 누구보다 잘 아는 인물이다. 화자는 이 여자와의 만남을 통해서 점차 자신의 환지병이 사라지는 것을 경험하는데 어느 날 사라진 여자의 소재를 찾아 나섰다가 뜻하지 않은 사실을 알게 된다. 그녀의 남편이 7년간 앓다가 사실은 작년에 죽었음을 알게 되는 것이다. 사실은 그녀 자신이 환지병 환자였다는 것을 깨닫는 순간이다.

이 환지병이라는 소재를 통해서 작가는 실업자의 정신적 고통이 보이지 않는 환부로 신음하는 환지병처럼 깊고 치명적이라는 사실을 말해준다. 그런데 작가는 거기서 멈추지 않고 인간의 꿈과 그것이 스러질 수밖에 없는 일상적 삶의 비극적 국면을 동시에 환기시켜 준다. 카피를 쓰겠다는 꿈을 갖고 광고회사에 취직했으나 그와는 거리가 먼 생활을 해왔던 화자나, 남편에 대한 그리움을 잊지 않기 위해서 환지병 환자가 된 여자는 모두 꿈을 잃고 무위한 삶을 살지 않을 수 없게 된 사람들이다. 말하자면 현실의 논리에 쫓겨 하루하루를 살지 않을 수 없는 현대인 모두를 대변하는 인물이며, 그렇기에 환지통이란 이 시대를 사는 사람 모두의 상처이기도 하다. 실업자들이 겪는 정신적 상처란 사실 우리 모두가 겪는 환지병과도 같은 셈이고, 그런 점에서 이 작가는 한 개인의 고통을 시대의 고통으로 치환하는 능숙한 수완을 보여주었다.

「일곱 말가웃」은 은행의 중견사원이었던 주인공이 빚보증을 잘 못 서서 파산한 이후 겪는 삶을 다룬다는 점에서 앞의 작품과 동일한 소재이지만, 은행원에서 쌀집주인 즉, 화이트칼라에서 옐로우칼라로 존재의 변신과정을 내밀하게 그려냈다는 점에서 다르다. 이 작품에서는 실직자의 정신적 상처에 주목하기보다는 그가 감당해야 할 삶의 무게감에 더 비중을 두고 있다. 실직 후 아내는 가출을 해버렸고, 아이들은 형수에게 맡겨져 있다. 큰형님의 도움을 받아 작은 방 한 칸 달린 쌀집을 연 것이 2년 반이 되어가지만 그는 아직도 자신의 변신을 낯설어하고 있으며 동네 사람의 눈에도 "이런 동네에서 장사나 할 사람"으로 보이지 않는 것이다. 하지만 그런 낯설음에도 불구하고 2년 반이라는 시간과 쌀가게에 쏟은 정성은 어느 듯 그를 쌀집주인으로 변신시켜 놓고야 만다. 육체적인 일이란 뼛속까지 젖어야 하는 법, 쌀집주인으로서의 몸과 삶을 만들어 가는 일은 쌀을 재는 것만큼이나 정확한 것이다. 그에게 모든 것이 쌀저울의 눈금으로 환산되어 이해되는 것은 이 부지불식간의 변신을 상징하는 셈이다. 가출한 아내의 심리와 미친 여자를 대응시키면서 아내에 대한 이해와 그리움을 부조해내는 과정도 저울의 눈금을 통해서 감각된다.

> 그녀가 소주를 반쯤 마시고 어깨로 숨을 고르는 모습이 꼭 참새와 같았다. 비에 젖은 참새. 나는 그녀를 안아다 전자 저울 위로 올려놓는다. 그녀의 키가 나와 똑같아진다. 00:00으로 죽어 있던 숫자들이 재빠르게 살아나서 푸르르 몇 번 떨더니 56:45로 오르락내리락한다. 일곱 말 가웃. 그녀는 일곱 말 가웃이었다.

여자의 몸무게마저도 말[斗]로 환산되는 이 무의식적인 변신, 삶이란 이렇듯 의식과 무의식마저 압착해 오는 현실일 수밖에 없는 것이고, 그것을 이렇듯 평이하게 포착하는 작가의 역량은 상당한 것이다.

3. 욕망, 광기, 탐미주의

시대적 상처를 다룬 작품과 더불어 금년 신춘문예의 주요한 흐름으로 부각된 것은 현대사회의 비정함이나 개인들 속에 잠재된 탐미적 성향과 병적이기까지 한 욕망과 살의(殺意) 등을 다룬 작품들이었다. '문신(文身)'이라는 소재를 통해서 한 인간에게 내재한 광기와 욕망을 밀도 있게 그려낸 천운영의 「바늘」(동아일보)이나 불우한 환경에서 외로움을 견디지 못하고 자살한 친구를 소재로 한 김종은의 「후레쉬 피쉬 맨」(한국일보), 두 인물의 우연한 만남을 통해서 현대인이 겪는 정신적 불모 상태를 문제삼은 오영섭의 「조롱」(중앙일보) 등이 그런 경우들이다. 사회적 문제에 관심을 둔 앞 항의 작품들과는 달리 이 부류 작품들은 개인의 내면에 주목하고 있는 셈인데, 특히 관심을 끈 작품은 「바늘」과 「후레쉬 피쉬 맨」이었다.

「바늘」은 '문신'이라는 특이한 소재를 활용하여 인간의 내면에 잠복된 광기와 욕망을 그려내고 있는 소설로, 금번 신춘문예 소설 중에서 가장 문제작으로 다가왔다. 문신하는 일을 직업으로 살아가는 주인공은 "툭 튀어나온 광대뼈와 곱추를 연상케 할 정도로 둥그렇게 붙은 목과 등의 살덩이"의 외모를 가진 여자로, 눈살을 찌푸리게 하는 목소리에다 말더듬이 증상까지 가졌다. 이런 여자가 문신 새기는 일을 하게 된 동기는 한복 만드는 일을 하던 어머니가 출가(出家)하면서 고아나 다름없이 세상에 버려졌기 때문이다. 바늘은 출가하기 전의 어머니가 옷감에 수를 놓는 수단이었으나, 이제는 여자가 육체에 수를 놓는, 곧 문신의 수단이 되었다. 여린 옷감을 아름답게 수놓던 '바늘'이 그 대상을 육체로 바꾸면서 피의 냄새와 인간의 광기와 욕망, 공격성을 함축하는 메타포로 변하는 것이다.

여기에 물론 인물의 심리적 전이과정도 아울러 함축되어 있다. 그것은 연약하기에 쉽게 상처가 나는 인간의 살갗에 문신을 하러 오는 사람들의 심리를 통해서 확인된다. 문신이라는 인위적인 상처내기가 갖는 의미란 무엇인가. 여자에게 문신을 하러 오는 남자들은 대부분 '단단한 외피'를 얻으려는 사람들이다. 문신은 무력한 인간이 자신을 무장하는 도구로써 사용된다. 사람들이 자신의 몸에 상처를 입히면서 거기에 과장된 의미를 부여하는 배경에는 그들이 살고 있는 세계가 전쟁터와 같은 곳이라는 데 있다. 무력한 개인은 세상이 주는 시련과 상처를 이겨낼 수 있는 힘을 욕망한다. 그들에게 문신은 일종의 심리적 부적과도 같은 것이다.

"나는 전쟁이 좋아. 전쟁은 강하거든. 강함은 힘에서 나와. 세상에서 가장 아름다운 건, 힘이야." (중략) "당신 집에서 나온 남자들은 들어갈 때보다 훨씬 더 당당한 표정이지. 왜 그런 표정인지도 알아. 지난달에 당신 집에서 나온 남자가 내게 팔뚝에 새겨진 장검을 보여줬어. 그 사람도 알고 있는 거야. 무기들이 가진 힘을." (중략) "그때 난 알았어. 내가 살아 남을 수 있는 것은 두 가지. 거세를 하거나 강해지는 것. …내가 선택할 수 있는 게 뭐라고 생각해? 강해지는 것밖에 없어. 넌 그걸 해줄 수 있잖아. 내 몸을 가장 강력한 무기로 가득 채워 줘. 칼이나 활 미사일 비행기 뭐든."

(「하늘」에서)

여자에게 문신을 부탁하려 온 남자의 이런 진술은 일견 부질없어 보이는 피부장식에 불과한 문신이 어떤 상징으로 자리하고 있는가를 설명해주는 대목이다. 여자 또한 자신을 버린 어미와 그 어미를 출가하게 만든 스님에 대한 뒤틀린 반항심과 공격욕구를 바늘이라는 도구를 통해 용해하고 있는 것이기도 하다. 말더듬이인 여자가 문신을 완성하면서 어눌증을 해소하는 것 또한 이와 관계가 있다. 여자가 전쟁기념관에서 보여주는 살의는 간질병을 치료하기 위해 미륵암에 머무를 때 새끼 고양이를 변소간에 던져서 죽이는 장면과 함께 피해자의 억눌린 정서가 가해자의 공격적 정서로 뒤바뀐 위태로운 순간을 섬뜩하게 보여준다. 바늘에서 칼로 이어지는 메타포가 함축하는 그 위험하고 위태로운 광기의 정서는 현대소설에서 아직까지 볼 수 없었던 장면이다.

현파 스님의 죽음과 어머니의 자살 역시, 다소 석연치 않은 점이 있긴 하지만, 같은 맥락에서 이해된다. 어머니의 느닷없는 출가의 배경에는 현파 스님이라는 존재가 있었다. 그런 어머니가 나중에 현파 스님의 죽음을 놓고 자신이 살해했다고 주장하다가 자신도 자살하고 마는 것이다. 그런데 어머니가 남긴 유품 속에서 끝이 모두 잘린 바늘들이 발견된 것으로 미루어 스님의 살해도구로 바늘이 쓰여졌다는 것을 짐작하게 해준다. 그러면 어머니는 왜 스님을 죽였고, 또 자살을 하게 되었는가. 합리적으로 보자면 어머니가 스님을 살해하고 또 자살한 원인을 전혀 찾을 수 없다. 어머니는 스님을 따랐고, 그래서 출가까지 하게 된 인물이다. 그렇다면 죽음의 원인은 다른 데 있다. 곧 고양이 새끼를 죽인 것과 동일한 살의가 어머니에게도 발동한 것. 즉 화자가 갓 태어난 새끼 고양이를 변기통 속에 던져 넣은 것은 고양이로부터 받은 '여리고 아름다운 감정' 때문이었다. 아름다움에 대한 매혹과 순간적인 살의가 합작하여 새끼 고양이를 죽이고 만 것이다. 그리고 이 탐미주의의 다른 한편에는 스님에 대한 관능적인 욕망이 작용하고 있다. 스님의 복숭아 빛 맨 머리를 보면서 성적 충동을 느낀다거나 어머니의 자살 소식을 듣고 여자의 하얀 알몸을 떠올리는 주인공의 심리에는 인간의 욕망 속에 꿈틀거리는 관능을 단적으로 표상하며, 이런 심리의 연장에서 어머니의 살인과 자살이 이해되는 것이다.

  이렇게 보자면 이 작품은 일종의 병적 탐미주의를 이면에 깔고 있는 것으로 이해될 수 있다. 작품 전반에서 구사되는 관능적인 이미지와 상징, 살기와 죽음의 이미지들은 이런 작가의 병적 탐미주의를 보여주는 구체적 사례인 셈이고, 그런 점에서 이 작품에서 일본 소설의 그림자를 찾는 것은 그리 어려운 일이 아니다. 뛰어난 문장과 감각에도 불구하고 이 작품이 위태롭게 느껴지는 것은 이런 병적 탐미주의가 작품 속에 내재되어 있고, 그것이 자칫 서사의 균형을 파괴할 지도 모른다는 우려 때문이다. 병적 탐미주의의 참담한 실패를 우리는 이미 20년대 문학사에서 생생하게 본 바 있지 않은가.

  「후레쉬 피쉬 맨」은 「바늘」과는 다른 방식으로 현대 사회의 병리적 측면을 보여준다. 고교시절 체육시간에 야구를 하다 볼을 잘 못 던져 코피를 터뜨린 일을 계기로 친구의 호스피스 노릇을 자처하게 된 화자에 의해 한 청년의 비극적인 생애가 소개된다. 상처가 잘 낫지 않는 등, 원인을 알 수 없는 친구의 질병, 즉, 일종의 불치병으로 표현되는 그 병이 사실은 외로움과 그리움에서 비롯된 정신적 질병이었다는 것이 작품 후반부에 밝혀지는데, 스무 살의 청년에게서 자기 삶을 개척해 나가려고 하는 건강한 삶의 자세가 아니라, 지극히 비관적이고 자폐적인 삶의 초상이 발견된다는 점에 이 작품의 의미가 있다.

자기 집 지하실에 방치되어 살다가 결국 부모로부터 버림받은 이후에 자학적인 생활을 하다가 대학 1학년 때 짧은 생을 자살로 마감하고 마는 소설의 인물은 육체적으로 스무 살이지만 정신적으로는 이미 오래 전에 발육이 정지된 불구적 영혼이었다. 자신을 생선이라고 생각하는 그에게 이 세계는 수산시장과 냉동상태로 표현되는 비정한 세계였던 것. 유독 심하게 추위를 타고 몸에 일부러 상처를 내면서까지 그가 확인하려고 했던 것은 아주 단순한 것이었다. 그것은 자신이 4살 때 넘어져 무릎에 피가 났을 때 보여주었던 부모의 애정과 관심, 그리고 그때 느꼈던 단순하고도 행복했던 그런 감정들이었던 것이다. 이 물질적으로 풍요롭고 화려한 세계의 한 편, 어두운 골방 안에서 모기장을 쳐놓고 고독과 결핍에 시달리며 4살 때의 기억으로 퇴행하려 했던 한 청년의 초상 앞에서 현대 사회가 갖고 있는 우울한 음화한 장면을 들여다보게 된다. 이렇듯 이 부류 작품에서는 현대를 사는 개개인들이 지닌 내적 욕망을 인간 일반의 욕망으로 치환하여 보여주는 능숙한 솜씨가 돋보인다.

4. 새로운 문학과 신생에 대한 기대

올해 소설들은 대체로 기법의 현란한 실험에 몰두한다거나 사이버 공간으로 몰입하는 등의 모습을 보여주지 않는다. 정통적인 기법과 구성으로 주변 일상의 문제를 찬찬히 천착하는 치열한 정신과 문제의식이 유독 돋보이며, 그래서 평이하게도 느껴지기도 하지만, 오히려 감동의 정도는 한층 깊다고 할 수 있다.

물론, 신인들의 작품에서 아쉬움이 없는 것은 아니다. 수백 편의 응모작 중에서 선발된 작품이기에 상대적으로 높은 완성도를 갖고 있는 것은 사실이지만, 주제를 천착하는 집요함이나 소재를 이해하고 전달하는 표현 방법에서 매끄럽지 못한 경우도 발견된다. 삶을 스냅 사진 찍듯이 포착해내는 게 단편이기는 하지만, 그래도 그 속에는 세상살이의 흐름이라거나 고통의 근본원인 등에 대한 질문이 내재되어 있어야 하고, 또 그것을 치유하려는 진지한 모색 역시 목격할 수 있어야 한다. 그런데 일부 작품에서는 그런 진지한 노력이 상대적으로 부족하고, 대신 기술적 훈련에 힘입은 문장과 감각만이 빛을 발하는 경우도 있었다. 또 심한 경우는 주제가 무엇이고 작가의 궁극적 의도가 무엇인지조차 모호한 경우도 있다. 현대소설의 특징 중의 하나인 '모호성'이 지나쳐 몇 번을 읽고도 의미를 해독할 수 없는 작품이란 사실 누구를 위해서 쓰는 것인지 의심스럽기조차 하다.

R. 페더만의 말대로, 작가가 된다는 것은 감각적 재능을 과시하는 것이 아니라 역사를 사는 것이고, 언어를 통해서 역사를 구성해내는 일이기도 하다. 90년대 소설의 중요한 특징의 하나는 작품이 현실과 관련을 맺지 못하고, 오히려 대중매체가 투사하는 현실의 이미지와 관련을 맺는 경우가 많다는 것이었다. 이런 흐름은 매체 발달에 따른 시대적 변화를 반영한 것으로 이해되긴 하지만, 그것이 문학사적으로 평가되기 위해서는 문학의 존재이유에 대한 근본적인 질문을 전제하고 있어야 한다. 문학은 자신의 존재이유에 대한 자의식적 성찰을 통해서 변화를 추구하고 새로운 생명력을 부여받는 장르이고, 그렇기에 작가라면 시대 변화에 항상 열려 있어야 하면서 동시에 그것의 문학적 의미에 대한 질문을 멈추지 말아야 한다. 신생의 위태로움에도 불구하고 금년 신춘문예가 대체로 만족스러웠던 것은 이런 질문이 작품 전반에서 목격되었기 때문이다.

90년대 문학을 반성하고 새로운 문학을 대망하는 새로운 세기의 첫 수확이었다는 점에서 금년 신춘문예에 거는 기대는 특별할 수밖에 없다. 우리 문학의 미래는 이들의 향후 진로에 달렸다고 해도 지나친 말은 아닐 것이다.

어머니와 함께 한 기억들
— 『어머니와 함께 칼국수를』(김곰치)를 읽고

　어머니의 자궁에서 떨어져 나오는 순간, '나'는 어머니와 분리되어 하나의 완전하고 독립된 개체로 존재하게 되는 반면, 뱃속에서 어머니와 한 몸의 상태에서 이루어졌던 모든 교감의 기억들은 아득한 심연 저 너머로 사라진다. 이후 인간은 그 태초의 지점에서 점점 바깥쪽으로 멀어지고 커지며 확대되는 존재가 되는 것이니 이런 점을 본다면 원심운동을 하는 물체와 별다를 게 없다. 마찬가지로 물체가 운동을 할 때 중심으로 쏠리듯이 인간 또한 어쩔 수 없이 존재의 근원점과 가족이라는 테두리 안에서 일생을 운명적으로 순환하지 않을 수 없는 존재이다. 90년대에 들어 가족을 주제로 한 소설의 대부분이 가족의 와해와 해체과정을 불안하게 더듬고 있다면(이혜경의 『길 위의 집』이 그 대표적 작품이 아닐까), 이 글에서 주목하는 김곰치의 『엄마와 함께 칼국수를』은 그와는 정반대의 방향을 지향하고 있다는 점에서, 원심운동을 하고 있던 소설이 다시 그 구심력을 회복하고 있는 하나의 징후를 보여주는 것이라 할 수 있다. 90년대 소설에서 김곰치의 소설이 갖는 의미는 바로 이런 데서 찾을 수 있을 것이다.

김곰치의 『어머니와 함께 칼국수를』은 관습적인 사고의 대상, 즉 일상화되어진 채 그 의미가 퇴색되어버린 '어머니'와 '가족'이라는 존재의 의미를 아름다운 '기억'으로 포착하고자 한 작품이다. '한겨레 문학상' 4회 수상작이기도 한 이 작품은 뇌종양에 걸린 어머니를 간병하는 아들을 화자로 내세우고 있다. 잡지사 기자인 아들 '현직'은 어머니를 간병하기 위해서 직장을 그만두고 부산으로 귀향한다. 귀향 후 그는 여러 병원을 수소문하고 전전하면서 어머니를 치료하는 눈물겨운 과정을 보여주고, 그런 정성 덕분인지 어머니의 수술은 성공적으로 마무리되고 가족들은 안도하게 된다. 이와 같이 다분히 멜로 드라마적인 내용으로 되어 있지만, 이 작품이 한 청년의 우직한 효심을 그린 통속물과 본질적으로 구별되는 것은 대략 다음과 같은 이유 때문이라 할 수 있다.

먼저, 어머니를 향한 주인공 현직의 행위가 한 인간으로서의 어머니, 한 여자로서의 어머니에 대한 이해와 인정의 과정이라는 점이다. 그것은 작품에서 '시간의 공유'라는 형식으로 제시되는데, 이를테면, 그간 주인공은 어머니와 함께 한 시간이 한 번도 없었다. 고등학교 이후 어머니 곁을 떠나 타지 생활에 길들여졌고, 성인이 된 지금은 자신의 삶을 감당하기도 벅찬 상태에 놓여 있다. 그래서 그는 어머니를 알지 못했고, 또 사실 어머니라는 이름의 여자를 진정으로 심각하게 알고 싶어한 적이 한 번도 없었다. 그녀는 그에게 '어머니'라는 이름으로 불리는 여자였고, 그가 "어무이!" 하면 그녀가 자신을 부르는 줄 알고 "왜애?" 하는 여자, 어쩌면 객체화되어 있기까지 한 존재였다. 이런 상황에서 돌연히 찾아든 어머니의 발병 소식은 그간 망각하고 있었던 어머니의 실체를 환기시키는 뜻하지 않은 기회를 제공하게 된다.

뇌종양을 잘못 건드리면 실명(失明)을 할지도 모른다는 우려와 의사들의 안이한 태도, 병원을 불신하는 아버지가 보여준 민간요법에 대한 맹신, 누나들의 신경증 등을 거치면서 주인공은 점차 어머니의 실체에 다가서는 것이다. 이러한 과정에서 탄생하는 주인공의 대오각성은 단순하게는 '어머니라는 존재의 재발견'으로 요약될 수 있겠으나, 보다 크게 보자면 이 깨달음은 인간의 존엄성에 대한 긍정적 인식과 더불어 "철저히 그녀의 언어로 세상사에 대한 공통분모를 오늘부터 차곡차곡 쌓아나가겠다."는 인간관과 세계관의 변화까지를 내포한 것이다. 현직은 자신의 주관화된 관념이 아니라 어머니라는 굳건한 실체를 통해서 세상과 교섭하고 수용하는 한층 성숙된 가치관을 갖게 되고, 이는 주관화된 관념에서 벗어나 민중의 실체를 한층 구체적으로 감각하겠다는 다짐으로 볼 수도 있다.

주인공 현직이 어머니와 함께 한, 다시는 겪고 싶지 않은 체험을 환희의 기억은 아닐지라도 하나의 '기억'으로 간직하고자 하는 것은 시간의 흐름을 거스르고자 하는 강렬한 의지를 표현한 것이다. 사실 인간의 삶이란 시간의 구속을 받기 마련이고 아름다웠던 과거도 시간의 흐름과 더불어 스러지기 마련이다. 그렇지만 기억이란 이 스러져 가는 시간을 영상으로 영원히 간직하는 장치라 할 수 있다. 사람들은 기억을 통해서 과거를 반추하고 그 속에 깃든 추억들을 음미한다. 더구나 작품의 주인공처럼, 어머니에 대한 영상이 추상적으로 그것도 아주 막연한 형태로밖에 존재하지 않았던 상태에서 그 어머니에 대한 기억을 간직한다는 것은 모자(母子)라는 인연으로 얽힌 이승에서의 삶을 구체적으로 포착하는 것이면서 동시에 존재의 실체를 실감하는 일이기도 하다. 그렇기에 주인공은 어머니와 함께 싸워본, 어머니 때문에 울어 본 그 고귀한 시간을 "하나의 단단한, 보석 같은 기억"으로 만들고자 한 것이고, 이는 어쩌면 탄생과 함께 어머니의 몸에서 분리되면서 화석화되어버린 저 신비로운 공유의 기억을 현재의 시간 속에서 다시 재생하는 극적 장면이 되는 것이다.

이 작품이 주인공의 효심을 곡진하게 표현하고 있음에도 불구하고 부생모육지은(父生母育之恩)에 감읍하는 전통적 효 소설과 근본적으로 구별되는 것은 이처럼 존재의 근원에 대한 인식과 질문이 깃들어 있기 때문이다. 어머니의 발병과 그로 인한 간병의 과정이란 흔히 있을 수 있는 사적(私的)인 사건에 불과하지만, 이를 존재의 근원에 대한 성찰로까지 이끌어간 작자의 섬세한 안목은 그런 작품의 한계를 근본에서 넘어서고 있다. 그리고 이를 통해서 이 작품은 장편소설로는 다소 빈약한 스토리 텔링의 한계를 상당 부분 극복하게 된다. 아울러 사소한 일화를 서사화하고 묘사해내는 특유의 입담과 산문정신 또한 90년대 소설에서 발견하기 힘든 이 작품만의 진경이다.

  90년대 소설은 일찍이 많은 논자들에 의해서 감각적인 문체와 의미 없는 사랑, 정체 모를 자기연민과 파괴, 존재의 실상을 망각한 지적 유희라는 비판을 받아왔다. 김곰치의 『어머니와 함께 칼국수를』은 일각의 경박스러운 풍토에 대한 우직한 항의로 기록될 만하다. <작가 후기>에서 작가가 오에 겐자부로의 『개인적 체험』를 일독하고 그의 '인류애'가 그리 신뢰되지 않는다고 고백했던 것은 그의 소설에서 민중에 대한 애정을 발견할 수 없었기 때문으로 보인다. 아무리 시대가 변하고 매체가 발달하더라도 우리에게 감동을 주는 것은 삶의 절실한 체험에 바탕을 둔 사실적인 작품일 수밖에 없다. 그런 점에서 이 작품은 산문정신이 퇴색하고 리얼리즘의 경향이 구투(舊套)로 오인되는 현실에서 그것의 진정한 힘과 의미를 새삼 환기시켜준 작품으로 기억될 것이다.

신세대의 연애법
— 『연애』(정정희)에 대한 단상

연애만큼 흔한 문학적 제재도 없을 것이다. 서로 다른 두 이성이 만나 서로를 확인하고 교감하면서 사랑에 이르는 과정은 지리한 일상에서는 맛볼 수 없는 가장 극단의 체험이다. 어찌 보면 연애란 거창하게는 더 나은 삶에 대한 꿈이자 타자에 대한 공감을 통해서 자아를 확대하고 발전시키는 과정이기도 하다. 아무튼 이러 저런 이유로 동서고금을 통해서 남녀간의 사랑은 문학의 영원한 소재가 되고 작품의 원천이 될 수밖에 없었던 것이다. 셰익스피어의 명작들이나 김소월의 시편들 또한 연애 과정에서 일어나는 다양한 심리와 사건들의 기록이라고 해도 지나친 말이 아니다.

정정희의 『연애』는 아예 연애 자체를 제목으로 내걸고 그것을 정면에서 다루고자 한다. 상업주의적 냄새가 다분히 풍기는 제목은 흔한 사랑 얘기를 자동으로 떠올리게 하지만 작품에서 작가가 주목한 것이 삶에 대한 꿈과 의지를 상실한 채 무력하게 살아가는 90년대 젊은이들의 내면이라는 점을 생각하자면 단순한 연애소설로만 간주할 수 없게 하는 면도 있다. 아무튼 『연애』는 90년대식 연애법의 한 전형을 우리 앞에 드러내 보여준다는 점에서 흥미롭다.

먼저, 『연애』에 나오는 여자 주인공 지수를 통해 당대 여성의 연애관, 결혼관을 들여다 볼 수 있다. 지수는 신세대답게 선글라스를 끼고 허벅지 부분이 뜯겨져 나간 청바지를 즐겨 입는 인물로, 개인 작업실을 가지고 있으며 글을 써서 생활을 하고 있다. 지수가 사랑을 결혼과 연결시키지 않고 오히려 결혼이란 기껏 환상에 불과하다고 생각하는 것은 신세대의 연애관을 그대로 보여주는 것이다. 미혼여성인 지수가 결혼한 여성에 대해 갖고 있는 이미지는 "습기가 찬 만큼 정확히 녹이 슬고 곰팡이가 앉" 아 있는 것으로 소설 속에서 제시되고, 남자가 여자에게 끼워주는 반지와 신혼가구로 꽉 채워진 방과 환상의 이미지로 요약된다.

그녀는 잘생기고 가족들로부터도 인정받는 제하라는 애인을 두고 있으나 사실은 항상 제자리에 머물러 있는 듯한 제하에게서 별다른 매력을 느끼지 못한다. 그러던 중 그녀는 잡지사에 근무하는 선우라는 남자를 원고청탁을 계기로 만나 점차 깊은 관계로 빠져드는데, 그것은 선우가 산뜻하고 청량하며 단정한 이미지로 지수에게 다가왔기 때문이다. 지수는 이성보다는 감정과 본능에 이끌리는 여자였던 까닭에 항상 변화를 추구하고 새로운 것에 몰두하고 싶어한다. 또 그녀는 도덕적인 관념이나 미래에 대한 의지를 거의 갖고 있지 않다. 그런데 지수와 선우의 관계는 그리 만족스럽게 이어지지 못한다. 그것은 무엇보다 이들 두 사람의 삶의 방식이 철저하게 자기 중심적이기 때문이다. 이들은 자신의 일에만 몰두하고 주변의 일에는 철저히 무관심하며 삶에 대한 진지한 성찰보다는 자기중심의 이기적인 삶을 관성처럼 되풀이하고 있다. '지수'의 고백에는 그런 생각이 단적으로 투사되어 있는데, 그녀가 꿈꾸는 것은 완전한 자기만의 '방'이다.

"어릴 때부터 나는 내 방을 갖고 싶다고 생각해왔어요. 가구도 없고 전화도 없고 가족도 없고 생활도 없는 방 말이에요. 텅 빈 방에 완벽히 나 혼자만 있는 거예요."

"완벽히, 혼자만."
그는 내가 한 말을 천천히 반복하고 나서 창 밖으로 고개를 돌렸다.
"사실은 관심이 없는 거죠? 아무것에도."

(『연애』, 25면)

　이런 폐쇄적인 방식으로 세상을 살아가기에 그녀는 자신의 울타리를 벗어나지 못하고 선우와의 관계 역시 표면만을 겉돌게 되는 것은 당연하다. 사랑은 필연적으로 헌신을 요구한다는 사실을 그녀는 알지 못하며 또한 그것을 감수할 생각도 없는 것이다. 작가는 이런 모습을 통해서 신세대의 자기 중심적이고 즉물적인 사랑을 단적으로 보여주고자 한 것으로 보인다.
　그렇기에 이들의 사랑은 허무할 수밖에 없다. "난 아무 데도 관심이 없어요. 아무 것에도, 아무한테도."라는 지수의 고백은 삶의 의미를 찾지 못하는 젊음의 무기력한 탄식을 대변하는 말이고, 실상 작중의 인물들은 삶에 대한 어떠한 꿈도 갖고 있지 못하다. 지수는 대학을 졸업한 후에는 '거의 꿈을 꾸지 않는다'고 고백한다. 물론 여기서의 꿈이란 미래에 대한 희망이나 전망이 아니라 잠잘 때 꾸는 꿈으로 서술되지만 사실 그 꿈이란 단순히 잠자리에서의 꿈만을 뜻하는 것은 아니다. 미래에 대한 어떠한 희망도 갖고 있지 못하기에 그녀의 꿈이란 무력한 삶에 대한 은유나 다름없는 것이다. 그녀가 하는 일이란 "가끔 글을 써"내는 것 외에는 없다. 그런데 그 글이란 실상 "대단한 글도 아니고" 또 사실 그녀는 "대단한 글을 써보겠다고 생각한 적도 없"다. 단지 먹고살기 위한 수단으로 글을 쓸 뿐이다. 이 단조로운 일상으로 인해 그녀는 "일주일에 네 번은 미쳐버릴 것 같은 기분"에 빠져들곤 하며, 그런 상황에서 탈출하기 위해서 연애를 갈구하는 것이다. 마치 일상에서 빠져나가기 위해 영화를 보듯, 또는 갈증을 해소하기 위해 청량음료를 마시듯, 그녀에게 연애란 일종의 청량제로서의 기능을 할 뿐이다.
　『연애』는 이처럼 90년대의 무력하고 방향감각을 상실한 젊은이들의 사랑관을 단적으로 보여준다. 작가는 누군가를 만나서 좋아하고 사랑하고 싸우고 헤어지고 다시 또 누군가를 만나는 일련의 과정들을 물 흐르듯이 보여주는 것이다. 이런 점에서 본다면 이 작품은 90년대의 무력한 젊음의 초상인 셈이다.

  작품에서 아쉬움이 남는 것은, 작가가 머리말에서 언급한 것처럼, 현상의 이면에 도사리고 있는 젊음의 깊은 좌절과 열망, 나아가 모험심까지도 포착했어야 하지 않을까 하는 생각이다. 무력한 삶에서 벗어나기 위한 돌파구로 혹은 삶의 덧없음을 망각하기 위한 에네르기로 연애가 생각되었다면 거기에는 일상에 맞서는 과감한 모험이 있어야 하지 않을까. 두 주체가 세상에 뿌리내리는 과정 자체가 따지자면 모험일 수밖에 없다. 이러한 모험과 열정이 결여된 사랑이라면 남는 것은 결국 감각적 쾌락 외에는 없을 것이다. 작가는 인스턴트처럼 덧없는 사랑을 보여주고자 한 것일까. 소설이란 현실을 담아내기만 하는 것이 아니라 환상(혹은 상상)을 통해서 영혼을 되돌아보게 하는 형식이기도 하다는 사실을 새삼 음미할 필요가 있을 듯하다.

풍경화로 소묘된 누님의 초상
— 「도라지꽃 누님」(구효서) 소고

미당의 「국화 옆에서」를 소설로 쓴다면 어떨까. 「도라지꽃 누님」은 구효서 식의 「국화 옆에서」라 할 만하다. 물론 그 빛깔은 사뭇 다르게 다가온다. 시 「국화 옆에서」가 그윽한 원숙미의 향기를 풍기는 귀족적인 느낌을 자아낸다면, 소설 「도라지꽃 누님」은 그것과는 조금 다른 빛깔의 향기를 보여준다. 도라지꽃은 관상용이자 향료용인 국화와는 달리 산야에 피는 다년초 식물이고 한 여름에 꽃을 피운다. 느낌이 수수하고 산지산간에 흔하여 귀족적이기보다는 오히려 민중의 애환에 더 가깝게 밀착된 존재다. 어떤 인물에게서 도라지꽃의 향기를 발견해내는 구효서의 시선도 거기에 뿌리를 두고 있을 것이다.

구효서의 최근작들이 이전 작품들과는 다른 느낌을 주는 것은 인생 백태를 관찰해온 작가의 뿌리 깊어진 시선에서 우러나오는 그 농익은 향기 때문이 아닐까 한다. 가벼운 소품에 그쳤을 이 작품이 강한 인상으로 기억 속에 각인되는 것은 이런 이유라 할 수 있다.

소설은 '나'가 여러 이야기를 써왔지만 자신의 누님들에 대한 이야기를 아직까지 쓰지 못했다는 고백으로 시작된다. "어느 한 곳을 허물면 와르르 무너져 쏟아질 것 같은 서러운 삶"을 감당할 수 없다고 조심스럽게 이야기하는 어조 속에는 그들의 삶에 대한 경외감과 그로 인해 야기될 수밖에 없는 자신에 대한 회한이 묻어 있다. 이제 불혹을 넘기고 인생의 오감을 두루 겪은 나이이기에 이런 얘기도 물이 넘쳐 흘러나오듯 흘러내릴 때가 있는 법, 그렇게 해서 흘러나온 인물이 곧 '도라지꽃 누님'이다.

마흔 여섯 된 여자가 있다. 화자에게는 셋째누님이 된다. 그 나이 되도록 서울에서만 살던 이 누님이 늦바람이라도 난 것처럼 시골 농가를 전원주택으로 개조하는 일에 매달리기 시작한다. '미쳤다'는 소리를 들어가며 집수리와 실내장식에만 매달리는 그녀의 모습 뒤에는 그녀가 걸어온 쓸쓸한 삶의 이력이 놓여 있다. 가난한 농사꾼 집안에서 세 번째 딸로 태어난 것이 원죄가 되어 초등학교만 마치고 일찌감치 집안의 살림꾼으로 주저앉아야 했고, 14살 때는 친척집에 식모로 보내져 외로운 생활을 맛보아야 했다. 그림에 재능이 있었던 그녀는 집을 나가 그림을 배워 보기도 했으나 뜨내기 같은 삶은 운명처럼 반복되었을 뿐이다. 나중에는 몸이 상해 어머니한테 잡혀 오기도 하고, 갓 스물에 벼락처럼 시집을 갔다가 자식을 둘씩이나 낳고도 돌연 집을 뛰쳐 나와서 지금껏 혼잣몸으로 살아 왔다. 세상에 대한 적의와도 같은 맹렬함만을 갖고 있는 그런 인물이 바로 '셋째누님'인 것이다. 이런 내력이고 보면 그녀가 뒤늦게나마 전원 속에 파묻혀 "계절 따라 피는 꽃을 바라보며 신선처럼 쉬고"자 하는 심리를 이해할 수 있고, 자신의 설움 많은 삶을 한꺼번에 보상받으려는 듯한 맹렬한 장식 욕구도 수긍할 수 있을 법하다. 그러나 강원도 산전리에 그녀가 그렇게도 열심히 세우려고 한 그 집의 실체란 무엇인가. 삶이 없는 꿈으로서의, 관념으로서의 그림 같은 집일 뿐이다. 그것은 꽃은 꽃이되, 향기 없는 조화와 같은 존재였던 것이다.

그 집의 실체를 깨우쳐 준 것은 다름 아닌 한 마리 개였다. 애초에 그 개도 "마른 장미와 마른 옥수수를 창틀에 멋스럽게 걸어 놓는 일"처럼 우물가에 불두화와 채송화를 심고 거기다 희고 검은 강아지를 배치하면 좋을 것 같아서 기르기 시작한 것이다. 즉, 풍경을 장식하는 한 개의 조각품으로 구상된 대상이었다. 그러니까 집이라기보다는 카페에 가깝고 삶의 근거지라기보다는 그냥 풍경에 가까운 게 그녀가 요란하게 꾸미고 있는 집이었다. 그녀는 자연 속에 살고 싶어하는 꿈만 가졌을 뿐, 실제로는 자연과 어울리지도 자연과 친화할 수도 없는 상태에 놓여 있었던 것. 그래서 화자는 "자연 속에 살고 싶어하면서도" "자연과 무리없이 친화하지 못하는" 존재로 누님을 바라본다. 그런 어느 날 개밥도 제대로 챙겨주지 않고 허구한날 실내장식품이나 사러 서울나들이를 일삼는 여주인의 손목을 백구가 물어뜯게 된다. 권투 장갑처럼 부어오른 손등의 고통으로 입원을 하고, 백구는 그 일이 못내 미안했던지 일체 음식을 받아먹지 않고 끝내 굶어죽고 만다. 이 일을 계기로 여자는 마침내 긴 꿈과 미망에서 벗어난다. 그 변화의 모습은 산촌에 어울리지 않는 화려한 복색의 옷이 흙 묻은 바지와 허름한 티셔츠 차림으로, 도시에서 온 손님들을 대접하던 야외화덕이 폐쇄되고 바비큐 도구였던 철근도막은 분꽃 지지대로 변해 있는 모습으로 드러나는 것이다.

고추 모종을 심다가 30분을 넘기지 못하고 넘어져 링거 두 병을 맞고야 일어났던 그녀가 텃밭에 매달려 훌륭하게 농사를 지어내고 수백만 송이의 도라지꽃을 피워낸다. 그녀의 집이 그림으로서의 집이 아니라 진정한 집의 실체를 갖추는 순간이다. 그리고 그녀가 귀의하고 싶었던 그 자연도 그림으로서의 자연이 아니라 삶으로서의 실체를 갖추었고 그녀 또한 자연의 일부로 육화되어 갈 수 있었다. 산간에 가득한 도라지꽃들과 함께 그녀는 드디어 바람과 같았던 자신의 생애를 접고 최초로 뿌리를 내릴 수 있었던 것이다. 그녀의 삶의 풍상이 도라지꽃 가득 핀 그녀의 집과 함께 '이제는 돌아와 거울 앞에 선 누님'의 이미지를 피워 올리는 순간이다.

또 하나 이 작품의 맛은 누님의 회한 어린 삶을 정공법으로 돌파해나간 것이 아니라, 그냥 슬쩍 맛뵈기 식으로 잘라 보여주었다는 점에 있다. 빠른 속도로 흘러가는 영상처럼 간결하게 소묘된 그녀의 이력은 바람처럼 살아

온 반생을 환기시켜 줄 뿐 더 이상의 어떠한 정보도 제공하지 않는다. 그녀가 보냈을 신산스러운 삶은 독자의 머리 속에서만 재구성되고, 화면은 단지 푸른 자연을 배경으로 맹렬하게 집 단장에만 몰두해 있는 그녀의 모습을 비춰준다. 짧은 길이에도 불구하고 도라지꽃과 백구의 죽음이 강한 여운을 주고, 더불어 애잔한 비감을 반추하게 만드는 것은 이 때문이다.

카리스마적 군주와 영웅 대망의 심리
—『인간의 길』과 『람세스』의 경우

　무기력한 아버지들의 초상을 담은 소설이 백만 부 이상 팔려 나간 적이 있다. 그런데 또 이번에는 영웅의 출현을 대망하는 목소리가 점점 크고 뚜렷한 메아리로 울려퍼지고 있다. 독재의 상징으로 비판되는 박정희가 대선 주자들 사이에서 모범적인 지도자로 칭송되고, 거리에는 '박정희 패션'이라 불리우는 60년대의 투박하고 촌스러운 의상들이 포스트 모던한 도시를 활보한다. 거기에다 이집트 불세출의 영웅 '람세스 2세'의 일대기가 소위 '람세스 열풍'을 일으키며 독서계를 강타하고 있고, 그 얼마 전에는 '로마인 이야기'가 세인의 입에 오르내리면서 영웅 대망의 분위기를 고조시켜 왔다. 영웅이 존재할 수 없는 시대에 환청처럼 들려오는 이 기이한 목소리들은 그냥 거품처럼 치솟았다가 사라지고 말 세기말의 유행인가, 아니면 이 사회의 근원적 위기가 문학적 의장으로 표현된 것인가. 무기력한 아버지와 영웅의 부상, 사실상 이것은 이 사회의 혼란스러운 심리상태를 동전의 양면처럼 보여주는 극단의 현상이다.
　영웅에 대한 세인의 관심이 고조된 것은 대부분 사회나 국가가 심각한 위기에 처한 시절이었다. 일제의 침략 의도가 노골화되고 민족의 운명이 경각에 놓인 구한말에 지식인들을 사로잡았던 영웅 대망론이나 또한 적자 중심의 신분세습제가 한계를 드러내고 봉건질서가 위기에 봉착하면서 표출된 '홍길동'과 같은 영웅에 대한 갈망은 위기에서 새로운 출구를 찾고자 하는 당대인들의 심리를 반영한 것이다. 문제 해결의 합리적 대안을 갖지 못한 민중들은 그들의 염원을 꿈과 동경의 형태로 표현했고, 그것이 영웅에 대한 열망으로 구체화된 것이다. 그래서 영웅은 하늘에서 내리는 것이 아니라 당대인들에 의해 만들어졌고, 영웅에 대한 논의가 왕성하다는 것은 그만큼 사회의 문제가 많다는 반증이기도 하다.

경기침체와 불황에 따른 사회적 위기감, 게다가 정권 교체기에 드러나는 혼란과 갈등이 심화된 오늘의 현실이 그런 경우가 아닐까. 신문 사회면을 장식하는 각종 흉악 범죄와 인륜 파괴적인 사건들은 우리 사회가 정치·경제적으로 뿐만 아니라 도덕적으로도 심각한 위기 상황에 직면했음을 보여준다. 경제의 기틀이 흔들리고 사회의 도덕관이 혼란에 빠지면서 빚에 쫓긴 사람들이 길거리로 내몰리고 심지어 목숨마저 끊는 우울한 광경이 연일 보도되고 있다. 이 혼란스러운 상황에서 사람들은 비상구를 꿈꾸지 않을 수 없을 것이고, 그런 이유에서 구세주 영웅에 대한 동경심이나 카리스마적 군주에 대한 향수를 굳이 탓할 수만은 없을 것이다. 박정희를 모델로 한 『인간의 길』이나 이집트 영웅을 소재로 한 『람세스』가 세간의 화제가 된 것은 이런 심리에서일 것이다.

소탈한 성격과 강력한 추진력으로 민족을 도탄에서 구해낸 박정희의 일대기는 사실 여러 면에서 감동적이다. 검소한 성격과 소탈한 성품은 권위적이기보다는 서민의 친구와 같은 모습으로 다가온다. 게다가 분단의 질곡 속에서 불행하게 아내를 먼저 보냈고, 자신마저도 종국에는 부하의 총에 절명하는 비운을 겪기도 했다. 게다가 친인척의 비리로 곤경을 치르는 최근의 대통령들과는 달리 주변을 잘 통제하는 엄격성도 갖고 있었다. 무기력하고 부도덕한 지도자들이 횡행하는 현실에서 박정희는 실상 모범적인 요소가 많은 인물이다.

'람세스 2세' 역시 마찬가지다. 『람세스』는 기원전 13세기 무렵 고대 이집트의 위대한 파라오 람세스 2세가 67년 동안 제국을 통치하면서 보여준 인생관과 통치관, 희노애락을 담은 일대기다. 이국적 정서로 그간 우리 문학에서 볼 수 없었던 감흥을 불러일으키면서, 후계자 선정의 엄격함과 지혜, 고난을 극복해 가는 결단과 용기는 가히 '영웅 신화의 재현'이라는 평가에 걸맞는 웅장한 스케일을 보여준다.

이 두 영웅에 대한 세간의 관심은 불안한 현실에서 지푸라기라도 잡으려는 현대인들의 당연한 심리인지도 모른다. 그런데 문제는 이런 심리를 상업적으로 이용하고 교묘하게 호도하는 어떤 정치적 의도가 그 속에 관철되고 있다는 데 있다. 예컨대 이 두 작품에는 영웅사관과 그것의 당연한 귀결인 민중들에 대한 폄하와 왜곡의 심리가 짙게 깔려 있다.

이인화는 박정희를 영웅화하기 위해서 여러 방법을 동원한다. 자신의 몸에서 한 마리 규룡이 튀어나오는 꿈을 꾸고 박정희를 낳았다는 박정희 아버지의 태몽은 중국의 전설적인 황제인 우(禹)임금과 연결되고, 어머니 역시 신령들과 대화할 줄 아는 영능자(靈能者)로 등장한다. 말하자면 박정희는 민족의 장래를 짊어질 영웅의 운명을 타고났고, 그렇기에 그의 모든 행동은 미화되고 찬양된다. 가령 일본 육군사관학교를 졸업하고 관동군 장교로 일본의 앞잡이 노릇을 했던 일이 마치 민족을 구원하기 위한 필생의 결단으로 서술되며, 그 연장에서 독립운동은 신랄하게 비하된다. 이를테면 독립운동가란 "개뿔도 모르는 자식들"이고 "알건달들"이라는 식의 표현이 주인공의 입을 통해서 거침없이 쏟아진다.

이 영웅화를 통해서 작가가 말하고자 하는 것은, '인간의 길'이란 "어떤 천재성을 지닌 개인이 길을 제시하고 모범을 보이면 다른 많은 사람들이 그 길을 선택하고 그 뒤를 따르는 것"이라는 것, 즉 이인화는 '진실되고 진보적인' '인간의 길'이란 다름아닌 영웅의 뒤를 몰주체적으로 따르는 것이라고 말한다.(이인화에 대한 자세한 논의는 필자의 「문학적 간기와 독선적 영웅주의—이인화론」, 『보수주의자들』, 삼인, 1997. 참조)『람세스』역시 여러 흥미거리를 제공하고 있음에도 불구하고 현실적으로 수용되는 것은 신화적 인물에 대한 찬탄과 동경이다.

그러면 과연 우리의 '진정한' 삶이란 영웅의 뒤를 무주체적으로 좇는 것인가. 새삼 민중사관을 들먹이지 않더라도 역사의 수레바퀴를 굴려온 것은 민중이다. 화려하게 예찬된 6,70년대의 근대화도 사실은 민중들의 피와 땀을 바탕으로 이루어진 것이고, 그 과정에서 민중들의 엄청난 희생이 뒤따랐다. 더구나 박정희가 제시한 길은 민중들의 자유와 민주주의에 대한 의지를 철저히 탄압한 파시즘의 길이었다. 그럼에도 불구하고 작가는 영웅의 뒤를 따르는 것만이 진정한 인간의 길임을 소리 높여 외치고 있다.

최근 출판계에 보이는 영웅 인물의 상품화에는 이러한 보수적 흐름을 숨기고 있고, 구원의 희망이 아닌 독제의 비수를 음흉하게 감추고 있다. 우리가 이인화의 『인간의 길』에 대해 비판과 의혹의 눈길을 보내지 않을 수 없는 것은 이 때문이다.

영웅의 존재는 유혹적이다. 왜냐하면 우리가 그로부터 구원을 받을 수 있다는 환상을 주기 때문이다. 그러나 어떤 특출한 한 개인에 의해 문제가 해결될 수 있다는 발상은 현실을 망각하게 하고 호도하는 미몽이기 쉽다. 그런 발상은 파시즘의 망령을 불러들이는 위험한 주문이 될 수 있다는 사실을 자각해야 한다. 한 학자의 지적처럼 "강력한 지도자가 없더라도 시민사회가 민주주의를 잘 운영하는 훈련을 쌓아나가야" 한다. 지금 상황이 비합리적이고 자기도피적인 방향으로 진행되고 있는 것은 아닌지 숙고해 볼 때다.

IV 혼돈을 파고드는 비평의 자의식

- 비평의 정체성과 90년대의 글쓰기
  — 장경렬과 박혜경의 평론집
- '시장 원리'와 문학이 살아남는 길
- 불황과 문학의 거품빼기
- 문단의 복고바람과 모더니즘 논쟁
- 민족문학과 염상섭 문학의 근대성
  — 염상섭 연구의 두 성과
- 벽초의 민족주의적 행로와 삶
  — 강영주, 『벽초 홍명희 연구』

비평의 정체성과 90년대의 글쓰기
― 장경렬과 박혜경의 평론집

1.

　돌이켜 보면 90년을 전후로 최근 몇 년 사이에 우리 평단은 상당한 변화를 겪어왔다. 현실 사회주의권의 몰락과 포스트 담론의 대량 유입에서 비롯된 변화는 맑스주의에 대한 관심의 퇴조와 더불어 이른바 프랑스 철학이라 명명할 수 있는 탈구조주의의 여러 경향들에 대한 경사를 보여주기도 하였고, 문학의 외재적 가치보다는 내적 특질에 더욱 주목하는 지적 단절의 모습을 드러내기도 하였다. 시대 추이에 따른 문제의식의 자연스러운 변화라 할 수 있는 이런 현상은, 80년대와 비교하자면 상전벽해가 따로 없을 정도로 격세지감을 느끼게 하지만, 다른 한편으로 다양한 비평 논의를 가능케 하는 중요한 전기를 제공한 것도 사실이다.

　그런 한편으로, 이제 문단을 지배하는 것은 상업주의밖에 없다는 어느 평론가의 우울한 진단도 들려온다. 이러한 지적은 우리 평단에서 두드러지게 나타나는 무가치·무정견의 비평적 정체성 부재 현상을 그 배경으로 한 것이다. "시장 경제의 메카니즘에 흡수된 문화-예술은 자본의 논리에 인간의 심미적, 정서적 창조력을 왜곡시킴으로써 문화-예술의 인간성, 진지성, 진정성을 희석시키고" 말았다는 김병익의 지적처럼, 상업주의에 휩쓸린 비평은 미적 판단에서조차 객관적인 평가를 적용하지 못하는 가치의 무정부상태를 낳고 말았다. 지난 시대의 지적 풍토 위에서 탐구되고 모색되던 담론의 체계, 개념의 틀들이 급속히 퇴거하고 그 공백을 대신할 만한 또 다른 체계와 개념을 비평은 찾지 못한 채 고공비행을 계속하고 있는 셈이라고나 할까.

현실의 변화와 그에 따른 삶의 위상 변화로 90년대 현실은 80년대와 엄청난 단절을 보여주지만, 그럼에도 불구하고 90년대란 80년대의 연장선상에 놓여 있다. 이 글의 검토 대상이 되는 장경렬과 박혜경의 평론집에서 보이는 80년대에 대한 반성과 회고는 그런 점에서 80년대의 상처를 내상으로 간직한 세대의 새로운 글쓰기 방식을 보여주는 하나의 사례라 하겠다. 이들의 글에는 지난 시기에 대한 아물지 않은 상처가 곳곳에 묻어 있다. "10년도 안되는 그 동안의 시간적 격차를 아득한 심리적 거리감으로" 느낀다는 박혜경의 진술이나, "텍스트에서 멀어진 문학 논의란 궁극적으로 문학을 포기한 문학 논의일 수 있다. 모든 문학 논의가 일차적으로 텍스트에 대한 세심한 읽기에서 출발해야 하는 이유는 여기에 있다"고 강조하는 장경렬의 주장에는 80년대에 대한 성찰의 고뇌가 묻어나면서 동시에 비평의 정체성에 대한 치열한 고민을 함께 담고 있는 것이었다. 또한 장경렬이 보여준 언어와 형식에 대한 깊이 있는 탐구나 박혜경이 보여준 언어에 대한 섬세한 감성과 의미화는 이 속된 현실에 맞서 비평의 엄정성을 유지하려는 비평적 대응으로 받아들이기에 족한 것이었다.

두 평론집을 읽으면서 지적 즐거움에 한껏 빠져들었던 것은 이들이 보이는 문학과 삶에 대한 성찰이 언어의 즐거움을 환기시키면서도, 우리 모두가 화두로 품고 있는 정체성의 문제를 온몸으로 감당하고 있었기 때문이다.

2.

장경렬 평론은 매우 논리적이고 엄밀하다. 필자의 성실하고 학구적인 태도에서 비롯된 이 엄밀성은 작품을 분석하는 치밀함 외에도 토씨나 인용부호의 엄격한 사용에서도 확인된다. 그는 자신의 말이 아니면 반드시 인용부호를 표시하고, 자신의 주장을 내세우는 경우에도 엄밀한 전거(典據)를 빠뜨리지 않는다. 그래서 그의 글은 감상보다는 실증적 근거를 갖춘 논문의 성격이 강하다. 수록 평론의 거의 전부가 앞부분에서 개념에 대한 이론적 천착을 보이고 본문에서 의미의 미세한 결을 그것과 결부지어 살피는 것은 작품 감상의 개인적 느낌을 단편적으로 피력하기 십상인 실제비평과는 다른, 비평의 객관성과 과학성을 염두에 둔 이론비평의 모범적인 경우라 할 수 있다.

장경렬의 비평은 머릿글의 고백대로 "세심한 텍스트 읽기"의 산물이다. 그는 세심하고 밝은 눈으로 텍스트를 읽는 일이 무엇보다도 자신에게 주어진 일차적 과제라고 생각한다. 그래서 그는 문학 텍스트라는 한정된 세계를 이리저리 헤매면서 보다 더 마음에 드는 의미의 단편들을 주워 모으는 존재, 궁극의 의미를 찾는 일에는 엄두도 내지 못한 채 기껏해야 마음에 드는 단편적 의미들을 찾아내고는 희열을 느끼는 존재라고 생각한다. 그런데 그가 읽어내는 텍스트는 단지 문학 텍스트에만 국한된 것은 아니다. 그 텍스트는 문학뿐만 아니라 '현실'이라는 또 다른 텍스트다. 그는 언어 텍스트 바깥쪽에 존재하는 세계 가운데 가장 직접적인 것은 바로 현실이라고 본다. 그런데 그 현실은 이념이나 역사의 현장이기보다는 그 모든 것을 뒤에 감추고 있는 '언어'의 세계이며, 따라서 문학이란 "삶을 구체적으로 형상화하는 것"이다. 장경렬이 세심한 텍스트 읽기를 강조한 폴 드만에 주목하는 것은 이런 사실과 관계된다. 전통적인 문헌학으로의 복귀를 통해 인문학의 강화를 목표로 하는 폴 드 만의 주장은 자칫 신비평으로 오인될 소지도 있으나, 인간의 세계와 언어를 동시에 주목한 것이라는 점에서 장경렬에게는 문학비평의 한 전범으로 각인된 듯하다. 또 폴 드만에 주목하는 다른 한편에는 지난 시절 우리의 비평관행에 대한 반성이 담겨 있다고도 볼 수 있다. 폴 드만이 의도한 문헌학으로의 복귀는 텍스트에서 멀어진 문학 논의를 다시 텍스트 쪽으로 복귀시키기 위한 것으로 이는 문학 외적인 것을 통해서 문학을 평가했던 지난 시절 문학비평과는 상반되는 것이다. 회고하자면 80년대의 비평은 문학 외적 지식체계에 의존하여 작품의 의미와 가치를 평가하는 경우가 많았다. 작품 자체가 지닌 고유의 경험을 향수할 때만이 작품의 의미는 온당히 드러날 수 있는 것이지만 지난 시절의 문학비평은 그렇지 못했던 것이다. 장경렬은 텍스트에서 멀어진 문학 논의란 궁극적으로 문학을 포기한 문학 논의일 수 있다고 단언하는데, 이런 점에서 보자면 장경렬의 평문은 외재적이라기보다는 다분히 내재적이다.

하지만 거기에는 장경렬의 고도의 전략이 개재되어 있어 그의 비평을 단순히 내재적이라고만 평가할 수는 없게 만든다. 그것은 비평의 이론이란 결코 추상적이고 사변적인 논리에 머물기 위한 것이 아니라 궁극적으로 '실제'를 지향하는 이론이 되어야 한다는 대목에서 확인할 수 있다. '실제'를 지향하는 이론이란 다름아닌 '자기 성찰'을 감당해나가는 이론을 의미한다. 곧 "이론에의 저항은 이론을 역사적 현실이나 일상의 현실이라는 외부 쪽으로 개방하도록 하기 위한 것이어야 하지만, 그 저항이 외부에서 가해지는 타율적 압력으로만 존재하는 경우 이러한 개방은 결코 성공적으로 이루어질 수 없기 때문이다. 이론은 어떻게 해서든 자기 방어의 전략을 모색하게 될 것이고, 그리하여 더욱 더 고립될 것이기 때문이다." 그래서, "이론다운 이론이라면, 이론에의 저항을 자생적으로 생성해나가는 이론, '자기 성찰'을 감당해나가는 이론일 것"이라고 단언한다. 이론의 도그마화를 경계하는 이 정결성이야말로 그의 평론이, 작품에 대한 꼼꼼한 분석과 해명에서 멈추지 않고 문학과 사회, 역사에 대한 근본적인 성찰로 이어지는 비평적 전략이자 아포리즘인 셈이다. 그래서 그의 평문에는 언어에 대한 천착과 아울러 현실을 담아내기 위한 형식적 모색과 반성이 중요한 관심사로 주목된다.

『미로에서 길찾기』는 크게 두 부분으로 구성되어 있다. 1부는 시론이고 2부는 소설론인데, 여기서 장경렬이 다룬 대상은 고은, 김지하, 윤금초, 이우걸, 이하석, 황지우, 이정주, 서정인, 이청준, 김주영, 송영, 조세희, 한수산,

최인석, 양귀자 그리고 『구운몽』과 시조이다. 폭넓은 안목과 함께 특히 관심을 끌었던 것은 장경렬의 비평관이 집약된 것으로 보이는 시조를 대상으로 한 글들이었다. 서양 문학에 대한 해박한 지식과 이론을 지닌 평론가에게서 우리 고전문학에 대한 깊이 있는 진술을 듣는다는 것은 외래 사조를 따라잡기에 급급한 우리의 풍토에 비추자면 기이한 느낌마저 주지만, 그의 관심이 현대시 일반에 대한 관심을 내장하면서 동시에 시조 형식의 현실적 합성을 천착하는 것이라는 점에서 단순한 호사벽이 아님을 알 수 있다.

「시간성의 시학」, 「무엇을 위한 시조 형식인가」, 「시조, 또는 '적요의 공간'에 언어로 놓은 '수(繡)'」에서 장경렬이 집중적으로 관심을 보이는 것은 시조의 본질은 무엇이며, 현대 시조가 나아가야 할 방향은 무엇인가 하는 점이다. 장경렬이 파악한 시조의 본질적 특성은 '상징'이 아니라 '우의(allegory)'라는 데 있다. 일반적으로 의미의 '영원성'을 목표하는 것이 '상징'이라면, 이와는 달리 의미의 '시간적 일회성'을 현실로 받아들이는 수사적 장치가 '우의'인데, 옛 시조의 노랫말은 단순한 의미에서의 인간 세계에 대한 묘사가 아니라 그 이면에는 현실적인 시간 속에 역사적으로 존재하는 인간의 감정이다. 즉 시조는 겉으로 드러난 의미 이외에 또 하나의 의미를 갖고 있으며, 그 의미는 당대의 구체적 인물 및 사건과 관계되어 있다. 그런데 중요한 것은, 시간이 지나면 '의미'는 곧 바로 소진되고 말지만 그렇다고 해서 작품 자체의 의미까지 소진되는 것은 아니라는 점이다. 우의는 특정한 시간의 맥락에서 벗어나게 되면 의미를 잃고 일종의 빈 껍데기가 되고 말지만, 기호의 빈 껍데기가 된다는 것은 역설적으로 그 기호가 새로운 의미를 담을 수 있는 가능성을 갖는다는 뜻이다. 항상 새로운 의미를 자유롭게 담을 수 있는 '빈 그릇'과 같은 게 우의적 기호이며, 따라서 우의를 새롭게 조명하는 경우 옛 시조의 노랫말이 항상 새롭게 지니는 감흥은 필연적인 것으로 이해될 수 있다는 게 장경렬의 생각이다. 이런 시각에서 장경렬은 현대 시조의 '위기'는 우의라고 하는 시조의 고유한 수사학적 세계의 상실에서 이미 예정되었던 것이라고 본다. 말하자면 현대 시조의 시인들은 인간의 세계와 언어는 시간이라는 구속에서 벗어날 수 없음에도 불구하고, 인간은 자신의 세계와 언어가 결여하고 있는 '영원성'을 시간의 흐름과 관계없이 존재하는 자연에서 빌려오는 까닭에, 우의가 아닌 상징의 세계로 전락한 것이다. 장경렬이 보기에 그 이유는 1920년대의 시조부흥운동에 있다. 경향문학파에 대응하여 국민문학파에 의해 주도되었고, 전통적인 민족 정신의 계승이라는 명분론에서 출발한 시조부흥운동은 '전통적인 민족정신의 계승'이라는 논리로 현재적인 역사의 흐름에서 벗어나 보편적인 추상의 세계로 되돌아간 것이다. 게다가 역사적 진공상태의 수용은 단순히 양식상의 승인에 그치지 않고, 그 내용까지도 그러한 상태에 이르게 만들었다. 이런 시각에서 보자면 시조의 현대화에 기여했다고 평가되는 가람은 비판의 대상이 될 수밖에 없고 오히려 최근의 윤금초나 박시교와 같은 시인들의 노력이 더욱 소중하다고 장경렬은 생각한다. 「무엇을 위한 시조형식인가」와 「시조, 또는 '적요의 공간'에 언어로 놓은 수」에서 장경렬이 분석하고 있는 것은, 이들은 당대의 삶과 그 삶의 현장성을 형식의 '유지'와 '깨뜨림'이라는 시조 고유의 형식을 통해서 표현하였고 이를 사설시조 형식의 현대적 가능성을 보여주었다는 데 있다. 이런 문제의식과 분석을 통해서 우리는 장경렬의 관심이 시조에 대한 이론적 탐구에 그치는 게 아니라 그것을 오늘에 되살리려는 실제적인 의도를 지닌 것임을 확인하게 된다.

그러면, 오늘날 거의 생명력을 상실한 것으로 보이는 시조 형식에 장경렬이 왜 그토록 관심을 보이는가 하는 점에 이끌리지 않을 수 없다. 우선은 외국문학 전공자로서 우리 시문학의 정체성을 시조에서 찾으려는 의도로 짐작할 수 있다. 하지만, 근본적인 것은 시조가 지닌 독특한 '형식'이 현대시 일반을 이해할 수 있는 매개적 기능을 갖고 있는 것으로 판단했기 때문으로 보인다. 즉 시조를 시류성이나 시대성을 반영하기 위한, 또는 시대와 시대의 현실을 반영하기 위한 '시간성'의 시가라고 정의한다면, 시대 현실에 대한 고뇌는 고도의 '형식적 장치'에 의존하지 않고서는 있는 그대로를 전달하기 어렵다. 가령 분노나 감상에 의해 아픔은 무화되기 쉬운데, 그 이유는 대상과의 형이상학적인 거리를 확보하지 않고서는 대상에 대한 냉정한 관찰이 불가능하기 때문이다. 시조 형식은 그러한 종류의 거리를 확보하는 장치를 내장하고 있고 오늘날도 여전히 가능하다는 게 장경렬의 주장인 셈이다. 그래서 시조는 "오늘날 시의 한 유형이 되었고, 어떤 의미에서 보면, 새로운 부류, 새로운 장르 유형에 대한 발견이요 확산"이라고까지 말한다. 시조 형식에 대한 이 집요한 관심을 통해서 우리는 장경렬이 마치 형식주의자와도 같은 일면을 지니고 있음을 확인하게 된다.(가령, 「삶의 흔적과 흔적으로서의 삶에 대한 기록-서정인의 『달궁』과 소설미학의 새로운 가능성」에서 장경렬이 궁극적으로 관심을 보이는 것은 현실의 핍진한 반영과 동시에 모방의 한계를 뛰어넘으려는 형식상의 실험이다. 이를테면 『달궁』에서 확인되는 새로운 형식상의 실험은 인간의 삶에 대한 묘사에 보다 신선한 현장감을 부여함으로써 새로운 차원에서 리얼리즘을 확립하려는 기도라고 설명한다. 또 고은을 설명하면서, 그의 시에는 역사와 민족 그리고 삶의 문제가 시세계의 중심부에 놓이지만 언어와의 싸움을 소홀히 한 까닭에 시를 일종의 감정적이고 사적인 구호로 바꾸고 말았다고 하는데, 이 역시 형식에 대한 고려 없이 내용만이 불거져 나온 작품 미학의 파괴에 대한 비판으로 볼 수 있다. 이런 데서 형식에 대한 관심이 단순히 시조에 국한된 것은 아님을 알 수 있다.)

그러나 장경렬의 주장처럼 과연 오늘날 시조 형식이 그런 형식적 탄력성을 갖고 있는가에 대해서는 의문을 갖지 않을 수 없다. 최근 '포스트' 담론이 횡행하고 형식 파괴의 글쓰기가 유행하는 것은 우리 현실이 기존의 서정이나 서사 형식으로는 쉽게 포괄할 수 없는 복잡성을 지니고 있음을 말해준다. 황지우가 보여준 바 있는 과격한 형식 실험도 실은 기존의 서정 양식으로는 현실의 이질적 국면들을 포괄할 수 없었기 때문이다. 그런데 시조 형식을 오늘날에 부활시킨다는 것이(물론 시조의 본질적 특성인 우의성을 살린다고 하지만) 과연 가능한 일인가. 장경렬의 말대로, 시조 형식 역시 일종의 '관습적 제도'이기 때문에 예술가에 의해 새롭게 재창조되고 바뀔 수 있는 것은 사실이나, 다른 한편으로 시조 양식이 고유의 역사성을 갖는다는 사실을 고려하자면 그 본래의 우의성을 살린다고 해서 시조 형식이 오늘날 다시 생명력을 되찾을 수 있을지는 의문이다. 하나의 양식이 역사의 무대에 출현하기 위해서는 반드시 그 양식을 향유하고 지속해줄 사회적 기반이 존재해야 한다. 일차적으로는 창작담당층이 있어야 하고 다음으로는 그 양식을 소통하는 향유층이 있어야 한다. 오늘날 이 두 조건이 충족되었다고 볼 수 있겠는가. 그렇기 때문에, 윤금초와 이우걸의 시조를 통해서 현대 시조의 활로를 찾아야 한다는 주장은 시조가 갖고 있는 양식적 특징과 역사성을 간과한 주장으로 오인되기 쉽다. 우선 두 사람의 시를 시조라고 규정할 수 있을지 의문이다. 시조의 형식을 의식하면서 쓰여졌고 또 사설시조의 형식을 갖고 있는 것은 사실이지만, 작품의 내용과 감각, 그리고 가치와 세계관이 오늘의 것이라면 그것은 시조 형식을 빌어 쓴, 이를테면 형식을 차용(借用)한 현대시라고 봐야 옳은 것은 아닌지. 그리고 장경렬은 우의성을 살리지 못한 채 민족주의를 추상화했기 때문에 1920년대 시조부흥운동이 실패했다고 보는데, 이 역시 일면적이다. 물론 그것이 실패의 중요한 원인인 것은 분명하지만, 그보다는 오히려 시조 양식 자체가 갖는 현실 적합성의 소멸에서 원인을 찾는 게 더 본질적이지 않을까. 즉 창작 주체의 작위적 형성과 향수층의 부재로 근대 이후의 시조 양식은 필연적으로 실패할 수밖에 없었던 것이다. 덧붙여, 장경렬은 윤선도의 「어부사시사」를 "유배지에서 생활하는 동안" 쓰여진 것으로 서술하고 있으나, 사실은 그렇지 않다. 이 작품은 고산이 51세 때, 병자호란으로 인조 대왕이 굴욕적인 성하지맹(城下之盟)을 맺었다는 소식을 듣고 울분과 치욕을 이기지 못하여 평생을 은신하고자 탐라를 향해 남하하던 중 보길도에 정착하여 지은 시조다. 이런 점에서 보자면, 시조에 대한 장경렬의 관심은 국문학 연구자들에게 흥미롭고 신선한 암시를 제공함에도 불구하고, 역설적으로 국문학사에 대한 섬세하고 체계적인 이해의 필요성을 더욱 환기시켜 준다. 김인환의 말대로, 문학사의 기능은 지식을 확대하는데 있지 않고 독창을 자극하는데 있다. 장경렬의 흥미롭고 성실한 글이 더욱 성가를 떨치기 위해서는 국문학사에 대한 좀더 섬세한 이해가 필요하리라는 게 필자의 생각이다.

3.

박혜경의 글에서 돋보이는 것은 섬세한 감상과 분석력이다. 한 때 "시인이 되기를 열렬히 꿈꾸며 습작에 몰두"하기도 했다던 자신의 고백처럼(『비평 속에서의 꿈꾸기』, 머리말) 그는 정교한 언어와 감각으로 존재의 심연을 길어올리려는 시인의 모습을 보여준다. 박혜경에게 '글쓰기'는 삶으로부터 받은 상처를 들여다보고 그 상처를 치유하는 '유일한 방법'이기도 하다. 자신의 삶을 이끈 것은 "상처받고 응시하고 꿈꾼다"라는 어느 시인의 말이라고 고백하며, 그 연장에서, 글쓰기의 운명이란 내면의 상처를 응시하고 그 상처의 의미를 덧나게 함으로써 우리에게 존재가 짊어질 수밖에 없는 어떤 피할 수 없는 비극의 깊고 어두운 심연으로 내려가는 길을 지시해주는 것이라고 말한다. 이렇게 보자면 그의 비평은 세상살이에서 겪을 수밖에 없는 숱한 상처를 끌어안고 견뎌내는 '유일한 방법'이자 '운명'인 셈이다.

박혜경의 두 평론집을 함께 읽으면서 "10년도 안되는 그 동안의 시간적 격차를 아득한 심리적 거리감으로 되돌아보"았다는 스스로의 고백을 독자로서 실감할 수 있었다. 『비평 속에서의 꿈꾸기』(1991)와 『상처와 응시』(1997) 사이에 가로놓여 있는 거리감은 시간의 흐름에 따른 개인의 성숙 외에도 역사 현실의 급격한 변화가 더 큰 이유로 작용한 듯이 보인다. 작품의 내면을 섬세하게 읽고 의미화하는 비평적 태도는 그때나 지금이나 별 차이가 없으나 분석의 대상이나 평가의 기준에는 많은 차이가 발견된다. 시대적 삶과 밀착되고 민중의 삶이 지닌 항구적 생명력에 대한 믿음을 보이며 역사에 대한 낙관적 열정으로 충만한 시를 고평하던 이전의 태도는 이번 평론집에서는 거의 찾을 수 없다. 물론 두 번째 평론집에서, 외형상의 변화에도 불구하고 우리의 삶을 이루는 본질에는 변화가 없다고 서술하고 있지만, 박혜경이 저 거친 80년대를 문학이라는 매개를 통해서 힘겹게 건너왔고 이제 그로부터 상당한 거리를 두고 있음을 간파하기는 그리 어렵지 않다. 이렇게 보자면 『상처와 응시』 I부에 수록된 글들은 80년대의 아물지 않은 상처를 "의연히 받아들"이는 것이자 동시에 그 "끌어안음"을 통해서 새로운 변신을 "꿈꾸는" "역설"인 셈이다.

「80년대 비평문학에 대한 반성적 회고」는 80년대와 90년대의 사이에 놓인 심리적 거리감을 규명해보려는 욕망에서 쓰여진 글이지만, 한편으로는 90년대 이후 변화된 현실에 대응하고 글쓰기의 근거를 확보하려는 비평적 전략을 담고 있는 것이기도 하다. 박혜경이 보기에, 동구권의 체제변화와 더불어 민중문학의 위기가 초래되었다는 논리는 결국 지난 시기의 민중문학이 이념과 현실간의 간격을 냉정히 인식함으로써 그 간격을 좁히려는 구체적이고도 생산적인 노력을 기울이는 대신에, 관념적이고 맹목적인 이념적 열정 속에 기계적으로 몸담고 있었음을 스스로 드러내는 것에 지나지 않는다. 민중문학이 기대고 있던 이념의 현실 정합성이 그 실천적 근거를 일정 부분 상실했다면, 그것의 진정한 원인은 동구권의 변화라는 급작스런 외부적 요인 못지않게 민중문학권의 내부에서 진행된 이념적 논리의 추이 그 자체에서 찾아져야 한다. 그 한계는, 민중문학과 관련된 거의 모든 논의에서, 어떠한 비판도 허용치 않는 하나의 무류(無謬)적인 세계관의 영역으로 설정되어 있는 '순수한 노동자 의식'의 한계에서 비롯된 것이다. 즉 순수하고 독자적인 노동자 계급 의식이란 현존하는 의식이 아니라, 그것을 주장하는 사람들에 의해 의식적 쟁취의 궁극적 목표로 설정된, 하나의 주의, 혹은 주장의 형태를 지닌 관념에 지나지 않는다. 그래서 현존하지 않는 노동자 의식을 현존하는 것으로 바꾸어나가야 한다는 당위성에 대한 집착은 그 현존성으로 나아가는 과정 자체를 지나치게 단순화하거나, 심지어는 그 관념적 당위성의 논리를 곧바로 현실적 상황으로 치환해버리는 한계를 안게 된다. 그렇기 때문에 그 단선적 논리는 그것이 지닌 자기 충족적인 힘에 의해서 반성과 회의를 거부하는 절대화의 가속도를 지니게 되고, 그 절대화된 믿음은 역사 발전의 객관적인 합법칙성이라는 보편주의의 탈을 쓴 하나의 주관적 믿음으로 전락하게 되었다는 것이다.

이런 반성적 성찰을 바탕으로 박혜경이 주목한 것은 민중문학론자들의 거센 목소리에 가려 당시에는 그 존재가 상대적으로 작았던 일군의 비평가들이다. 김병익, 김현, 유종호, 김우창 등으로 대변되는 이들은 인간의 내면에 대개는 무의식의 형태로 적층된 허위의식을 규명하려는 반성적 태도, 문학이 사회에 대해서 갖는 내재적, 혹은 자기 성찰적 측면을 성실하게 탐구한 인물들이다. 이들에게 문학이 지니는 저항적 기능은 문학을 닫힌 체계로 이끄는 사유의 끝이 아니라, 기존의 것을 부정하면서 끊임없이 더 나은 가능성으로의 새로운 열림을 꿈꾸는 사유의 출발점이었다. 이들은 모든 형태의 당위론 속에 내포될 수 있는 허위 의식의 본질을, 문학과 사회의 진정한 관계성에 대한 반성적 인식을 통하여 극복해나가고자 했다. 그래서 이들에게는 개인들의 삶 속에 침투한 산업사회의 허위의식의 본질을 규명하고 해체하는 행위가, 오히려 노자 대립의 결정화된 논리에 따른 주입식 변혁 의지의 관철을 요구하는 문학 행위보다 더욱 중요한 당면 과제로 떠오르게 된다. 이들에게 문학이 담당해야 할 진정한 역할은 "삶이 여러 겹으로 겹쳐 있음을, 삶의 여러 겹을 두루 인식함으로써 드러내 보여" 주는 것이고, 문학비평이 문제삼아야 할 것은 문학 작품 속에 나타난 개인과 세계, 혹은 나와 타자 사이에 이루어지는 관계맺음의 다양하고도 구체적인 양상들을 통해서 그러한 관계맺음 속에 내포된 삶의 부정적이고 허구적인 성격을 인식하고 해체하는 일이었다. 박혜경 평론집 전체를 관통하는 '상처와 응시'라는 아포리즘은 실상 이 후자의 연장선상에 놓여 있다. 그래서 박혜경은 모든 형태의 당위론에 내포될 수 있는 허위의식의 본질을 파헤치는데 비평적 관심을 집중한다.

페미니즘의 의미를 긍정적으로 천착하고 정신주의 시를 비판하는 것은, 그것이 비록 한 시대를 특징짓는 집단적 담론의 형태로 드러나더라도 반성의 대상이 되어야 한다는 믿음 때문이다. 페미니즘은 개인의 삶에 대한 거시적 이념적 문제의식의 준거틀이 사라지고 대신 고독한 사인성(私人性)의 세계 속에 남겨진 개인들의 실존적이거나 존재론적인 문제의식에서 비롯된, 따라서 집단화된 힘의 논리라는 딱딱한 지각을 뚫고, 개인의 내밀한 실존적 욕망들이 솟아 올라오기 시작하는 일종의 소리없는 지각변동이라고 박혜경은 단언한다. 하지만 90년대 이후 나타난 모든 집단적 움직임을 박혜경이 긍정적으로 보는 것은 아니다. 선적이거나 도가적인 상상력을 통해서 외적인 현실보다는 내적 정신의 영역으로부터 창작의 동인을 얻고 있는 최근의 정신주의 시는 초월적 허위의식이나 신비적 달관으로 빠져들 수 있는 가능성을 지니고 있다. 즉, 모든 대립되는 상황을 정신의 영역 속에서 통합하려는 시도는 현실의 모순을 그대로 남겨둔 채 의식의 해방만을 꿈꾸는, 따라서 흔히 말해지는 대로 지배 이데올로기적 체제의 온존을 묵인하거나, 혹은 방관하는 태도로 보일 수 있으며, 동시에 현실을 부정하는 정신에서 출발하면서도 궁극적으로는 현실을 긍정하고 수락하는 태도로 받아들여질 수도 있을 것이라고 한다. 그리고 90년대 시단이 보여주는 소시민적 일상에 대한 반성적 해체 역시 긍정적이지 못하다고 본다. 이들은 그 치열성이라는 측면에서 오히려 지난 연대에 못미치는 수준이다. 최근의 시는 끊임없이 삶에 대한 열정과 긴장을 무장해제시키는 일상의 둔탁한 공기 속에 무기력하게 함몰되어가는 소시민으로서의 모습을 더욱 강하게 보여주며, 그래서 궁극적인 전망에 대한 믿음을 잃어버린 자에게 남겨진 누추한 현실로서의 일상과, 어떤 형태로든 그 일상과 타협하지 않고는 살아갈 수 없는 시인들의 우울한 체념이 무겁게 드리워져 있다는 것이다.

    박혜경이 오정희 소설을 마치 문학의 전범처럼 평가하는 것은, 이런 시각의 연장에서 이해할 수 있다. 오정희 소설은 일상화된 윤리성의 잣대라는 보이지 않는 금에 의해 관리되는 욕망, 그리고 그 관리된 욕망이 만들어내는 자기 기만의 논리에 의해 유지되는 삶의 숨겨진 황폐함을 되비춘다. 생산성이 결여된 세계 속에서 그들이 앓는 그 내면화된 암담한 불모성의 삶은, 그들을 둘러싸고 있는 불모성의 세계에 대한 힘겨운, 그러나 어쩔 수 없이 자폐적인 저항의 한 몸짓이다. 그래서 일상성의 보이지 않는 금 속에 놓인 삶의 불모성을 아무런 환상없이 살아내는 그 모습은 김현의 표현대로 섬뜩하게 아름답다고 박혜경은 말한다. 말하자면 박혜경에 있어서 문학이란 삶에 대한 본질적인 낯설음, 일상적인 삶 속에서 늘 서투르고 겉도는 느낌, 삶의 순간순간 나를 사로잡는 이유를 알 수 없는 공포와 불안을 포착하는 것이다. 정현종, 김혜순, 이진명을 비롯한 시인과 이청준, 김향숙, 박완서 등의 소설가에 대한 평가에는 모두 이런 시선이 투사되어 있다.

박혜경의 평론을 통해서 우리는 삶의 미세한 결을 읽고 의미화하는 섬세한 감성을 만난다. 그 안내를 통해서 우리는 문학이라는 넓은 벌판에서 가야 할 길의 방향을 암시받은 셈이다. 하지만 그 길이 좀더 분명해지기 위해서는 주관의 울타리를 벗어나 좀더 넓은 지평으로 시선이 돌려져야 할 것이다. 과연 문학은 상처를 응시하고 끌어안기만 해야 하는 것인지. 물론, 박혜경이 비판하고 있듯이, 사회적 역할을 과신하여 문학의 대사회적인 몸짓을 강화해야 한다는 주장은 아니다. 하지만 박혜경 스스로 언급한 것처럼, 모든 대립되는 상황을 정신의 영역에 통합하려는 정신주의 시가 현실의 모순을 그대로 남겨둔 채 의식의 해방만을 꿈꾸고 그로 인해 지배 이데올로기적 체제의 온존을 묵인하거나 방관하는 태도로 귀결될 수도 있듯이, 90년대 문단을 바라보는 박혜경의 시선에는 어쩌면 그와같은 냉소적 환멸과 무력감이 놓여 있는 것은 아닌지. 첫 평론집에서 느껴지는 힘과 재기를 두 번째 평론집에서 거의 찾을 수 없는 이유는, 내면의 성숙과는 다른 80년대의 좌절이 안겨준, 그로 인해 어쩌면 포기될 수 없는 어떤 합리적 핵심마저 애써 외면하는 듯한 모습 때문이다. 80년대 민중문학을 청산하자는 주장은 그로부터 멀리 벗어나 또 다른 극단에 도달하는 것은 아닐 터이다. 박혜경이 비평의 사표처럼 생각하는 김현은 언어에 대한 민감한 감성 외에도 근대의 본질과 서양의 팽창주의를 경계하는, 역사와 시대 현실에 대한 날카로운 통찰력을 갖고 있었다. 그의 비평이 호소력을 갖는 것은 이 둘의 조화로운 결합 때문이었다. 이제 박혜경은 첫 평론집과 두 번째 평론집의 합리적 핵심을 취합해서 또 한 번의 비약을 준비해야 할 것이다.

4.

　최근 들어 문학에서 반영이나 현실 인식을 말하는 것은 마치 지난 시절의 곡해된 문학관에서 벗어나지 못한 촌스러운 것으로 치부하는 경향이 있다. 현실 사회주의권의 몰락과 포스트 담론의 대량 유입으로 만연된 이런 사고는, 문학의 가치평가적 측면을 소홀히함으로써 상대적으로 비평의 힘을 약화시킨 것으로 보인다. 문학 외적인 현실은 작품의 의미를 생산해 내는 터전일 뿐만 아니라 작품의 의미를 객관화하는 근거이기도 하다. 물론, 작가의 주관적 관점에서 포착된 삶의 한 측면을 재현하고 있는 문학과 그것을 다루는 비평에서 평자의 주관적인 측면을 배제할 수는 없고, 그렇기 때문에 작품의 미세한 결을 통해서 작가의 의도를 정확히 읽어 내려는 노력은 바람직한 일이라 할 수 있다. 하지만 문학 텍스트란 정밀한 언어의 구조일 뿐만 아니라, 이글튼의 지적대로, 당대 사회의 경제 현실과 이데올로기, 그리고 문학적 전통의 압력을 동시에 받고 있는 것임을 감안하자면 평론의 대상을 작품 내재적으로만 국한하는 것은 그것의 풍성한 의미를 상대적으로 협소화하는 것이라 할 수 있다. 바꾸어 말하자면 그것은 '분석'과 '판단'이라는 비평이 수행해야 할 두 과업을 '분석'의 영역에 한정시키는 일이다. 물론 양자가 엄밀하게 분리될 수는 없지만, '판단'이란 개개인이 내리는 것이면서도 동시에 개인적인 차원을 넘어서 보편성을 지향하는 상호 교환적인 것이고 그렇기 때문에 거기에는 동시대인의 가치와 열망이 담겨 있기 마련이다. 문학의 진정성은 사라지고 상업적 가치만이 문단을 휩쓸고 있다는 평단의 우려는, 어쩌면 문학 외적인 가치가 개입될 수밖에 없는 이 '판단'의 문제를 평론가들이 상대적으로 소홀히 하기 때문은 아닌지, 아울러 거기에는 어쩌면 자기의 존재를 비추고 삶의 진정성을 인도하는 좌표가 사라지자 아예 그것에 대한 열망마저 망각하고 있기 때문은 아닌지. "나의 문학공부와 텍스트 읽기란 이처럼 밖의 현실을 잊은 채 진행된 것은 아닐까"라는 장경렬의 반성은 한 세기를 마감하고 또 다른 세기를 준비하는 이 시점에서 문학의 진정성 회복을 바라는 우리 모두의 화두로 받아들여도 좋을 대목이다.

'시장 원리'와 문학이 살아남는 길

1.

지금 세계 각국은 새로운 천년의 시작을 의미 있게 맞을 준비로 부산하다. 영국에서는 거대한 '밀레니엄 돔' 공사가 한창이고, 파리에서는 2백 미터 높이의 '지구탑'이 건설 중이라고 한다. 새로운 천년의 도래에 대한 인간의 기대는 지역을 불문하고 누구나 비슷할 것이다. 그런데 이 부산한 시기에 우리는 과거로 시선을 돌리고 이른바 시대적 화두로 등장한 '구조조정'과 '거품빼기'에 몰두해 있다.

어느 논자의 지적처럼 이제 국가의 주권은 국민에게 있지 않고, 국가의 운명은 국제 금융 자본의 손에 달린 시대가 되었다. 물론, 수많은 사람들을 실업으로 몰아가고 유령처럼 길거리를 배회하게 만든 IMF가 우리에게 제공한 긍정적 기능도 있을 것이다. '거품빼기'로 요약되는 성찰과 갱신의 태도가 그것이다. 만약 추후로도 이런 태도가 견지된다면 '새로운 천년'을 맞는 우리의 위기는 어쩌면 양화를 위한 악화가 될 수도 있다. 그러나 이러한 생각은 이 암담한 현실에 희망의 좌표를 세워 보고자 하는 낙관적 의지의 표명일 뿐 침몰 직전에서 간신히 회생한 '한국호'가 과연 희망하는 종착지에 이를 수 있을 지는 아무도 장담할 수 없는 일이다.

  그간 우리는 안과 밖을 볼 수 있는 시력과 시야를 갖고 있지 못 했고, 스스로를 의심하지 않았으며, 부정하지 않았고, 반성하지 않았다. 미국 자본의 이해관철에 바탕을 둔 IMF의 의도가 한국을 비롯한 아시아 각국을 미국식으로 재편하고 길들이는 과정이라는 사실을 모르는 것은 아니지만, 거기에 대해 어떤 저항의 몸짓도 할 수 없었던 것은 이런 상황을 초래한 근본 원인이 사실은 우리 내부의 허장성세와 낙후성에 있었기 때문이다. 박정희 정권 이래 지속된 근대화 논리는 스스로를 돌아볼 겨를도 없이 미래에 대한 장미빛 환상만을 심어주었고, 그 환상에 취해 꿈속을 배회하다가 우리는 이미 절벽 밖으로 한발을 허방 짚고 있었던 것이다. 생산과 유통의 전근대적인 구조를 개선할 생각은 하지 않고 문학의 양적인 팽창에 고무되어 패거리 짓기와 힘과시의 소모적 행태에 우리는 그간 얼마나 길들여져 있었던가.

  각 계간지가 봄호에서 이른바 'IMF 시대의 문학'을 특집으로 다룬 것은 이 잘못된 관행들을 반성하고 국가의 총체적 위기 상황에서 문학계 나름의 돌파구를 찾자는 취지라 할 수 있다. 「IMF시대의 문학」(『문예중앙』), 「IMF 시대에 다시보는 자본주의적 근대」(『창작과 비평』), 「90년대 문학제도를 비판한다」(『실천문학』), 「90년대 소설의 문제성」(『문학동네』)이나 「21세기의 전망;무엇을 할것인가?」(『문학과 사회』), 「IMF 시대의 문학」(『한국문학평론』), 그리고 「다가온 '신질서' 축복인가 재앙인가」, 「IMF체제, 또 하나의 세계대전」(『당대비평』) 등의 특집은 모두 이 가공할 자본의 공세에 맞선 문학의 전방위적 고찰과 진단인 셈이다.

2.

  「한국 경제, 거품의 붕괴와 제도개혁」(정운찬)이나 「박정희 시대와 근대성의 명암」(김호기), 「민주적 시장경제의 한국적 조건과 함의」(최장집), 「위기의 한국경제, 그 극복방안」(강철규) 등은 오늘의 위기가 그간의 제도 또는 구조, 특히 금융부문의 취약성에서 비롯된 것이라는 공통된 입장을 바탕으로 지난 30년간 우리 사회를 지배한 성장 위주의 경제정책의 허실을 진단한 글이다.

그리고, 「마르크스는 과연 죽었는가」(김성기), 「허무주의 시대의 초월」(김상환), 「이데올로기에서 우상학으로 가는 다른 길」(김진석), 「지식인 사회의 복원을 위한 단상」(최원식) 등은 주로 비판적 지성을 상실한 지식인 사회의 문제점들을 점검한 글들이다. "교양인을 두렵게 하는 것은 경제적 현실이 아니라 문화적 현실"이라는 사실을 생각하자면 이들이 주목하는 현 지성계에 대한 관심은 매우 바람직하고, 또 문제해결의 실마리가 지식인에게서 나온다는 점을 상기하자면 보다 현실성 있는 논의라고 할 수 있다.

김상환이, 경제적 환란보다도 치유하기 어려운 이념적 무기력증에 빠져 있는 90년대 말의 문화적 곤경을 진단하고, 그것을 넘어서기 위해서 '해체론'의 의미를 새롭게 천착한 것은 해체론에 대한 그간의 오해를 불식하고 이른바 '종언'의 시대를 넘어서기 위한 열정어린 모색으로 이해된다. "우리에게는 변혁이 불가능해!"라거나 "혁명이 불가능한 나라야"라는 식의 냉소가 널리 퍼지기 쉬운 상황에서, 인간과 세계를 부단히 변화되어 나가는 생성의 과정으로 이해하고, 지난 연대를 풍미하던 변혁에의 전망과 그 좌절도 다시금 음미할 필요가 있으리라는 김성기의 지적 역시 주목할 필요가 있다. 최근 문학에 나타나는 감각과 환상의 인위적 자극을 목표로 하는 소비적·향락적 문학의 유행 이면에는 역사 변혁이라는 꿈을 버리고 순응주의로 치닫는 지식인들의 책임 회피가 놓여 있다는 사실을 생각할 때 이런 지적은 문학인에 대한 반성으로도 읽힌다. 아울러 지식인의 시대적 성격과 역할을 문제삼은 최원식의 글은 최근 현존 사회주의의 붕괴 이후 침묵으로 일관하고 있는 우리 지식인들에 대한 심각한 반성을 촉구한다는 점에서 주목을 끈다. 대학의 양적 팽창에도 불구하고 대가는커녕 각 분야의 쓸 만한 전문가를 찾기도 쉽지 않다는 실감에 낙담하면서 최원식은 "전문성의 강화를 통한 인간다움의 연마를 나날의 삶 속에서 실천하는 학인(學人)의 길을 '장부'

의 일대 사업으로 삼는 일이 무엇보다 절실하다."고 주장한다. 그럴 때만이, 오늘날 널리 보이는 기술 지식인의 맹점과 소위 혁명적 지식인의 한계를 넘어선 '제 3의 길'을 발견할 수 있으리라는 것이다. 최원식이 말하는 '제 3의 길'이 무엇인지는 모호하지만, 민주화와 사회 정의의 실현을 위해서 사회 전체를 하나의 목표 하에 묶어냈던 80년대 지식인의 '푸가초프와도 같은 열정'을 기억하는 사람이라면 최원식의 문제의식만은 충분히 공감할 수 있을 것이다.

「90년대 문학제도를 비판한다」(『실천문학』)나 「문학을 살리는 길, 작가를 살리는 길」(『문예중앙』)은 사실, 최원식의 주장을 문학 분야에서 구체화한 글로 읽을 수도 있다. 우리 시대를 문화산업시대로 규정하고 그것을 보는 몇 가지 관점을 제시한 송승철의 글(「문화산업을 보는 몇 가지 관점들」)이나 문학상에 대한 고영직의 비판(「추락하는 권위, 춤추는 문학상」), 출판자본과 작가들의 결탁 양상을 문제삼은 신철하의 글(「출판자본과 작가」), 문학비평의 시녀적 성격을 문제삼은 양진오의 글(「문학비평, 과연 자유로운가」), 문학과 광고를 문제삼은 최성일(「문학과 광고에 관한 단상」), 그리고 한국 근대문학과 저널리즘을 고찰한 임헌영의 글(「한국 근대문학과 저널리즘」) 들은 모두 문화산업의 볼모로 전락한 작가와 평론가에 대한 문제제기이다. 또 냉철한 시각과 인식만이 위기 극복의 방법임을 오랜 체험을 바탕으로 고언(苦言)하는 이호철의 글(「냉철한 시각과 인식만이 위기극복의 방법」)이나, 부단한 자기갱신을 주문하고 문학 고유의 가치를 찾아야 한다는 남송우(「부단한 자기갱신으로 지역성 극복해야」), 임영태(「문학고유의 가치를 찾을 기회로 삼자」), 고두현(「작가의 탈진은 곧 자국문화의 탈진」)의 글 역시 같은 문제의식 하에 놓여 있다. 이 전방위적 진단을 통해서 우리는 문학의 위기가 단지 경제의 여파로 인한 것만은 아님을 새삼 확인할 수 있다.

그런데, 문학상의 불공정성에 대한 비판이나 패거리화된 문학동네의 악폐, 상업 출판자본의 전령사로 전락한 평론가들에 대한 비판 등은 실상 어제 오늘의 일이 아니다. 멀리는 30년대 후반 임화와 이원조에 의해서도 그에 대한 심도 있는 논의가 이루어진 바 있고, 가까이는 90년대 초반에도 상당한 논의가 진행되었었다. 그런데도 마치 새삼스러운 논의인 양 떠들어대는 최근의 태도는 시류에 편승한 계간 잡지의 짜맞추기 식의 편성이라는 비판을 면하기 어렵다. 지난 호에서 필자가 지적한 것처럼, 이런 논의들은 이미 지난 겨울호에서 이성욱이나 권성우 등에 의해서 구체적으로 제기된 바 있고, 그렇기 때문에 눈길을 끌만한 새로운 내용도 없을 뿐만 아니라 무책임한 주장(가령, 일 기업 일 작가 후원제도라든가, 작가는 출판 자본과의 관계를 끊어야 한다는 등의 현실성 없는 논의들)까지 발견되는 봄호의 특집들은 실상 진부하고 지루했다.

물론 이런 기획물이 쏟아질 만한 현실의 이면을 이해 못 하는 건 아니지만 새롭지도 않은 논의들을 더 이상 동어반복적으로 되풀이할 필요가 있을까. 이호철의 말대로, "우리 글쟁이들은 이제 어쩔거나 하고 아우성을 치는 것 자체부터가, 바로 '거품'의 일환"인지도 모른다. 사실 "이 문제는 꼭 IMF 한파로 갑자기 들이닥친 문제이기보다는 항시적으로 우리 문단이 안고 있는 문제였는데, 이번 이 한파로 더 두드러져 보이는 것"(「냉철한 시각과 인식만이 위기 극복의 방법」)일 뿐이다. 그렇다면 중요한 것은 공소한 주장을 되풀이 할 것이 아니라, 각 분야에 깃든 '거품'의 실체를 구체적으로 점검하는 일이 될 것이다. 지난 20, 30년간 누적되어온 우리 사회의 '거품'이 문화계나 문단 쪽에는 과연 어떤 양상으로 자리를 잡게 되었는가, 어떻게 기승을 부리며 발호해 왔는가, 그리고 거품 경제의 호황이 문인들의 의식을 어떻게 마비·변질시켰고 또 그것을 바로잡을 수 있는 참된 방안은 무엇인가를 먼저 고민해야 한다. 이런 맥락에서 필자는 다음 몇 가지를 지적하고자 한다.

우선, 문학도 철저히 '시장의 원리'에 맡겨야 한다. 자본주의의 부정성에 대해서 누구보다도 민감한 존재가 문인이지만, 사실 문인처럼 자본주의에 둔감한 존재도 없다. 이호철의 적절한 예시처럼, 가령 해마다 파리로 건너가서 의상 전시회를 여는 디자이너와 국내에서 소정 절차를 밟아 데뷔한 시인을 두고 어느 쪽이 더 문화인이냐고 질문을 던질 때 문학에 종사하는 사람들은 필시 시인의 손을 들 것이다. 하지만 관점을 바꾸어 국위 선양이나 현대적 문화기준에서 또 외화 획득의 측면에서 생각한다면 단연 디자이너 쪽이 오늘의 문화인의 상에 더 가까울 것이다. 디자이너의 손을 드는 사람이 더 많아진 오늘날, 더 이상 문학을 시대의 총아라고 고집할 수 있을까? 그런데도 주변에는 여전히 문학의 배타적 우월성을 주장하는 사람들이 많다. 가령, 스스로를 "선택받은 소수"로 생각하거나 "예술가는 돈에 초연한 존재이기 때문에 사회는 창작을 위한 환경적 조건을 마련해 주어야 한다"거나, "국내 50대 그룹이 작가 한 사람씩을 후원해야 한다."는 등의 주장은 이 현란한 상품의 시대에는 더 이상 통용될 수 없는 사농공상(士農工商)식의 착각이다. 우리 문학의 오랜 문사적(文士的) 전통에서 비롯된 이런 사고는, 그것의 긍정성에도 불구하고 자칫 스스로를 유폐시키는 장벽이 될 수도 있다. 일부 문인들이 스스로를 대가인 듯 착각하여 전문적인 성취에 몰두하기보다는 초월적이고 고답적인 성채 속에 안주하는 것은, 시장 원리가 지배하는 현실을 외면한 채 이와 같은 특권 의식에 사로잡혀 있기 때문으로 보인다.

다음으로는, 문인들도 기술 지식인 못지 않은 전문가 의식을 길러야 한다. 막스 베버가 지적했듯이, 근대는 전문가의 시대이다. 전문가란 자기 자신을 희생하여 자기 과제에만 전념하는 사람을 말하며, 예술가 역시 이런 의식을 바탕으로 작품활동을 해야 뚜렷한 성과를 거둘 수 있으리라는 것이다. 만일, 예술가가 자기 일에 열중하는 대신 사회적 지위나 경제적 이익에 손을 댄다면 그는 결코 위대한 예술가가 될 수 없을 것이다. 사회적 지위와 명성에서 벗어나 자기 자신을 잊고 고독한 창조작업에 전념해야만 진정한 성취를 이룰 수 있는 것이다. 그런데 주변에는 그와는 다른 본말전도의 행위가 너무나 흔하게 눈에 띈다. 문학 독자들을 문학에서 멀어지게 한 것은 다름 아닌 "늘어난 문인들 덩어리"라는 이호철의 탄식은 문인 대접을 받으려는 사람들만 늘어났지 제대로 글다운 글을 써내는 문인은 거의 보이지 않는다는 이른바 아마추어 문단 현상을 비꼬는 말이다. 90년대 이후 대거 등장한 신인 작가들의 범람 현상이 그 구체적 예가 아닐까. 물론 책임의 일차적인 원인은 상업자본의 이해 관철에 있으나, 문학적 수련을 거치지도 않은 채 하루 빨리 입신하려는 신인 작가들의 조급증과 그것을 용납하는 문단 전반의 분위기가 유력한 공범임을 지적하지 않을 수 없다. 게다가 평론가들의 무비판적 행동과 온정주의 역시 문단의 거품을 부풀리는 요인이다. 비평가로서의 전문적 자질과 훈련을 갖추지 못한 채 거대 출판자본과 결탁하여 편집위원이나 기획위원과 같은 문단 권력을 차지하려는 유혹에 빠져 많은 평론가들이 상업자본의 앞잡이로 전락하고 있다. 그래서 비평의 관록이 청탁의 여부가 아니라 비평적 자의식의 두께라고 판단한다면 편집위원과 같은 자리에 연연하지 말고 자기 세계를 형성하는 데 정진해야 할 것이라는 한 평론가의 주장은 진부하지만 절실하다. 마음만 먹는다면 누구나 작가도 되고 평론가도 될 수 있는 시대이긴 하지만, 진정으로 문학에 투신하고자 하는 자라면 스스로 이 속된 유혹을 뿌리칠 만한 외로움을 감내해야 하지 않을까?

하지만, 문인이 단지 '기술 지식인'에 머물러서는 안 될 것이다. 전문적 식견과 더불어 필요한 것이 바로 인문적 교양이다. 인문적 교양이란 인간됨의 기본을 자각하고 실천하는 일이다. 오늘날은 그 어느 때보다도 인문적 교양이 절실한 시점이지만 그것의 필요성은 현실에서 종종 망각되곤 한다. 그것은 무엇보다 노동분화를 비롯한 이른바 '기술의 근대성'이 사회 전분야에서 심화·고착되고 있기 때문이다. 사회 각 분야의 전문화와 세분화가 촉진되면서 사회의 공적 영역이 붕괴되고 급기야 인문학 자체의 존립기반마저 위태로운 상황이 되었다. 주변에는 이제 '영혼 없는 기술자'만이 거리를 활보한다. 월러스틴의 말대로, '기술의 근대성'이 '해방의 근대성'을 압도하여 근대성의 어두운 뒷면만이 활개를 치는 형국이다. 이런 상황에서 시급히 요구되는 과제가 전문적인 지식과 훈련을 교양 있는 일반적 지성, 인문적 문화, 사회적 양심, 정치적 의지와 효과적으로 관계 맺게 해줄 수 있는 방안을 강구하는 일이고, 문학이 그 기능의 일부를 담당해야 한다. 문학은 인간의 삶에 대한 포괄적이고도 깊이 있는 관심으로 단자화된 오늘의 삶과 사회의 각 부문을 연결하는 원환(圓環)과 같은 역할을 해야 한다. 문학은 개별 인간의 삶에서 출발하면서도 궁극적으로는 사회, 역사 전체에 대한 관심으로 확대되는 속성을 갖고 있고, 따라서 문학에서 요구되는 것은 전문가적 지성을 역사와 사회에 대한 총체적인 인식과 결합시켜주는 인문적 교양이다. 이런 견지에서 보자면 문학은 전문적인 것이면서도 전문적이지만은 않은, 달리 말해 비전문가적 지성을 훈련시키는 일을 전문으로 하는 분야인 셈이다. 문학이 특권을 부여받아서는 안 되지만, 그럼에도 불구하고 이와 같은 문학만의 독특한 성격과 사명을 갖고 있다는 사실을 문인들은 온몸으로 느껴야 할 것이다.

3.

이호철이 관 주도의 '원고료 지원'이나 '문학지 지원'을 없애야 한다고 주장한 것도 사실은 이런 인식과 무관한 것은 아니라고 본다. "안 읽어주고 안 팔리면, '응 그러냐' 하고, 안 쓰면 되는 것이다." 그리고, 이 정도의 문학적 오기와 자존이 없다면, "독한 마음으로 혼자서" "뒷날을 기약"할 것이고 구차하게 다른 사람에게 손을 벌릴 일은 아닌 것이다. 정부로부터 더 많은 보조를 얻어내서 결손을 메꾸고, 출판비를 최소화하고, 지역 중심의 후원제도를 활성화하는 등의 방법은 따라서 부차적일 수밖에 없다. 오히려 월간과 계간의 발행 빈도수를 줄여서 문학의 질을 더욱 다듬는 일이 현실적인 방안이 될 수도 있다. 발표 빈도수와 지면을 축소하여 독자들에게 질 높은 작품을 제공한다면 스스로를 자정하는 효과 역시 기대할 수 있을 것이다.

90년대 이후 많은 문예지들의 창간됨으로써 문학의 저변이 확대된 것은 사실이지만 한편으로는 문예지의 공해를 유발한 사실도 부인할 수 없다. 참고로 1997말 현재 발행되고 있는 문학잡지는 모두 161종이다. 이를 장르별로 구분해 보면 종합지가 102종, 시 전문지가 22종, 시조 전문지가 8종, 소설 전문지가 5종, 수필이 8종, 아동문학이 6종, 희곡이 1종, 평론이 9종이다.(문예진흥원의 『1997 문예연감』 참조) 문학에 종사하는 사람으로서 이렇듯 많은 잡지가 발행된다는 사실을 기꺼워하면서도 그것의 폐해에 대한 우려를 지울 수 없는 게 사실이다. 이제는 문학 작품의 양적 팽창을 질을 통해서 검증하고 바로잡아야 한다. 어느 시대나 작품은 작품의 양으로 평가되는 것이 아니라 질로 평가된다. 작가나 시인들이 많은 양의 작품을 발표하지만 문학사에 남는 것은 고작 한두 편뿐이다. 이 엄연한 문학사의 현실을 생각한다면, 이 위기의 시대에 우리가 관심을 두어야 할 것은 발표 지면의 많고 적음과 정부 지원의 다과가 아니라, 참된 문학정신으로 되돌아가는 일이 될 것이다. 새로운 밀레니엄은 이 거품이 빠진 상태에서만 진정으로 우리에게 축복받는 또 다른 천년을 기약할 것이다.

불황과 문학의 거품빼기

1. 불황과 문학의 '눈'

　내실 없이 외형만 부풀려진 채 위험한 운전 상태를 지속해 왔던 경제에 브레이크가 걸렸다. 휘황한 거리의 네온에 정신이 팔려 있다가 문득 정신이 들어 발 밑 내려다 보니 맨발로 서 있을 때의 당혹감과 부끄러움이 이렇지 않을까. 고층건물 위에 세워진 휘황찬란한 전광판의 불빛이 꺼졌을 때야 간판 뒤의 어둠이 제대로 보이듯, 비누거품을 쓸어 내리자 그 속에 도사리고 있던 작고 초라한 몸체가 이제야 우리 앞에 그 실체를 드러내고 있다. 춥고 허기지면 세상이 달라 보이듯, 처지가 변하면 시 한 구절도 예사롭지 않게 눈에 들어올 때가 있는 법, IMF 한파가 전국민의 정서를 영하의 상태로 몰아 넣었던 지난 연말, 필자의 눈에 마치 허기진 자의 눈에 띈 빵 한 조각처럼 다음과 같은 시구 하나가 반짝 눈에 들어왔다.

　　　　그러고 보니 엊그제까지의 모습은 허상
　　　　필요한 최소한의 것만을 갖고
　　　　이제야말로 원형으로 돌아온 당신.
　　　　　　　　　　　　(이형기, 「원형의 눈」에서)

이제 허황된 거품을 빼고 원형의 눈을 되찾을 것을 이 예리한 시인은 이미 갈파하고 있었다. 남다른 울림을 주는 이 시구는 벼랑 끝에 서 있는 이 사회가 새겨들어야 할 화두가 아닐까. 또 다른 시「저쪽 낭떠러지」라는 시에서 시인은 "그래도 지구 밖으로는 / 떨어지지 않을 게다 / 그게 어디냐"라고 말하고 있는데 일종의 조크에 가까운 이 시구조차 읽는 이에게는 어딘가 뼈아픈 울림을 주는 게 사실이다. 하지만 위기와 불안감으로 모두들 정신이 혼미한 상황이더라도 정신을 차리고 보면 아주 살 길이 없는 것은 아니다. 절망의 밖으로 나갈 수 있는 비상구는 있기 마련이다. 제 정신으로 돌아가기 위해서는 자기 반성과 성찰이 전제되어야 한다. 문제의 본질을 응시하는 태도, 화려한 악세사리로 과장된 외피 속에 은폐된 실체를 뚫어보는 진지한 시선이 요구되는 것이다. 이때 문학은 환상에서 깨어나게 하는 고통스런 각성제가 된다. 문학은 이 시대를 살아가는 인간 군상과 그들의 삶을 반성적으로 보여주는 거울이다. 우리 사회가 '원형의 눈'을 필요로 한다면 문학이야말로 그 원형의 눈을 가지고 있는 매체가 아닐는지.

　IMF 한파가 몰아치기 직전인 지난 겨울을 장식했던 평단의 주요 화제는 이 불행한 사태를 예견하기라도 하듯 이와 관련된 것이 많았다. 한 해를 되돌아보면서 문단의 성과를 반성적으로 정리한 계간평이나 작품평은 거품을 빼고 진정성 회복을 바라는 평단의 간절한 염원을 표현한 것이다. 황종연(「진정성의 이념과 소설」)과 류보선(「전환기를 건너는 법」)이 최근 소설의 특성과 문제점을 지적한 것은 과장된 외피를 벗고 은폐된 실체를 직시하여 소설이 리얼리티의 대해로 나오기를 바라는 평단의 주문이며, 또 방민호(「90년대 문학의 비판적 성찰과 새로운 문학의 모색」)가 "우리문학이 새롭게 가야 할 그 길은 과거를 의식하면서도 과거에 머물지 않는 새로운 리얼리즘의 길"이라고 진단했던 것도 문제해결의 실마리를 찾고자 한 모색이었다. 이런 성찰과 더불어 겨울 평단에서 특히 주목을 끌었던 것은 문화산업에 대한 자본의 전일적 지배를 비판한 이성욱(「대중사회의 전개와 자본의 문화사업」)과 신세대 문학의 허와 실을 문제삼은 권성우(「신세대 문학에 대한 비평가의 대화」), 그리고 페미니즘의 난맥상을 지적하고 대안을 제시한 고미숙의 글(「'순정'과 '냉소' 사이에서 표류하는 페미니즘」)이었다. 세 편은 모두 문학의 위기를 구체적 현상을 통해서 분석하고 왜곡되고 과장된 측면을 바로잡고 문학이 나아갈 길을 진지하게 묻고 있다는 점에서 통한다. 아울러 헌정 사상 초유의 정권 교체에 즈음하여 신정부에 대한 바램을 담고 있는 『작가세계』의 「박노해 특집」은 구속문인의 신원회복을 넘어서 문학과 정치, 혹은 문학과 법의 관계를 되새겨 보게 하는 용기있는 기획이었다.

2. 자본의 전일적 지배와 문학의 거품 현상

문학의 위기를 말하는 것은 이제 새삼스러운 일이 아니다. 위기의 중요한 요인으로 거론되는 전자 매체의 출현은 인쇄 매체로는 상상도 할 수 없었던 문학의 새로운 형식을 만들어냈고, 젊은 작가들의 대량 등장은 기존의 담론과 감수성을 해체하면서 문학판 전체를 뒤흔드는 태풍과도 같은 충격을 안겨주었다. 이 엄청난 변화로 인해 기존의 문학 관행은 고통스러운 신음 소리를 토해내게 된 것이다. 하지만 이런 변화가 문학을 위기로 몰아간 진정한 원인일까에 대해서는 논란의 여지가 없지 않다. 매체 변화에 따른 위기감이 고조된 것은 사실이지만, 아직은 그것이 기존 양식을 위협할 정도는 아니며, 신진 작가들의 대거 등장도 꼭 최근에만 국한된 현상은 아니다. 어느 시기든 새로운 주장과 감수성을 앞세운 젊은 작가들의 출현은 있어 왔고, 사실 문학사는 그런 작가들의 수혈을 통해서 더욱 풍성한 내실을 다져왔다. 이렇게 보자면 문학 위기는 현상적인 것보다는 좀더 구조적인 데 있는지도 모른다.

이성욱이 「대중사회의 전개와 자본의 문화사업」에서 지적한 것은 문학을 위기로 몰고간 보다 근본적인 문제에 관한 것이다. 곧 문학 출판을 비롯한 문학 전체에 대한 자본의 전일적 지배이다. 문학에 대한 최종 심급이 자본이 되었으며 그 최종 심급의 평결에 따라 최근의 창작·비평·유통 등 문학계 전반은 기형적으로 재편되고 있다는 이성욱의 주장은 그간 문학의 위기를 우려하는 논자들에 의해 심도있게 제기된 것이라는 점에서 그리 새로울 것은 없다. 하지만 이성욱의 글이 문제적인 것은 최근 자신이 경험한 거대 출판사의 전횡에 대한 고발 외에도, 그간 침묵이나 자조로 일관해 왔던 문학계 전반에 대한 공개적인 문제제기를 담고 있다는 데 있다. '이벤트 마인드'에 조종되는 문학상이나 광고, 그리고 그 시녀로 전락한 문학 비평은 따라서 90년대 이후 본격화된 문학 위기와 거품 현상의 공범인 셈이다.

문학상은 고달픈 작가에게 주어지는 유상의 지원이자 무상의 위로이며, 동시에 독자들에게는 우량품 인증서와도 같은 것이다. 문학상이 권위를 갖는 것은 상이 지닌 이같은 내포 때문이지만 최근에 남발되는 문학상은 이와는 거리가 멀다는 게 이성욱의 생각이다. 문학상은 이제 문예지와 출판사를 둘러싼 분파 형성, 이합집산, 상업 출판의 수단이 되었고, 문단의 친소관계, 작가의 사교력, 섹트에 가담하였느냐의 여부에 의해 배분되는 공로패나 격려물이 되었다. "심사위원들이 선정한 수상작이 발휘할 상업성이 의심을 받아 한창 인기가 좋은 작가의 작품으로 발표 전에 조정되는가 하면, 아예 점찍어 둔 작가로 결정하는 요식행위로 심사가 진행되기도 한다." 이렇듯 자본의 포섭망에서 자유롭지 못하기 때문에 문학상은 더 이상 문학의 자강 방도책이 되지 못하고 존립 이유를 갖지 못한 '추한 애물단지'로 전락하였다. "상업주의의 수청들기, 각종 심사 장악하기, 끼리끼리 간음하기" 등은 문학상이 보여준 최근의 추악한 일면들이다. 이제 문학상은 5단 통광고가 반복적으로 뒷배를 받치며 비평가가 옆에서 거드는, 마치 저 할리우드의 '스타 시스템'과 같은 형국이 되었다는 게 이성욱의 진단이다.

이성욱이 출판사의 이름과 상의 명칭까지 거론하면서 행한 이 무모한(?) 비판은, 말미에서 스스로 우려한 것처럼, 어쩌면 '찍히기만 할 뿐'이고 '뾰족한 해결책'이 없는 '튀는' 행동일 수도 있다. 하지만 "문제를 문제로 인정하고 그것을 공론의 장에 올려놓아야만 문제 해결의 모색이 시작된다"는 점에서 매우 용기 있는 행동이라 할 수 있다. 이성욱과 같은 사심 없는 비판이 널리 호응을 얻어 자본의 무차별적 공세를 조금이나마 누그러뜨리고 문학의 진정성 회복에 보탬이 되었으면 하는 바램 간절하다. 비평가가 잘못된 풍토를 바로잡을 임무를 방기하고 잘못된 풍토에 이바지하는 존재가 되어서는 안될 것이다.

권성우의 「신세대 문학에 대한 비평가의 대화」는 문학의 위기를 불러온 상업출판의 문제점과 과장되게 부풀려진 신세대 문학의 문제점을 지적한 글이다. 특정 출판사의 상업적 출판의도가 김설의 『게임 오버』와 김연경의 『고양이의, 고양이에 대한, 고양이를 위한 소설』에 어떻게 작용하고 있는가를 살피면서 상업출판에 의해 과장되게 부풀려진 신세대 문학을 분석하고 있다는 점에서 이성욱과 흡사한 문제의식을 보여준다. 그간 신세대 문학에 대한 평론은 대체로 신세대 문학의 새로움을 적극 옹호하거나 아니면 기존의 문법을 근거로 함양 미달의 작품이라고 타매하는 경우가 대부분이었으나, 권성우는 두 극단의 입장을 지양하면서 신세대 문학에 작용하는 상업주의를 날카롭게 적출해내고 있다는 점에서 공감할 수 있다.

신세대 문학에 대한 옹호는 대개 다음과 같은 근거를 갖고 있다. 김설과 김연경의 경우처럼, 전자 오락 게임과 소설의 형식이 어떻게 만날 수 있는가를 보여준다거나 자아 정체감에 대한 집요한 탐구를 수행하는 등 전통소설과는 구분되는 새로운 감수성으로 급변하는 시대 현실에 적절히 대응하고 있다는 점. 『게임 오버』는 선조적으로 이야기가 진행되어 단 하나의 이야기만을 보여주는 전통적인 소설 문법에서 탈피하여 게임이 끝난 곳에서 다시 다른 줄거리가 시작되는 전자 오락의 방식을 차용하고 있고, 『고양이…』는 주체의 정체성에 대한 진지한 탐구와 자아와 타자간의 관계에 대한 섬세한 인식을 보여준다. 하지만 권성우는 이런 평가에 유보적인 태도를 보이는데, 그것은 이들 작가가 보여주는 의식이나 수준이 그리 높지 못하기 때문이다. 『게임 오버』는 전자오락이나 필름 누아르를 비롯한 영상문화에 대한 거의 육친적인 친화감을 느끼면서 새로운 감수성을 표출하는데, 이는 분명 존중되어야 하지만, 문제는 그 새로운 감수성을 드러내는 소설적 형상화의 밀도가 너무 가벼우며 소설의 내용 또한 진부하다는 사실이다. 풍부한 인문학적 상상력의 결핍과 존재에 대한 다채로운 성찰의 결여로 인해 사회의 모순을 비판하는 척하면서 사실은 그 사회의 지배적인 문법(대중문화의 퇴행적인 문법)에 순응하는 가짜 비판에 그치고 있을 뿐이다. 그래서 이 작품은 "새로운 형식을 보여준 대중 취향의 전자오락 소설"에 불과한 것이 되었고 그에 대한 과도한 의미 부여는 실상 침소봉대의 혐의에서 벗어나지 못한다. 한편 김연경의 『고양이…』는 냉엄하게 볼 때 아직 습작단계에 머물러 있는 작품이다. 물론 이 작품이 자아 정체성에 대한 집요한 질문을 던지는 것은 사실이지만, 그 주제를 한편의 완성도 있는 작품으로 직조해 내는 구성력과 절제미가 결여돼 있다. 그래서 소설은 난삽하고 혼란스러우며 낯선 세계를 어떤 서술의 원칙도 없이 자유자재로 기술하는 식인데, 이는 작가 자신이 소설쓰기를 충분히 객관화하고 있지 못하기 때문이다. 그럼에도 불구하고 이들이 평가되는 것은 새로운 것에 상대적인 가치를 부여하는 평단의 관행과 출판 자본의 난립으로 인한 치열한 신인작가 쟁탈전 때문이다. 김설의 『게임 오버』의 출판과정(문학과 지성사에 출판을 의뢰했으면서도 동시에 『문학동네』 신인상에 투고한 작가의 몰염치를 제외하고도, 많은 미비점이 있음에도 선뜻 출판을 단행한 출판사의 상업주의적 행태)은 신인작가라면 일단 잡아두고 보자는 신인쟁탈전에 다름아닌 것이다. 또한 평론가들은 작가들의 서투른 문장력, 폭넓은 인문학적 독서의 결여, 소설 형식에 대한 치밀한 공부의 부족 등 객관적 약점을 보완할 생각은 않고 그것을 마치 새로운 특장인 양 부추기고 있다, 그로 인해 신세대 작가들은 "무반성적이며 자동적인 소설 쓰기"에 함몰해 있다. 그래서 권성우는 결론적으로 신세대 작가는 '절제의 미학'과 '미학적 전략'에 대한 치밀한 고려를 해야 한다고 주장한다.

　권성우의 이 지적을 통해서 신세대 문학의 허상이 많이 밝혀진 것은 사실이다. 시대가 바뀌고 소설 문법이 변했다고 하더라도 그리고 문학의 다원적 가치와 상대주의적 관점이 용인된다고 하더라도 문학은 문학일 수밖에 없는 기본 조건을 갖기 마련이다. 언어의 정련, 개성 있는 문체, 삶에 대한 깊이 있는 통찰 등 최소한의 요건을 구비하지 못한 작가라면 아무리 호화 장정에 포장되고 저널의 총아가 되더라도 결코 평가될 수 없을 것이다. 권성우의 지적이 힘을 얻어 상업주의에 포획된 문학이 갱신의 길을 찾아야 할 것이다.

고미숙의 「<순정>과 <냉소> 사이에서 표류하는 페미니즘」은 가부장제의 전방위적 공세가 가열되는 시점에서, 과연 페미니즘이 그런 공세를 헤치고 나아갈 만한 생성적 힘을 지니고 있는가를 되짚어 보려는 의도로 쓰여진 글이다. 90년대 이후 페미니즘이 위세를 떨치면서 그 왜곡된 현실이 상당히 개선되었다고 믿는 환상을 작품을 통해서 분석하고 있다는 점에서 이 글은 90년대 이후 부풀려진 페미니즘 문학의 실상을 바로 보게 하는 장점을 갖고 있다.

최근 여성 독자들에게 상당한 영향력을 행사하고 있는 공지영과 은희경 소설은 공히 페미니즘 소설로는 많은 문제를 안고 있는데, 공지영의 경우는 순정파 여주인공을 통한 '낡은 표상체계로의 환원'을 보여주며 은희경은 냉소적 시선으로 인한 공허함을 노출하고 있다. 공지영은 90년대 문단에서 페미니즘을 확산시킨 장본인이자, 그 확산의 덕을 가장 많이 본 작가이기도 하다. 그런데 최근작 『착한 여자』는 한 불우한 여성이 현실에 발을 딛고 어떻게 남성중심적 세계의 폭력성을 극복해 가느냐의 문제가 아니라, 운명적으로 비극적인 여인이 그 운명의 주술에 긴박되어 남자에게 거듭되는 버림을 받았지만 결국에는 구원된다는 공식을 밟고 있다. 비극적인 운명을 지녔고, 한없이 순결하며 무엇보다 빼어난 미모를 지닌 순정파 여성, 이 여성이 구현하는 여성성이란 아름답고 헌신적이지만, 이것이야말로 남성들이 여성에게 부과하고자 하는 고전적인 표상체계가 아닌가. 그래서 작품은 순결한 여성과 속물적인 남성이라는 이항대립을 중심에 놓고 맴도는 형국이 된다. 한편 은희경의 소설을 특징짓는 것은 '삶은 순정 아니면 농담'이라는 냉소적 경구다. 은희경이 냉소하는 대상은 삶의 순정 혹은 삶을 순정하다고 믿는 사람들이다.『타인에게 말걸기』에 나오는 여성들은 그래서 몸놀림이 지극히 경쾌하고 자유롭다. 대체로 30대 캐리어 우먼에 속하는 그들은 운명의 비극적 그림자를 끌고 다니지도 않고, 80년대 변혁운동 따위는 안중에도 없으며, 가족이나 집단과는 일정한 거리를 유지하고 있는, 지극히 단자화된 삶을 영위한다. 이들 역시 공지영처럼 연애를 삶의 '알파이자 오메가'로 생각하지만, 사랑의 진정성을 믿지 않기 때문에 사랑하는 연인에 대한 어떠한 환상도 갖지 않는다. '그녀'들은 자신의 남자뿐만 아니라 세상의 모든 남성들을 대동소이하다고 믿기에 더 나은 대상에 대한 미련을 품지 않는다. 이들의 사랑에는 사랑이 근원적으로 지니고 있는 역동적 힘이 없다. 권태와 일상의 안정을 즐기고 습관적인 연애행각을 벌이면서 적당히 세상을 조소하는 여성이 등장할 뿐인데 이는 근대가 만들어낸 물화된 삶의 한 전형이라 할 수 있다. 그리하여 공지영이나 은희경 소설의 여성들은 모두 섹슈얼리티 혹은 성적 욕망의 부재를 보여준다. 이를테면 작중의 여성들은 관능과 성적 주체성에서 소외되어 매우 피동적인 모습을 보여주는데, 이는 작가들이 이 문제에 있어 낡은 사고방식에 사로잡혀 있기 때문이다. 페미니즘이 가부장적 사유구조를 혁파하는 '전복적 사유'와 결합하려면 성적 욕망의 문제를 에둘러 가고서는 불가능하다. 성적 욕망이야말로 성적 착취의 비밀을 내장하고 있을 뿐 아니라, 그 착취의 고리를 끊는 열쇠가 들어 있는 공간이다. 이 혼돈의 아수라장을 향해서 발을 옮기지 않는다면 페미니즘은 그저 흥미로운 연애담 수준을 넘지 못할 것이라는 게 고미숙의 주장이다.

    페미니즘의 외피를 쓰고 있지만 실상은 전통적인 연애소설의 구조에서 벗어나지 못한, 그로 인해 여성의 인간다운 삶을 위한 깊이 있는 천착을 보여주지 못하는 최근의 소설 경향에 비추자면, 고미숙의 지적은 문제의 핵심을 정확히 꿰뚫고 있는 것으로 보인다. 페미니즘이 남성에 대한 일방적인 거부나 부정이 아니라 가부장적 구조와 이데올로기에 의해 왜곡된 여성의 인간적 가치와 권위를 회복하는 것이라면 무엇보다 중요한 것은 고미숙의 지적대로 우리의 무의식 속에 숨어 있는 가부장의 족쇄를 발본적(拔本的)으로 척결하는 일이다. 여성 스스로가 이 망령된 사슬에서 벗어나야 진정한 해방을 맞을 수 있다. '전복적 사유'는 의식적으로 계발되고 주목되어야 하며, 그것이 바로 문학의 진정성을 회복하는 길이기도 하다. 페미니즘 소설이 한 계단 올라서기 위해서는 성적 욕망이라는 비밀스러운 공간에 스며든 가부장의 구속을 벗어야 한다는 고미숙의 주장은 그렇기 때문에 이 시기 여성 작가들이 새겨들어야 할 경구인 셈이다.

3. 구속문인과 문학적 자유

요즘 대학생들에게는 낯선 이름이 되었지만 적어도 80년대라는 열사의 사막을 걸어온 사람들에게는 너무나 친숙한 이름이 황석영과 박노해다. 박정희 정권의 근대화 정책이 가속을 붙이던 70년대 초입에 그것의 모순을 예각적으로 포착한 「객지」에서 산업화로 뿌리뽑힌 자들의 유랑과 상실감을 서정적 필치로 그려낸 「삼포가는 길」, 더 나아가 월남전의 참상을 고발한 장편 『무기의 그늘』에서 이후 광주 민주화운동과 월북에 이르는 황석영의 여정은 우리 현대사의 굴곡과 고스란히 일치한다. 그는 항시 소용돌이 치는 시대의 한 복판을 걸었고 그것을 타고난 언어 감각으로 포착하는 순발력을 보여주었다. 80년대 초반 「객지」 등을 읽으면서 의식화(?) 교육을 받았던 필자 세대에게 황석영은 그렇기 때문에 문학인이라기보다는 시대 양심이자 진보적 청년의 귀감이었다. 『노동의 새벽』으로 80년대를 강타한 최초의 노동시인이자 진보주의적 실천운동가인 박노해의 경우도 사정은 마찬가지였다. 절규하듯 쏟아놓은 박노해의 시는 자본의 억압에 신음하는 노동현실과 당대 사회의 구조적 모순을 명징하게 보여주는 교과서와도 같은 것이었다. 두 작가를 읽고 울렁이는 가슴을 가누지 못했던 것은 필자만의 경험은 아니리라. 이제는 아득한 추억으로 회자되지만 그 절박하고 강렬했던 울림이 어쩌면 자본의 공세가 한층 가열된 오늘날에 더욱 필요한 것이 아닐까.

『작가세계』가 새정부 출범에 즈음하여 무기수로 7년째 복역중인 시인 박노해(본명 박기평)를 특집으로 꾸민 것은 자유로운 문학활동을 희구하는 문단 전체의 바램을 대변한 것으로 보인다. 편집 후기에서 언급되었듯이, "대선을 향한 표싸움에서 전두환 씨와 노태우 씨의 사면을 주장하는 것이 유리하다고 여기는 대선 후보들은 이 불행한 문학인들에 대해서는 아무런 직접적인 언급을 하지 않았"고, 전·노 씨가 석방된 현재까지도 이들에 대한 관심은 여전히 미흡하다. 박노해 특집은 그래서 왜 박노해가 석방되어야 하는가를 증거하는 일종의 변론서인 셈이다.

박노해는 1983년 동인지 『시와 경제』(2집)를 통해서 시단에 나왔다. 이후 그는 등단 바로 다음해에 첫시집 『노동의 새벽』을 출간하였고, 1991년 '사노맹 사건'으로 구속되어 무기징역을 선고받고 교도소에 수감돼 있던 중 제2시집 『참된 시작』(93년)과 제 3시집 『사람만이 희망이다』(97년)를 출간하였다. 첫 시집을 출간할 당시부터 박노해는 시단의 주목을 받았고, 2, 3시집이 나온 후에도 여전히 관심의 대상이 되었다. 박노해 시가 독자들을 사로잡을 수 있었던 것은, 정효구의 지적처럼(「박노해의 시는 왜 감동을 주는가」), 시가 매우 쉽게 읽힌다는 데 있다. 그의 시를 읽으면서 이것이 도대체 무엇을 의미하는 것인지 알 수 없다는 표정을 짓게 되는 경우는 거의 없다. 그렇다고 전달하는 내용이 낮은 수준의 것도 아니며, 그 내용을 형상화하는 기교가 유치한 것도 아니다. 박노해 시의 비밀은 시를 상상력으로 쓰지 않고 체험으로 쓴다는 데 있다. 시의 주류를 이루는 것은 체험에 바탕을 둔 고백성과 솔직성이다. 최소한의 생존마저 위협하는 가공할 노동 현실, 그 속에서 피와 땀을 착취당하는 노동자의 삶, 위선적 가면으로 자기 배 불리기에 급급한 자본가 등 노동 현장에서 목격한 불합리한 현실이 작품을 구성하는 까닭에 그의 시에는 가식이 없다. 그리고 거기에는 현실로부터 부당하게 소외당한 인간이 스스로의 인권을 찾아가는 '자각과 각성의 과정'이 밀도 있게 제시된다. 인권을 유린당한 하층 노동자나 혹은 감옥에 갇힌 수인으로 나타나는 시인은 언제나 자신의 노동과 투쟁에 상응하는 대접을 받지 못한다고 생각한다. 그는 노동자야말로 이 사회에서 가장 착취당하는 빈민계급이요,

하층계급이라는 자각에서 그것을 바로잡기 위한 투쟁에 앞장서야 한다고 생각한다. 그런 연유로 시는 때로 과격하고 생경하며 도식적인 모습을 보이기도 하지만, 노동의 해방, 인간의 해방에 대한 시인의 강한 열정과 집착은 독자들에게 감동을 주기에 충분하다.

문학을 정치의 도구로 전락시킨 혐의를 받고 있음에도 불구하고 박노해가 시사에서 의미를 갖는 것은 방민호(「투쟁에서 성찰로 가는 먼 길」)나 도정일(「박노해—그 <길찾기>의 의미와 중요성」)의 지적처럼 다음과 같은 이유 때문이다. 우선 박노해는 우리 문학사상 최초의 노동계급 시인이고 『노동의 새벽』은 노동계급이 문학의 형식을 통해서 자기를 표현한 최초의 목소리이다. 60년대 중반부터 시작된 산업근대화의 빠른 진척과 함께 노동계급이 급격히 형성되고, 자본주의 생산관계로부터 발생하는 사회 모순의 발전 수준이 상당한 정도에 도달해 있었던 것이 80년대 한국 사회였다. 이 과정에서 박노해는 노동자를 노예로 묶어 두는 사회적 계급구조를 혁파하기 위한 노동자 계급의 자각적 목소리를 보여준 최초의 시인이다. 그가 첫 시집을 통해서 보여준 것은 노예상태로부터 깨어난 노동자, 깨어났을 뿐 아니라 그 노예적 조건을 깨기 위해 싸울 것을 다짐하는 노동자의 모습이다. 그는 80년대적 저임금 장시간 노동의 질곡으로부터 자기 해방을 추구하려는 노동자 주체를 제시한 것이고, 그것이 곧 집단적 서사로서의 노동해방문학의 출발이다. 그런데 여기서 박노해가 표출한 노동해방의 꿈은 지극히 소박한 것이다. 그것은 노동으로부터 벗어나려는 꿈이 아니라 노동자를 사람 대접 해주는 세상, 노동자가 사람답게 살 수 있는 세상, 노동자가 억눌리고 착취되지 않아도 되는 세상을 바라는 단순하고 질박한 꿈이다. 그래서 박노해 문학은 이 질박한 꿈이 갖는 높은 윤리성을 특징으로 한다. 그가 바라는 세상은 정의라는 윤리적 명령에 입각하고 그 명령을 기초로 해서 존재하는 윤리적 당위의 나라이다. 억압과 착취의 부당성을 제거한 그 정의로운 당위의 나라가 정확히 박노해가 바라는 '더 나은 세상'이다. 그러므로 그런 나라를 현실에 실현시켜보고자 하는 시도는 윤리적 명령을 현실 속으로 이행시킨다는 구도는 갖는다. 그래서 도정일은 박노해의 해방서사에서 우리가 발견하고 인정해야 하는 것은 그 서사가 바로 그같은 윤리적 차원에 기초하고 있다는 사실이며, 그 서사로부터 우리가 건져내야 하는 것도 정의라는 원칙과 가치의 포기될 수 없는 중요성 그 자체라고 말한다. 그런데 방민호의 지적처럼, 박노해는 시인이기에 앞서 혁명가이고자 했고 혁명의 제단에 시를 헌사하려 했다. 문학은 문학 자체로 추구되어야 하고 심지어 혁명의 대의라는 프로크루스테스의 침대가 있다 할지라도 거기에 자신의 발을 성급히 맞추려 해서는 안되다는 사실을 미처 생각하지 못했던 까닭에, "다만, 얻은 것은 이데올로기요 상실한 것은 예술 자신이었다"는 명제를 상기시키는 참담한 실패로 귀결될 수밖에 없었다. 박노해의 구속과 사노맹의 해체, 동구 사회주의권의 붕괴, 북한의 급속한 영락은 이런 자신의 과오를 되돌아 보게 하는 중요한 계기를 제공한 셈이다. 그래서『참된 시작』과『사람만이 희망이다』에는 이 인고의 과정 속에서 새롭게 형성된 시인의 반성과 성찰의 모습이 담겨 있다. 경향시에서 서정시로의 이동에서 그것은 구체적으로 확인되는데, 이는 박노해의 새로운 가능성을 암시하는 것이다. 결론적으로 박노해는 근대화와 국가주의의 결합물이 낳은 고통의 실상을 상징적으로 보여주는 존재라는 게 방민호의 주장이다.

새정부가 내건 경제 회생과 지역주의 타파, 정치 보복의 금지는 실상 화해의 다른 표현이다. 가진자와 못 가진자가 대립과 반목에서 벗어나 고통을 나누고, 지역간의 배타적 감정이 봄눈 녹듯 사라지는 시대는 단지 정치인만의 꿈은 아닐 것이다.

4. 불황의 터널을 뚫고 나갈 희망의 문학

불황의 여파로 군소 출판사들이 잇따라 문을 닫고 도매상들이 무너지고, 국내 유수의 대형출판사마저 쓰러지는 상황에서 문화예술계에도 찬 서리가 내렸다고 보는 사람이 많다. 상품체제하에서 문학도 하나의 상품으로 취급하는 상품논리의 눈으로 본다면 현상적으로는 타격이 없지 않을 것이다. 그러나 그것은 문학의 존재양식에는 아무런 위협적인 조건이 되지 못한다. 오히려 문학은 더욱 빛나는 생명력을 발하면서 우리 사회에 반성과 성찰의 통로로 기능하게 될 것이라는 점에서 또 다른 희망을 품게 한다. 미국문화 100년사를 보면 대공황 시기였던 1929년부터 1933년까지 출판계는 극심한 불황을 겪었지만 도서관의 회전율은 40%쯤 늘어났다는 기록이 있다. 불황이 출판계에는 큰 상처를 입혔지만 독서인구 자체는 늘려놓았다는 이 예는 무엇을 의미할까. 우연히 시 한 구절을 접하고 남다른 울림을 가슴 속에 담았던 필자처럼, 책을 통해 무언가 이 어려운 시대를 뚫고 갈 메시지를 구하려는 목마른 독자들이 많다는 얘기인 것이다.

문학은 피를 먹고 자라는 나무라는 말도 있다. 물론 한 동안 확성기처럼 울려대던 상업주의의 경쟁적 나팔 소리에 가려 진지하게 본질을 응시하려는 문학은 왠지 시대착오적인 것처럼 보이는 이상한 유행이 문학판을 어지럽히기도 했다. 상업주의 속에 실체와 다르게 부풀려진 작품들도 많다. 내용은 부실한데 과대포장되어 비싼 값에 팔리는 물건들처럼, 조악한 내용이 5단 통광고와 그럴싸한 광고문구의 수사를 달아 베스트 아닌 베스트셀러로 둔갑되는 현실을 목격하기도 했다. 그러나, 이제 문학은 그 본연의 모습을 회복해야 한다. '원형의 눈'으로 이 현실을 직시하고 위기의 시대를 뚫고 갈 형형한 메시지를 들려준다면 문학은 위기를 자양으로 더욱 튼실한 열매를 맺을 수 있을 것이다.

문단의 복고바람과 모더니즘 논쟁

1. 다원적 가치와 비평

　최근 평단을 일별해 보면 비평적 담론의 폭과 깊이가 매우 다채로워진 사실을 목격할 수 있다. 특정한 이론이나 개념을 중심으로 추상화되고 소모적인 논쟁을 벌이거나 선동식의 구호로 대중을 미혹하는 글들은 이제 자취를 찾을 수 없고 대신 다양한 이론과 시각이 문예지를 장식하고 있다. 비평이 작품을 사이에 두고 벌어지는 재창조 과정이자 동시에 당대의 지적 흐름에 민감하게 반응하는 촉수와 같다면 이런 현상을 굳이 부정적으로 볼 필요는 없으리라. 그만큼 우리 지성계가 풍요로워졌고 논의의 폭과 깊이가 심화되었음을 의미하기 때문이다. 필자의 능력으로선 그 다양한 진폭들을 모두 따라잡을 수는 없지만 다원적 가치가 통용되는 현상은 무척 고무적인 일이라 생각된다.

　물론 이 다양성을 두고 혼란과 혼돈의 징후를 보거나 비평의 무력함을 토로하는 사람도 있을 것이다. '포스트' 담론이 횡행하고 새로운 감수성과 형식 파괴의 글쓰기가 문단의 큰 흐름을 형성하는 와중에서 기존의 시각을 고수한다면 최근의 현실은 곤혹스러울 것이 분명하다. 하지만 상업주의와 섹트주의가 횡행하는 그 한편에 시대의 새로운 징후들을 읽어내고 분석하는 진지한 모색이 엄존한다는 사실은 여전히 평단에 기대를 걸게 하는 근거가 된다. 백낙청, 정남영, 유종호 등에 의한 원론에 대한 탐구와 문제제기, 예컨대 반영론의 의미를 재해석하거나 시 해석의 원전문제, 비평과 연구의 차이점 등에 대한 탐구는 이 시대 비평이 결코 유행의 시녀가 아님을 웅변해준다. 다양함의 이면에서 꿈틀대는 평론가들의 살아 있는 지성과 혜안은 그 숱한 담론의 홍수 속에서도 빛날 수밖에 없는 것이다.

정치의 계절이 다가오면서 가을 평단에는 정치와 문학 혹은 사회와 문학의 관계를 점검해보는 논의들이 눈에 띠게 증가했다. "언론이 정치권의 움직임을 다루는 방식을 언어적 담론이라는 내부적이고 미시적인 영역의 차원에서 접근해보자는 의도"로 마련된 『문학과 사회』의 「정치·언어·미디어」는 정치와 언론의 관계를 언어와 매체라는 점에서 다룬 글로 바야흐로 정치의 계절이 도래했음을 실감케 해준다. 문학의 사회적 존재방식을 다룬 『문학동네』의 「사회 속의 문학, 문학 속의 사회」 특집은 앞의 글과는 기획의도와 초점은 다르지만 "문학의 사회적 존재방식에 주목함으로써 문학 창조의 개인주의적 신화에서 벗어나 문학의 현실적 관련을 보다 정확히 이해"하려는 취지를 담고 있다는 점에서 통한다. 정치와 사회란 문학을 이루는 환경이고 문학의 정체성은 독립적이기보다는 대타적으로 형성된 것임을 감안하자면 문학과 정치, 또는 사회에 대한 질문은 문학에 관여하는 사람이라면 결코 피할 수 없는 주제이다. 특히 "예술이 다른 부분영역도 쉽게 표방할 수 있는 보편주의적 이념을 계속 표방할 경우, 타영역과 예술간의 '차이성'은 결여되며 그 결과 종속 및 제한 현상이 계속 나타날지도 모른다."는 최문규의 지적(「문학과 사회의 차이성에 대한 모색」)은 지난 시기의 문학관행을 반성케 하는 심도 있는 문제의식을 담고 있다.

하지만 가을 평단에서 무엇보다 주목을 끌었던 것은 다음 두 가지였다. 하나는 사회 전반에 드리워진 보수주의 바람과 더불어 형성된 문단의 보수화에 대한 비판이고, 둘은 민족문학 진영에서 일어나는 모더니즘을 둘러싼 새로운 모색이다. 유수 일간지에 '박정희를 존경하는 사람들의 모임' 발기문이 공공연히 개재되고 그 얼마전에는 이른바 '60년대 패션'이라는 촌스럽고 투박한 의상이 거리를 활보했듯이, 문단에도 그 바람은 예외가 아니어서 작품과 비평에서 이제는 뚜렷한 경향을 형성한 듯하다. 가을호 특집으로 이 '복고 바람'을 조망한 것은 왜곡된 바람의 근원을 막고 인간적 가치를 지키려는 매우 적절한 논의였던 것으로 보인다. 모더니즘을 둘러싼 진보진영의 논쟁 역시 같은 맥락에서 이해할 수 있다. 침체 속에 모색을 계속해온 민족문학 진영이 이론을 벼리면서 새롭게 전열을 재편하는 신호로 볼 수 있는 최근의 논쟁은 논쟁 부재의 평단에 신선한 충격을 던지면서 현실 변혁에 대한 잠재된 열망을 일깨워준다.

2. 문단의 '복고 바람'과 그 비역사성

사회주의권의 몰락과 함께 전세계적으로 본격화된 신보수주의 경향이 지난 몇 년 사이 그야말로 대단한 위세로 우리 사회를 강타하고 있다. 80년대를 사로잡았던 변화에 대한 열정과 믿음이 사라지고 그와는 정반대의 상황이 도래한 셈이다. 사회 곳곳에서 발견되는 변화에 대한 두려움과 안정 희구 심리는 80년대와 비교하자면 상전벽해가 따로 없을 정도로 충격적인 것이지만, 이제는 그것이 새롭게 변화된 현실이라는 사실 또한 인정하지 않을 수 없다. 최근 우리 사회가 급격히 보수화된 데는 무엇보다 불황에 따른 경기 침체와 고용불안이 중요한 원인으로 작용한다. 경제 불황은 중산층의 불안감을 자극해서 질서와 안정에 대한 집착을 강화시켰고, 또 한 치 앞을 예측할 수 없는 정치적 불안정이나 남북의 대치상황 역시 보수주의적 분위기를 심화시키는 요인이 되었다. 이런 상황에서 얼굴을 드러낸 보수화 바람은 민주주의를 향한 우리 사회의 도도한 흐름을 되돌리려는 의도를 담고 있다는 점에서 결코 바람직하지 못하다.

"개인의 경험과 사유는 원칙적으로 존중되어야 하고 또 그것을 표현할 자유도 마찬가지이지만, 만일 그 경험이 잘못 자리매김되거나 그 사유의 방향이 비틀렸을 때는 다른 이들의 경험과 사유 및 그 표현의 자유에 의해 준열히 비판되어야 한다"는 의도로 기획된『실천문학』의「최근 소설의 보수주의 경향을 비판한다」는 이 거슬러 부는 바람에 맞서는 지성계 일각의 단호한 의지라 할 수 있다. 이문열과 이인화, 송기원을 각각 '반여성주의의 도그마', '시대착오적 국가지상주의자', '신비주의로의 도피'로 규정하고 비판한 것은 따라서 "그 경험이 잘못 자리매김"된 것이거나 "그 사유의 방향이 비틀"린 경우들이다. 특히 가부장적 논리를 정당화한『선택』이나 박정희의 일대기를 작품화한『인간의 길』은 최근 문단의 보수화를 주도하는 작품이라는 점에서 자못 문제적이고, 그런 까닭에 평단의 비판도 대개 이 두 작품에 모아져 있다. (『선택』에 대해서는 지난호『한국문학평론』에서 상세히 다룬 관계로) 여기서는 이인화와 관련된 하정일(『실천문학』)과 한기(『문예중앙』) 그리고 김철(『작가연구』), 황순재(『작가세계』)의 글만을 다룬다.

먼저, 하정일의「파시즘의 신화, 단선적 근대관의 역설」은『인간의 길』을 작품 내용과 작가의 세계관에 초점을 맞추어 분석한 글이다. 요란한 광고문구처럼『인간의 길』은 박정희와 그의 시대를 정면으로 다룬 최초의 장편소설이며, 특히 작가가 "훗날 신이 이승에서 뭐 하던 사람이냐고 물으시면 나는 아마『인간의 길』3부작을 썼다고 말할" 정도로 "할 수 있는 모든 공력을 다 들였다"고 고백할 정도로 애쓴(?) 작품이다. 하지만 거기에는 심각한 문제가 있다고 하정일은 지적한다. 곧 작가가 보여준 진리와는 거리가 먼 박정희관으로, 그것은 박정희의 위대성을 부각시키기 위해서 동원된 여러 장치들을 통해서 드러나는데, 특히 문제가 되는 것은 신화의 활용과 사실의 왜곡이다. 박정희 아버지는 박정희를 낳기 전, 자신의 몸에서 한 마리 규룡이 튀어나오는 꿈을 꾸는데, 규룡은 전설적 황제인 우임금을 가리키며, 그래서 박정희의 탄생은 우임금과 비견되는 일세의 영웅으로 미화되고, 또 박정희의 어머니인 여희는 신령들과 대화할 줄 아는 영능자로 그려진다. 이와 같은 신화의 활용은 박정희를 '신비화'할 뿐만 아니라 진실을 은폐하는 기능을 수행한다.『인간의 길』에서 보이는 사실의 왜곡은 박정희의 관동군 경력 부분에서 특히 두드러지는데, 만주 군관학교와 일본 육군사관학교를 졸업하고 일제와 천황에 대한 충성을 맹세한 후 관동군 장교로 일했던 경력은 명백한 친일행위임에도 불구하고, 작가는 그것을 민족을 위한 행동이고 심지어 조국의 독립을 위한 '모반'으로까지 미화한다. 이 과정에서 독립운동에 대한 매도마저 서슴지 않는데, 이를테면 독립운동가들은 "개뿔도 모르는 알건달"이라는 것이다. 이런 신화의 차용과 사실의 왜곡은 작가가 역사의 주체를 특출한 영웅으로 보는 영웅주의사관에 사로잡힌 데 원인이 있다고 진단한다. 영웅만이 역사의 진보를 이끌 수 있고, 박정희는 그와 같은 영웅의 전형이라는 것. 하지만 이러한 영웅주의는 영웅의 역사가 강제한 민중의 고통과 눈물을 보지 못할 뿐더러 민중이 역사의 진정한 주체임을 원천적으로 부정하고, 또 '힘'에 대한 과도한 집착으로 이어져 결국 국가지상주의와 파시즘의 신화를 낳게 되는, 그런 점에서『인간의 길』이 내세운 국가지상주의란 약육강식과 우승열패(優勝劣敗)의 사회적 진화론에 기반한 파시즘의 국가사회주의 그 이상도 이하도 아니라는 게 하정일의 주장이다.「위험한 형이상학의 허구, 혹은 신화」에서 한기 역시 이인화의 세계관을 분석하면서 독재에 대한 맹목적인 긍정, 혹은 향수의 현상이란 다름아닌 국가지상주의와 파시즘의 사상임을 강조하며, 김철과 황순재도 비슷한 입장을 보여준다. 이로써 이인화의 보수적이고 '악마적인 세계관'은 그 실상이 백일하에 드러난 셈이다.

그런데『인간의 길』을 읽어 본 독자라면 이 작품의 문제가 거기서 그치는 것이 아니라 소설 미학적인 측면에서도 상당한 결함을 갖고 있다는 사실을 발견할 것이다. 즉 작위적이고 억지스러운 발상과 작가의 의도가 무리하게 개입한 대목이 곳곳에서 보이고 또 사용하는 단어 역시 거칠고 조악하다. 소설 미학의 측면에서『인간의 길』을 분석한 한기, 김철, 황순재의 글은 이런 점에서 하정일의 글을 보완하는 역할을 한다.

한기는『인간의 길』이 보이는 소설미학의 파괴는 허구와 사실, 역사와 환상을 혼동한 작가의 필연적 귀결이라고 지적한다. 즉 『인간의 길』에는 서사적 집중력과 일관성, 통일성이 약하게 드러난다. 『인간의 길』을 한 인물의 일대기라고 본다면, 우선 주인공 허정훈의 구성적 지배력이 약하다. 2권 분량의 책 전체에서 '정훈'이 등장하는 분량은 전체의 반을 넘지 않으며, 등장하는 삽화들도 허정훈의 생애와 상관없이 분산·파편화되어 있다. 그리고 작가의 존재를 드러내는 빈번한 현학적 서술태도, 시점의 분산, 초점화자의 자의적인 무정견한 운영 양상은 근대적 형식으로서의 소설미학을 심하게 훼손시킨다. 이런 혼란과 서사 미달은 본질적으로 작가의 내면적 본질을 반영한 것으로, 곧 "마음두지 못하는 정처없는 상태"가 그의 내면적 본질이고, 따라서 그의 내면 상태 자체가 "모반의 상태로 항질화"된 것이다. 그런데도 불구하고 이인화가 장편소설들을 써낼 수 있었던 것은 그가 동원한 수법, 즉 화자의 분산을 통한 가지각색의 지식을 펼쳐보이는 "분산의 방법" 때문이다. 그래서 그의 소설은 일견 풍성해보이고, 특히 현학적인 지식, 사유의 폭이 그의 소설 세계를 아름답게 치장하는 것처럼 보인다. 그러나 이는 소설의 본질과는 거리가 멀고, 그래서 근대소설의 하위적인 양식 개념에 비춰봤을 때 어떤 양식개념으로도 설명이 불가능하다. 굳이 이름 붙이자면 이질적인 불화의 요소들이 뒤섞인 '형이상학 소설'에 불과하다는 게 한기의 진단이다.

한기의 이러한 평가는 작가의 육성만이 존재할 뿐 어떠한 서사 구조도 갖고 있지 못하다는 김철의 지적과도 상통한다. 『선택』과 『인간의 길』을 동시에 다루면서 김철은 두 작품을 '상품'으로 보자면 소비자로서 반품을 요구할 수밖에 없을 정도로 부실한데, 그것은 이 작품이 서사적 구조를 갖고 있지 못하고 오직 작가의 생생한 육성만을 보여주기 때문이라고 한다. 사실 차원에서는 전혀 신빙성이 없는 내용들을 서사의 기본 골격으로 수용하며, 거기에 작가의 주관과 해석을 마음껏 가미하여 허정훈이라는 영웅을 창조해 내고 있고, 그렇기 때문에 작품 속의 모든 인물과 사건은 한낱 부수적인 요소로 전락한다. 오직 작가 자신의 관념과 주관이 소설의 모든 공간을 헤집고 설치는 형국이다. 이런 점에서 이 작품은 소설이기보다는 작가의 '생짜 관념'이 투사된, 강력한 힘에 대한 숭배를 보여주는 '선언문'에 불과하다고 김철은 진단하는데, 이는 '작가가 작품 세계에 적극 개입하면 할수록 그 작품은 어쩔 수 없이 권위적인 색채를 띠게 마련이며 더구나 그것이 시대착오적 귀족주의나 통치 엘리트 집단의 이기적인 권력 욕망을 합리화하기 위해 책략화된 것이라면 그것은 보수를 빙자한 글쓰기의 타락'이라는 황순재의 지적과 같은 맥락이다.

문단 보수화와 복고주의를 경계하는 융단폭격과도 같은 이 평론들을 통해서 우리는 최근 문단 곳곳에서 발견되는 음험한 흐름이 단순한 복고취향이 아니라 심각한 퇴행현상임을 알 수 있다. 그것은 사회 심리학자 P.데이비스의 견해를 통해서도 확인할 수 있는데, 데이비스는 복고주의의 심리적 근거가 되는 과거에 대한 '향수'를 크게 세 가지로 구분한다. 즉 '단순한 향수' '반성적인 향수' '해석적 향수'가 그것인데, '단순한 향수'는 과거에는 모든 것이 지금보다 더 좋고 건강하며 행복했을 뿐만 아니라 훨씬 문명화하고 자극적이었다고 생각하는, 일종의 도피주의이다. 그러나 '반성적 향수'는 과거를 단지 그리워하는 감정에서 한 걸음 더 나아가 먼저 자신에 대한 자신의 감정이 얼마나 정당한지 조금이라도 의문을 가져 보게 한다. '과연 그때가 좋았던가?' 하고 말이다. 이런 데이비스의 주장을 참고하자면 현재의 복고바람은 '반성적 향수'가 아니라 '도피성 향수'에 가까운 것임을 알 수 있다. 이를테면 답답한 현실에서 잠시 벗어나기 위한 도피 내지는 사회 진보에 대한 믿음을 상실한 정신적 공허감에서 야기된 일종의 퇴행심리이다. 그렇기 때문에 그것은 긍정적이지 못하고 따라서 그것을 교묘하게 이용하여 입신을 도모하는 이인화에 대한 평단의 비판은 정당하다. 황순재의 지적대로, 이인화의 행동이 "낡고 상투적인 주제를 독선적이거나 과장된 논리로 포장하여 논쟁거리"를 던져주기 위해 책략화된 것이라면, 그것은 어떠한 논리로도 정당화될 수 없는 '글쓰기의 타락'이다. 과거의 경우처럼 평단의 비판이 이 위험스러운 재사의 입지를 강화하고 또 반민주적인 논리가 대중적으로 전파되는 계기가 되지 않을까 우려된다. 하지만 더욱 걱정스러운 것은 최근의 복고주의와 보수화 바람을 이렇듯 자의적으로 이용하여 입신을 꾀하는 이 치졸한 행태가 사회적으로 소통되고 있다는 점이다. 역사 상의 특정인물을 소재로 한 작품은 얼마든지 가능하고 또 그것을 경계할 필요도 없다. 하지만 그 인물을 빌어서 파시즘을 정당화하는 논리와 주장은 문화의 다원화라는 시각에서도 결코 용납될 수 없다.

3. 모더니즘을 둘러싼 민족문학 진영의 새로운 모색

쟁점이 사라지고 이질적인 목소리들이 백가쟁명식으로 울려퍼지는 최근의 평단에서 벌어지고 있는 모더니즘을 둘러싼 논쟁은 그간 침묵 속에서 암중모색을 계속해 온 민족문학 진영의 새로운 응전이라 할 수 있다. 독선과 편가르기 식의 분파주의가 횡행하는 현실에서 논쟁은 자칫 상호비방과 인신공격으로 전락할 가능성도 있으나, 최근의 논쟁은 사회 전반에 만연된 복고주의와 보수주의의 열풍에 맞서는 진보진영의 차가운 성찰과 의지를 담고 있다는 점에서 의의를 찾을 수 있다. 80년대 치열하게 전개되었던 민족문학과 리얼리즘 논쟁이 이제는 마치 생물교실의 박제처럼 변해버렸고, 그것을 논의하는 것이 과거의 환상에서 벗어나지 못한 시대착오자의 신음소리로 비판되는 현실에서 모더니즘을 둘러싼 진보진영의 움직임은 현실을 변혁의 관점에서 읽어내고 돌파하려는 잠재된 욕망의 분출인 셈이다.

논쟁의 발단이 된 것은 지난 해 11월 '민족문학작가회의'와 '민족문학사연구소'가 공동으로 기획한 「민족문학의 갱신을 위하여」라는 심포지움이었다. '민족문학의 갱신'이라는 취지에 걸맞게 최근 다양하게 펼쳐지고 있는 문학적 현상을 진단하면서 네 편의 글이 발표되었는데, 관심을 끌었던 것은 논쟁의 발단이 된 진정석의 「민족문학과 모더니즘」이었다. 여기서 발표자는 새롭게 변화된 환경에서 더 이상 리얼리즘의 우위성을 고수하지 말고 대신 근대성을 바탕으로 리얼리즘과 모더니즘, 특히 모더니즘을 적극 수용해야 한다고 주장한다. 이 주장에 대해서 80년대 후반 리얼리즘 논쟁에서 일역을 담당했던 윤지관과 김명환이 각각 「문제는 '모더니즘'의 수용이 아니다」(『사회평론 길』, 1997,1)와 「민족문학론 갱신의 노력」(『작가』, 1997,1.2)으로 진정석 견해에 비판을 가하면서 논쟁이 시작되었다. 민족문학의 활로는 모더니즘의 전면적인 수용이 아니라 오히려 기존 리얼리즘론의 심화·확대를 통해서 가능하리라는 것이다. 여기에 대해 진정석이 「모더니즘의 재인식」(『창작과 비평』,97,여름)에서 그것을 재반박하고, 그것을 다시 윤지관과 김명환이 「민족문학에 떠도는 모더니즘의 유령」(『창작과 비평』,97,가을)과 「달을 가리키는 손가락보다 달을」(『작가』,97,9.10월)로 각각 응수하면서 논쟁은 점차 가열되는 형국이다. 이 문제가 이렇듯 적지 않은 파장을 일으키며 많은 사람들의 관심을 끈 것은 그것이 단순히 몇몇 단체에 국한된 문제가 아니라 진보진영 전체의 현안인 때문이다.

  논쟁을 진정석과 윤지관을 중심으로 정리해 보면 대략 다음과 같다.

  먼저, 진정석은 기존의 민족문학론과 리얼리즘으로는 놀라운 속도로 급변하고 있는 90년대의 현실을 포착할 수 없고, 동시에 그것이 뛰어난 문학적 성취를 보장하는 이념적 지표로서의 기능도 상실했다고 진단한다. 오늘날 민족문학의 위축은 그동안 민족문학론이 민족사의 특수한 과제에 대한 문학적 응전의 측면을 지나치게 강조한 나머지 근대성이라는 인류사의 보편적 경험이 제기하는 문제에 적절하게 대응하지 못했다는 것. 이런 진단을 바탕으로 진정석은 그 대안으로 "근대성 범주를 가운데 놓고 리얼리즘과 모더니즘의 이분법적 도식을 재고하자"고 주장한다. 기존의 민족문학론은 리얼리즘-모더니즘의 이분법적 도식을 엄격하게 유지하는 한편 전자에 인식론적, 미학적인 우위성을 부여함으로써 창작과 비평에 있어 빈곤함을 자초한 측면이 적지 않다. 그러나 자본주의적 근대성에 내포된 활력과 모순을 창조의 원천과 부정의 대상으로 공유한다는 점에서 보면 리얼리즘과 모더니즘이 반드시 적대적인 관계에 있다고만 볼 수는 없다. 그래서 '근대성에 대한 미적 대응'을 기준으로 리얼리즘과 모더니즘을 포괄하는 '광의의 모더니즘' 개념을 설정하면 그동안 이분법적 도식에 의해 억압 받고 추방 당했던 것들이 새로운 의미로 되살아나게 된다는 것이다. 이런 문제의식을 바탕으로 진정석은 「모더니즘의 재인식」에서 모더니즘의 개념을 좀더 구체화하고 작품 분석을 통해서 그것을 보강한다. 대표적인 리얼리스트와 모더니스트로 평가되는 황석영과 조세희를 분석하면서, 두 사람은 각각 다른 각도에서 근대화의 악마적 현실에 치열하게 맞서 싸운 것으로 본다. 황석영이 포착한 근대는 자본과 권력이 민중의 생존권을 위협하는 억압적 현실이며, 조세희가 파악한 근대는 야만적 폭력이 지배하는 비합리성의 세계이다. 여기서 황석영은 각성된 민중의 끈질긴 생명력으로 역사의 미래를 보았고, 조세희는 이성과 합리주의의 원칙이 지배하는 아름다운 세상을 꿈꾸었다. 이를테면 모두 근대화가 내포한 두 측면에 대한 대응이었다. 그래서 김정한-황석영-방현석을 잇는 리얼리즘의 계보와 손창섭-김승옥-조세희를 잇는 모더니즘의 계보를 통합하여 김승옥-황석영-조세희-방현석을 잇는 새로운 인식론적 지도를 만들어야 한다고 진정석은 주장한다.

  진정석의 이러한 문제의식과 입장은 최근 민족문학 진영의 침체와 혼란을 지켜보면서 숙성된 통찰의 산물이라는 점에서 그 의미가 결코 작지 않다. 프로문학의 주류성을 떨쳐버리자는 과감한 주장으로 민족문학 진영의 편협성과 단선적 도식화의 위험성을 경계하는 최원식의 「한국문학의 근대성을 다시 생각한다」나 리얼리즘의 근본 명제, 예컨대 반영론이나 총체성의 문제 등에 대한 원론적 탐색을 계속하고 있는 백낙청의 모색 등은 모두 민족문학의 갱신을 꿈꾸는 간절한 열망의 몸부림들이다. 특히 '근대'는 '부르조아 문학'이고 '현대'는 '프롤레타리아 문학'이라는 단순 도식을 바탕으로 근대성의 다종다양한 함의를 곡해한 진보적 문학에 대한 비판은 민족문학의 당면 과제가 도식화된 이념에 의한 편가르기와 우열평가가 아니라 기존 패러다임에 대한 발본적 반성과 현실성 있는 새로운 논리의 개발임을 말해준다. 지금 우리가 사는 이 시대는 '근대 이후'가 아니라 '근대의 절정'이며, 따라서 포스트 모더니즘의 유혹을 물리치고 '끝까지 가보는 투철함'이야말로 복잡한 현실을 감당하는 지혜라는 사실, 진정석의 문제의식 역시 같은 지반에서 움튼 싹이고, 그래서 근대성을 중심에 두고 모더니즘을 적극 수용하자는 주장은 지난 시기 민족문학론에 대한 단순한 반성을 넘어선 구체적 대안을 내포한 것이기도 하다. 김명환의 지적대로, 80년대 민족문학론에 대한 다채로운 비판 중에는 정곡을 찌르는 건설적인 것보다는 허점투성이의 과녁을 빗나간 것들이 많았다. 민족문학의 이론과 실천에 대한 전면적인 검토를 전제하지 않은 채 부분적 오류와 편향을 민족문학 진영 전체의 한계나 본질적 결함으로 보는 경우는 정곡을 벗어난 패배적 사고의 산물이기도 했다. 사정이 이러했던 까닭에 좀더 구체적이고 현실적인 대안을 내장한 진정석의 글은 단연 문제성을 지닐 수밖에 없었던 것이다. 하지만 이 글은 모더니즘에 대한 개념규정이나 그것의 적용문제에서 혼란스럽고 자의적인 측면이 강하여 발표자의 의도를 여러 모로 곡해할 가능성을 지닌 것이기도 했다.

 윤지관은 진정석의 문제제기에 십분 공감하면서 대략 두 가지로 반론을 제기한다. 하나는 리얼리즘과 모더니즘이라는 서양문학을 대상으로 한 논의들을 우리 사회 및 문화현실의 구체적인 범주들과 결합시키지 않고 있다는 점이다. 리얼리즘이냐 모더니즘이냐의 문제는 서구의 경우에는 진작 끝난 질문인데, 그것은 후자가 전자의 극복이라는 인식이 일반적이기 때문이다. 중요한 것은 서구 모더니즘의 압도적인 승리에도 불구하고 바로 그 시기에 시작된 한국의 근대문학에서 모더니즘이 아닌 리얼리즘이 중심으로 자리잡게 된 연유가 무엇인지를 생각해보는 일이다. 리얼리즘이 우리 현실에서 가지는 생명력은 서구와는 다른 우리의 역사적 상황에서 생겨나고 유지된 것이다. 그것을 전제하지 않은 논의는 모더니즘과 리얼리즘을 공평하게 대접해야 한다는 내용 없는 절충론에 불과하다. 다음으로는 리얼리즘에 대한 이해가 피상적이라는 점이다. 민족문학론을 제대로 펼치는 사람 가운데 리얼리즘이 유일한 미학원리라고 자임한 경우는 거의 없고, 리얼리즘이 아닌 것이면 배척하고 보는 태도도 별로 없다. 진정석은 리얼리즘을 '본질론'("현실의 배후에 있는 법칙의 발견")이 아니면 '소박한 재현론'으로 생각하지만 이러한 낮은 의미의 속류 리얼리즘과의 끈질긴 싸움이야말로 한국 리얼리즘론의 핵심이 아닌가. 그것을 보완하기 위해서 모더니즘을 끌어들여야 한다는 것은 잘못이며 그것은 오히려 리얼리즘의 심화를 통해서 극복될 사안이라는 게 윤지관의 주장이다. 이런 논의에 뒤이어 윤지관은 「민족문학에 떠도는 모더니즘의 유령」에서 한국 문학에 있어서 모더니즘의 위상에 대한 상세한 검토를 전개한다. 즉 한국 모더니즘은 70년대 무렵부터 자유주의와 결합함으로써 스스로 치명적인 손상을 가져왔다. 7,80년대 한국 모더니즘은 몇몇 예외를 제외하면 사회적 실천과 변화의 동력을 끌어안지 못하고 추상화의 도를 높여갔고, 이런 순치된 모더니즘을 이론적 실천이라는 말로 미화하였다. 여기에 사회와의 소통가능성을 부인하고 문학의 자율성을 지키는 것이 유일한 실천이라는 아도르노적인 부정의 미학이 그 중심적인 이론적 기반이 되었으니, 결국 모더니즘은 취약한 실천성과 난파된 전위성을 호도하는 유용한 논리로 전락하였다. 이렇게 모더니즘이 순치된 이유는 첫째 강력한 이데올로기적 억압으로 모더니즘의 전복적 자질이 사회운동과 결합하지 못하고 정치현실과 무관한 언어실험의 틀 속에 자리잡으며 무해한 모습으로 남기를 자청하였기 때문이다. 다음으로는 민족해방과 민주주의의 실현이라는 절박한 요구를 갖고 있는 제3세계적 특수성으로 인해 리얼리즘이 더 선호된 때문이다. 따라서 중요한 것은 현단계에서 작용하고 있는 힘들에 대한 객관적 평가와 이를 진정한 인간의 해방으로 이룩해나갈 전망을 모색해 보는 일이라고 윤지관은 주장한다.

 진정석과 윤지관의 논의는 외관상 현저한 편차가 있는 듯이 보이나 사실 많은 점에서 유사하다. 두 사람은 모두 민족문학론의 위기를 타개하기 위해 모더니즘을 긍정적으로 수용해야 하며, 리얼리즘과 모더니즘에 집착하지 말고 근대성을 중심으로 문제를 재인식해야 하고, 또 광활한 현실의 리얼리티를 적극 수용해야 한다는 동일한 문제의식을 갖고 있다. 그런데 두 사람이 서로 맞서는 것은 근대의 보편성을 중시하느냐 아니면 한국적 현실의 특수성을 중시하느냐 하는 입각점과 리얼리즘에 대한 가치부여의 차이 때문이다. 진정석은 자본주의적 세계사의 보편성을 바탕으로 자신의 논지를 세우며 윤지관은 한국의 특수한 현실을 바탕으로 민족문학론을 생각한다. 이 차이에서 진정석은 근대성에 대한 미적 대응으로서 모더니즘을 바라보고, 윤지관은 근대성에 대한 대응의 한국적 특수성으로서 리얼리즘을 강조한다. 두 사람 사이에서 보이는 개념상의 오해나 작품 해석의 편차는 사실 여기서 비롯된 것이다. 아울러 윤지관의 주장에는 진정석의 지적대로 리얼리즘이 우월하다는 가치 평가가 내재되어 있다. 그것은 윤지관이 힘들게 입증하고 있는 모더니즘의 한국적 열악성에서도 단적으로 확인되는 것으로, 가령 그는 과거 문학사에서나 또 지금의 현실에서 모더니즘은 상대적으로 빈곤했을 뿐만 아니라 앞으로도 그럴 것이라는 생각을 갖고 있다. 하지만 진정석은 어느 하나에 우위성을 부여하기보다는 양자의 역할과 위상을 동등하게 보고 있으며 또 모더니즘의 가능성이 앞으로 더욱 증대할 것이라고 본다.

여기서 필자는 어느 한 사람의 주장에 동의할 생각은 없지만, 두 사람 사이에서 산견되는 다음 두 가지를 지적하고 싶다. 우선 최근 문단의 흐름과 또 매체 변화에 따른 이른바 사이버 문학의 번성을 지켜보면서 적어도 앞으로의 문학은 지금과는 상당히 다르리라는 점, 그리고 그것은 기존의 리얼리즘적 사고로는 포괄할 수 없는 이질성을 특징으로 할 수도 있으리라는 점이다. 서사의 파괴와 주체의 분열, 사이버 공간의 가상성 추구 등 어쩌면 모더니즘으로 오인될 작품들이 더욱 범람할 것이고(진정석의 문제의식도 이런 상황에 대한 우려에서 비롯된 것으로 이해할 수 있다.) 따라서 그것을 민족문학의 견지에서 선별하고 평가하는 일은 더욱 중요해질 것이다. 그런데 문제는, 패리 앤더슨이 지적했듯이, 서구에서 민주주의가 보편화되고 대량생산과 소비가 사회 전분야를 휩쓸면서 모더니즘이 특유의 전복성과 공격성을 상실하고 체제내적으로 전락한 것처럼 우리의 경우도 그럴 가능성이 농후하다는 사실이다. 최근 소설에서 보이는 정체불명의 감수성이나 유희화된 실험성, 포스트 모더니즘의 속악성 등은 모더니즘 특유의 전복성이 감퇴되거나 사라진 단적인 사례들이고, 또 90년대가 마무리 되는 오늘날까지도 조세희나 황지우에 비견되는 모더니스트들이 출현하지 않고 있다는 사실 역시 필자의 생각이 단순한 기우만은 아님을 말해준다. 그렇기 때문에 문제는 개념의 확장을 통해서 최근의 온갖 문학행위를 수용할 것이 아니라, 오히려 기존의 개념을 더욱 정교화하고 발전시켜 민족문학의 대의를 더욱 분명히 하는 일이 될 것이다. 모든 문학작품을 민족문학으로 수용할 수는 없다. 민족의 당면 현실에 대한 진지한 질문과 반성 그리고 현실 모순을 극복하려는 실천적 의지를 내포한 작품이 민족문학이지, 체제내적으로 편입되어 모순을 항구화하는데 기여하는 문학이 민족문학인 것은 아니다. 더구나 최근 소설이 독자로부터 외면받고 있는 사실 역시 간과할 수 없다. 모더니즘의 난해성을 새삼 들먹일 필요도 없이, 단자화된 주관적 자의식에 칩거하거나 맥락없는 형식 파괴와 실험에 몰두하는 것은 문학의 대중적 이반을 초래할 가능성이 많다. 이상의 작품들이 연재될 당시 독자들로부터 격렬한 항의를 받아 연재를 중단했던 일은 오늘의 현실에서도 되새길 만한 모더니즘의 중요한 미적 특질이다. 그래서 모더니즘을, 그것도 광의의 모더니즘을 중심으로 민족문학론을 재구성해야 한다는 진정석의 논리는 합당한 문제의식에도 불구하고 좀더 신중하게 다듬어져야 할 것이다.

또 생각해 보아야 할 점은 윤지관의 지적과는 달리 우리 문학사에서 모더니즘과 리얼리즘은 그리 적대적이지 않았다는 사실이다. 모더니즘적 경향이 본격화된 30년대 중반, 모더니즘을 주도한 '구인회'의 이태준이나 박태원, 이상 등은 카프와는 차별성을 강조하기는 했으나 그들을 적대시하지는 않았다. 이들이 반대했던 것은 어떤 이념이 아니라, 형상 없는 이념의 직접적 표출이었다. 이들에게 중요했던 것은 작품이 작품으로서의 형식미를 갖추고 있는가였지, 이념이 어떠한가는 아니었다. 말하자면 이들은 카프와는 다른 방식으로 미적 근대성에 주목한 것이고, 그런 점에서 보자면 적대적이기보다는 상호 보완적인 관계에 있었다. 그것은 구인회 회원의 대부분이 해방후 조선문학건설본부에 가입하여 좌익 작가들과 정치적 견해를 같이 했던 데서도 단적으로 확인된다. 또 70년대 이후의 모더니즘 역시 외형상의 반목에도 불구하고 실상은 단선화된 민족문학을 보완한 것으로 이해되어야 할 것이다. 70년대의 리얼리즘 문학은 김수영이나 손창섭 등의 문학적 유산을 긍정과 부정 양면에서 평가하고 수용함으로써 새롭게 탄생할 수 있었다. 그렇기 때문에 양자를 대립적이고 화해할 수 없는 것으로 보는 견해는 현상의 이면을 보지 못한 단견이다. 리얼리즘과 모더니즘은 동전의 양면과도 같은 것이고, 서로의 친연성을 바탕으로 견제하고 보완하면서 각기 다른 방향과 내용으로 미적 근대성을 획득해 온 것이다. 문제는 리얼리즘이냐 모더니즘이냐 하는 편가르기가 아니라 근대성에 대한 미적 대응의 상이한 방식을 인정하고 그러한 시각을 바탕으로 현재와 과거의 문학을 민족문학의 견지에서 폭넓게 수용하는 일이라 할 것이다.

4. 비평의 엄정성과 힘

90년대의 감각적 글쓰기, 간결하고 경쾌한, 시적 또는 환상적인 문체들 속에서 질박하다 못해 생소하기조차 한 말로 실팍한 문학세계를 이루고 생을 마감한 김소진에 대한 평단의 관심은 죽은 문인에 대한 의례적인 헌사가 아니라 시대와 사회에 대한 작가의 소명을 환기시키는 비평계의 주문으로 볼 수 있다. 지문보다 대화를 더 많이 구사하는 김소진 소설을 읽다보면 마치 현장에서 녹음해 온 테이프의 육성을 듣는 것 같은 느낌을 받게 될 때가 있다. 육질적인 냄새를 풍기는 김소진의 말들은 치열한 삶이 일궈낸 빛나는 성과고, 이를 문학적으로 의미지우는 일은 당대 비평이 감당해야 할 중요한 과제이다. 가을 평단에 조사처럼 울려 퍼진 김소진에 대한 메타 담론들(서영채의 「이야기꾼으로서의 소설가」, 안찬수의 「상처와 기억과 생리적인 것」, 방민호의 「검은 항아리 속의 눈사람」, 김윤식의 '소설 계속 쓰기'의 원풍경」, 그리고 필자의 「문인의 죽음과 문학의 운명」)은 미처 피지도 못한 채

꺾인 한 젊은 문인에 대한 아쉬움이자 동시에 90년대를 풍미하는 경박한 글쓰기에 대한 반성의 의미를 갖고 있다.

비평이 작가와 독자로부터 멀어졌다는 지적은 어제 오늘의 일이 아니라 비평이 장르로 정립된 이래 지속된 질문이다. 비평에 대한 불신이 극에 달했던 30년대 중·후반에 작가들이 보여준 평단에 대한 불신은 가히 상상을 초월한 것이었다. "평론가들은 평필을 들려거든 작품을 정독하라", "서양의 이론을 맹신하지 말라", "작품 한 편 써보지 않은 비평가들의 말은 믿을 게 못된다" 등등 비평에 대한 불신은 비평의 존립마저 부정하는 형국이었다. 하지만 아이러니 하게도 그렇게 비평가들을 부정하던 작가들이 결국은 비평가들의 손에 의해 크기가 결정되고 문학사의 위치가 자리매김되지 않았던가. 중요한 것은 존재하는 거의 모든 것을 대기 속으로 날려버리는 이 엄청난 자본의 공세 앞에서 다원적인 가치를 존중하고 비평 본연의 통찰과 분석의 자세를 이완시키지 않는 자세이다. 이 열린 지성이 생동하는 한 비평의 생명은 끝나지 않을 것이기 때문이다.

민족문학과 염상섭 문학의 근대성
― 염상섭 문학 연구의 두 성과

1.

 식민지 시대와 분단 시대를 가로지른 염상섭(897-1963) 문학의 지난한 행보는 그 자체가 우리문학이 '근대성'이라는 정신과 육체를 획득해 온 고투의 흔적이다. 그는 3.1 운동의 정신을 오롯이 이어받으면서 계몽주의의 세례를 받은 적자이고 일평생 계몽주의를 포기한 적이 없었던 작가였다.
 하지만 그는 계몽주의 문학자는 아니었다. 그는 개성의 해방이라는 이름 아래 반계몽주의 문학을 선언하고 새로운 근대소설의 길을 모색하였고, 그 결과를 『만세전』이나 『삼대』와 같은 역작으로 남겨 놓았다. 그가 주창한 개성은 개아(個我)의 해방에 국한된 것이 아니었다. 그는 좌파에 일정 정도 공감하면서도 좌편향의 관념론을 비판하고 그 양자를 지양한 중도의 길을 견지하였으며, 특히 삶에 뿌리를 둔 실존의 감각으로 당대 현실을 작품화하였다. 김윤식의 말대로, 남북한을 통털어 민족 최대의 작가로 횡보 염상섭을 꼽기에 주저할 사람은 그리 많지 않을 것이다. 지난 해, 탄생 100주년을 기념하여 행해진 다양한 행사들은 우리문학의 근대성을 그의 사후 30여 년만에 음미하고 재평가하는 하나의 잔치였다.

『염상섭 문학의 재인식』(문학과 사상연구회)과 『염상섭 문학의 재조명』(문학사와 비평연구회)은 탄생 100주년을 기념해서 나온 대표적인 연구물이다. 두 책의 필자들은 하나같이 염상섭을 "한국 근·현대문학사에 커다란 족적을 남긴 인물", "근대문학의 성취를 가장 높은 경지에서 보여준 작가"로 평가한다. 이런 시각은 물론 프로문학을 중심에 놓고 문학사를 이해하고 평가했던 지난 시절의 편향된 시각을 반성하고, 나아가 최근의 한층 객관화되고 온당한 시각을 반영하려는 노력으로 이해할 수 있다.

	이선영 교수를 필두로 한 『염상섭 문학의 재인식』에는 모두 8편의 논문이 수록되어 있고, 김윤식 교수를 앞세운 『염상섭 문학의 재조명』에는 9개의 논문과 염상섭에 대한 2편의 수필이 수록되어 있다. 체제 면에서 보자면, 전자는 염상섭의 작품을 시기별로 나누고 각각의 특징을 서술하는 식이고, 후자는 학술대회에서 발표된 4편의 논문과 토론 내용을 1, 2부로 묶었으며, 각론 형식의 개별 논문들을 3부에 첨가하고 있다. 두 연구서는 모두 체계의 일관성과 통일성을 염두에 둔 것으로 보이는데, 특기할 점은 『염상섭 문학의 재조명』에는 소설가의 입장에서 본 작가론인 김원우의 「횡보의 눈과 길」과 『만세전』의 여로를 답사하면서 70여년 전 이인화가 밟았던 길을 더듬어 오늘의 의미를 되새긴 한기의 글이 붙어 있는 점이다. 외견상으로, 두 연구서는 일정한 체계와 형식을 구비한 실속 있는 단행본의 모습을 갖추었다.

2.

	두 책 전체를 관통하는 연구자들의 시각과 문제의식은 대략 '민족문학'과 '근대성'으로 정리할 수 있다. 이 점이 특히 두드러진 것은 『염상섭 문학의 재인식』이지만 『염상섭 문학의 재평가』 역시 예외는 아니다.

	연구자들이 사용하는 '민족문학'이란 현실에 대한 작가들의 인식과 가치에 특히 주목한 것으로, 이를테면 민족의 당면 현실에 대한 계기적 인식과 실천적 관심을 견지한 문학을 의미한다. 그런 까닭에 연구자들의 관심은 자연스럽게 염상섭이 식민치하라는 근대의 특수한 국면들을 어떻게 인식하고 작품화했는가에 모아진다. 이를테면 당대 현실에 대한 인식의 정도와 그 적합성을 살피는 데 관심이 상대적으로 집중된다. 실제로, 민족문제를 통해 드러나는 염상섭의 근대인식을 식민지적 근대의 특수성을 해명하는 매개 고리로 설정하고 식민치하의 중·단편을 고찰한 하정일의 글이나 근대에 대한 성찰에서 비롯된 역사의식을 통해서 작품의 성패 여부를 살핀 김재용의 글을 비롯한 수록된 거의 대부분의 글은 이런 시각의 조율을 받고 있다. 그리고 우리 문학의 근대성, 특히 문학적 근대성을 추동해 내는 근본적인 힘이 되는 '주체'와 '주체성의 원리'에 주목한 서영채의 글 역시 같은 맥락으로 읽을 수 있다. 그래서 "염상섭 소설은 일제하 한국 근대 민족문학의 양상을 가장 명징하게 드러내는 바로미터와도 같다"는 이현식의 말은 실상 전 연구자들의 공통된 생각이라 해도 과언이 아니다. 서로 다른 개별 논문이 묶여 있음에도 불구하고 두 연구서가 비교적 일관된 시각을 유지하게 된 원인은 이런 공통 분모에서 비롯된 것이라 할 수 있다.

  사실, 민족문학론이 등장한 이후 한국의 현실비판적 문학에서 작가의 사회적 책임감은 큰 미덕으로 강조되어 왔다. 그리하여 작품을, 작가가 포착한 사회·역사의 거대한 흐름과 합치하는 공간으로 보는 시각이 큰 비중을 차지하게 되었고, 사회적 책임감에 대한 강조는 과거의 이른바 순수문학이 대표하던 문학적 풍토를 교정하고 문학의 사회적 실천에 대한 관심을 크게 진작시켜 놓았다. 이를테면, 개인적 성취와 사회적 책임감이 조화된 탁월한 문학적 성과들을 민족문학론자들이 발굴하고 평가하여, 동시대의 작가들에게 문학적 긴장을 불러일으키고 창작의 방향을 시사해 왔던 것이다. 이렇게 보자면, 두 연구서에서 목격되는 필자들의 시각과 자세는 민족문학과 리얼리즘에 대한 관심이 현저하게 위축된 최근의 문학 현실을 비판하고 나아가 바람직한 문학의 방향이 어떠해야 하는가를 천명하는 것이기도 하다. 『염상섭 문학의 재조명』의 머리말처럼, 염상섭은 대중의 취향이나 출판 상업주의를 좇아 갈팡질팡 헤매는 동시대 다른 작가들과 멀찍이 떨어져서 자신의 작가 정신을 견지하고자 노력했고 또 그것을 굳게 지켰던 보기 드문 작가였다. 그렇기에 염상섭에 대한 고찰은 최근의 부박한 문학과 문단 행태에 대한 연구자들의 항의로도 읽힌다. 특히 프로문학에 대한 독자성과 주류성에 대한 과도한 집착을 해소하고 민족문학의 다양한 성과들을 유연하게 평가하려는 노력은 지난 시절을 맹목적으로 청산하는 게 아니라 그 핵심을 이으면서 현실에 맞게 재조정하자는 연구자들의 갱신의 의지를 표현한 것이다. 이런 점에서 필자는 이들의 문제의식에 십분 공감한다.

특히, 염상섭은 프로문학에 대해 비판적이었지만 개인의 위엄과 민족의 자리를 소홀히 한 민족주의 쪽에도 비판의 시선을 멈추지 않았고, 그래서 근대를 긍정하되 제3세계의 시선을 도입하여 민족문제를 형상화했다는 김재용의 지적은 염상섭을 국제적 감각을 가진 문사로 자리매김하는, 염상섭에 대한 새로운 시각을 열어준 글로 보였다. 아울러 근대성의 문제에 주목하여, 근대성 논의에서 중요한 것은 그것을 추동하는 내적 힘이고 이제 그것을 밝히는데 논의의 초점을 맞추어야 한다는 서영채의 글도, 비록 시론 형식의 글로 차후 본격적인 분석이 더해져야겠지만, 그 문제의식에는 충분히 공감할 수 있었다. 또 하버마스의 '의사 소통의 합리성' 개념을 원용한 최현식의 논문 역시 관심을 끌었다. 염상섭의 현실에 대한 냉혹한 관찰과 사실적인 기록이 제도로서의 근대에 발맞추어 삶의 균형감각을 유지하려는 노력이었다기보다는, 비합리성이 만연해가던 당대 현실 속에서 의사소통구조의 합리화를 모색하기 위한 노력이었다는 사실을 밝혀낸 이 논문은 근대성의 문제를 작품의 섬세한 결을 통해서 읽어냈다는 점에서 평가할 수 있다. 또 5, 60년대의 단편을 대상으로 하고 있는 한수영의 논문은 일상에 대한 염상섭의 천착이 50년대의 다른 소설들과는 달리 여성의 삶을 통해서 전후의 속악한 현실과 인간관계를 주목한 것이라는 사실을 실증적으로 보여준다. 이 논문은 19개에 이르는 장편을 대상으로 그 속에 일관되게 드러나는 여성인물을 중심으로 한 연애소설의 구도(남녀 결연담의 구조)를 밝히고 그것이 식민지 시대는 물론이고 해방기와 전쟁기, 그리고 전후의 현실을 소설화하는 횡보 소설의 한 문법임을 밝혀낸 김경수의 글과도 일맥상통했다. 이들의 섬세한 분석과 새로운 문제제기가 더욱 다듬어지고 보완된다면 '근대성'은 문학을 분석하고 평가하는 한층 날카로운 개념적 도구가 될 수 있을 것이다.

하지만, 비슷한 시각을 바탕으로 쓰여진 까닭에 각기 다른 대상을 다루고 있음에도 불구하고 사실은 거의 유사한 입론과정과 결론을 보여준다는 점에서 단조롭고 지루한 면도 없지 않았다. 『염상섭 문학의 재인식』의 경우 거의 전 논문이 근대성의 문제를 인식론적인 측면에서만 주목한 까닭에 염상섭의 다른 면, 이를테면 형식이라든지, 내면성의 문제, 양식의 문제, 초기작에서 보이는 낭만주의와 자연주의의 상호관계, 일본 문학과의 비교문학적 연구 등에 대해서는 거의 관심을 돌리지 않고 있다. 반면 『염상섭 문학의 재조명』의 경우에는 비교적 다양한 시선을 보여주지만 새로운 문제제기보다는 대부분이 기존의 시각을 반복하고 있다. 새롭다고 느껴지는 논문은 실상 서영채, 이동하, 김경수의 글뿐이고, 나머지는 이전에 발표했던 것을 보완했거나 아니면 재수록한 경우였다. 두 연구서가 많은 논문을 선보이고 있음에도 불구하고 그리 신선한 느낌을 주지 못했던 것은, 이런 점 외에도 대략 다음과 같은 두 가지 이유 때문으로 보인다.

하나는, 연구자의 문제의식과 시각을 구체화하는 과정에서 보이는 이전의 내용-사회학적 경직성이 무반성적으로 되풀이되는 경우를 들 수 있다. 가령 수필이나 사회활동을 통해서 추출한 작가의 역사의식을 작품에 직대입하고 나아가 작품에 드러난 역사의식의 수준을 바로 작품의 성과로 연결하는, 혹은 당대 현실에 대한 인식의 깊이를, 작품의 완성도라든가 미적 성취를 고려하지 않은 채, 작품의 성과와 동일시하는 등의 태도가 『염상섭 문학의 재인식』에서는 빈번하게 목격된다. 이런 점은 최근 들어서 민족문학의 이념과 내용에 대한 다양한 반성에도 불구하고, 여전히 정치와 문학을 선후관계로 보거나, 혹은 미리 정식화되고 고정된 정치적 주장이나 명제가 문학에 그대로 수용되기를 바라는 기존의 도식적 견해들을 무의식적으로 답습한 때문이 아닌가 생각된다. 물론 이 연구서의 필자들이 이런 문제점을 모르리라고는 생각하지 않지만, 일부 논문의 시각과 분석태도에는 이런 혐의가 짙게 배어 있다. 민족문학이 새로운 시대에도 탄력성을 갖기 위해서는 기존의 개념들을 무비판적으로 답습할 것이 아니라 변화된 현실에 맞게 변형되고 다듬어져야 할 것이다.

다음으로는, '근대성'에 대한 맹신적 사용이다. 이들은 하나같이 근대성을 마치 전가의 보도인 양 구사한다. 한국 사회에서 근대성 담론이 문학 논의의 중심으로 떠오른 것은 사회주의권의 몰락과 그에 따른 사회 전반의 반성적 분위기 속에서였다. 프로문학만을 한국 근대문학의 주류이자 핵심으로 간주하는 목적 의식적 태도에서 벗어나 식민지적 근대 혹은 한국적 근대와 대결한 다양한 문학적 시도들을 포괄하는 보다 거시적인 문학사의 구도가 필요했고, 그런 맥락에서 문제시된 게 바로 근대성 담론이었다. 아울러 각종 탈근대론이 새로운 유행 담론으로 출현한 현실에 대응하여 우리문학의 근대성의 내용과 형식에 대한 심화된 분석이 필요해지기도 했다. 말하자면 근대성에 대한 관심은 시대 변화와 그 동안의 연구방식에 대한 반성의 결과물인 셈이다. 하지만 『염상섭 문학의 재인식』에 수록된 논문들이 이전의 경향에 대한 절실한 반성에서 쓰여진 것인지 의문시되는 구절이 많다. 문제는 구두선과도 같은 내용 없는 반성이 아니라, 실질적인 반성의 태도인 것이다. 무엇이 근대적이고 무엇이 근대 이전에 속하는가 하는 식의 문제 설정, 즉 문학적 근대성의 외적 규정성에 관한 논의는 이제 별 의미가 없고, 따라서 필요한 것은 문학적 근대성을 추동해내는 좀더 근본적인 힘에 대한 고찰이다. 서영채의 지적대로, 이제는 문학적 근대성의 다양한 외적 지표들을 발양시키는 힘의 원리에 대한 파악이 필요하지 않을까. '근대성'이 작품의 다양한 층위를 보다 더 효과적으로 읽어낼 수 있도록 만들어 주는 효과적인 도구가 되려면, 그 내포가 더욱 정교하고 충실하게 다듬어져야 할 것이다.

3.

　IMF로 문단 전체가 위축된 상황에서 학술계도 예외는 아닌 듯하다. 오랜 권위를 자랑하던 학술잡지가 무력하게 폐간을 선언하고, 힘들게 연명해 왔던 일부 학술지들도 발행 빈도수를 줄이거나 휴간을 고민하고 있다고 한다. 이 위기의 근본원인은 국제 금융자본의 전세계적인 확산과 관철의 과정이라는 것이 분명해졌으나, 그 다른 한편에는 우리 스스로의 허장성세와 과오가 놓여 있다는 사실 또한 간과할 수 없다. 하지만 이 모든 일이 결국 인간의 일이고 보면, 위기에 대한 우리의 자세는 한층 다듬어질 수도 있을 것이다. 지난 봄호 계간지에서 요란스럽게 다루어진 '자성의 소리'는 문단 전반에 스며든 거품을 스스로 제거할 때만이 이 위기가 새로운 도약의 계기가 될 수 있음을 말해준다. 학계 역시 예외가 아니라고 생각한다. 두 권의 연구서를 읽으면서 이 어려운 시대에도 학문의 열정을 놓지 않는 연구자들에게 새삼 경의를 표하면서도 다른 한편으로 스스로를 반성하는 좀더 냉혹한 성찰이 우리 모두에게 필요하지 않을까 하는 생각을 해본다.

벽초의 민족주의적 행로와 삶
— 강영주,『벽초 홍명희 연구』

레온 에델(Leon Edel)에 의하면 '전기'는 모든 분야의 저작술 가운데 가장 섬세하고 고아한 것이다. 전기작가는 한 인간이 이 지상에 남기고 간 생기 없는 자료에 생명감을 불어넣고 사라진 사람의 모습을 유사하게 재현시키고자 한다. 더구나 전기란 인간의 정신 그 자체만큼이나 변화무쌍하고 유려한 그 무엇에 대한, 즉 기질과 감정으로 꽉 짜여진 그 무엇에 대한 기록이고, 그렇기에 전기작가는 질서와 간결성과 논리를 거부하는 이 붙잡기 어려운 불꽃과 같은 인간 정신을 기술하기 위한 질서와 논리와 성실성을 두루 겸비한 존재여야 한다. 그런 점에서 강영주의『벽초 홍명희 연구』는 전기연구의 모범적 사례로 기억될 만하다.

『벽초 홍명희 연구』는 벽초 홍명희의 삶을 총체적으로 재구해 낸 노작이다. 저자는 벽초의 장엄한 삶을 실증적으로 정리하면서 조선조 말부터 식민지 시기를 거쳐 분단시대에 이르는 격동기 우리 역사의 중대한 공백기를 메우고자 한다.

구한말에서 개국과 더불어 근대사의 격랑 속으로 휩쓸려 든 시기를 배경으로 벽초의 성장과 수학과정을 추적하면서 저자는 조선시대 양반 사대부가의 전통적이고 귀족적인 생활문화를 바탕으로 형성된 벽초의 정신적 특질을 파고든다. 이후 동경 유학과 중국과 남양 일대를 방랑한 시기, 귀국 후 3·1운동에 관여하면서 본격적인 사회활동에 참가한 시기, 특히 좌우합작의 민족운동단체인 '신간회'를 결성하고 주도한 시기, 이후 사회활동이 불가능해지자 대하 역사소설『임꺽정』을 집필한 시기 등을 실증적으로 탐색하면서 벽초라는 우람한 봉우리의 실체에 한층 가까이 다가선다. 그리고, 일제 말의 은둔기를 거쳐 해방 이후 좌와 우를 아우른 민족운동가로서의 면모와 그 일환으로 결행된 남북연석회의, 이후 북한에서의 활동 등을 조망하고, 마침내 '진보적 민족주의자'였던 벽초를 현대사의 한 복판에 우뚝 세워 놓는다. 저자의 이런 작업으로 마침내 우리는 홍명희의 민족과 민중을 향한 뜨거운 열정과 운동가로서의 면모를 새삼 확인하게 되는 것이다.

이 과정에서 저자는 그 동안 소홀히 취급되었거나 신비화되어 베일에 싸였던 부분을 실증적으로 규명하여 독자들의 이해를 한층 심화시켜 놓는다. 가령, 신문학 초기의 우리말 문체로서는 놀라우리만큼 유려한 예술적 표현을 성취한 역시(譯詩)「사랑」(폴란드 시인 안드레이 니에모예프스끼의 시)이 최남선의 그것에 비해 월등한 성과를 보인 것이라든지, 광범위한 독서를 바탕으로 다방면에 걸친 지식을 소개한『학창산화(學窓散話)』가 이수광의『지봉유설』이나 성호 이익의『성호사설』등의 전통을 계승한 것이라든지, 최초의 에스페란티스토였던 벽초와 에스페란토 학회와의 관련성 등을 밝혀낸 대목은 저자의 남다른 문학사적 안목과 깊이를 보여주는 사례들이다. 게다가 홍명희에게 떠도는 신화, 가령 광대한 전장을 주저 없이 소작인들에게 분배해 주고 다수의 노비들을 과감히 면천시켜 주었다든지, 홍명희가 한때 옥중에서『임꺽정』을 집필했다는 등의 낭설을 바로잡은 것은 대상인물에 대한 신비화라는 전기연구의 함정에서 벗어나 학문적인 엄밀성과 성실성을 바탕으로 할 때만이 가능한 성과들이다.

벽초의 삶을 추적하면서 강영주가 특히 내세우는 집필원칙은 실사구시

(實事求是)의 정신이다. 가장 엄정해야 할 학계에서마저 '대충주의'가 만연하는 것을 안타까워하면서 저자는 관련 자료를 샅샅이 수집하고 엄정하게 취사선택함은 물론, 서술에 있어서도 객관적인 사실의 제시와 그에 입각한 논리적 추론의 자세를 시종일관 견지하고자 한다. 더구나 벽초의 삶을 그의 개인사에만 국한하지 않고 그가 살았던 시대 속에서 총체적으로 조망하려는 의도에서 문학사뿐만 아니라 민족운동사, 언론사, 사상사, 정치사 등을 아우르는 폭넓은 시각을 보여주는데, 이런 점에서 이 책은 최근의 국문학계의 안이한 연구태도를 반성하게 하는 성찰의 거울이 되기에 충분하다. 최근 국문학계에서는 안이하고 타성적인 연구와 정체불명의 방법론들이 난무하고 있고, 이에 대한 우려의 목소리 또한 적지 않다. 포스터 모던 식의 새로운 연구 환경과 자세로 이런 사실을 변호하기도 하지만, 사실은 연구자로서의 엄밀성과 성실성을 소홀히 한 데 대한 변명에 지나지 않는다. 이런 상황에서 강영주 교수의 노작은 국문학 연구 전반에 대한 반성의 기회뿐만 아니라 연구자의 자세가 어떠해야 하는가에 대한 실천적인 모범 사례라고 할 것이다.

　물론 이 책에서 아쉬움이 없는 것은 아니다. 저자의 말대로 북한에서의 행적이 자료의 제한으로 말미암아 소략하게밖에 서술되지 못한 점이라든지, 실증적인 면에 치중한 나머지 작가의 정신세계(즉 내면 세계)가 상대적으로 소홀히 되고 사실만을 나열하는 식이 되어 벽초에 대한 입체적인 조망에는 미치지 못한 점 등의 아쉬움이 없지는 않다. 또 벽초를 '진보적 민족주의자'로 규정하고 그런 시각에서 자료를 선별하고 재구성한 까닭에 해석 과정에서 다소 작위적인 부분도 목격된다. 그러나, 이 점은 저자가 밝힌 대로, 이 책이 향후 계속될 『임꺽정』 연구의 전단계라는 점에서 저자에게 부과된 숙제로 여겨진다. 벽초의 인간정신이 좀더 온전하게 밝혀지고 그를 바탕으로 대작 『임꺽정』이 한층 깊이 있게 해명될 날을 기대해 본다.

탈분단 시대의 문학논리

인쇄일 초판 1쇄 2001년 04월 25일
         2쇄 2015년 05월 03일
발행일 초판 1쇄 2001년 05월 02일
         2쇄 2015년 05월 03일

편 저 강 진 호
발행인 정 진 이
발행처 새미
등록일 1994.03.10, 제17-271호

서울시 강동구 성내동 447-11 현영빌딩 2층
Tel : 442-4623~4 Fax : 442-4625
www.kookhak.co.kr
E- mail : kookhak2001@hanmail.net
ISBN 978-89-89352-22-8
가 격 18,000원

* 새미는 국학자료원의 자매회사입니다.
*저자와의 협의 하에 인지는 생략합니다.